二级建造师继续教育系列教材

城市轨道交通建造技术与案例

主　　编　孔祥辉　蒋宁生　宋曙光
副 主 编　冯　啸　董　晓
参编人员　王明岳　张晓宸　闫振强
　　　　　荣　殊　张进港

中国矿业大学出版社
·徐州·

内 容 提 要

本书介绍和总结了城市轨道交通主要的建造技术和施工方法，并通过实际工程案例对我国常用的建造技术和施工方法进行了阐述。

本书可供从事城市轨道交通、隧道与地下工程、市政建设工程等相关专业的设计、施工技术人员和大中专院校的学生参考使用。

图书在版编目(C I P)数据

城市轨道交通建造技术与案例/孔祥辉，蒋宁生，宋曙光主编. —徐州：中国矿业大学出版社，2019.10

ISBN 978 - 7 - 5646 - 1021 - 0

Ⅰ. ①城… Ⅱ. ①孔… ②蒋… ③宋… Ⅲ. ①城市铁路－轨道交通－高等学校－教材 Ⅳ. ①U239.5

中国版本图书馆 CIP 数据核字(2019)第 203542 号

书　　名　城市轨道交通建造技术与案例
主　　编　孔祥辉　蒋宁生　宋曙光
责任编辑　吴学兵
出版发行　中国矿业大学出版社有限责任公司
　　　　　　(江苏省徐州市解放南路　邮编 221008)
营销热线　(0516)83884103　83885105
出版服务　(0516)83995789　83884920
网　　址　http://www.cumtp.com　**E-mail**:cumtpvip@cumtp.com
印　　刷　日照报业印刷有限公司
开　　本　787 mm×1092 mm　1/16　**印张** 20.5　**字数** 512 千字
版次印次　2019 年 10 月第 1 版　2019 年 10 月第 1 次印刷
定　　价　72.00 元

出版说明

为了加强建设工程项目管理，提高工程项目总承包及施工管理专业技术人员素质，规范施工管理行为，保证工程质量和施工安全，根据《中华人民共和国建筑法》《建设工程质量管理条例》《建设工程安全生产管理条例》和国家有关执业资格考试制度的规定，2002年中华人民共和国人事部和建设部联合颁发了《建造师执业资格制度暂行规定》(人发〔2002〕111号)，对从事建设工程项目总承包及施工管理的专业技术人员实行建造师执业资格制度。

注册建造师是以专业技术为依托、以工程项目管理为主业的注册执业人士。依据中华人民共和国住房和城乡建设部令第32号修订的《注册建造师管理规定》(自2016年10月20日起施行)，按规定参加继续教育是注册建造师应履行的义务，也是申请延续注册的必要条件。注册建造师应通过继续教育，掌握工程建设相关法律法规、标准规范，增强职业道德和诚信守法意识，熟悉工程建设项目管理新方法、新技术，总结工作中的经验教训，不断提高综合素质和执业能力。

根据《山东省二级建造师继续教育管理暂行办法》，受山东省建设执业资格注册中心委托，本编委会组织具有较高理论水平和丰富实践经验的专家、学者，编写了"二级建造师继续教育系列教材"。在编纂过程中，我们坚持"以提高综合素质和执业能力为基础，以工程实例内容为主导"的编写原则，突出系统性、针对性、实践性和前瞻性，体现建设行业发展的新常态、新法规、新技术、新工艺、新材料等内容。本套教材共15册，分别为《建设工程新法律法规与案例分析》《建设工程质量管理》《建设工程信息化技术实务》《建筑工程新技术概论》《建设工程项目管理理论与实务》《工程建设标准强制性条文选编》《装配式建筑技术与管理》《城市轨道交通建造技术与案例》《城市桥梁建造技术与案例》《城市管道工程》《城市道路工程施工质量与安全管理》《安装工程新技术》《建筑机电工程新技术及应用》《智慧工地与绿色施工技术》《信息化技术在建筑电气施工中的应用》。本套教材既可作为二级建造师继续教育用书，也可作为建设单位、施工单位和建设类大中专院校的教学及参考用书。

本套教材的编写得到了山东省住房和城乡建设厅、清华大学、中国海洋大学、山东大学、山东建筑大学、青岛理工大学、山东交通学院、山东中英国际工程图书有限公司、山东中英国际建筑工程技术有限公司、中国矿业大学出版社等单位的大力支持，在此表示衷心的感谢。

本套教材虽经反复推敲，仍难免有疏漏之处，恳请广大读者提出宝贵意见。

二级建造师继续教育系列教材编委会

2019年8月

前　言

随着城市，尤其是大型和特大型地区中心城市的发展，现有的交通体系已不能满足人们的日常出行需求。与此同时，交通阻塞、环境污染、能源匮乏等所谓城市病也日益严重。从世界发达国家城市化发展的实践来看，轨道交通以其运量大、速度快、安全可靠、乘坐舒适、准点率高等技术优势，在日本、美国、英国、法国等发达国家已经成为主要的城市交通工具之一。在我国，随着经济发展和城市现代化进程的加快，城市轨道交通建设正迎来一个发展的黄金时期。

我国的城市轨道交通建设近年来发展势头迅猛。大批优秀的注册建造师投身于该行业的建设中，为行业的发展贡献着自己的力量。在施工技术人员按照国家规范、本人所掌握的理论知识和工程经验指导施工的同时，行业中的新技术、新材料、新工艺层出不穷，或来源于施工单位技术人员的经验总结，或来源于高等院校科研人员的研究开发。创新无论来自何处，对于国家注册建造师来说都是用于指导施工、解决施工中遇到的难题，进一步丰富自己专业知识结构的宝贵财富。

本书介绍和总结了城市轨道交通主要的建造技术和施工方法，并通过实际工程案例对我国常用的建造技术和施工方法进行了阐述，可供从事城市轨道交通、隧道与地下工程、市政建设工程等相关专业的设计、施工技术人员和大中专院校的学生参考使用。

本书在编写过程中得到了中铁十四局集团有限公司、青岛地铁集团有限公司、福州地铁集团有限公司、南昌轨道交通集团有限公司等单位的大力支持，在此表示感谢。同时，本书参考引用了大量有关城市轨道交通建设的文献，在此向相关专家、学者表示由衷的感谢。

由于编者水平所限，书中难免存在缺点和不足之处，希望广大读者给予批评指正。

编　者

2019 年 6 月

目 录

第一章　城市轨道交通的功能与发展

第一节　城市轨道交通的功能与特点

一、城市轨道交通的功能

我国大城市的交通拥挤状况日趋严重，地面交通已无法适应现有经济活动和人民日益增长的运量需求，交通拥挤问题如果得不到有效的解决，很有可能引发其他社会问题。因此，投资建设地铁，发展以轨道交通为骨干、以常规公交为主体的公共交通体系，将成为解决城市交通紧张状况最理想的方式，也是我国大城市解决交通问题的唯一途径。

一般而言，广义的城市轨道交通以轨道运输方式为主要技术特征，是城市公共客运交通系统中具有中等以上运量的轨道交通系统（有别于道路交通），主要为城市内（有别于城际铁路，但可涵盖郊区及城市圈范围）公共客运服务，是一种在城市公共客运交通中起骨干作用的现代化立体交通系统。城市轨道交通是城市公共交通的主干线，客流运送的大动脉，是城市的生命线工程，其建成运营后，将大大方便城市居民的出行、工作、购物和生活。城市轨道交通的建设可以带动轨道交通沿线的发展，促进城市繁荣，形成郊区卫星城和多个副中心，从而缓解城市中心人口密集、住房紧张、绿化面积小、空气污染严重等城市通病，还有利于提高市民出行的效率，节省时间，改善生活质量，是城市建设史上最大的公益性基础设施，对城市的发展将产生深远的影响。

二、城市轨道交通的特点

（一）运营速度快、运载能力大

运营速度是指全程运行时间（包括停靠时间）内的平均速度。因为道路系统交叉点多，区间段短，各种交通流相互交织，交通组织比较复杂，目前我国大城市的常规道路公共交通运营速度平均仅为 12～18 km/h。城市轨道交通系统则不受其他交通系统的干扰，运营速度较快，市区线速度为 40～50 km/h，市域线一般在 60 km/h 左右，最高可达 120～160 km/h，因此城市轨道交通系统的准点率也较高。普通公共汽车每车平均约载 80 人，若每分钟发车一次，在忽略其他影响因素的情况下，每小时允许客运量约为 5 000 人次；而轻轨每车可载 250 人，每小时可发车 30 次，以其挂接车辆数为 4 计，则每小时可载 3 万人次；地铁由于在地下运行，不占城市地面资源，编组数更多，可达 8～10 辆，其每小时客运输送能力可达6 万人次以上。

（二）安全

与常规公共交通相比，城市轨道交通由于运行在专用行车道上，不受其他交通工具干扰，车辆有较高的运行速度和启、制动加速度，多数采用高站台，列车停站时间短，上下车迅速而且换乘方便，从而可以使乘客较快地到达目的地，缩短了出行时间，不产生线路堵塞现象，也不受气候影响，是全天候的交通工具。地铁和轻轨或深埋地下，或高架空中，即便行驶于地面也是全封闭的，每条轨道交通都采用双线独立运营，一般都设有护栏，再加上城市轨道交通一般都安装了自动列车监控系统（ATS）、自动列车控制系统（ATC）和自动列车运行装置（ATO），并全部由电子计算机操纵，因此很少出现交通事故。相反，汽车在行驶过程中与其他机动车、非机动车、行人等有较多路线交叉，在这种情况下，汽车运输造成的伤亡率远远超过轨道交通，其中死亡率是轨道交通的 225.8 倍，伤害率是轨道交通的8 078 倍。

（三）准点率高

正因为采取独立运营和立交方式，最大限度地避免了交通事故和交通阻塞，因此能确保行车的准点率在 98%以上，列车能按运行图运行，具有可信赖的准时性。在北京和上海坐地铁已经成为“上班族”出行的首选交通方式。

（四）舒适

城市轨道车辆具有较好的运行特性，车辆、车站等装有空调、引导装置、自动售票机等直接为乘客服务的设备，有先进的通信、信号设备，极少发生交通事故，有较好的乘车条件，其舒适性优于公共电车、公共汽车。

（五）环保

城市轨道交通由于主要采用电气牵引，而且轮轨摩擦阻力较小，与公共电车、公共汽车相比节省能源，运营费用较低。通常情况下，城市地面车辆除电车外都是以柴油或汽油为能源，电能转换为车辆机械能的效率是 60%～70%，燃料转换为机械能的效率只有25%左右，而对应于每一单位运输量的能源消耗量，城市轨道交通仅为公共汽车的 3/5，私人用车的 1/6。

城市交通系统对环境的影响可粗略地用市容、大气污染和噪声 3 个指标来衡量。地铁系统大多建在地面以下，对城市原有的风貌和地面建筑没有影响，也不会增加地面交通的拥挤和噪声、废气等污染。轻轨交通系统的地面线路部分对城市的市容风貌也几乎没有不利影响，甚至还可给城市增加部分景观。质量良好的轻轨车辆运行时噪声一般可控制在 75 dB(A)以下（距轨道 15 m 处测量值），在高架线路上运行的轻轨车辆采取适当的降噪措施后，也可将噪声控制在 80 dB(A)以下，均比公共汽车的噪声[85 dB(A)]低。而且，以电传动的轨道车辆不会产生任何燃烧废气，与以内燃机驱动的汽车相比具有绝对的环保优势。总而言之，从对城市环境的影响程度来看，轻轨、地铁远优于汽车。

（六）节约土地资源

在占用土地资源方面，公共汽车、私家汽车、摩托车、自行车分别是轨道交通的 4.6 倍、115 倍、100 倍和 50 倍。城市轨道交通由于充分利用了地下和地上空间进行开发，不占用地面街道，能有效缓解由于汽车大量发展而造成的道路拥挤、堵塞，有利于城市空间合理利用，特别有利于缓解大城市中心区过于拥挤的状态，提高了土地利用价值，并能改善城市景观。从长远来看，随着城市土地不断增值，城市轨道交通节约的用地将产生十分可观的收益。

（七）促进城市产业及经济加速发展

城市轨道交通作为一个长期性的固定资产投资项目，是实现经济跨越式发展和改善城市经济结构的引擎，为城市相关产业发展、商业贸易繁荣和产业结构升级提供了持久性的动力。在带动产业发展方面，城市轨道交通的发展涉及建筑、设计、监理、建材、机械装备制造、电子信息、冶金等城市产业，城市轨道交通项目的巨大投资可有效带动相关产业和城市经济的发展；在促进商业繁荣方面，城市轨道交通网络具有强大的资源聚集和释放效应，使网内的客流、物流、资金流、信息流等资源和服务在城市各区域乃至城市间快速流通，促进房地产、商贸、旅游、娱乐等城市商业的繁荣；在改善经济结构方面，城市轨道交通发展将有效提升设计、监理、咨询、培训、保险等城市高端服务业在国民经济中的比重。

城市轨道交通是当下许多大中城市为适应自身的发展需要而建设的一项惠及市民的基础性设施。它作为我国道路交通建设的重要组成部分，不断地发挥自身的价值来推动社会的发展和进步。在发展低碳交通过程中，城市轨道交通所扮演的角色正是顺应了时代发展的潮流。

第二节 城市轨道交通的分类及适用性

一、城市轨道交通的分类

（一）按构筑物的形态或轨道相对于地面的位置划分

（1）地下铁路：位于地下隧道内的铁路。

（2）地面铁路：位于地面的铁路。

（3）高架铁路：位于地面高架桥上的铁路。

（二）按运营方式划分

（1）传统的城市轨道交通：服务范围以中心城区为主的城市轨道交通，通常站间距离在 1 km 以内。

（2）区域快速铁路：服务范围包括城市郊区的轨道交通系统，通常站间距离较大，含有地面线路或高架线路。

（3）市郊铁路：位于城市范围内、部分或全部服务于城市客运的那些城市间铁路，通常其所有权不属于所在的城市政府，而由铁路部门经营，主要服务于城市郊区与闹市区间的乘客。

（三）按车辆类型及运输能力划分

城市轨道交通可分为地下铁道、轻轨交通、单轨交通、有轨电车、自动导向轨道交通、磁悬浮轨道交通、直线电机轨道交通和市域快速轨道交通等类型。常用的是前面五种。

（1）地下铁道。简称地铁，它是一种大运量的轨道运输系统，采用钢轮钢轨体系，标准轨距为 1 435 mm，主要在大城市地下空间修筑的隧道中运行，当条件允许时，也可穿出地面，在地面或高架桥上运行。按照选用车型的不同，又可分为常规地铁和小断面地铁，根据线路客运规模的不同，又可分为高运量地铁和大运量地铁。国际隧道协会将地铁定义为轴重相对较重，单方向输送能力在每小时 3 万人次以上的城市轨道交通系统。地铁一般线路全封闭，在市中心区全部或大部分位于地下隧道内，因而可实现信号控制的自动化，具有容量大、速度快、安全、准时、乘坐舒适、运输成本低、不占城市用地，但建设成本高等特点，适用于出行距离较长、客运量需求大的城市中心区域。一般认为人口超过百万的大城市就应考虑修建地铁。地铁系统常用车型有 A 型车、B 型车和 LB 型直线电机车。

(2) 轻轨交通。在有轨电车的基础上发展起来的城市轨道交通系统，是一种中运量的轨道运输系统，采用钢轮钢轨体系，标准轨距为 1 435 mm，主要在城市地面或高架桥上运行，线路采用地面专用轨道或高架轨道，若遇繁华街区，也可进入地下或与地铁接轨，输送能力为每小时 1.5 万～3.0 万人次。它的车辆轴重较轻，施加在轨道上的荷载相对于城市铁路和地铁的荷载来说比较轻，因而称为轻轨。其站台标准有高低之分，路权形式也有多种。它具有运量较大、速度快、乘坐舒适、安全、运行经济、建设成本低等特点。其基本车型有 C 型车和 LB 型直线电机车。

(3) 单轨交通。又称为独轨交通，是一种车辆与特制轨道梁组合成一体运行的中运量轨道运输系统，轨道梁不仅是车辆的承重结构，同时也是车辆运行的导向系统。单轨系统可分为跨座式和悬挂式两种，前者跨在一根走行轨道上行走，其重心位于走行轨道上方；后者车辆悬挂于可在轨道梁上行走的走行装置的下面，其重心处于轨道梁的下方。单轨交通因其轨道梁比较窄，仅 85 cm，故具有对城市的景观及日照影响较小、通过小半径曲线能力和爬坡能力强等优点。但是，单轨交通也具有运能小、速度低、能耗大、粉尘污染等缺点。由于橡胶轮与混凝土轨面的滚动摩擦阻力比钢轨大，所以其能耗要比普通钢轮钢轨的轨道交通大约 40%；橡胶轮与轨道间的摩擦会形成橡胶粉尘，对环境有轻度污染；列车运行在区间发生事故时，面积狭小的轨道梁难以安设救援设施，疏散和救援工作都比较困难。该系统适宜于在市区较窄的街道上建造高架线路。其占地面积小，建设适应性较强，主要适用于城市道路高差较大、道路半径小及线路地形条件较差的地区；旧城改造已基本完成且改造后的城市道路比较狭窄的地区；市郊与城区之间的联络线；旅游区或景点的观光线路。目前，单轨交通多用于运动会、体育场、机场和大型展览会等场所与市区的短途联系。

(4) 有轨电车。通常采用地面线，有时有隔离的专用路基和轨道，隧道或高架区间仅在交通拥挤的地带才采用。旧式的有轨电车由于与公共汽车及行人共用街道路权，且平交道口多，因而其运行所受的干扰多，速度慢，通行能力低，单向运输能力一般在每小时 1 万人次以下。现代有轨电车与性能较差的轻轨交通已很接近，只是车辆尺寸稍小一些，运营速度接近 20 km/h，单向运输能力可达每小时 2 万人次。在有轨电车的基础上发展起来的城市轨道交通系统，输送能力为每小时 1.5 万～3.0 万人次。站台标准有高低之分，路权形式也有多种。有轨电车具有运量较大、速度快、乘坐舒适、安全、运行经济、建设成本低等特点。

(5) 自动导向轨道交通。它是一种车辆采用橡胶轮胎在专用轨道上运行的中运量旅客运输系统。其列车沿着特制的导向装置行驶，车辆运行和车站管理采用计算机控制，可实现全自动化和无人驾驶，通常在繁华市区线路采用地下隧道，市区边缘或郊区宜采用高架结构。系统适用于机场专线或城市中客流相对集中的点到点运营路线。

(6) 磁悬浮轨道交通。在常温条件下，利用电导磁力悬浮技术使列车上浮，从而克服阻力，因此，车厢不需要车轮、车轴、齿轮传动机构和架空电线网，列车运行方式为悬浮状态，采用直线电机驱动行驶，主要在高架桥上运行，特殊地段也可在地面或地下隧道中运行。目前用于城市客运交通系统的基本车型有高速磁悬浮列车（最高速度为 400～500 km/h）和中、低速磁悬浮列车（最高速度为 100 km/h）。

(7) 直线电机轨道交通。它是在传统旋转电机的基础上发展起来的，具有完全不同的驱动特点。车辆与轨道之间实现了无接触的牵引和制动特性。将旋转电机转变为扁平的直线感应电机后，使得车厢底板高度降低、车辆断面小、轴重轻、动力性能好，相比旋转电机轨道交通有许多优势。实践证明，直线电机轨道交通具有爬坡能力强、曲线半径小、噪声低、维修工作量小、安全性能好等优点，适合在城市地形复杂、地面建筑物密集、地下空间资源紧张的大中城市中采用。在城市内，直线电机轨道交通建在地下，可充分发挥选线灵活的特点，可穿越已有地铁、河流；在郊区，采用高架线可充分发挥车辆轴重轻、横断面小和振动、噪声较小的特点，与周边环境能很好地结合，具有良好的景观效果。然而，由于直线电机定子与感应板之间存在一定的气隙（8～12 mm），直线电机车辆的牵引耗能在一定程度上高于旋转电机车辆。

（8）市域快速轨道交通。它是一种大运量的轨道运输系统，客流量可达到每小时20万～45万人次（一般不采用高峰小时客运量的概念）。市域快速轨道交通适用于城市区域内重大经济区之间中长距离的客运交通。由于其设站较为稀疏，站间距普遍较大，因此，可选用车速较高（120～160 km/h）的车型。

二、城市轨道交通的适用性

（一）地铁

2018年出台的《国务院办公厅关于进一步加强城市轨道交通规划建设管理的意见》（国办发〔2018〕52号）规定，申报发展地铁的城市，需满足4个基本条件：城区人口应在300万人以上；地方财政一般预算收入在300亿元以上；国内生产总值达到3 000亿元以上；初期客运强度不低于每日0.7万人次，远期单向高峰每小时3万人次以上。

（二）有轨电车

地铁作为轨道交通的延伸与补充，修建费用高昂，轨道延伸覆盖范围有限，而中运量的有轨电车具有投资省、周期短的优势，可以作为客流不足或轨道覆盖不到的地方的公共交通方式。

（三）单轨交通

适用于城市道路高差大、道路半径小及线路地形条件差的地区，旧城改造基本完成且改造后城市道路比较狭窄的地区，市郊与城区之间的联络线，旅游区或景点的观光线路。

（四）自动导向轨道交通

适用于机场专线或城市中客流相对集中的点到点运营线路。

第三节　城市轨道交通的发展

一、城市轨道交通总体发展阶段

（一）初步发展阶段（19世纪60年代以前）

从19世纪开始，大量的人口涌入城市。伦敦人口几乎以每10年增长20%的速度发展，从1801年的100万人，迅速发展到1871年的400万人，到第一次世界大战前超过了700万人，城市面积由1840年的25 km^2发展到1900年的100 km^2。与此同时，纽约的人口也从1800年的7.9万人，发展到1910年的476万人，1910～1940年是纽约人口发展最快的时期，1940年人口数量已达745万，城市面积也大幅扩张。

19 世纪初期，伦敦、纽约都还只是步行城市，除少数贵族拥有私人马车外，商人和中产阶级虽也有钱乘坐马拉的公共交通工具，但大量的工人上下班还是采用步行方式。且 1840 年以前，纽约处在相对较小的规模，城市也没有像现在这样按功能分成诸如办公区、工业区、居住区等，大部分商业活动集中在曼哈顿、港口和华尔街地区。

1836 年，伦敦出现第一条铁路，从伦敦桥到格林尼治。早期的铁路由于运费太高，不适合作为大量短距离通勤人员的交通工具，铁路运输更关注长距离的、城市间的运输。虽然铁路没有直接服务于城市轨道交通，但它使得城市的腹地范围不断扩大，在不到半个世纪的时间内扩大了 3～6 倍，大大促进了城市交通需求的发展。当时城市的公共交通主要通过马车来实现，后来将马车放在钢轨上运行，还可以利用由多匹马组成的马队来提高牵引力，增大车辆规模，降低运输成本及票价，使更多的人乘坐公共交通工具成为可能。当时，经济的发展吸引了大量的欧洲移民涌入纽约，商业活动迅速扩张到曼哈顿以外的地区，人口也迅速增长，许多居民不得不在远离工作单位的地方寻找栖身之所，马车轨道使人们向曼哈顿的北部移动，开发了市中心区作为新的居住地，但由于马车行驶速度缓慢，单纯依靠它已不能开发新的居住地。同时，大量的马车作为交通工具造成了严重的交通阻塞和环境污染。

（二）第一次发展高潮(1863—1923 年)

地面环境恶化，交通状况拥挤，显而易见的办法就是建立快速地铁来实现人口的迅速移动。在城市财政的支持下，1863 年，伦敦在帕丁顿的法灵顿街和毕晓普路之间修建了第一条城市地铁，采用明挖法施工，以蒸汽机车牵引，当年就运送旅客 1 000 万人次。很快，地铁向外延伸，与都市商业铁路连在一起，形成伦敦市区的快速轨道服务系统，伴随着后来在技术上的一些突破，使工人居住地远离伦敦市区成为可能。从 19 世纪 60 年代开始，一些铁路公司开始以便宜的往返票形式吸引工人选择铁路作为交通方式，工人也随之向伦敦东部移动，很快，恩菲德和瓦尔珊斯坦等地区发展起来。铁路网在伦敦地区极速发展，尤其是南泰晤士河区域铁路发展极为迅速，极大地促进了该地区经济的发展。到 1900 年，铁路在伦敦占有极为重要的地位，城市约有 5%的区域归铁路所有。20 世纪初，伦敦地铁和地面铁路发展迅速，市区乘车人数从 1900 年的 228 万人增长到 1913 年的 400 万人，在大伦敦铁路乘车的人数从 1900 年的 550 万人增长到 1913 年的 725 万人。

在伦敦 1863 年建成的地铁的启示下，纽约于 1868 年建成高架铁路，并在 1870 年扩展到 9 号大道的 30 号街道地区，在 1880 年，2 号、3 号、6 号大道相继开通了高架铁路，并在 6 号大道的 53 号街道处与 9 号大道实现了连接，将曼哈顿的东、西、北部连接起来。1886 年，东线通过哈林河将南布鲁克斯地区连接起来，同时布鲁克林地区也通过高架铁路和纽约连在一起，城市进一步扩大。虽然这些高架铁路将几个区域有效地连接在一起，但还不能满足纽约人口增长的需要。1900 年，纽约开始修建地铁，于 1904 年投入运营，第一年年底日运量就达到了 40 万人次。

在此期间，电气化和隧道掘进技术改变了城市铁路的状况。电气化铁路的应用，使地面轨道运输更为迅速，成本更低，使更多的人乘坐火车成为可能。随之，更多的人搬往郊区，寻找更好的居住条件，使市区的规模进一步扩大。同时电力技术应用在隧道内，消除了地铁内的燃煤污染，而且使地铁可以建在地下更深的区域。1890 年，从伦敦市区到南伦敦区建成了世界上第一条电气化地铁，之后越来越多的电气化铁路和地铁将伦敦的许多地区联系在一起,使更多的通勤人员可以从更远的郊区进入伦敦工作,更多的人可以搬到伦敦的西部生活,从而实现了伦敦西部的开发。

在纽约,随着人口的增长,铁路两侧建成了许多公寓,使这些地区成为人口最为稠密的区域,从而面临高发病率、高犯罪率、酗酒、家庭破裂等问题,人们需要向一些人口密度较小、居住条件较好的地区迁移,布鲁克斯、布鲁克林、皇后区都是较好的选择,同时,大量的通勤人员需要有快速、便捷、便宜的公共交通工具,经过多方考虑,纽约市政府顶着资金压力,计划修建多条地铁,并使原有的地铁变为双线。这一计划取得了很好的效果,双线地铁大部分在1910—1920年开放,而纽约人口的增长集中在1910—1940年,在此期间形成了距市中心6.5~19 km的曼哈顿中心商业区(CBD)。在地铁的带动下,生活在拥挤城市内的居民搬迁到条件更好的地方居住。到1930年,快速轨道交通线年运送旅客2亿多人次。

另外,地铁并非是纽约唯一的铁路通勤交通工具,另有3条独立的快速轻轨运输线为通勤人员服务,每年也运送较多的旅客。可以说,在此期间,城市轨道交通成了公共交通的主体。

(三)停滞萎缩阶段(1924—1949年)

汽车工业的发展,导致城市轨道交通的发展停滞和萎缩。汽车由于其灵活性、便捷性和可达性,一度成为城市交通的宠儿,得到飞速发展。而轨道交通因投资大、建设周期长,所以一度失宠。这个阶段对城市地面轨道交通造成了很大的影响,此时,只有少数大城市发展了城市地铁。1920—1940年开通的独立地铁系统使纽约的城市轨道交通系统增加了97 km,开发了市区的一些新的区域,并逐渐替代了原有的高架铁路系统。同一时期,在伦敦市区出现了很多机动公共汽车,由于缺乏统一管理和面临着激烈的竞争,机动公共汽车一般只有载满乘客才出发或者相互追赶到下一车站争取更多的乘客,因此交通秩序比较混乱。伦敦地区从1924年开始治理,但效果不大。1933年成立的旅客运输管理局使公共汽车、地面轨道和地铁合作起来。在20世纪30年代末期,更多的隧道把伦敦市区和外围联系起来,越来越多的中产阶级向伦敦郊区迁移,使伦敦向外蔓延,如鲁斯利普和哈罗都成了居住区。1928—1934年,每年乘车人数超过1亿人次。

(四)第二次发展高潮(1949—1969年)

第二次世界大战后,由于和平年代城市人口增加,污染严重,很多人选择在市区外居住,加之小汽车激增和城市街道通行能力有限的矛盾日益突出,很多城市都面临着如何在较长的距离内,以最有效而快速的方式来输送大量乘客的问题。东京在此期间修建了大量的城市地铁,在有效地解决这一问题的同时,又不断扩大了城市的规模。在英国,快速发展的工业和过量的人口开始尝试从伦敦、伯明翰等大城市迁出,这就意味着可以在缓解城市交通堵塞的同时,在原来的经济萧条地区创造更多的工作岗位。同时一些政府机构在这些经济萧条地区的建立,也鼓励着更多的政府机构和私人企业搬迁到伦敦的郊区,有效地缓解了城市人口密度过高的问题。但利用公共交通工具进入市区的通勤人员持续增加,要求进一步改善原有的轨道交通环境和修建新的地铁线路。

从20世纪50年代开始,纽约发生了很大的变化,一些地区的人数增加的同时,另一些地区的人数减少,很多人口增加地区向曼哈顿的人口流动进一步增加,需要建设越来越多的城市轨道交通系统,至1968年形成了目前纽约大都市的基本框架。随着各地区政府部门的建立,各地区都得到了较大的发展,形成了纽约大都市圈。

(五) 快速发展阶段(1970 年至今)

世界各国城市化的趋势,导致人口高度集中,要求轨道交通高速发展以适应日益增加的客流运输,各种技术的发展也为轨道交通奠定了良好的基础。伦敦在 1971 年建成了“维多利亚线”,1979 年建成了“欢乐佳节线”,并对原有线路、车站、车辆等设施进行了大规模的整修、改建和更新换代,基本上建成了伦敦地铁交通系统,地铁沿线的经济得到了充分发展。在此期间,伦敦的城市轻轨交通也得到了一定的发展。在 20 世纪 80 年代初期,伦敦议会认为应该给城市公共交通更多的特权和优惠的票价来吸引更多人选择公共交通工具作为出行工具。伦敦市政府在 20 世纪 80 年代,致力于发展伦敦的港口地区,认为港口可发展成为商业、办公、居住一体的地区,同时港口对经济繁荣时期的白领阶层也有巨大的吸引力。由于地铁造价高昂,政府选择轻轨作为新的交通工具,在 1987 年、1991 年分别开通了两条轻轨线路,并在 1994 年、1999 年对轻轨线路进行了大的扩展,每天有 55 000 多人次乘坐轻轨上下班。

在过去的几十年里,曼哈顿的工作岗位进一步增加,加之原来人口流动的影响,需要进一步扩展纽约的城市轨道交通系统。1981 年,纽约提出建立快速可靠的地铁、公共汽车、通勤铁路系统。经过不断的努力,1997 年,纽约地铁运送通勤旅客 11.1 亿人次,同时有其他旅客 376 万人次,另外还有 1.8 亿人次乘坐三条通勤城市轻轨,5 亿人次乘坐公共汽车,6 200万人次乘坐新泽西到曼哈顿的轻轨。

另外,作为国际化的大都市,这些城市都面临着如何将多种交通工具进行有效连接的问题。有很多人乘坐飞机去往世界各地,如何将这些旅客及时地从市区转移出去也是一大问题。伦敦地铁车站连接着市内的希思罗及盖特威克两大机场,乘客下火车或飞机后可以换乘地铁,甚至有的旅馆后门就连着地铁车站,实现了地铁和旅馆的连接。东京也有专门的地铁连接各大机场。城市轨道交通在此期间得到了充足的发展。

二、国外城市轨道交通的发展

目前,在城市交通中起主要作用的是地铁和城市铁路,其中地铁在城市轨道交通中占主导地位。下面我们将对伦敦、巴黎、东京和纽约 4 个城市的地铁系统进行简要介绍。

(一) 伦敦地铁

伦敦不仅是世界上最早修建地铁的城市,而且其规模也居世界前列。伦敦市轨道交通分为两大类,一类是国家铁路,一类是地铁,国家铁路除了规划建设的以外,目前仍在运行的主要是普通的国家铁路、地上铁路、码头区轻轨和电车连线。伦敦轨道交通线路呈放射状布置,地铁线路共有 12 条线,总长 415 km,市郊铁路共有 3 000 km,其中地下部分 167 km,车站总数 270 个;日客流量 300 万人次,约占伦敦公交总运送人数的 48%。伦敦地铁线路如图 1-1 所示。

(二) 巴黎地铁

巴黎是世界上人口密度最高、公共交通网络最为完善的城市之一。整个巴黎大区占地面积 12 011 km^2,平均半径为 62 km,拥有 1 169 万居民,人口密度为 973 人/km^2。通常称的小巴黎也就是巴黎市区,面积 105 km^2,平均半径为 6 km,人口约 219 万,人口密度约为 2 万人/km^2,分布比较均匀。而郊区人口分布则比较集中,多在市区快线或市郊铁路站附近。巴黎大区庞大的轨道交通系统已有 100 多年的历史,每天要承担 1 400 万

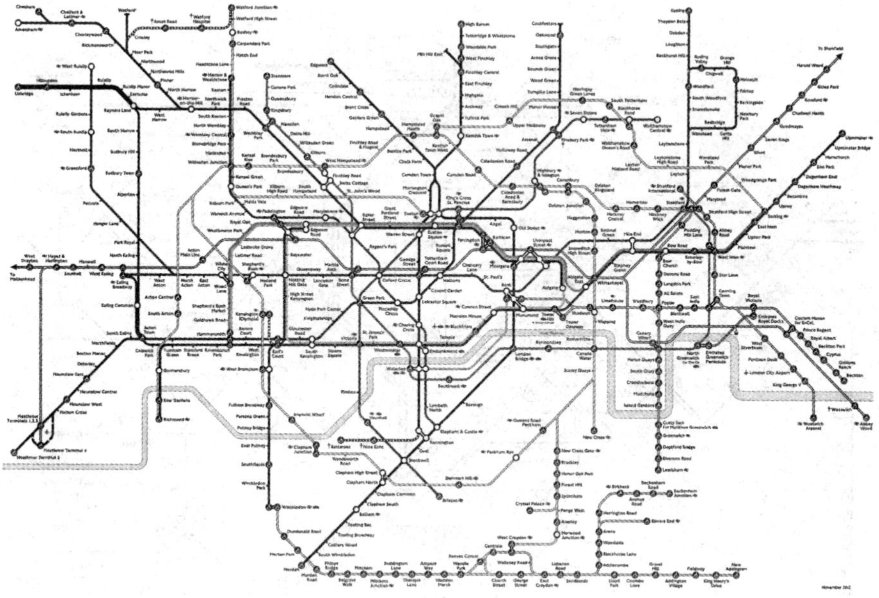

图 1-1　伦敦地铁线路示意图

人次的交通出行。其中地铁和市区快线在人们出行中占有重要的地位。巴黎的城市轨道交通主要由 16 条地铁线、5 条市区快线、8 条市郊铁路线、3 条有轨电车和 1 条铁路有轨电车组成。地铁主要服务于距巴黎中心半径为 6～8 km 的范围，其中历史最悠久的 1 号线已有 100 多年的历史，最早于 1900 年投入运营，目前正在进行全自动化改造。整个地铁网络线路总长 214 km，总共有 300 个站点，其中 62 个站点可以实现与其他线路的换乘，平均站间距 548 m。除无人驾驶的 14 号线平均运营速度约为 40 km/h 外，其余线路平均运营速度均为 20 km/h。16 条线路中，2 号线、6 号线为半环线，其他为穿越线，导致大量线路穿越市区的夏特莱站。大巴黎区域快速轨道交通网共有 5 条穿越线，每条线路含有多个分支，服务于距巴黎市区半径为 40～50 km 的范围。其中最早的线路 A 线于 1977 年开始投入运营。整个网络共有站点 257 个，线路总长度为 587 km。巴黎总共有 8 条市郊铁路，不同于巴黎市区的地铁网络全部是新建的，市郊铁路旨在利用原有的铁路网络实现大巴黎的通勤交通。它们一般是射线线路，只将郊区乘客送至市中心区的 6 个火车站，而不穿越市区。整个市郊铁路网络全长为 1 296 km，此类线路通常站间距较大，运营速度较快，服务范围为整个巴黎大区，服务半径为 60 km。有轨电车总共 3 条线路，主要服务于巴黎市区，用以弥补巴黎市中心环线的不足，平均运营速度 20 km/h。其中 1 号线位于巴黎市区北面，总长 12 km，沿线设有 26 个站，平均站间距 480 m，于 1992 年投入运营。2 号线位于巴黎市区西面，全长 11.3 km，共设 13 个站，平均站间距 942 m，于 1997 年投入运营。3 号线位于巴黎市区南部，全长 7.9 km，共设 17 个站点，平均站间距 494 m，于 2006 年开始运营。巴黎地铁线路如图 1-2 所示。

（三）东京地铁

东京地区为典型的单向集中型城市结构，可以分为核心部分的商业中心和分散在外围

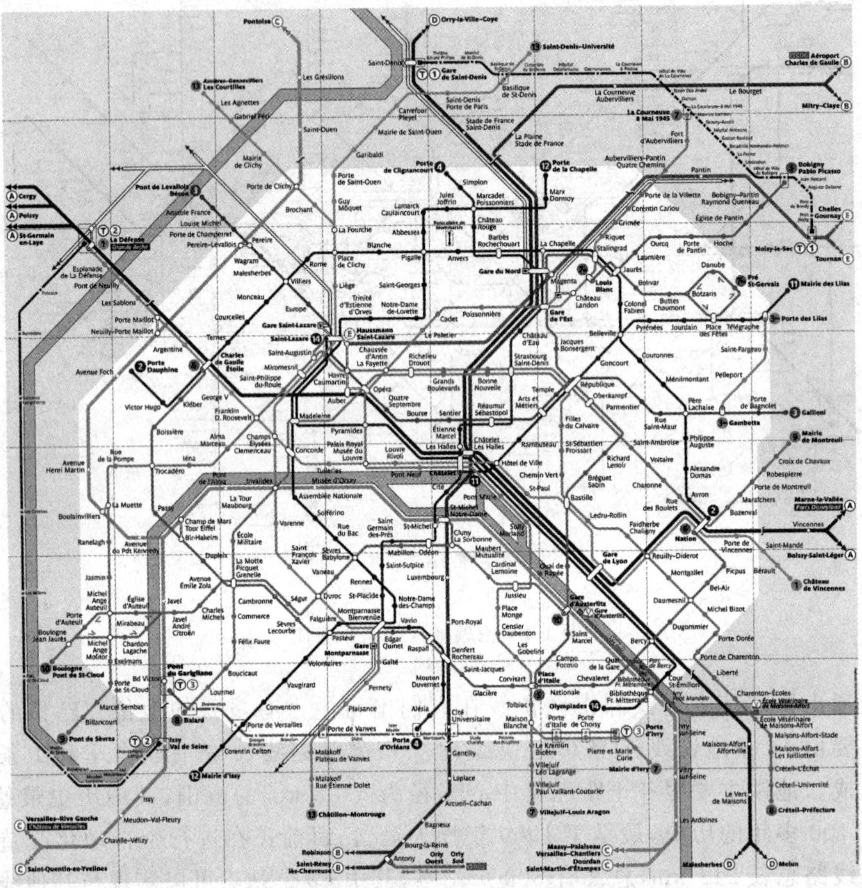

图 1-2　巴黎地铁线路示意图

的住宅以及商业和工业地区。核心地区以东京为中心，方圆 15 km，毗连的外围地区从中心外延达 50 km，在商业中心工作的人们每天从市郊乘坐列车通勤。大东京都市圈范围内共有铁路及各种有轨交通系统 2 246 km。每天早晨从郊区到市中心的客运量达每小时 400 万人次。日本城市轨道交通主要有高架铁路和地铁(重轨铁路)、线性电机地铁、AGT(自动导轨电车)、单轨系统(悬挂和跨座式)。各种交通方式之间相互协调，形成了一个总长度为 2 246 km 的多样化轨道交通网络。东京轨道交通系统线网为非对称式的放射环状结构。城市中心区(内城区)主要由地铁提供服务，外围区主要由地铁及私营铁路提供服务，郊区则主要由私营铁路和国家铁路提供服务。其中，地铁共有 12 条线路(其中环线 1 条，放射线 11 条)，总长度为 292 km，运营速度为 30～35 km/h，站间距约为 1 km，日客运量超过 900 万人次。铁路重点承担近郊区和都市圈内城际间的出行，运营速度达 40～120 km/h，站间距为 2～6 km。东京地铁线路如图 1-3 所示。

(四) 纽约地铁

纽约地铁于 1904 年开始运营，目前已拥有世界上规模最大的地铁网络之一，包括 27 条

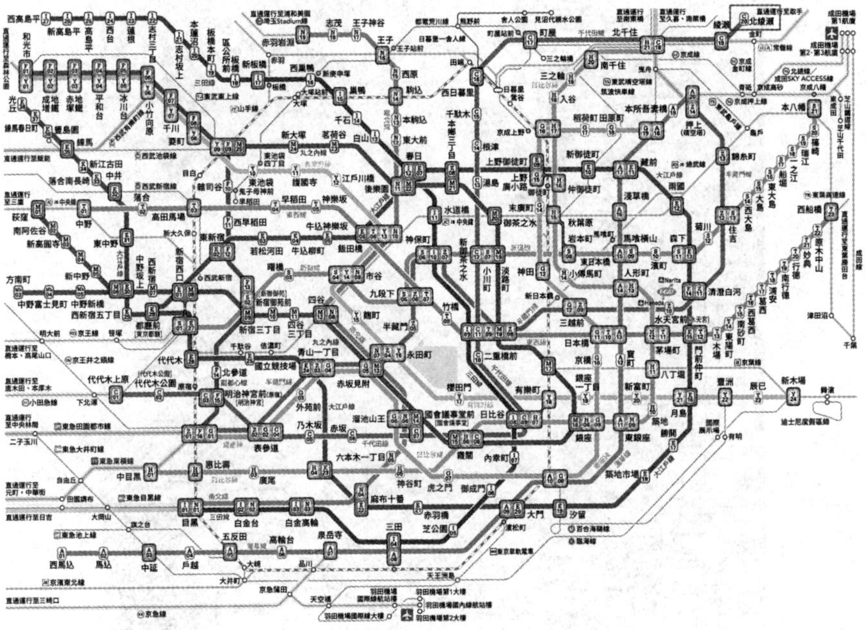

图 1-3　东京地铁线路示意图

线路，全长 443.2 km，其中地下线路 257.9 km，共设有 504 个车站，尤其在曼哈顿市区，平均每平方千米就有 3.83 个车站。纽约地铁日客运量超过 560 万人次，占公交系统总运量的 70%左右。纽约地铁线路如图 1-4 所示。

三、我国城市轨道交通系统的发展

（一）我国城市轨道交通系统的发展阶段

1. 开始建设阶段

这一阶段以北京地铁 1 号线完全建成（复八线建设和 1 号线改造），以及上海地铁 1 号线（上海火车站至莘庄）和广州地铁 1 号线（西塱站至广州东站）的建成为标志。在这一阶段，随着改革开放和经济体制改革的逐步深入，城市交通需求剧增，导致道路交通供给能力严重不足，交通供需矛盾突出，成为城市社会经济发展的一个重要制约因素。为适应城市发展的需要、缓解城市交通的紧张状况，从 20 世纪 90 年代开始，我国政府加大了对城市交通基础设施的投入，强调轨道交通对解决城市交通问题和引导城市发展的作用。从此，发展大容量轨道交通方式的理念开始显现，我国开始进入城市轨道交通的建设阶段。在这一阶段除地铁建设外，以上海明珠线一期工程为代表的轻轨交通也开始建设。

2. 建设高潮阶段

随着我国经济的发展和城市化进程的加快，我国城市的规模和人口在不断扩大，城市交通问题日益突出。城市交通问题的解决必须依赖公共交通的发展，大城市及特大城市还必须建设一个以轨道交通系统为骨干、以公共交通为主体、多种交通方式相互协调的综合交通系统，已成为共识。同时，经济的快速发展也为发展城市轨道交通奠定了雄厚的物质基础。

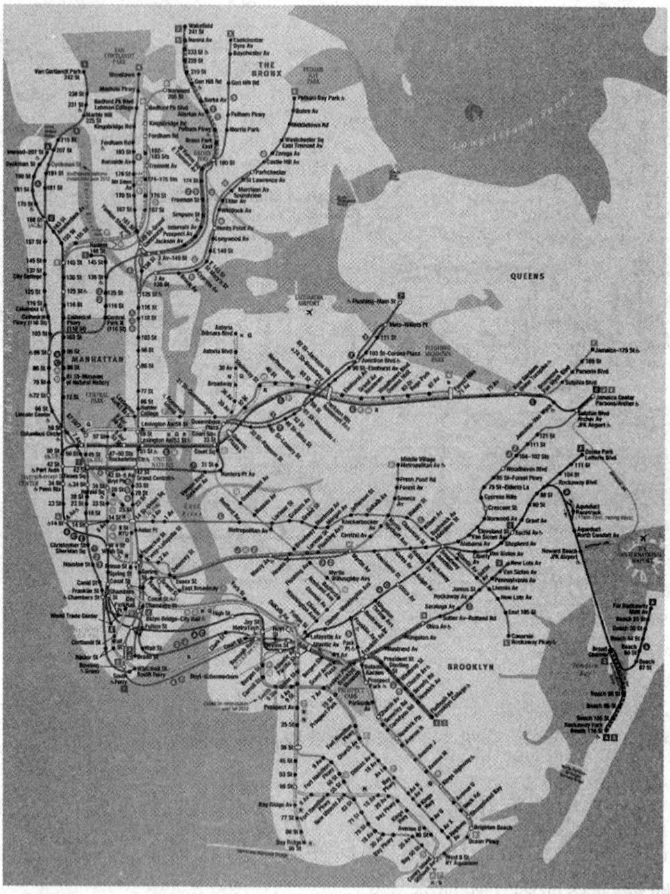

图 1-4 纽约地铁线路示意图

自 20 世纪末至 21 世纪初，我国城市轨道交通进入快速发展的建设高潮阶段。

3. 建设调整阶段

在我国城市轨道交通的发展过程中，值得指出的是，从 1995 年到 1998 年，由于地铁建设发展迅猛，有部分城市不顾地方经济实力，盲目上马建设轨道交通项目，速度过快、过猛，还有的城市盲目追求高标准，忽视了是否适合本城市的实际情况等问题，使城市轨道交通建设带有很大的盲目性。针对工程造价高(每千米地铁造价接近 7 亿元人民币)、车辆全部引进、大部分设备大量引进等问题，1995 年，《国务院关于暂停审批城市地下快速轨道交通项目的通知》(国办发〔1995〕60 号)要求，除北京、广州两个在建地铁项目和上海地铁 2 号线项目外，所有地铁建设项目一律暂停审批，并要求做好发展规划和国产化工作。从 1995 年到 1998 年，近 3 年时间国家没有审批城市轨道交通项目。2002 年 10 月中旬国务院冻结了近 20 个城市的地铁立项，委托中国国际工程咨询公司对国内的地铁项目做全面的调查分析，准备出台一系列有关地铁项目审批的新政策，加大地铁项目的宏观调控力度。至此，轨道交通的建设与发展经历了一段曲折的历程。

4. 蓬勃发展阶段

我国的城市轨道交通建设在经历了早期建设、高速发展、建设调整等曲折过程后，正步入稳步、持续、有序的蓬勃发展阶段。《国家中长期科学和技术发展规划纲要(2006—2020年)》明确提出构建以城市轨道交通为骨架的城市公共综合交通体系，我国城市轨道交通建设在“十一五”后迎来建设高潮，有条件的大城市和城市群地区均把轨道交通作为优先发展领域。一是随着国家积极财政政策的实施，国家从建设资金上给予有力支持；二是通过技术引进，国际先进制造企业同国内企业合作，实现了城市轨道交通车辆、设备本地化，使城市轨道交通建设造价大大降低。目前，我国城市轨道交通发展迅猛，已经建成或正在兴建的城市轨道交通几乎包括了各种类型。国家先后批准了广州、重庆、武汉、南京、杭州、成都、哈尔滨、济南等多个城市轨道交通项目开工建设，并投入 40 亿元国债资金予以支持。交通运输部运输服务司表示，截至 2018 年 10 月底，中国大陆(不含港、澳、台地区)共有 24 个省份的 35 个城市开通运营轨道交通，运营线路 163 条、总里程 4 909 km(不含市域轨道交通)；另外，规划建设里程 7 700 km，其中在建里程超过 6 000 km。到 2020 年，我国将建成约 6 000 km城市和城际轨道交通系统，基本形成布局合理、功能完善、干支衔接、技术装备优良的城际、城市轨道交通网，实现城际客运专线、城市轻轨、城市地铁同铁路客运专线之间的有机衔接，方便旅客换乘，更好地为广大人民群众服务。

（二）我国城市轨道交通系统的发展战略

进入 21 世纪，我国进入了全面建设小康社会的新发展阶段，树立和落实科学发展观、转变经济增长方式，将推进经济社会全面、协调、可持续发展。在“十五”期间国家就把“发展城市轨道交通”列入“十五”规划。随着城市化率不断提高，我国城市轨道交通将在“十二五”和今后一个相当长的时期内快速、健康地发展。“十二五”规划明确提出，优先发展公共交通，科学制定城市轨道交通技术路线，规范建设标准，有序推进轻轨、地铁、有轨电车等城市轨道交通网络建设。“十三五”交通发展的战略任务将围绕十大重点工程进一步改善交通运输环境，其中包括高速铁路、高速公路、“四沿”通道、民用机场、港航设施、城市群交通、城市交通、农村交通、交通枢纽和智能交通，加快我国交通运输现代化的步伐。

随着我国经济社会的不断发展和进步，我国城市轨道交通将会快速发展。在肯定我国轨道交通长足发展的同时，我们也应清醒地看到，轨道交通的发展目前仍存在一些问题，主要表现在四个方面：一是城市轨道交通规模小、财务效益差，对经济社会发展的“瓶颈”制约仍较严重。高峰期运输紧张问题突出，路网规模总量、结构仍然有待提高和改善。二是在城市交通问题日益尖锐、大城市交通拥堵、路网结构不够合理的状况下，大城市快速大容量的轨道交通方式发展仍较缓慢。三是城市群快速发展，城际旅客流量不断增加，城际间交通运输能力越来越不适应，城际间大容量、高效、低污染和节省资源的轨道交通建设滞后。四是国产化率偏低，有待进一步提高。展望未来，轨道交通作为一种与我国国情和资源现状相适应的交通运输方式，发展前景十分广阔。

目前，我国地铁运营里程数在快速增长，除了北京、上海、广州、深圳这些“老牌”城市地铁外，哈尔滨、重庆、成都、武汉、长沙、南昌、济南等城市将贡献主要增量，城市轨道交通建设已经由一线城市逐渐向二、三线城市扩展。

北京 1971 年初开通第一条地铁线路，长 24 km。2008 年 7 月 19 日，在北京奥运会召开前夕，北京地铁 10 号线一期、奥运支线(北京地铁 8 号线一期)和机场线 3 条轨道新线正式通车，运营线路达到 8 条，北京地铁的网络效应已经初步显现。2009 年 9 月 28 日，北京地铁 4 号线试运营。2010 年底，北京开通运营了通往远城区的昌平线、亦庄线、房山线、大兴线、顺义线 5 条轨道交通线路，运营里程 108 km，加上已运营线路 228 km，总计北京轨道交通线路达到 14 条，运营里程达到 336 km。2018 年，由北京地铁公司负责运营管理的 6 号线西延（海淀五路居—金安桥）、8 号线三期（珠市口—五福堂）、8 号线四期（五福堂—瀛海）及 8 号线南锣鼓巷至中国美术馆区间等轨道交通线于 12 月 30 日开通试运营，6 号线北运河东、7 号线垡头、8 号线中国美术馆、亦庄线亦庄火车站 4 座车站同步开通，使北京市轨道交通路网新增里程 28.6 km。至此，北京地铁路网总里程达 636.8 km，车站 391 座，其中换乘站 58 座。北京地铁线路如图 1-5 所示。

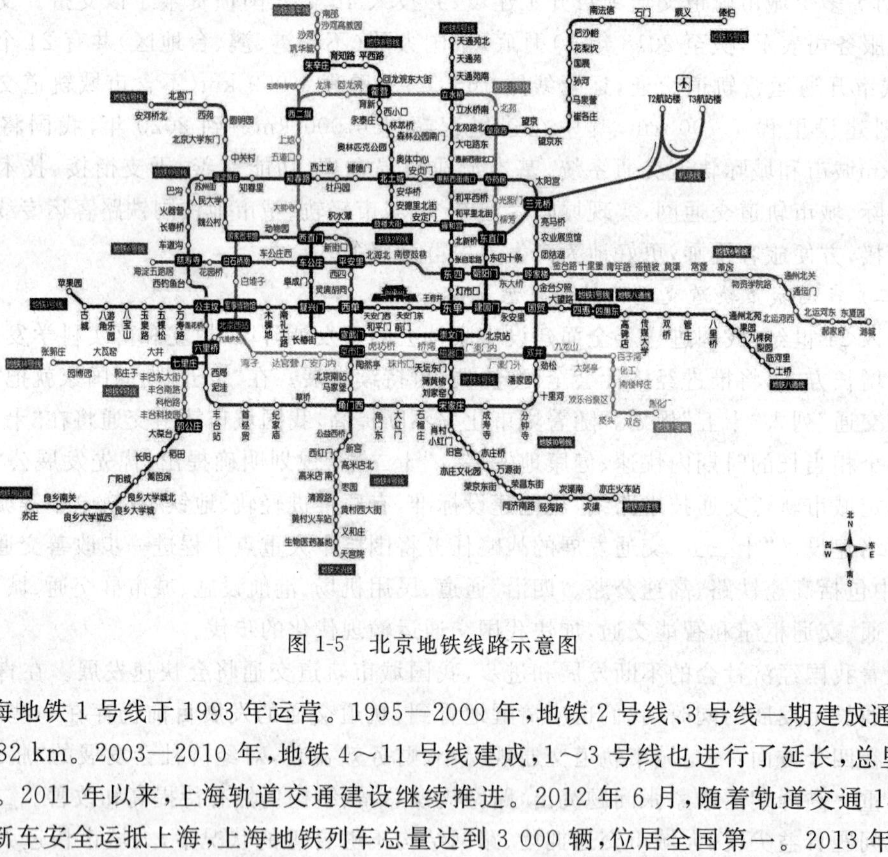

图 1-5　北京地铁线路示意图

上海地铁 1 号线于 1993 年运营。1995—2000 年，地铁 2 号线、3 号线一期建成通车，总里程达 82 km。2003—2010 年，地铁 4～11 号线建成，1～3 号线也进行了延长，总里程达 420 km。2011 年以来，上海轨道交通建设继续推进。2012 年 6 月，随着轨道交通 13 号线第二列新车安全运抵上海，上海地铁列车总量达到 3 000 辆，位居全国第一。2013 年，上海地铁网络全网运营线路总长超过 500 km，车站共计 331 座，运营规模居世界第一。2014 年，上海市地铁建设又一次进入了高峰期，有 10 条地铁线路同时建设或开展前期工程，全市有 30 台盾构机在推进，50 多座车站投入建设，有 103 km 的地铁新线路开工，实现线路结构贯通 33 km。截至 2018 年 12 月，上海地铁运营线路共 16 条，设车站 415 座，运营里程共 705 km，在建线路共有 4 条，分别为 10 号线二期工程、14 号线、15 号线和 18 号线，在建里程共 163.6 km。上海地铁线路如图 1-6 所示。

广州地铁 1 号线于 1993 年 12 月 28 日正式动工，1997 年 6 月 28 日开始试运营，首段开通西塱—黄沙段，全线于 1998 年 12 月 28 日竣工，1999 年 6 月 28 日正式开通运营。2000—2012 年，2、3、4、5、8 号线及广佛线等相继建成投入运营。2013 年 12 月 28 日，跨越白云、荔湾、越秀、天河等多个中心城区的 6 号线首期开通。2015 年 12 月 28 日，广佛线从西塱进一步延伸至燕岗。2016 年 12 月 28 日，广佛线二期开通，6 号线二期向萝岗科学城板块挺进，

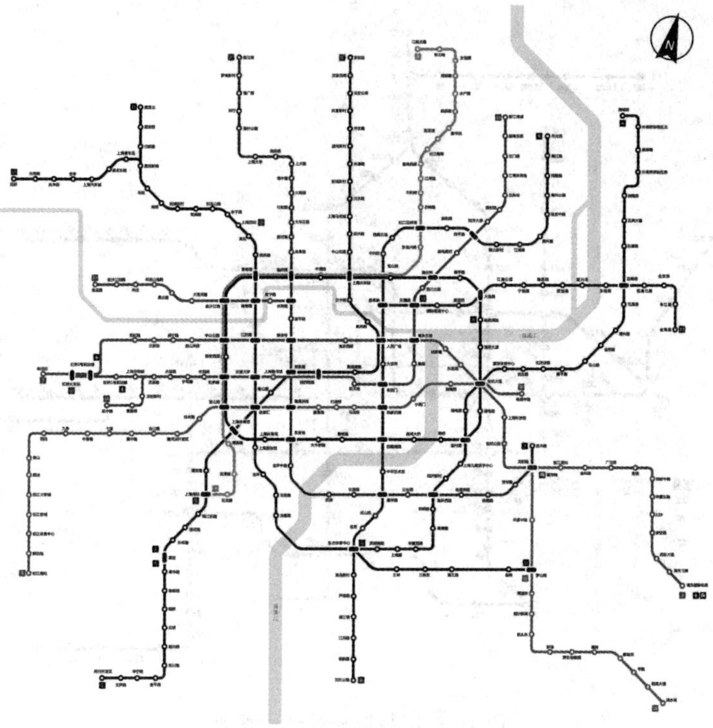

图 1-6　上海地铁线路示意图

而番禺区首条东西横贯大动脉 7 号线一期也同日开通。2017 年 12 月 28 日，4 号线南延段、9 号线一期、13 号线首期和 14 号线知识城支线 4 条地铁新线开通试运营。截至 2018 年 12 月，广州地铁运营线路共 14 条，设车站 257 座，共有换乘站 31 座，运营里程 478 km，运营里程居国内第三。至此，广州地铁实现区区通地铁，中心城区与周边互连互通，为网络型城市建设奠定了交通基础。可以预期，在不远的将来，广州将拥有四通八达的地铁线网，地铁交通工程将与其他大型建筑物地下自然延伸发展等相结合，将会更加注重立体开发，充分利用地下空间的多功能性，建成四通八达的地下城，实现地下交通、地下商业、地下疏散干道的有机融合。广州地铁线路如图 1-7 所示。

深圳城市轨道交通系统的形式目前主要是地铁，1 号线始建于 1999 年，于 2004 年 12 月 28 日正式通车。其后，深圳地铁进入快速发展时期，2010—2016 年，2、3、4、5、7、9、11 号线相继建成通车。截至 2018 年 12 月，深圳地铁已开通运营线路 8 条，设车站 199 座，运营线路总长 285 km，地铁运营总里程居国内第五，构成覆盖深圳 6 个市辖行政区的城市轨道网络。2019 年 8 月，深圳地铁在建线路共有 17 段，近 300 km。到 2020 年，深圳地铁将形成 16 条运营线路，总长 596.9 km 的轨道交通网络。深圳地铁线路如图 1-8 所示。

成都市是四川省省会，西南地区科技、金融、商贸中心和交通、通信枢纽，是我国西部重要中心城市和新型工业基地，国家历史文化名城和旅游中心城市。2005 年 10 月，国务院批准了《成都市城市快速轨道交通建设规划》；同年 12 月 28 日，成都地铁 1 号线一期工程正式开工建设，成都地铁正式迎来了建设时代。2007 年 12 月 29 日，成都地铁 2 号线一期工程开工建设。2010 年 9 月 27 日，成都地铁 1 号线一期工程开通运营，这是我国西部地区开通

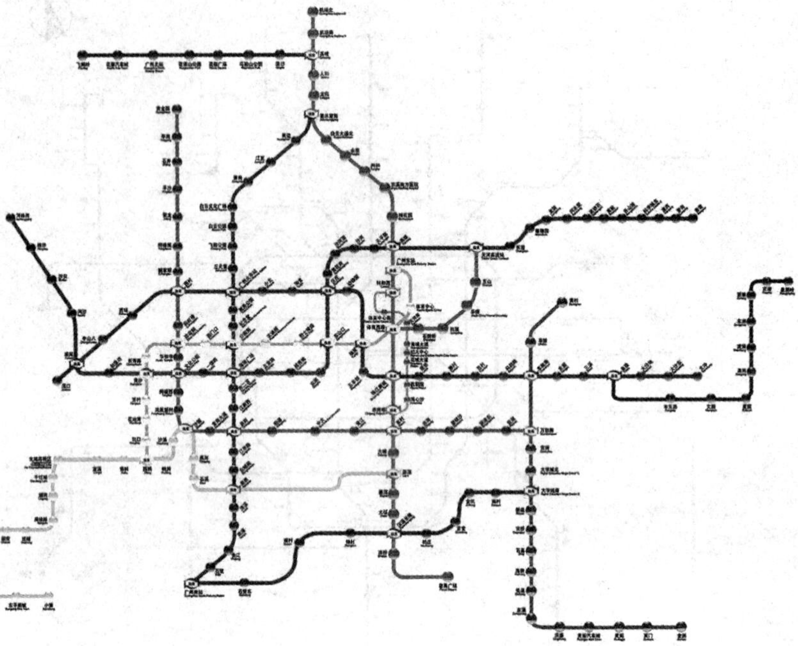

图 1-7　广州地铁线路示意图

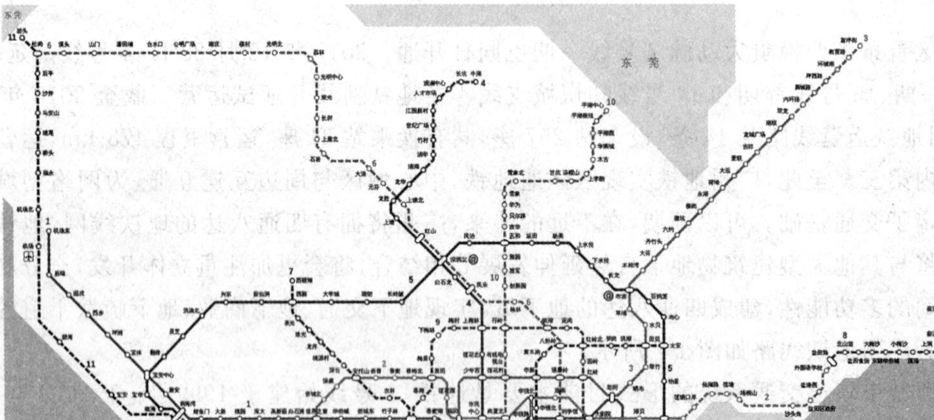

图 1-8　深圳地铁线路示意图

的首条地铁线路。2012 年 9 月 16 日，2 号线一期工程开通运营。其后，1、2 号线的后续工程及 3、4、7、10 号线相继建成投入运营。截至 2018 年 12 月，成都地铁已开通运营线路 6 条，运营线路总长 226 km。根据 2019 年 6 月 17 日发布的《国家发展改革委关于成都市城市轨道交通第四期建设规划（2019—2024 年）的批复》（发改基础〔2019〕1071 号），成都市城市轨道交通远期线网规划由 31 条线路组成，总长 1 557 km。2019—2024 年，建设 8 号线二期、10 号线三期、13 号线一期、17 号线二期、18 号线三期、19 号线二期、27 号线一期、30 号线一期工程等 8 个项目，总长 176.65 km。项目建成后（加上目前在建的项目），成都市将形成总长约 692 km 的轨道交通网络。成都地铁线路如图 1-9 所示。

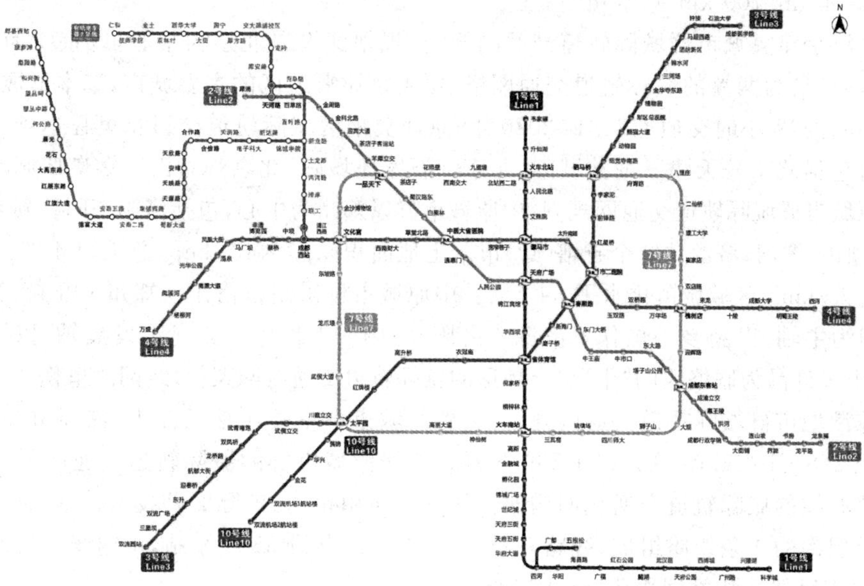

图 1-9　成都地铁线路示意图

（三）我国城际轨道交通系统的发展战略

目前我国城市进入了高速发展时期，形成了较多的城市发展群体，其中规模较大的城市群主要是长三角城市群、珠三角城市群、京津冀城市群、中原城市群和长株潭城市群。自 2003 年以来，基于城际轨道交通比较优势，以及我国资源、能源的实际，我国陆续规划和实施了长三角、珠三角、环渤海京津冀、中原城市群和长株潭城市群等区域的城际轨道交通网，并在其他一些地区陆续开工了一批城际轨道交通项目。

长三角城市群城际轨道交通网规划：长江三角洲地区土地面积 10.01×10^4 km²，人口 7 600万，人口密度为 759.2 人/km²。长江三角洲规划建设以上海为中心，以沪宁、沪杭为两翼的城际轨道交通主构架，覆盖区内主要城市，基本形成以上海、南京、杭州为中心的“1～2 小时交通圈”。到 2020 年，长江三角洲地区城际轨道交通总里程达到 815 km。主要项目包括沪宁城际、沪杭城际、杭甬城际、常州—江阴—常熟—苏州城际、苏州—嘉兴城际。

珠三角城市群城际轨道交通网规划：珠江三角洲地区是由广州、深圳、佛山、珠海、东莞、中山、惠州、江门和肇庆等 9 个城市组成的地区，区域面积共 4.17×10^4 km²，常住总人口为 4 491 万人，人口密度达到 1 077 人/km²。规划的珠江三角洲地区城际轨道交通网络呈“三环八射”的基本构架。三环包括广佛环线、环珠江口的中环线和环珠江口的大环线。八条放射线包括广州至清远、广州至惠州、东莞至惠州、深圳至惠州、珠海至斗山、江门至恩平、肇庆经高明至南沙、佛山至肇庆等城际线。广深交通走廊内形成广深铁路、广深港高速铁路、穗莞深城际、佛莞深城际组成的 4 条 10 线轨道交通线路格局。广珠交通走廊内形成广珠城际、广珠铁路、广佛珠城际组成的3条5线轨道交通线路格局。整个线网能够实现珠江三角洲地区“内圈成网、外圈通连、覆盖全区、通达四邻”的规划目标。规划珠江三角洲地区城际轨道交通线路20条，联络线3条，线网总长1 874.5 km，线网密度4.5 km/100 km^2。远景珠江三角洲地区轨道交通(含城市轨道交通、国铁等)线网密度达11.8 km/100 km^2，与巴黎都市圈13.4 km/100 km^2基本相当。

环渤海京津冀城市群城际轨道交通网规划：规划建设以北京为中心，以京津为主轴，以石家庄、秦皇岛为两翼的城际轨道交通网络，覆盖京津冀地区的主要城市，基本形成以北京、天津为中心的“2小时交通圈”。到2020年，京津冀地区城际轨道交通总里程达到710 km。主要项目包括北京—天津—塘沽城际、北京—石家庄城际、北京—唐山—秦皇岛城际。

中原城市群城际轨道交通网规划：中原城市群以郑州为中心，包括洛阳、开封、新乡、焦作、许昌、平顶山、漯河、济源共9个省辖(管)市。土地面积5.87×10^4 km^2，总人口4 018万，人口密度684人/km^2，区域城镇化水平39.5%。中原城市群采用以洛阳—郑州—开封、新乡—郑州—漯河为主轴，以新乡—焦作—济源—洛阳、洛阳—平顶山—漯河为发展轴，以郑州—焦作、平顶山—许昌为联络线的“十”字半环形的城际轨道交通线网架构，线网总里程994.4 km。

长株潭城市群城际轨道交通网规划：长株潭城市群主要包括长沙市、株洲市和湘潭市，土地面积2.8×10^4 km^2，总人口1 299.5万。长株潭城市群的城际轨道交通网采用以“人”字形为核心线的城际轨道交通线网构架。线网方案由市内、市际2种技术标准，核心、骨干、加密3个层次的4条线路组成，线路总长150.13 km，共设38座车站，市内线平均站间距为2～3 km，市际线平均站间距为8～10 km。

(四) 我国城市轨道交通项目建设程序

城市轨道交通项目必须严格执行国家基本建设程序。现行基本建设程序包括：线网规划、线网近期建设规划、项目可行性研究、工程勘察设计、工程施工和设备安装、试运营、竣工验收和项目后评估。项目可行性研究、工程勘察设计、试运营应依据国家有关法规取得相关政府授权部门的审批或许可。

(1) 项目可行性研究：城市轨道交通建设项目可行性研究通常包括预可行性研究和可行性研究两个阶段。预可行性研究文件是项目立项的依据，应按轨道交通项目建设的长远规划，充分利用国家和行业资料，经调查踏勘后编制。在预可行性研究中，要从宏观上论证项目的必要性，为项目建议书提供必要的基础资料。其内容和深度主要包括：系统研究建设项目在路网及交通运输中的意义和作用，论证项目的必要性；解决拟建规模、线路起讫点和线路走向方案；提出主要技术标准、各项主要技术设计原则的初步意见和主要工作内容；对相关工程和外部协作条件做初步分析；提出建设时机及工期、主要工程数量、投资估算、资金筹措设想；初步进行经济评价；从宏观上分析对自然和社会环境的影响。预可行性研究中，对影响线路走向方案选择的长距离、大面积地质条件极其复杂的地区，应开展遥感工作，编制遥感地质报告，对线路走向方案作出地质评价。地形、地质特别复杂的地区，线路可能方案较多；范围较大的地区，应在预可行性研究中提出加深地质工作的具体意见，经审查后，在初测前安排加深地质工作，确定测绘方案，指导后续地质工作。项目可行性研究是项目决策的依据，应根据批准的项目建议书，从技术可行性、经济合理性上进行全面深入的论证，采用初测资料编制。其内容和深度主要包括：解决线路方案、接轨点方案、建设规模、轨道交通系统主要技术标准和主要技术设备的设计原则；进一步落实各设计年度的客运量，提出主要工程数量、主要设备概数、主要材料概数、用地及拆迁概数、建设工期、投资估算、资金筹措方案、外资使用方案、建设及经营管理体制的建议；深入进行财务评价和国民经济评价；阐明对环境与水土保持的影响和防治的初步方案，以及节约能源的措施。可行性研究的工程数量和投资估算要有较高的精度。

（2）初步设计：初步设计文件是项目建设的主要依据，应根据批准的可行性研究，采用定测资料编制。其内容和深度主要包括：解决各项工程设计原则、设计方案和技术问题；提出工程数量、主要设备数量、主要材料数量、用地及拆迁数量、施工组织设计及总概算；确定环境保护和水土保持措施。初步设计文件经审查、修改、批准后，作为控制建设总规划和总概算的依据，应满足工程招标承包、设备采购、征用土地和进行施工准备的需要。初步设计概算（静态）与国家批复的投资估算（静态）差额不应大于10%。

（3）施工图设计：施工图文件是工程实施和验收的依据，应根据已审批的初步设计和补充定测资料编制。施工图为施工提供需要的图表和必要的设计说明，详细说明施工时应注意的具体事项和要求，并编制投资概算。

（4）工程施工和设备安装：建设单位根据设计文件，进行工程施工和设备安装。

（5）验收交付及试运营：由建设单位会同设计、施工和铁道部门有关单位组织验收，验收合格，轨道交通线路交城轨公司投入运营，基本建设阶段结束。

（6）项目后评估：在城市轨道交通运营若干年后，由建设单位会同有关部门对立项决策、设计决策、设计质量、施工质量、技术经济指标、投资和经济效益等进行后评估，以总结经验，提高决策水平。

第二章　城市轨道交通的主要建造技术

第一节　车站建造技术

一、地铁车站的组成与分类

车站是城市轨道交通路网中一种重要的建筑物，它是供旅客乘车、换乘和候车的场所，应保证旅客方便、安全、迅速地进出车站，有良好的通风、照明、卫生、防火设备等，并给旅客提供舒适、清洁的环境。车站应容纳主要的技术设备和运营管理系统，从而保证城市轨道交通的安全运行。地铁车站里的辅助设备包括：自动扶梯、直升电梯、卷帘门、防洪门、旅客引导系统、照明、售检系统、车站设备自控系统等。根据需要还可设置屏蔽门和防核辐射门等。

1. 地铁车站的组成

地铁车站通常由车站主体（站台、站厅、设备用房、生活用房）、出入口及通道、通风道及地面通风亭等三大部分组成。

(1) 车站主体是列车在线路上的停车点，既是乘客集散、候车、换车及上、下车的场所，又是地铁运营设备设置的中心和办理运营业务的地方。

(2) 出入口及通道（包括人行天桥）是供乘客进、出车站的建筑设施。

(3) 通风道及地面通风亭的作用是保证地下车站有一个舒适的环境。

2. 地铁车站的分类

地铁车站根据其所处位置、埋深、运营性质、结构横断面、站台形式等不同进行分类。

(1) 按车站与地面相对位置分为高架车站、地面车站和地下车站。

(2) 按运营性质分为中间站、区域站、换乘站、枢纽站、联运站和终点站。

(3) 按结构断面分为矩形、拱形和圆形等。其中矩形断面是车站中常用的形式，一般用于浅埋、明挖车站，车站可设计成单层、双层或多层，跨度可选用单跨、双跨或多跨。拱形断面多用于深埋或浅埋暗挖车站，设有单拱和多跨连拱等形式，单拱断面由于中部起拱较高，而两侧拱脚相对较低，中间无柱，因此建筑空间显得高大宽阔，明挖车站采用单跨结构时也有采用拱形断面的。圆形断面多为盾构法施工时常用的断面形式。

(4) 按站台形式分为岛式站台、侧式站台和岛侧混合站台。岛式站台的站台位于上、下行线路之间，具有站台面积利用率高、提升设施共用、能灵活调剂客流、使用方便、管理较集中等优点，常用于较大客流量的车站。侧式站台的站台位于上、下行线路的两侧。侧式站台的高架车站能使高架区间断面更趋合理，常见于客流不大的地下站和高架的中间站。岛侧混合站台将岛式站台及侧式站台同设在一个车站内。常见的有一岛一侧或一岛两侧形式。此种车站可同时在两侧的站台上、下车，共线车站往往会出现此种形式。

地铁车站大多位于城市中心区，因此地铁车站施工方法的选择除主要受工程地质、水文地质、地形地貌和沿线环境的制约外，还受施工技术的成熟性、地面沉降的控制、建(构)筑物(管线)拆迁改移及保护，对城市交通、居民生活、商业经营活动的影响，对环境的污染，以及施工单位的技术水平、施工进度和经济条件等因素限制。

二、地铁车站衬砌结构与构造

地铁车站应根据车站规模、运营要求、地面环境、地质条件和技术经济指标等因素选用合理的结构形式和施工方法。车站结构净空尺寸应满足车站建筑、设备使用以及施工工艺等的技术要求，同时还应考虑施工误差、结构变形和后期沉降的影响。地铁车站结构按照施工方法可分为明挖法施工、盖挖法施工和暗挖法施工的车站结构等，各种方法具有各自的优缺点。

(1) 明挖法施工的车站结构。

明挖法就是在需要建设地下结构的地段，按照设计结构的要求自地表开挖岩土体至地下设计高程形成基坑，并在地下基坑内建筑结构的施工方法。明挖法因施工工艺简单明了，迄今仍是软土地下工程中最基本、最常用的施工方法。采用明挖法修建的地铁和轻轨车站适应性强，可以根据场地条件和使用要求灵活布置车站的平面及纵断面。明挖车站可较好地利用地下空间，能紧凑、合理地将设备用房集中设置在车站内，管理方便，尤其适用于客流量大的车站、换乘站以及需要考虑城市地下、地上空间综合开发利用的车站，可与地下停车库、地下商业街、地下市政管廊、城市立交工程和高层建筑等合建。

一般浅埋的地铁与轻轨车站主要采用明挖法施工。当不容许干扰地面交通，或由于地面拆迁工程量过大等原因采用明挖法施工很不经济时，可采用暗挖法如矿山法或盾构法施工，且一般用于规模较小的中间站。而在交通繁忙的地段修建地铁车站，尤其是修建有综合功能要求的车站，或需要严格控制基坑开挖引起的地面沉降时，则可采用盖挖法施工。

(2) 盖挖法施工的车站结构。

盖挖法施工视基坑开挖与结构浇筑顺序不同，可分为盖挖顺作法、半逆作法和逆作法 3 种。盖挖顺作法与明挖法并无不同，而半逆作法则与逆作法相近。

(3) 暗挖法施工的车站隧道和折返线等大断面隧道结构。

暗挖法主要有矿山法(又称钻爆法)、盾构法、冻结法和顶管法等，其中矿山法历史最为悠久，但对饱和软土地层不适用，其余 3 种方法都可用于饱和软黏土地层，但适用场合仍有差异。其中，采用矿山法施工地铁车站时必须考虑以下几方面问题：

① 在第四系的松散地层中用新奥法修建地铁车站或折返线等大断面隧道时，必须与明挖法、盾构法、盖挖法方案进行全面技术、经济比较，经过充分论证后确定。

② 矿山法施工的车站不仅施工难度大、安全性差、造价高、工期长，而且从使用效果和运营质量分析，也远不如明挖法、盖挖法施工的车站。

③ 矿山法可用于施工不允许干扰地面交通或埋深过大或拆迁过多的场合，以及采用明挖法、盖挖法施工非常不经济的地铁中间站。

(4) 盾构法施工的车站结构。

盾构法是在护盾的保护下修筑隧道的一种施工方法。盾构法虽属暗挖法施工的一种，但因其应用越来越广泛，下面对其单独进行介绍。盾构法施工的特点是，地层掘进、出土运输、衬砌拼装、接缝防水和注浆充填盾尾间隙等主要作业都在护盾保护下进行，并根据需要随时排除地下水和控制地面沉降，因而是工艺技术要求较高、综合性较强的一种施工方法。盾构法可用于各类软土地层和软岩地层中掘进隧道，尤其适用于市区地铁和水底隧道的掘进。盾构车站的结构形式与所采用的盾构类型、施工方法和站台形式等密切相关。

三、明挖法施工的车站结构

（一）车站结构形式

明挖法施工的车站可采用矩形框架结构或拱形结构。车站结构形式的选择应在满足运营和管理功能要求的前提下，兼顾经济和美观，力求创造出与交通建筑相协调的氛围。

1. 矩形框架结构

这是明挖法施工的车站中采用最多的一种形式，根据功能要求，可以设计成单层、双层、单跨、双跨或多层多跨等形式。侧式车站一般采用双跨结构；岛式车站多采用三跨结构，当站台宽度≤10 m时站台区宜采用双跨结构，有时也采用单跨结构；在道路狭窄的地段修建地铁车站时，也可采用上、下行线重叠的结构。日本东京地铁8号线银座一车站位于银座内衔，根据道路实际宽度仅有14 m的现状，车站采用4层框架结构，地下第1层为集散厅，地下第2层为设备用房并布置售检票设施，地下第3、4层分别为上、下行线的站台层，站台宽7 m，进出站的自动扶梯设在与车站轴线垂直的横向通道内。

2. 拱形结构

拱形结构一般用于站台宽度较窄的单跨单层或单跨双层车站，可以获得较好的建筑空间和艺术效果。苏联地铁车站较多地采用拱形结构。该结构由具有拱形顶板的变截面单跨斜腿钢架和平底板组成，墙脚与底板之间采用铰接，并在其外侧设有与底板整体浇筑的挡墙，用以抵抗钢架的水平推力。明斯克地铁在10 m宽站台的车站中，采用了多种形式的单拱车站，顶盖为变截面的无铰拱，地下连续墙直接作为主体结构的侧墙，变截面的底板与墙体铰接。上海地铁1号线的衡山路车站是拱形车站的一种变化方案，该站站台宽度仅8 m，站台区采用双层单跨结构，折线形拱顶板既保留了拱形结构受力和建筑上的优点，而且施工也较为简单，同时由于可将地下管线布置在折板外的三角区内，使车站埋深较平顶结构减少约0.8 m。

（二）整体式结构与装配式结构

明挖法施工的地铁车站按其结构构件成型方法的不同进行分类，如表2-1所列。

表2-1　明挖法施工的地铁车站分类

<table>
<tr><th>结构成型方法</th><th colspan="2">适用的施工方法</th></tr>
<tr><td>整体现浇结构</td><td>1、2</td><td rowspan="4">1—放坡开挖；
2—以钢板桩、工字钢、灌注桩、搅拌桩等作为基坑开挖的临时支护；
3—以连续墙或灌注桩作为主体结构的侧墙或侧墙的一部分</td></tr>
<tr><td>与围护墙组合的现浇结构</td><td>3</td></tr>
<tr><td>装配式结构</td><td>1、2</td></tr>
<tr><td>部分装配式结构</td><td>1、2、3</td></tr>
</table>

现浇钢筋混凝土结构由于具有良好的防水性能和抗震性能，不需要大型的起吊和运输设备，能适应结构体系的变化等优点，在我国地铁工程中获得了广泛的应用。但其也存在混凝土浇筑质量不易控制、施工效率低、工程进度慢等缺点。装配式结构在苏联采用较多。由

于构件批量生产，质量较易控制，而且可以加快施工进度，尤其适用于定型车站的修建，但接头的防水处理较为困难，所以后来又发展了一种底板和边墙采用现浇构件，顶板和内部梁、板、柱等采用装配式构件的部分装配式结构。为避免地基不均匀沉降在结构中产生过支承压力，在作为侧墙的砌块上，拱顶轮廓为三心圆，在支座附近曲率半径变小，以使支承反力的合力近于垂直。高 3.8 m、宽 2.5 m 的侧墙砌块是空心的，形成一个敷设电缆的纵向通道。仰拱主要为承受水压而设置，但同时也为站台下面提供较大空间，可以用作布置少量设备，或用作通风道。砌块的最大重量为 150 kN。

（三）车站构件选型与设计

明挖法施工的地铁车站结构由底板、侧墙及顶板等围护结构和楼板、梁、柱及内墙等内部构件组合而成。它们主要用来承受施工和运营期间的内、外部荷载，提供地铁必需的使用空间，同时也是车站建筑造型的有机组成部分。构件的形式和尺寸将直接影响车站内部的使用空间和管线布置等，所以必须综合分析其受力、使用、建筑、经济和施工等因素而合理选定。

1. 顶板和楼板

可采用单向板(或梁式板)、井字梁式板、无梁板或密肋板等形式。井字梁式板和无梁板可以形成美观的顶棚或建筑造型，但造价较高，所以只有在板下不走管线时方可考虑采用。

(1) 单向板(梁式板)。多将板支承在与车站轴线平行的纵梁和侧墙上，单向受力。这种结构方案具有施工简单、节省模板、可利用板底至梁底的空间沿车站纵向布置管线、结构的总高度较小等优点，故在明挖地铁车站中得到广泛应用。纵梁除采用 T 形梁外，为便于横向穿管或满足建筑需要，也可采用十字梁或反梁等形式。装配式车站的顶梁多采用倒 T 形梁。

(2) 井字梁式板。板由纵横两方向高度相等的梁所支承，双向受力，故板厚度可以减薄。为使结构经济合理，两个方向梁的跨度接近相等，一般为 6～7 m。井字梁式板由于造价较高，仅在地铁车站中荷载较大的顶、楼板或因施工需要时才被采用。

(3) 无梁板。无梁板的特点是没有梁系，将板直接支承在立柱和侧墙上，传力简捷、节省模板，但板的厚度较大，且用钢量较多。柱帽是无梁板的重要部件，用以提高板的刚度并改善其受力，同时又是车站装饰的组成部分，多做成喇叭口形。

(4) 密肋板。密肋板具有质量轻、材料用量较少等优点。肋可以是单向的，也可以是双向正交的，间距在 1 m 左右。

2. 底板

底板主要按受力和功能要求设置，几乎都采用以纵梁和侧墙为支承的梁式板结构，因为这有利于整体道床和站台下纵向管道的敷设。北京西客站地铁车站部分与地面火车站的高架候车室合建，二者的立柱上下对应，最大轴力高达 30 000 kN，而在站场下面的部分立柱承受的轴力则较小，导致底板受力不够均匀，加之结构设在压缩模量差别较大的不同土层中，为提高车站抵抗差异沉降的能力，底板采用交叉梁式筏基，用大刚度的纵横梁来调节底板的整体刚度。埋置于无地下水的岩石地层中的明挖法施工的车站，可不设受力底板，但铺底应满足整体道床的使用要求。

3. 侧墙

当采用放坡开挖或用工字钢桩、钢板桩等做基坑的临时护壁时，侧墙多采用以顶、底板及楼板为支承的单向板，装配式构件也可采用密肋板。当采用地下连续墙或钻孔灌注桩护壁时，可利用它们作为主体结构侧墙的一部分或全部。这种情况下的侧墙，视场地土质条件的不同，基本可分为两大类：一类是由灌注桩与内衬墙组成的桩墙结构，另一类是地下连续墙或地下连续墙与内衬墙组成的结构。在无水地段中，可选用分离式灌注桩，在保证桩间土稳定（必要时可施作喷混凝土层）的前提下，选择较大的桩径、较大的桩距总是经济的。当有地下水时，可结合注浆形成止水帷幕或改用相互搭接的灌注桩。但在饱和软土或流沙地层中，从提高围护结构的强度、刚度、止水性和保护环境等方面考虑，尤其当挖深超过 10 m 时，多采用地下连续墙。

按侧壁支护与内衬墙之间的构造传力方式的不同，可有以下两种处理办法：

(1) 重合式结构。当侧壁支护与内衬墙之间需敷设防水夹层时，为了保证防水效果，在支护与内衬墙之间、支护与板之间一般不用钢筋拉接。内衬墙的作用主要是承受地铁车站在使用期间的水压力，并为车站提供光洁的内表面，所以在地下水位高的地层中，内衬墙往往较厚。

(2) 复合式结构。上海地铁 1 号线的明挖车站大量采用了这种形式。地下连续墙厚度一般为 0.6～0.8 m，内衬墙厚 0.34～0.40 m，通过对连续墙的凿毛、清洗，当连续墙与内衬结合面的剪应力超过 7 MPa 时，还需在二者之间设置拉接钢筋以保证剪力传递。从实践结果看，内衬墙竖向裂缝较多，渗水现象时有出现，可能与其收缩变形受到连续墙的约束及连续墙槽段之间的不均匀沉降有关。

当连续墙直接作为主体结构的侧墙或与内衬墙形成整体结构时，设计中需要考虑先期修建的连续墙与顶板、楼板、底板等水平构件的连接，一般有以下两种构造方案：

(1) 在连续墙内预埋弯起钢筋，将其扳直后与水平构件的内外层主筋焊接，浇筑混凝土后水平构件与连续墙连成一体，并通过墙上预留的凹槽传递竖向剪力。为了防止钢筋弯折时脆断，预埋钢筋必须采用韧性较好但强度较低的Ⅰ级钢，且直径不宜太大、间距不能太小。

(2) 通过事先埋在连续墙内的钢筋连接器（接驳器）与水平构件的主筋连接。由于接驳器能可靠地传递拉力，并通过墙上预留的凹槽共同传递竖向剪力，故此种接头可视为刚节点。上海地铁 1 号线后期施工的一些车站，采用了这一连接方案。接驳器实际为一套管，内腔呈锥形，一端与连续墙内的锚固筋连接，预埋在墙内，另一端加保护帽后露在墙上预先设置的凹槽内，基坑开挖后，打开保护帽即能方便地将头部车有锥螺纹的水平筋旋入接驳器内。

4. 立柱

明挖法施工的车站的立柱一般采用钢筋混凝土结构，可采用方形、矩形、圆形或椭圆形等截面。按常规荷载设计的地铁车站站台区的柱距一般取 6～8 m。当车站与地面建筑合建或为特殊荷载控制设计，柱的设计荷载很大时，可采用钢管混凝土柱或劲性钢筋高强度混凝土柱。

（四）车站抗浮设计

1. 车站抗浮设计的必要性

明挖法施工的车站一般是高而宽的结构，当埋置于饱和含水的地层中且顶板上覆土较薄时，浮力的作用就不容忽视，其对车站结构的作用主要表现在两个方面：

(1) 当浮力超过结构自重与上覆土体重量之和时，结构整体失稳上浮。

(2) 导致结构底板等构件应力增大。

所以明挖法施工的车站的结构设计，应就施工和使用的不同阶段进行抗浮稳定性验算，并按照水浮力的最不利荷载组合计算结构构件的内力。

2. 车站结构的抗浮措施

(1) 施工阶段。

在施工阶段,通常由于结构自重小且无覆土,往往难以满足抗浮稳定性的要求,一般可采取以下措施:

① 降低地下水位减小浮力。

② 在底层结构内临时充水或填砂,增加压重。

③ 在底板中设临时泄水孔,消除浮力。

④ 在底板下设置拉锚或抗拔结构。

当采用降低地下水位减压时,应避免引起周围地层下沉。

(2) 使用阶段。

为了提高车站结构在使用阶段的抗浮稳定性,可采取以下措施:

① 增加结构厚度。但这往往是不经济的,因为通过增加结构厚度来增加结构自重的同时,结构体积相应增大,浮力也增加了。

② 在结构内部局部用混凝土充填,增加压重。

③ 在底板下设置抗拔或拉锚装置。

④ 在底板下设置倒滤层。此方案可以完全消除水浮力的影响,但对场地的地质条件有一定限制,要求底板以下必须有一定厚度的基本不透水的黏性土层,以避免由于土层中的泥沙流失而引起结构和周围地层下沉。

⑤ 在车站结构顶板与围护结构之间设置压顶梁以抵抗车站结构在运营期间所受到的地下水浮力。这种方法是目前地铁车站设计中较为常用的方法。其主要原理是:利用地铁车站的围护结构如钻孔灌注桩或地下连续墙等,在车站顶板上方沿围护结构顶部设置一圈压顶梁,使车站在受地下水浮力作用下产生上浮时,压顶梁对车站顶板产生向下压力,与此同时利用围护结构的自重及其与周围地层之间的摩擦阻力共同作用来抵抗地下水的浮力。由于车站的围护结构一般是永久性支护,因此利用这种方法进行明挖法施工车站的抗浮是一种比较经济实用的方法,在进行明挖法施工车站抗浮设计时应优先采用。明挖法施工车站结构抗浮稳定安全系数,应结合各城市类似工程的实践经验确定,一般多选用1.05~1.20。

四、盖挖法施工的车站结构

盖挖法施工的车站按其基坑开挖与结构浇筑顺序的不同,有三种基本的施工方法:顺作法、半逆作法和逆作法。从结构观点看,盖挖顺作法与明挖法并无不同,而半逆作法与逆作法相近,所以下面只讨论与逆作法有关的结构问题。

(一) 逆作法的结构特点

(1) 结构形式与施工期间对地面交通的处置要求关系密切。

(2) 结构的主要受力构件常兼有临时结构和永久结构的双重功能。

(3) 多跨结构需设置中间竖向临时支撑系统,并与侧墙共同承受结构封底前的竖向荷载。中间竖向临时支撑系统的承载能力、刚度和稳定性是决定工程成败的关键。

(4) 大多数交汇于同一节点的各构件不同步施工,必须考虑它们之间的衔接问题。

(5) 在基坑开挖和形成结构的过程中,由于垂直荷载的增加和土体卸载的影响,将会引起边、中桩的沉降，由此产生的对结构体系的影响要比顺作法严重，因此必须根据上部框架结构抵抗不均匀沉降的能力及节点连接的精度要求，严格控制边、中桩的绝对沉降量及差异沉降量。

(6) 用逆作法施工的侧墙和立柱的混凝土施工缝，由于混凝土硬化过程中的收缩和自身下沉的影响，不可避免地要出现裂缝，将对结构强度、刚度、防水性和耐久性产生不利影响，必须采用特殊施工方法和处理技术。

(二) 逆作法结构设计中的几个问题

1. 车站结构形式

上海地铁 1 号线淮海路下面的常熟路车站，北京地铁 1 号线永安里车站等车站是我国首批用逆作法施工的地铁车站，地下连续墙既是基坑的侧壁支护，又是主体结构的侧墙，槽段之间采用十字钢板接头防渗抗剪，中间竖向临时支撑系统采用 H 型钢立柱和钢管打入桩基础。永安里车站在我国首次采用桩墙组合结构作为车站永久结构的侧墙。北京地铁 1 号线天安门东、西车站边墙灌注桩和中间立柱均采用条形基础，不仅较常规方法缩短了桩长，避免了水下成桩的困难，而且减少了施工占用道路的时间。比利时安特卫普地铁车站在暗挖的导洞内用顶管法修建顶板和人工开挖的边墙后，再用连续墙法修建地下水位以下的墙体。

2. 侧墙

用现代逆作法施工的地铁车站的重要特征之一就是，基坑的临时护壁与永久结构的侧墙合二为一或作为侧墙的一部分，多由地下连续墙或钻孔灌注桩与内衬墙组合而成。

3. 中间竖向临时支撑系统

(1) 设置的必要性。

逆作法施工的地铁车站，施工期间竖向荷载的传递方法有两种：

① 利用基坑两侧的挡墙传递竖向荷载，此时车站的主体为一单跨结构。

② 设置中间竖向临时支撑系统，与基坑两侧挡墙共同传递竖向荷载。

实际工程多采用第二种方法。当站台宽度较窄，或设置中间竖向临时支撑系统不够经济(如底板以下软弱地层很厚、持力层很深)时，或需要严格限定施工占用道路时间、必须尽快恢复路面时，可采用第一种方法。

(2) 系统的组成。中间竖向临时支撑系统由临时立柱及其基础组成。

(3) 系统的设置方法有以下三种：

① 在永久柱的两侧单独设置临时柱。

② 将临时柱与永久柱合一。

③ 临时柱与永久柱合一，同时增设临时柱。

第一种方式多见于早期修建的逆作法车站，临时立柱的布置和选型不受永久柱的制约，可以根据临时柱的承载能力灵活地调整其间距。其优点是施工占路时间较短，且对临时柱施工精度的要求较低，但由于立柱的间距较密、构件较多，不仅给暗挖土方作业带来困难，而且还增加了作业程序。第二种方式在施工顶板前需在永久柱部位修建临时柱，临时柱兼作永久柱或永久柱的部分。通常每根临时柱施工期间承受的竖向荷载高达 5 000～6 000 kN 或更大，为把荷载顺利地传给地基，并把地基沉降控制在结构变形允许范围之内，必须合理选定竖向临时支撑系统的形式、施工方法及施工机具，并严格控制施工精度。此种布置方式可以简化暗挖作业的施工程序、缩短工期并减少投资，随着施工技术水平的提高和施工机械的发展，目前已为大多数逆作法车站采用。当柱的设计荷载很大时，可采用第三种方式。我国已施工的逆作法车站的中间竖向临时支撑系统，除上海地铁1号线常熟路车站采用第三种方式外，其余均为第二种方式。

(4) 临时立柱的选型。多采用钢管混凝土柱或H型钢柱。H型钢柱与楼板梁的连接较简单，可做成宽度较窄的梁，且桩柱之间的空隙较大，利于工人操作，但钢材一般需进口，在强度、稳定性及柱下基础混凝土的浇筑等方面也不如钢管混凝土柱，可用于柱下桩基直径较小时(如与钢管桩配合使用)。钢管混凝土柱可直接作为永久柱，H型钢柱则作为永久柱的劲性钢筋。

(5) 柱下基础。柱下基础可采用条形基础或桩基础。条形基础是在施作中柱前，在车站柱底部位的暗挖小隧道内完成的，最早见于德国慕尼黑地铁车站。柱下基础采用最多的是灌注桩，其中扩底桩具有承载能力高、可提高施工效率和节约混凝土用量等优点，在某些情况下还可避免桩身通过含水地层带来的施工困难。当地层特别软弱，或为含水砂层、砂砾石层等难以采用扩底桩时，可选用直桩；当成桩能力受到限制、灌注桩难以满足设计要求的承载能力时，可采用其他形式的桩，如钢管打入桩或异形桩等。上海地铁1号线的3座盖挖逆作车站，单桩设计轴力高达6 000～8 000 kN，若采用灌注桩，要求直径1.2 m且桩端贯入地表以下60～80 m，当时上海不具备这样的成桩能力，且施工质量难以控制。而采用钢管打入桩，不仅可减少桩径和桩长，而且解决了桩的沉降控制，以及立柱就位对中时需采取护壁措施工人方能下到柱底的难题，省掉了清淤、桩底注浆、吊放钢筋笼及浇筑水下混凝土等多项作业。但钢管桩的缺点是用钢量大、废弃多且造价较高，在城市中打桩引起的振动和噪声也使其应用受到严格限制。

五、暗挖法施工的车站结构

暗挖法施工的地铁车站，视地层地质、水文条件、施工方法及其使用要求的不同，可采用单拱式车站、双拱式车站或三拱式车站，根据需要可做成单层或双层。此类车站的开挖断面一般较大，为150～250 m^2。

(一) 单拱式车站

这种结构形式由于可以获得宽敞的空间和宏伟的建筑效果，在岩石地层中采用较多。近年来国外在第四系地层中也有采用的实例，但施工难度大、技术措施复杂，造价也高。

(二) 双拱式车站

双拱式车站有两种基本形式，即双拱塔柱式和双拱立柱式。

1. 双拱塔柱式车站

这种车站在两个主隧道之间间隔一定距离设有横向联络通道，如果是双层车站还可在其中布置楼梯间。两个主隧道的净距一般不小于2倍主隧道的开挖宽度。

2. 双拱立柱式车站

双拱立柱式车站早期多在石质较好的地层中采用，随着新奥法的广泛应用，这种形式近年来在岩石地层中已逐渐被单拱式车站所取代。单层双拱立柱式车站是德国一些城市地铁暗挖法施工的车站中用得较多的一种结构形式，这些车站大多埋置于软岩或松散土层中，且地下水位较高。

（三）三拱式车站

三拱式车站亦有塔柱式和立柱式两种基本形式，但三拱塔柱式车站现已很少采用，土层中大多采用三拱立柱式车站。

六、盾构法施工的车站结构

（一）车站结构形式

盾构法施工的车站的结构形式与所采用的盾构类型、施工方法和站台形式等密切相关。传统的盾构法施工的车站是采用单圆形盾构、单圆形盾构与半盾构结合或单圆形盾构与矿山法结合修建的。近年来开发的“多圆形盾构”等新型盾构，进一步丰富了车站的形式。盾构法施工的车站的站台有侧式、岛式及侧式与岛式复合型三种基本类型。将以上情况加以组合，盾构法施工的车站的结构形式可大致分类如下。

1. 由两个并列圆形隧道组成的侧式站台车站

这是一种最简单的盾构车站，每个隧道内都设有一组轨道和一个侧式站台。两隧道的相对位置主要取决于场地条件和车站的使用要求，一般多设于同一水平。乘客从车站两端或车站中部夹在两圆形隧道之间的竖井或自动扶梯隧道进入站台。在两个并列隧道之间可以用横向通道连通，两隧道之间的净距应保证并列隧道施工的安全并满足中间竖井或斜隧道的净空要求。

2. 由三个并列圆形隧道组成的三拱塔柱式车站

两侧为行车隧道并在其内设置侧站台，中间隧道为集散厅，用横向通道将三个隧道连成一个整体，乘客从中间隧道两端或位于车站中部的竖井或斜隧道进入集散厅。此种形式的车站在俄罗斯的深埋地铁中采用较多。

3. 立柱式车站

传统立柱式车站为三跨结构，先用单圆形盾构开挖两旁侧隧道，然后施工中间站厅部分，将它们连成一体。中间站厅视施工方法的不同，可以是拱形的或平顶的。两旁侧隧道的拱圈及中间隧道的拱圈（或平顶）支承在纵梁及立柱上。这种形式的车站也被称为眼镜形车站，是一种典型的岛式车站，乘客从车站两端的斜隧道或竖井进入站台。站台宽度应满足客流集散要求，一般不小于 10 m，站台边至立柱外侧的距离不小于 2 m。

传统立柱式车站施工工序多、工程难度大、造价也高，但与三拱塔柱式车站相比，它具有总宽度较窄、能满足大客流量需求的优点。针对传统盾构法施工的车站存在的问题，日本开发了“多圆形盾构”。这种新型盾构机经组装或拆卸后，既可用于地铁区间隧道的施工，也可用于车站隧道的施工，车站断面一次开挖成型。

（二）车站衬砌形式

盾构法施工的车站用盾构施工的部分，其承载结构以往均采用由球墨铸铁管片组成的装配式衬砌。随着管片生产工艺的提高及高强度混凝土的采用，一些埋置于稳定地层中的深埋车站的衬砌已为钢筋混凝土管片所代替。但在受力复杂的部位或结构受力较大时（如圆形结构的相交部）或在浅埋车站中，目前仍多采用铸铁管片或钢板与钢筋混凝土的复合管片。当采用球墨铸铁管片时，一般不做内衬，仅在强度或刚度需要加强的部位内浇筑钢筋混凝土组成复合结构，如门洞区、三拱立柱式车站的中拱等部位。管片除包括封顶块、邻接块和标准块等常规类型外，在门洞区和梁柱相交节点处，有时还采用异型管片。异型管片的形式和构造与横通道及中央站厅的施工方法、纵梁的结构形式等有关。

第二节　区间建造技术

一、地铁区间衬砌结构与构造

地下铁道的地下线路铺设在隧道中，连接两个地下铁道车站之间的隧道称为区间隧道，区间隧道的走向和埋深，受工程地质、水文地质条件及地面和地下环境的影响，同时还受到施工方法因素的制约，直接关系工程造价的高低和施工的难易。

地下铁道区间隧道按照用途划分，其构造形式包括行车正线隧道、透线、折返线、地下存车线、联络线以及其他附属建筑物。地下铁道区间隧道衬砌结构与构造主要取决于隧道的用途、沿线地形、地下埋设的管线、工程地质、水文地质、施工方法、环境要求、维修管理、工期要求以及投资高低等因素。区间隧道结构按施工方法可以归纳为明挖法、暗挖法、盾构法和特殊方法等。

地下铁道区间采用新奥法施工的隧道的特点有：

(1) 大多埋置于第四系的松散或含水地层中，为了保证开挖面和洞周围岩的稳定，施工中通常需要采取一定的辅助施工措施，地下水是威胁隧道安全的主要因素；也有个别城市的地铁采用矿山法施工的隧道埋置于较稳定或稳定的岩石地层中。

(2) 除稳定岩石地层中的区间隧道外，大多属于浅埋隧道。

(3) 环境保护要求高，必须严格控制隧道开挖引起的地面沉降和爆破振动对地面建筑物及城市居民生活的影响。

(4) 考虑地铁结构的耐久性要求，锚喷支护不宜单独作为永久衬砌结构。

(5) 监控量测是施工中不可缺少的环节。

随着新奥法应用范围的拓宽和辅助施工方法的发展，目前除冲积层中超软弱地层难以采用矿山法施工外，对于以往一般只能采用盾构法施工的较软弱的冲积层和洪积层，都已有大量采用矿山法施工的实例。

矿山法和盾构法施工地铁区间隧道的选择：

(1) 第四系松散地层中修建的地铁区间隧道，当不具备明挖条件或采用明挖法施工很不经济时，应进行矿山法与盾构法的技术经济比较。

(2) 在无水的第四系地层中，盾构法和矿山法各有所长。前者虽然造价一般较高，但施工安全、进度快；后者不需要大型施工机械，对隧道断面、地质条件、线形、施工长度等的适应性强，特别适合我国当前劳动力较低廉的状况。因此，凡是在不允许采用明挖法施工的地段，只要地层条件适宜，宜首先考虑采用矿山法施工的可能性，在含水地层中，矿山法与盾构法的比选应结合辅助施工方法统一考虑。如采用矿山法施工风险高且投资和工期不满足要求时，宜采用盾构法。

二、明挖法修建的隧道衬砌结构与构造

(一) 隧道结构形式

在地面场地宽阔、建筑物少、交通量小及周围环境允许的地区，可优先采用施工进度快、

造价较低的明挖法。

明挖法施工的地下铁道区间隧道结构通常采用矩形断面，一般为现场整体浇筑或装配式结构。矩形断面的优点是，其内轮廓与地下铁道建筑限界接近，结构刚度大，抗震性能好，内部净空可以得到充分利用，结构受力合理，顶板以上土层便于敷设城市地下管网和其他设施。

1. 整体式衬砌结构

整体式衬砌采用矩形框架结构，结构断面分单跨、双跨等形式。由于其整体性好，防水性能容易得到保证，故可适用于各种工程地质和水文地质条件。但由于采用现场整体浇筑的方式施工，其施工工序较多，施工速度较慢。

2. 预制装配式衬砌结构

预制装配式衬砌的结构形式应根据工业化生产水平、施工方法、起重运输条件、场地条件等因素来选择。目前以单跨和双跨较为通用。关于装配式衬砌各构件之间的接头构造，除了要考虑强度、刚度、防水性等方面的要求外，还要求构造简单、施工方便。

3. 区间喇叭口隧道

在岛式车站两侧行车道与正线双线区间隧道之间需设置过渡段，区间隧道结构随线间距的加大而逐渐变化，形成喇叭口状的衬砌。喇叭口衬砌根据线路走向可分为对称型和非对称型两种，车站中线与区间隧道中线在同一条直线上的采用对称型，不在同一条直线上的采用非对称型。喇叭口衬砌通常都采用整体式钢筋混凝土结构。

4. 渡线隧道和折返线隧道

为满足列车折返调度、换线和停车等作业的需要，区间隧道内需要设置单渡线和交叉渡线。隧道断面需适应岔线间距的渐变要求，并对衬砌结构进行特殊设计。

5. 联络通道及其他区间附属结构物

根据对国内外地下铁道运营中的灾害事故分析，列车有可能出现在区间隧道内发生火灾而又不能牵引到车站的情况，这时乘客必须在区间隧道下车。为了保证乘客的安全疏散，两条单线区间隧道的连贯长度超过 600 m 时，在两隧道之间应设置联络横通道，这样可使乘客通过联络通道从另一条隧道疏散到安全出口。这种通道也可供消防人员和维修养护人员使用，如敷设管线等。为了排除区间隧道的渗漏水、维修养护用水等，在线路的最低点处需设置排水站。根据通风、环控系统的设计，有时还需设置区间风道等附属结构物。

（二）隧道截面几何尺寸的确定

1. 内部净空尺寸的确定

区间隧道内部净空尺寸根据建筑接近限界、曲线半径、超高、道床、线间安全距离、施工误差、结构变形等影响因素确定，隧道内任何设施及附属建筑都必须设置在建筑接近限界以外。

2. 隧道结构断面厚度尺寸的确定

计算矩形框架结构内力时，一般是根据设计经验或用工程类比法，先假定框架截面尺寸然后进行计算。如果发现强度不足或配筋过大时，应重新进行断面尺寸拟订和计算。影响车站各构件断面厚度的主要因素有混凝土和钢筋的设计强度、荷载状况，建筑物的高宽尺寸以及钢筋的配置方式等。

断面尺寸的假定，大致可按以下步骤进行：首先假定顶板的截面厚度（一般为跨度的

1/10～1/8)，再概略计算出顶板荷载和在该荷载作用下产生的最大正、负弯矩，然后根据弯矩和配筋量进行必要的调整。底板的厚度，根据地层有无地下水，取顶板厚度加、减 5 cm；侧墙厚度，根据施工、防水及结构的匀称要求，通常不宜小于 40 cm，最后按整体框架进行精确计算。由于区间隧道很长，其标准断面要进行多方案比较，以达到方便施工和降低工程造价的目的。

3. 整体式钢筋混凝土框架结构配筋要求

根据内力计算求得各控制截面上的弯矩、剪力和轴力后，按照钢筋混凝土结构的偏心受压或受弯构件的抗弯、抗剪、抗裂要求进行配筋计算，然后按下列要求进行配筋：

(1) 最小配筋率要求。框架结构的墙、板中受拉钢筋的最小配筋率为 0.15%；受压钢筋的配筋率不小于 0.2%，也不小于同一断面受拉钢筋的 30%。

(2) 钢筋直径要求。现场绑扎钢筋和预制钢筋骨架的形状、尺寸应考虑到加工、运输和基坑内施工的安全和方便，选用的受力钢筋直径一般不宜大于 32 mm，受弯构件中亦不宜小于 14 mm，受压构件中不宜小于 16 mm，一般构造钢筋直径不小于 12 mm，箍筋直径不小于 8 mm。

(3) 钢筋间距要求。框架结构的受力钢筋间距应不大于 250 mm，受力钢筋的水平净距亦不得小于钢筋直径或 30 mm，多于两排钢筋时，应增加一倍；纵向分布钢筋间距可采用 10～30 cm，要便于施工；箍筋间距应满足规范要求。

(4) 钢筋的弯起、锚固、搭接也应按规范设置。其他构造钢筋要根据结构受力特点进行配置。

三、暗挖法修建的隧道衬砌结构与构造

(一) 衬砌结构类型与选择

地下铁道区间隧道采用暗挖法施工时，一般采用拱形结构，其基本断面形式为单拱、双拱和多跨连拱。单拱多用于单线或双线的区间隧道或联络通道，后两者多用在停车线、折返线或喇叭口岔线上。根据隧道衬砌结构的基本要求以及隧道所处的围岩条件、地下水状况、地表下沉的控制、断面大小和施工方法等，可以采用基本结构类型及其变化方案。

1. 复合式衬砌

这种衬砌结构是由初期支护、防水隔离层和二次衬砌所组成的，外层为初期支护，其作用为加固围岩、控制围岩变形和防止围岩松动失稳，是衬砌结构中的主要承载单元。它一般应在开挖后立即施作，并应与围岩密贴，所以，最适宜采用喷锚支护，根据具体情况，选用锚杆、喷混凝土、钢筋网和钢支撑等单一或组合而成。

喷混凝土则有素喷混凝土和钢纤维喷混凝土两种。因素喷混凝土抗拉和抗变形能力低、抗裂性和延性差，故通常都配合钢筋网一起使用。钢纤维喷混凝土是在混凝土中掺入约占总体积 1%～2%的短钢纤维，其抗弯、抗裂和韧性比素喷混凝土高 30%～120%，故一般不再加钢筋网。松软地层中为了增加初期支护刚度、减少围岩变形，通常都要使用钢支撑，而且一般情况下都将钢支撑埋入喷混凝土内。用钢筋焊接而成的钢支撑又称为格栅钢架，一般由 3～4 根钢筋焊成三角形或矩形断面。

为了防水和减少二次衬砌因混凝土收缩而产生的裂缝，在初期支护和二次衬砌之间一般需要敷设不同类型的防水隔离层。

2. 衬砌结构的变化方案

在干燥无水的坚硬围岩中，区间隧道衬砌亦可采用单层的喷锚支护，不做防水隔离层和二次衬砌，但此时对喷混凝土的施工工艺和抗风化性能都应有较高的要求，衬砌表面要平整，不允许出现大量的开裂。在防水要求不高、围岩具有一定的自稳能力时，区间隧道亦可采用单层的模筑混凝土衬砌，不做初期支护和防水隔离层。施工时如有需要可设置用木料、钢材或喷锚做成的临时支撑，其不属于受力单元。一般情况下，在浇筑混凝土时需将临时支撑拆除，以供下次使用。单层模筑衬砌又称为整体式衬砌，为适应不同的围岩条件，整体式衬砌可做成等截面直墙式或变截面曲墙式。

（二）区间隧道衬砌内轮廓形状和尺寸确定

用暗挖法修建的区间隧道衬砌内轮廓线尺寸应符合地下铁道建筑限界要求，考虑施工和测量误差以及结构固有的变形量。当隧道位于曲线上时，内轮廓还要应按要求予以加宽。衬砌内轮廓线形状应使结构轴线尽可能符合在外荷载作用下所产生的压力线。若二线重合，衬砌各截面就只承受轴力而无弯矩，这对混凝土结构而言最为有利，但事实上不易做到，只能使结构轴线接近压力线。此外，在设计衬砌内轮廓线形状时，还要考虑衬砌模板制造的难易以及是否便于在曲线地段进行加宽。从理论分析和实践经验得出：当区间隧道衬砌主要承受竖向荷载和不大的水平荷载时，衬砌拱部轴线宜采用单心圆弧线或三心圆弧线，墙部可采用直线；当衬砌在承受竖向荷载的同时，还承受较大的水平荷载，结构轴线宜用多段圆弧连接而成，近似圆形，但又比圆形接近建筑限界，以减少土石开挖量。上述各内轮廓线的圆心位置和半径值可通过几何分析求得。

（三）区间隧道衬砌截面尺寸确定

区间隧道衬砌截面尺寸确定包括：确定初期支护的各设计参数如锚杆类型、直径、长度、间距，喷射混凝土强度等级、厚度，格栅拱钢筋直径、间距，钢筋网中钢筋直径和网格尺寸，二次衬砌的各项设计参数如混凝土的强度等级、厚度以及是否需要配筋等。

四、盾构法修建的隧道衬砌结构与构造

（一）隧道衬砌结构类型与选择

盾构法修建的区间隧道衬砌有预制装配式衬砌、预制装配式衬砌和模筑钢筋混凝土整体式衬砌相结合的双层衬砌以及挤压混凝土整体式衬砌三大类。

1. 预制装配式衬砌

预制装配式衬砌是用工厂预制的管片在盾构尾部拼装而成的。管片种类按材料可分为钢筋混凝土、钢、铸铁以及由几种材料组合而成的复合管片。

衬砌环内管片之间以及各衬砌环之间的连接方式，从其力学特性来看，可分为柔性连接和刚性连接。前者允许相邻管片间产生微小的转动和压缩，使衬砌环能按内力分布状态产生相应的变形，以改善衬砌环的受力状态；后者则通过增加连接螺栓的排数，力图在构造上使接缝处的刚度与管片本身相同。实践证明，刚性连接不仅拼装困难、造价高，而且会在衬砌环中产生较大的次应力，产生不良后果，因此，目前较为通用的是柔性连接。

装配式衬砌的防水问题，一直是盾构法施工的重要问题。金属管片本身不透水，而且加工精度高，拼装后管片接缝非常密贴，几乎不透水，因此，仅需在隧道内壁用防水材料对接缝进行嵌填，并对螺栓孔和注浆孔进行防水处理即可。目前，钢筋混凝土管片的制造精度和抗

渗性能已经得到很大的提高，单块管片各部尺寸误差均可达±0.1 mm，但管片接缝的密贴程度还不能保证不渗水，故需对钢筋混凝土管片采取特殊的防水措施。

2. 双层衬砌

为了防止隧道渗水和衬砌腐蚀，修正隧道施工误差，减少噪声和振动以及作为内部装饰，可以在装配式衬砌内部再做一层整体式混凝土或钢筋混凝土内衬。根据需要还可以在装配式衬砌与内衬之间敷设防水隔离层。双层衬砌主要用在含有腐蚀性地下水的地层中。

3. 挤压混凝土整体式衬砌

挤压混凝土整体式衬砌就是随着盾构向前掘进，用一套衬砌施工设备在盾尾同步灌注混凝土或钢筋混凝土形成的整体式衬砌，因其灌注后即承受盾构千斤顶推力的挤压作用，故称为挤压混凝土衬砌。挤压混凝土衬砌可以是素混凝土、钢筋混凝土或钢纤维混凝土，应用最多的是钢纤维混凝土。

（二）隧道横截面内轮廓和结构尺寸确定

1. 横截面内轮廓尺寸

采用盾构法修建地下铁道区间隧道时，无论是在直线上还是在曲线上，均使用同一台盾构机施工，中途无法更换。因此，其横截面的内轮廓尺寸全线是统一的。为此，除了要根据建筑限界、施工误差、道床类型、预留变形量等条件决定外，还要按线路的最小曲线半径进行验算，保证列车在最困难条件下也能安全通过。

2. 管片厚度

管片的厚度取决于围岩条件、覆盖层厚度、管片材料、隧道用途和施工工艺等条件。为了充分发挥围岩自身的承载能力，现代隧道工程中都采用柔性衬砌，其厚度相对较薄。

3. 管片宽度

管片宽度的选择对施工、造价的影响较大。当宽度较小时，虽然搬运、组装以及在曲线上施工方便，但接缝增多，加大了隧道防水的难度，也增加了管片制作成本，而且不利于控制隧道纵向产生的不均匀沉降。管片宽度太大则施工不便，也会使盾尾长度增加而影响盾构的灵活性。过去单线区间隧道管片的宽度控制在 700～1 000 mm，但随着铰接盾构的出现，管片宽度进一步提高，目前控制在 1 000～1 400 mm。

4. 衬砌环的分块

从制作成本、防水、拼装速度等方面考虑，衬砌环分块数越少越好；从运输和拼装方便方面而言，又希望分块数多些。通常，直径小于 6 m 的地下铁道区间隧道，衬砌环以分 4～6 块为宜；大于 6 m 时，可分为 6～8 块。

5. 螺栓和注浆孔的配置

组装管片用的螺栓分为纵向连接螺栓和环向连接螺栓。在柔性连接中，连接螺栓通常布置一排，采用错缝拼装时，一般纵向连接螺栓沿圆周等距离分置。

五、特殊地段的隧道衬砌结构与构造

（一）沉埋结构

地下铁道穿越江、河、湖、海时，往往采用预制节段沉埋法施工。这种方法的施工要点是：先在干船坞或船台上分段制作隧道结构，然后放入水中，浮运至设计位置，逐段沉入水底预先开挖好的沟槽内，处理好各节段的接缝，使其连成整体而构成贯通的隧道。

沉埋结构横断面有圆形和矩形两类，断面形状要从空间的充分利用和结构受力合理两方面综合考虑。当隧道位于深水中且深度大于 45 m 时，管段承受较大的水压，其相应的内力也较大，此时采用圆形或接近圆形的断面比矩形断面有利；当水深在 35 m 以内时，可用矩形断面；水深介于 35～45 m 时，要进行详细的结构计算与分析，然后再加以确定。每节沉放管段的长度依据所在水域的地形、地质、航运、航道、施工方法等方面的要求确定，一般为 60～140 m，多数在 100 m 左右，最长的已达到 268 m。断面尺寸根据使用要求、与其他交通结构合建要求、埋深、地质条件、施工方法等确定。沉管结构混凝土等级一般为 C30～C50，采用较高等级的原因主要是满足抗剪的需要。

（二）顶进法施工

浅埋地下铁道线路在穿越地面铁路、地下管网群、交通繁忙的城市交通干线、交叉路口及其他不允许挖开地面的区段时，常采用顶进法施工。

顶进法施工一般分为顶入法施工、中继间法施工和顶拉法施工三种，各种施工方法对其相应结构及构造有不同要求。顶进法施工的区间隧道结构形式应根据工程规模、使用要求、工程地质条件和施工方法合理选用，一般多选用箱形框架结构。其正常使用阶段的结构强度可参照明挖框架结构设计，垂直荷载应注意地面动载的影响。对施工阶段的结构强度，要验算千斤顶推力的影响及顶进过程中框架可能受扭的应力变化，在刃角、工作坑、滑板和后背等设计中除考虑强度、刚度和稳定性满足要求外，还应考虑施工各阶段受力特性及构造措施。

第三章　城市轨道交通主要施工方法

第一节　明挖施工方法

一、概述

明挖法是指挖开地面，由上向下开挖土石方至设计标高后，自基底由下向上顺作施工，完成隧道主体结构，最后回填基坑或恢复地面的施工方法。在地铁工程施工中，明挖法具有施工工期短、施工速度快以及施工作业面多的特点，施工时也便于控制工程造价和工程质量。在地铁车站施工中，明挖法是常用施工方法，应用非常普遍。明挖法在施工时具有很多的优点，但是也会受到一些因素的制约。这种方法施工时对施工场地要求比较严格，一定要保证施工场地够大，这在城市发展过程中会产生很多的麻烦，因此，在施工条件不满足要求的情况下，这种施工方法不能使用。

明挖法是各国地下铁道施工的首选方法，在地面交通和环境允许的地方通常采用明挖法施工。浅埋地铁车站和区间隧道经常采用明挖法。明挖法施工属于深基坑工程技术。明挖法施工的基本顺序为：打桩（护坡桩）→路面开挖→埋设支撑防护与开挖→地下结构物的施工→回填→拔桩恢复路面。

二、明挖法基坑类型

明挖法基坑可分为以下两类。

（1）敞口放坡基坑：① 边坡面不加支护的基坑；② 喷混凝土面和锚杆护坡基坑。

（2）有围护结构的基坑：① 排桩围护结构基坑；② 地下连续墙围护基坑；③ 土钉墙围护基坑；④ 钢板桩围护基坑；⑤ 钻孔灌注桩围护基坑；⑥ 复合式维护基坑等。

以下对其中几种常用的方法加以简要说明。

（一）敞口放坡基坑

（1）根据《土方与爆破工程施工及验收规范》（GB 50201）的规定，土方开挖的坡度应符合下列规定：

① 永久性挖方边坡坡度应符合设计要求。当工程地质与设计资料不符，需修改边坡坡度或采取加固措施时，应由设计单位确定；

② 临时性挖方边坡坡度应根据工程地质和开挖边坡高度要求，结合当地同类土体的稳定坡度确定；

③ 在坡体整体稳定的情况下，如地质条件良好、土（岩）质较均匀，高度在 3 m 以内的临时性挖方边坡坡度宜符合表 3-1 的规定。

表 3-1 临时性挖方边坡坡度值

土的类别		边坡坡度
砂土	不包括细砂、粉砂	1∶1.25～1∶1.50
一般黏性土	坚硬	1∶0.75～1∶1.00
	硬塑	1∶1.00～1∶1.25
碎石类土	密实、中密	1∶0.50～1∶1.00
	稍密	1∶1.00～1∶1.50

(2) 土方开挖应从上至下分层、分段依次进行，随时注意控制边坡坡度，并在表面上做成一定的流水坡度。当开挖的过程中，发现土质弱于设计要求，土(岩)层外倾于(顺坡)挖方的软弱夹层，应通知设计单位调整坡度或采取加固措施，防止土(岩)体滑坡。

(3) 在坡地开挖时，挖方上侧不宜堆土；对于临时性堆土，应视挖方边坡处的土质情况、边坡坡度和高度，设计确定堆放的安全距离，确保边坡的稳定。在挖方下侧堆土时，应将土堆表面平整，其高程应低于相邻挖方场地设计标高，保持排水畅通，堆土边坡不宜大于1∶1.5；在河岸处堆土时，不得影响河堤稳定安全和排水，不得阻塞污染河道。

(4) 施工区域内临时排水系统应做好规划，土方开挖应处于干作业状态。

(5) 不具备自然放坡条件或有重要建(构)筑物地段的开挖，应根据具体情况采用支护措施。土方施工应按设计方案要求分层开挖，严禁超挖，且上一层支护结构施工完成，强度达到设计要求后，再进行下一层土方开挖，并对支护结构进行保护。

(6) 石方开挖应根据岩石的类别、风化程度和节理发育程度等确定开挖方式。对软地质岩石和强风化岩石，可以采用机械开挖或人工开挖；对于坚硬岩石宜采取爆破开挖；对开挖区周边有防震要求的重要结构或设施的地区进行开挖，宜采用机械和人工开挖或控制爆破。

(7) 在滑坡地段挖方时，应符合下列规定：

① 施工前应熟悉工程地质勘察设计资料，了解现场地形、地貌及滑坡迹象等情况；

② 不宜在雨期施工；

③ 宜遵守先整治后开挖的施工程序；

④ 施工前应做好地面和地下排水设施，上边坡施作截水沟，防止地表水渗入滑坡体；

⑤ 在施工过程中，应设置位移观测点，定时观测滑坡体平面位移和沉降变化，并做好记录，当出现位移突变或滑坡迹象时，应立即暂停施工，必要时，所有人员和机械撤至安全地点；

⑥ 严禁在滑坡体上堆载；

⑦ 必须遵循由上至下的开挖顺序，严禁先切除坡脚；

⑧ 采用爆破施工时，应采取控制爆破，防止因爆破影响边坡稳定。

(8) 治理滑坡体的抗滑桩、挡土墙宜避开雨期施工，基槽开挖或孔桩开挖应分段跳槽(孔)进行，并加强支撑，施工完一段墙(桩)后再进行下一段施工。

(二) 有围护结构的基坑

工程实践表明，各地区采用明挖法施工，最大的区别在于围护结构不同。围护结构的选择应考虑地质条件的差异、围护结构的刚度及对基坑防水的要求等来确定，因此，选择合适的围护结构相当重要。

明挖法施工的车站围护结构应紧密结合工程地质和水文地质条件及对周边环境保护的要求确定。所选定的围护结构，首先应具有施工的可行性，应能满足根据施工区环境所确定的基坑保护等级对水平位移和地表沉降的限制要求，并考虑所在地区的基坑施工经验和设备配置，在满足上述要求的前提下，经技术、经济比较后确定最终的围护结构形式；当基坑保护等级要求较高时，宜采用刚度大、止水性好的围护结构。

总结起来，明挖法施工的车站围护结构方案可按以下原则选用。

(1) 当基坑深度 10 m 以下时(出入口、风道结构)：在场地条件允许时，优先考虑最经济的放坡开挖。如场地条件受限，可选择采用重力式挡墙、土钉墙和 SMW 工法桩(水泥混凝土搅拌桩)等围护结构形式。

(2) 当基坑深度 10～15 m 时(单层站)：该类基坑可选用 SMW 工法桩、钻孔灌注桩、人工挖孔桩、钻孔咬合桩和地下连续墙等围护结构形式。

(3) 当基坑深度 15～18 m 时(双层站)：该类基坑可选用人工挖孔桩、钻孔灌注桩、钻孔咬合桩和地下连续墙等围护结构形式。

1. 基坑围护墙形式

(1) 排桩围护结构：排桩是以某种桩型按队列式布置组成的基坑支护结构。最常用的桩型是钢筋混凝土钻孔灌注桩和挖孔桩。

(2) 地下连续墙围护结构：地下连续墙是在泥浆护壁的情况下，开挖一条狭长的深槽，在槽内放置钢筋笼并浇灌混凝土，形成一段钢筋混凝土墙段。各段墙顺次施工并连接成整体，形成一条连续的地下墙体。地下连续墙可用于基坑开挖时防渗、挡土，邻近建筑物的支护，以及作为基础的一部分。

地下连续墙适用于处于软弱地基的深大基坑，周围又有密集的建筑群或重要地下管线，对周围地面沉降和建筑物沉降要求严格限制时；围护结构亦作为主体结构的一部分，且对抗渗有较严格要求时；采用逆作法施工，地上和地下同步施工时。地下连续墙适用于多种土质条件(岩溶地区和承压水头高的砂砾层除外)，可减少工程施工对周围环境的影响，适用于城市与密集建筑群中施工，能防渗、截水、承重、挡土、抗滑、防爆等，墙体刚度大、整体性好、耐久性好。作为主体结构外墙，可实行逆作法施工，能加快施工进度、降低造价。施工不当或土质条件特殊时，易出现不规则超挖或槽壁坍塌，轻则引起混凝土超方和结构尺寸超出容许的界限，重则引起相邻地面沉降、坍塌，危害邻近建筑和地下管线安全。但地下连续墙造价高，选用时必须经过技术经济比较。

(3) 土钉墙围护结构：土钉就是置于基坑边坡土体中，以较密间距排列的细长金属杆。土钉依靠它与土体接触面上的黏结力或摩擦力，与其周围土体形成一个有自承能力的挡土墙体系，承受未加土钉土体施加的侧压力，以保持基坑边坡的整体稳定性。土钉墙支护是在基坑开挖过程中，将土钉置入原状土体中，并在支护面上挂钢筋网喷射混凝土面层，通过土钉、土体和喷射的混凝土面层的共同作用而形成土钉墙支护结构，一般适用于开挖深度小于 5 m 的基坑。

土钉墙支护适用于地下水位以上或经过人工降水后的黏性土、粉土、杂填土及非松散砂土和卵石土等。对于淤泥质土及饱和软土应采用复合型土钉墙支护。

最常用的土钉是钻孔注浆型土钉。钻孔注浆型土钉是先在土中成孔，置入变形钢筋或钢管，然后沿全长注浆填孔。土钉墙支护利用置入土层中的土钉，改善天然土体抗拉、抗剪强度的不足，约束土体变形，并与土体共同承担外荷载。在土体进入塑性变形阶段后，发生的应力重分布使得土钉承受更大的拉力，而喷射混凝土面层调节支挡结构表面的应力分布，体现整体作用。

(4) 钢板桩围护结构：钢板桩强度高，桩与桩之间的连接紧密，隔水效果好，可多次使用。因此，沿海城市如上海、天津等地修建地下铁道时，在地下水位较高的基坑中采用较多。钢板桩常用断面形式，多为“U”形或“Z”形。我国城市地下铁道与轻轨施工中多用“U”形钢板桩，其沉放和拔除方法、使用的机械均与工字钢桩相同，但其构成方法则可分为单层钢板桩围堰、双层钢板桩围堰及屏幕等。由于地下铁道施工时基坑较深，为保证其垂直度又便于施工，并使其能封闭合拢，多采用屏幕式构造。

(5) 钻孔灌注桩围护结构：钻孔灌注桩一般采用机械成孔。车站与区间隧道明挖基坑中所用的成孔机械，多为螺旋钻机、冲击式钻机和正反循环钻机，由于采用泥浆护壁成孔，故成孔时噪声低，适合于城区，在地下基坑和高层建筑深基坑施工中得到广泛应用。

2. 土体加固的形式和适用范围

(1) 按加固形式分类：① 三轴和双轴水泥土搅拌桩加固。双轴水泥土搅拌桩一般适用于加固深度 15 m 以内的坑内土体。三轴水泥土搅拌桩一般适用于加固深度 30 m 以内的坑内土体。搅拌桩加固的土体均匀性较好，加固效果也较好。② 高压旋喷桩加固。适用于所有深度的坑内土体加固，其水泥掺量较高，但加固土体的均匀性较差。③ 注浆加固。适用于所有深度的坑内土体加固，一般只作为局部深坑土体加固和坑内围护墙与坑底搅拌桩加固体之间的填充加固。

(2) 按加固范围分类：① 坑底满堂加固；② 坑底墩式加固或裙边加固；③ 坑底抽条加固；④ 坑底格栅式加固；⑤ 深坑满堂加固。

3. 围护结构与主体结构的组合方式

(1) 临时墙结构：围护结构仅作为施工期间的临时支护，不考虑其在使用期间的作用。当围护结构采用柱列式，且与主体结构密贴式布置时，主体结构仅在各层板处对围护结构起水平支撑作用。临时墙结构一般选用重力式挡墙、土钉墙、SMW 工法桩和柱列桩等围护结构形式，防水方案应采用全包防水方式(附加全外包防水层)。

(2) 单一墙结构：围护结构直接用作主体结构的外墙，采取构造措施使围护结构与主体结构的各层板(水平构件)可靠连接。该结构体系的优点是构造简单，内部不需另做受力结构的外墙，内外层钢筋得到充分利用，在一定条件下可节省混凝土及钢筋，但其节点构造比较复杂，要在围护结构上预留接驳钢筋，防水尤其是节点处的防渗需做专门处理。此种结构形式仅在一线城市等城市地铁工程中少量采用，由于其耐久性很难进行定性的分析，故新地铁规范对此种结构形式的运用有严格的限制。采用单一墙结构时，围护结构应采用地下连续墙，防水方案采用半包防水方式(仅顶板增设附加防水层)。

(3) 叠合墙结构：在单一墙结构基础上，围护结构内侧另加一层钢筋混凝土内墙，并保证围护与主体顶、中、底板节点处的刚接。围护结构与内衬墙全面凿毛或设置足够的连接筋，使之成为一个整体结构。该结构体系墙体刚度大，防渗性能较单一墙结构好，但对新老混凝土间的结合质量要求较高；此外，新老混凝土之间因干燥收缩不同而产生的应变差会使结构产生较大的应力，易导致内墙混凝土开裂。采用叠合墙结构，围护结构应采用地下连续墙，防水方案采用半包防水方式。

(4) 复合墙结构：复合墙结构是目前国内明挖法地铁车站应用最为广泛的结构体系。复合墙结构在围护结构内侧另做主体结构，两者之间设有隔离层(防水层)，两者之间能传递压力而不能传递拉力、剪力和弯矩。该体系主体结构的防水性能较其他结构形式好，结构受力也较为明晰。复合墙结构一般选用柱列桩或地下连续墙等围护形式，防水方案应采用全包防水方式(附加全外包防水层)。

三、明挖法的优缺点

1. 明挖法优点

(1) 便于设计：明挖法边坡支护结构、支撑和锚固体系受力比较明确，便于选择合理的设计方案和参数。

(2) 便于快速施工：一般情况下，明挖法的施工场地比较开阔，工作面较多，可以组织大量人员、设备、材料、机具等进行快速施工。

(3) 便于控制施工安全、质量和进度：明挖法的施工工序和作业面大部分可以直接观察和检查，施工项目便于检测，安全隐患便于发现，安全措施便于制定和落实，应急抢险救援场地条件比较好，因此施工的安全、质量和进度容易控制。

(4) 在拆迁量小的情况下，工程造价较低：明挖法和矿山法、盾构法相比，人员投入相对较少，设备相对简单，施工效率相对较高，在拆迁量小的情况下，造价较低。

2. 明挖法缺点

(1) 拆迁工作量大，扰民大，影响交通：在城市采用明挖法施工，一般情况下需要拆迁建筑物、改移管线和树木，必要时进行交通管制。

(2) 受气候、气象条件变化影响大：在寒冷地区或大风、大雾、雨、雪、冰冻天气，明挖法施工比较困难，容易出现险情。

(3) 对环境影响较大：明挖法施工带来的噪声、粉尘、污水、振动等对环境影响比较大。此外，由于降水作业，可能引起地下水位下降、地面沉降、建筑物倾斜及地下管线破坏。

(4) 易发生基坑整体失稳破坏：在不良地质和复杂环境中，一旦设计或施工不当，会发生边坡滑移或基坑整体失稳，可能造成重大人员伤亡和灾害。

四、施工技术要点

(一) 开挖前施工准备

有围护结构的明挖法基坑施工，在施工围护结构时，需要做好以下准备工作：

(1) 将结构范围场地内的各类市政管线调查清楚，可以利用业主下发的各类图纸进行比对，同时要组织人工挖探，以确保管线安全和后期施工顺利。在挖探过程中，如果有图纸未标示的管线要及时上报业主，为以后做变更洽商准备好第一手资料。挖出管线后讨论最佳保护方案，采取改移或就地悬吊方案进行处理，以保证管线和结构施工安全。

(2) 目前地铁施工一般位于主干道下方，采取明挖法施工，占地面积大，给市政交通带来很大压力，同时也给施工带来很大的交通隐患，如何协调好二者的关系，是目前交通部门与建设单位共同探讨的问题。目前采取的方案大多为导行和分流处理，改善施工现场周边临时道路、辅路等充当临时道路，缓解交通压力。做好交通疏导、引领车辆正常通行也就成了项目日常工作的一部分。做好交通引流，不仅可以与当地建立良好的社会关系，也可以借此展现公司形象，维护企业利益，宣扬企业文化。

(3) 围护结构施工完成后，若地下水位较高，还需要进行降水井施工。一般降水井施工要早于土方开挖一个月左右，以确保土方开挖处于无水作业状态。在结构范围内要打观测井，井眼数和位置要根据基坑形式和周边环境确定，深度一般大于基坑开挖深度即可。同时要健全地面排水系统，将排出的水统一集中起来引流到市政排水系统中。在土方开挖前，每日关注降水效果，如果水位下降不明显，说明降水设计或降水设备存在缺陷，可以在一眼降水井中多加几个水泵或增设降水井，加快降水进度。结构施工、顶板回填完成后方可停止降水。同时，为保证基坑周边环境的安全，必要时还需在基坑外侧的敏感部位增设回灌井，以减少建筑物的不均匀沉降乃至破坏。

(二) 土方开挖

土方开挖分层分段进行，每一层开挖深度控制在 3.0 m 左右，且控制在钢支撑底 1 m 为宜，以便于支撑体系的架设及桩间网喷。土方开挖采用反铲挖掘机，开挖顺序为纵向从一端向另一端开挖或从两端向中间开挖，竖向从上到下，按层按段进行。同时，按计划有序地进行相应的喷射混凝土、钢围檩及钢管支撑的施工作业。土方开挖根据结构施工划分的区域，从基坑内的临时马道出土。马道宽度 7～8 m，坡度为 20°，坡道两侧放坡1∶0.75，以保证坡面稳定。马道收土时采用挖掘机接力倒土，并尽量加大马道土方的收土，最后剩余土方采用长臂挖掘机配合塔吊或吊车出土并运至场外。

1. 土方开挖顺序及方法

(1) 开挖顺序。

① 竖向分层高度按主体结构尺寸、支护深度及钢支撑排距以及挖掘机最大开挖能力确定，纵向根据结构施工划分的区域分段开挖。首先平挖至冠梁底，提供冠梁施工作业面。

② 第一层土方平挖至第一道钢支撑下 1.5 m 处，沿基坑纵向拉槽开挖，两侧各留 3 m 宽平台，保证网喷和第一道钢支撑安全顺利完成。

③ 以下每层拉槽开挖深度不大于 3.5 m，两侧每次下挖 1.5 m，既便于桩间喷射混凝土施工，又可利用此平台及时封堵围护结构的渗漏水和安装钢支撑，可以确保在钢支撑施工时土方开挖照常进行，以加快施工进度，同时可以减小基坑蠕变的速度。在进行下一层土方开挖前分两次挖除预留平台部位的土方，保证与拉槽开挖同步。依次反复，直至土方开挖至距基底标高 30 cm 时，采用人工配合机械清底，避免对基底产生较大的扰动，影响结构使用功能的实现。

(2) 开挖方法。

① 放坡开挖。放坡开挖一般适用于施工场地宽敞、基坑开挖深度较小(5 m 以内)、周围环境保护要求不高的基坑工程，一般分为一级放坡开挖和多级放坡开挖。一级放坡开挖适用于开挖深度 4 m 以内的基坑，超过 4 m 深度必须采用二级或多级放坡形式。放坡开挖的坡面应采取护坡措施。在放坡开挖的坡顶应设置止水帷幕，一般采用双轴搅拌桩。

② 盆式开挖。先开挖基坑中部的土方，挖土过程中在基坑中部形成类似盆状的土体，然后再开挖基坑周边的土方，这种挖土方式通常称为盆式开挖。盆式开挖适用于开挖深度

较深(有 2 道及以上支撑)、面积较大(边长大于 50 m)、采用对撑布置的基坑。采用盆式开挖的基坑,盆顶宽度一般不小于 10 m,边坡为 1∶1.5;盆底形状与尺寸应与支撑布置相协调,保证盆底开挖后能完成盆底范围的支撑。盆式开挖的一般施工流程为先开挖盆中土方,在盆中范围施工支撑的同时分块对称开挖盆边土方,再及时将盆边支撑与盆中已形成的支撑对接,完成整根支撑施工。

③ 岛式开挖。先开挖基坑周边的土方,挖土过程中在基坑中部形成类似岛状的土体,然后再开挖基坑中部的土方,这种挖土方式通常称为岛式开挖。岛式开挖适用于支撑系统沿基坑周边布置且中部留有较大空间的基坑。岛式开挖的一般施工流程为先开挖周边角撑或环撑部位的土方,中间土方后开挖,形成一个土岛,在施工周边支撑的同时开挖中间土方,利用中间土方的开挖时间作为周边支撑的养护时间。岛状土体的高度一般不大于 9 m,当高度大于 4 m 时,可采取二级放坡的形式。

④ 狭长形基坑开挖。狭长形基坑一般指基坑宽度在 30 m 以内,基坑长度较长,类似于地铁车站的基坑。狭长形基坑开挖采用竖向分层、水平向分段的方式,竖向分层高度根据支撑竖向间距确定,水平向分段宽度根据支撑水平间距确定。土方开挖过程中留设的临时边坡,各分层的边坡坡度取 1∶1.5,纵坡的总坡度取 1∶3～1∶4,纵坡的高度根据环境保护要求确定,一般不大于 3 层土方的高度。采用分层分段开挖的基坑,可采用留设纵坡的方式,也可采用分层土方逐层分段挖除的方式。

2. 桩间网喷混凝土护面

钻孔桩之间的土体采用网喷混凝土进行防护,土方开挖至距离围护桩内边线 150 mm 处(钻孔桩不侵入结构线),用镐头及铁锹把桩间土削平至桩内边,然后挂网喷射混凝土进行封闭。

喷射混凝土是将集料、水泥和水按设计比例拌和均匀,用高压空气喷射在凌空面上而成的混凝土。喷射工作要严格掌握规定的速凝剂掺量,并添加均匀,严格控制水灰比,使喷层表面平整光滑,无干斑或滑移、流淌现象。喷锚作业前,对机械设备,风、水管路,输料管路和电缆线路进行全面的检查及试运营。在未上混凝土拌和料之前,先开高压风及高压水,如喷嘴风压正常(适宜的风压一般为 0.1～0.15 MPa),喷出来的水和高压风应呈雾状;如喷嘴风压不足,可能是出料口堵塞;如喷嘴不出风,可能是输料管堵塞。这些事故都应及时排除,然后再开电动机,先进行空转,待喷机运转正常后再开始投料、搅拌和喷射。

喷射作业开始时,先送风,后开机,再给料;结束时,应先待料喷完后,再关风。喷射作业时分段分片进行,先喷钢筋网与围护桩间隙部分,后喷钢筋网间部分。桩间部位分两次完成喷射,每次喷射 4～5 cm,桩上一次性喷射 2～3 cm,后喷的一层混凝土应待先喷的一层初凝固后进行。喷射路线应自下而上,呈“S”形运动;喷射时,喷头做连续不断的圆周运动,并形成螺旋状前进,后一圈压前一圈 1/3。喷射作业时,喷头距受喷面的距离 1.5～2.0 m,风压为 0.3～0.5 MPa。

对砂层地段进行喷射作业时,应首先紧贴砂层表面铺挂钢丝网,并用钢筋沿环向压紧后再喷射厚 2～3 cm 混凝土;然后按设计挂设钢筋网并进行二次喷射。对有水地段进行喷射时,先从远离渗漏水处开始,逐渐向渗漏处逼近,将散水集中,安设导管或盲沟引流,再将渗漏处喷射封闭。

3. 钢支撑安装

钢支撑是保证基坑开挖和主体结构施工安全、控制基坑收敛和位移的必要措施。车站主体明挖基坑设三层钢支撑。钢支撑进场前应全面检查验收，特别加强钢管长度和钢管连接接头焊缝质量的检查。

安装钢支撑前，首先在围护桩上打设胀管螺栓固定角钢支架，然后用通长 100 mm×10 mm角钢将同一层的所有角钢支架连接成整体，防止支架水平晃动。钢围檩安装在支架上之后，由于网喷面和围护桩的施工误差，造成围檩与基坑面之间产生空隙，为保证各围护桩受力均匀，这个空隙必须用强度等级不低于 C30 的细石混凝土填嵌饱满。钢支撑安装紧跟基坑开挖进度，随挖随撑，钢管分节组装好，由吊车或塔吊安装就位。安装时控制好其轴线位置，防止钢支撑受力不均匀而滑落或损坏。每根钢支撑均在一端设置活动端，安装就位后，用塔吊或吊车吊住钢管支撑中部，抵抗因钢管支撑自重产生的挠度，然后用千斤顶和液压泵对支撑施加预压力，预压力值不大于各管撑设计轴力的 50%，然后在预留的活络端加钢楔楔紧。

钢支撑架设与基坑土方开挖是深基坑施工密不可分的两道关键工序，支撑架设时间、位置及预加力的大小直接关系到深基坑的稳定。

基坑开挖至第一层土下时，立即清理出冠梁上的预埋钢板（支撑假设点），将定位的支撑托板焊接在预埋钢板上，然后用龙门吊吊起钢支撑的两端，轻放在托板上，在活动端用两台 100 t 的千斤顶施加钢支撑预应力，加力时两台千斤顶连接在同一个液压泵上，保证活动端沿支撑两侧对称加压，施加预应力为设计支撑轴力的 50%，当压力表读数达到设计值并保持稳定为止，并采用特制铸铁楔子塞紧。

第一层支撑安装完毕后，进行第二层土方的开挖，开挖至第二道钢支撑下 100 cm 后，安装第二层钢支撑，工序内容与第一层大体相同，所不同的是，为保证各桩共同受力，支撑两端增设钢围檩，钢围檩搁置在角钢支架上，支架则通过膨胀螺栓固定在每根围护桩上。第三道钢支撑的架设与第二道钢支撑相同。结构底板施工完毕并达到设计要求后，拆除第三道支撑，搭设满堂脚手架施作站台层侧墙、中间柱及中层楼板结构。

4. 构造柱施工

当基坑跨度较大时，钢支撑长细比加大，架设后由于自重的作用，钢支撑中部挠度较大，致使轴力无法预加到设计值，为此需要在中部设置构造柱对钢支撑进行支托。构造柱下部基础为钻孔灌注桩，上部为型钢立柱，各构造柱之间沿基坑纵向在每层支撑的高度下方设置型钢联系梁，并设置剪刀连杆将各构造柱连成整体，保证足够的稳定性。

钻孔桩施工时，先施作构造柱下部钻孔桩基础，上部立柱采用 4 根角钢做柱角，柱角之间用钢缀板焊接组装成立柱。

先施作钻孔桩基础，采用 C30 细石混凝土灌注，灌注完成后用吊车将加工成型的钢立柱吊起后垂直调入孔内，利用钢立柱的自重将其沉入混凝土中。为保证下一步钢支撑安装质量，使钢立柱真正起到支托作用，必须保证钢立柱的垂直度。如钢立柱下沉深度不够，应采用振动锤将其振动下沉到位。

每段分层开挖至钢支撑架设的高度后，立即放出支撑位置线。人工开槽至联系梁牛腿底，将钢牛腿焊接到构造柱上，然后将纵向联系梁架设在牛腿上并与构造柱焊接牢固。安装钢支撑，并将其与纵向联系梁用螺栓连接。

按照前述方法架设钢支撑，当钢支撑中部与构造柱联系托梁之间存在施工误差而悬空时，必须架设钢楔子将钢支撑底部垫实，防止联系梁的支托功能失效。

5. 钢支撑拆除

最下层钢支撑等到车站底板结构施工完毕，达到设计要求后拆除，以此向上，逐步拆除上一道钢支撑。

钢支撑拆除应随车站结构施工进程分段分层拆除。用龙门吊将钢支撑托起，在活动端设 2 台 100 t 千斤顶，施加轴力至钢楔块松动后，取出钢楔块，逐级卸载至取完钢楔。最后用龙门吊将支撑吊出基坑。

6. 结构施工

当第一施工段土方开挖到设计标高后，立即进行接地网、垫层及防水施工，绑扎底板钢筋等，以免基坑暴露时间过长，造成安全隐患，同时也为后续施工提供了一个作业面，与现有的基坑开挖、钢支撑架设等形成流水作业。

结构施工按照前述工艺流程实施。结构底板浇筑完成、强度达到设计要求后，方可拆除第三道钢支撑，然后施工站厅层侧墙防水，绑扎侧墙钢筋并浇筑混凝土。如果基坑较深，根据受力需要设置倒撑，具体施工方法为：底板混凝土浇筑完成后，浇筑一段 2 m 多高的侧墙，在边墙上预埋托件。当侧墙混凝土强度达到设计值时，架设钢支撑，并施加轴力，完成支撑体系转换。当倒撑安装完成后，拆除第三道钢支撑，继续进行上部侧墙及中层板施工。

负二层侧墙完成施工后，搭设中板脚手架，铺设模板、绑扎梁板钢筋并浇筑混凝土。混凝土强度达到设计强度后拆除第二道钢支撑，施工负一层侧墙及中间柱。侧墙完成施工后，搭设脚手架施工顶板及顶梁结构。当顶板施工完成后，进行顶板外包防水施工。

7. 土方回填

土方回填质量的好坏直接关系到后期地表沉降的严重程度。顶板防水施工完成后，要进行防水保护层浇筑，以免后期土方回填时，小石子破坏防水的完整性。要在雨季来临前完成土方回填工作，确保回填质量。

分层摊铺：采用水平分层平铺，分层厚度 200～300 mm，人工夯实的地方摊铺厚度为 200 mm，夯实遍数为 3～4 遍；机械碾压区域摊铺厚度为 300 mm，夯实遍数为 4 遍。施工时由自卸车将土运至基坑内，由推土机把填料运到位并粗略整平。不宜用机械的地方需人工摊铺。顶板上的第一层回填土尽量选用透水性较差的黏土并夯填密实，防止地表水渗入车站结构。剩余的上部回填土不能用腐殖土，不能含有建筑垃圾、大块石料等。

分层压实：大面积回填碾压前应先做试验段，用实验的方法取得最佳的压实遍数和人工夯实遍数。用压路机分层操作时宜先轻后重、先慢后快、先边缘后中间。压实时，相邻两次的轮迹应重叠 1/3，保证压实均匀，不漏压，对于压不到位的地方要人工配合补压。顶板以上 500 mm 以内严禁用施工机械进行碾压，需人工采用小型机具夯实。

五、安全质量控制与环境保护措施

（一）易出现的质量问题及保障措施

1. 易出现的质量问题

在施工过程中，容易出现网喷面厚度不够、钢支撑水平度不够、围檩焊接不牢、开挖深度超挖、侵线桩处理不到位，导致后期影响结构施工、开挖过程中出现明水、钢支撑围檩架设不及时等情况，因此现场要加强巡视和管理力度，确保结构顺利安全施工。

2. 保障措施

(1) 基坑开挖应严格遵守"分层开挖"的原则，支撑架设与土方开挖密切配合，开挖时采用中心挖槽法开挖钢支撑附近土方，以防止机械碰撞支撑。

(2) 采用人工配合小型机具开挖钻孔桩附近土方，严禁机械开挖碰撞钢支撑和钻孔灌注桩，土方挖到设计标高后及时架设钢支撑并施加预应力，减少无支撑暴露时间。

(3) 钢支撑的稳定性是控制整个基坑稳定的重要因素之一，其架设必须准确到位，并严格按设计要求施加预应力，尤其注意斜撑的稳定性，在斜撑作业时，安装每一环节均要做到精心作业，同时钢围檩在制作、安装过程中也必须保证其稳定、强度及变形的要求。另外，从基坑钢支撑架设至拆除的整个施工过程中，须对钢支撑严格监测，确保其稳定性。钢支撑安装时，轴线偏差≤5 cm，并保证支撑接头的承载力符合设计要求。

(4) 钢支撑连接时必须对称安装螺栓，按顺序紧固，同时为防止钢支撑在施加轴力时产生过大的挠度，在施加轴力前先将挠度校正至水平。

(5) 钢支撑安装前一定要检查加工成型的支撑是否垂直，不垂直的要进行矫正；然后将钢支撑安装在牛腿支座上，并且紧固好。

(二) 施工对周边环境的影响及控制措施

1. 对周边环境的影响

(1) 土方开挖过程中容易有扬尘，土方运输车在道路上会撒落渣土。

(2) 网喷作业时，网喷机不断地振动容易造成水泥扬尘。

(3) 地面电力、通信、污水、自来水等市政管线如有破坏将造成局部瘫痪。

(4) 临时占道施工对交通有影响。

(5) 有可能破坏地下文物。

(6) 施工中可能存在有毒有害气体等。

2. 环保控制措施

(1) 对门前屋后凡可进行绿化的地点均临时种植花草树木，并由专人挂牌维护管理，提高现场的美观度。

(2) 工地落实门前三包环境责任制，不在工地门前围栏外侧公用场地堆放材料、垃圾。临时占用人行道及道路，应严格执行申报审批的规定。在经批准占用的区域，必须严格按照批准占用的范围、占用期限及使用限制堆放建筑材料或机具设备。

(3) 防止水污染的措施：场内设沉淀池和冲洗池，并做好污水的排放处理。

(4) 施工中有责任确保城市公共设施的安全，妥善保护各类地下管线。施工方法和保护管线的措施应报业主审批同意后实施。施工中应指定专人检查保护措施的可靠性。不明管线应先探明，不许蛮干。施工中若发生管线损坏情况，应立即采取必要的抢救措施，并及时报告业主和管线主管部门。

(5) 在施工过程中，如发现有文物迹象，应局部或全部停工，采取有效的保护措施，并及时通知文物主管部门处理后，方可恢复施工。

(6) 做好施工场地硬化；每天安排专人清扫工地和道路，保持工地和所有场地道路的清洁；定期洒水，减少灰尘对周围环境的污染，道路每天洒水 4 次，施工现场每天洒水 2 次。

(7) 场地内的汽车车速减至 8 km/h，推土机的推土速度减至 8 km/h。

(8) 砂、石等散状材料在搬运过程中应洒水，装卸前应用固定喷管系统喷水湿润。水泥尽量采用散装水泥，从罐车卸载到水泥储存罐塔内，出口设有袋式过滤器。

(9) 运载散体、流体的车辆有防护措施，封闭缝隙，做到沿途不漏撒飞扬，运土车出场前，车体特别是车轮要清扫干净，装载高度符合不遗撒要求。

(10) 砂石料堆放应避免敞开存放。

(11) 在工地不得安装锅炉、炉具，不得使用可能产生烟尘的燃料，不得在工地焚烧残物和废料。禁止在施工现场烧有毒、有害和有恶臭气味的物质。

(12) 拆除临时设施时，及时洒水，减小扬尘污染。

（三）安全风险及防治措施

1. 安全风险

常见安全风险有：土方开挖超前及支撑架设不及时造成基坑变形、地表沉降超限，支撑坠落造成物体打击，临边防护不到位造成物体坠落，降水控制不到位出现基底突涌，高大模板支架搭设不规范导致垮塌，倒撑安装不到位或预加轴力不符合设计要求导致基坑变形或脱落伤人等。

2. 防治措施

(1) 施工用电必须符合用电安全规程。现场电气设备要有防漏电措施，非电工不得安装、操作电气设备。夜间施工要有足够照明设备，手把灯必须采用 36 V 低压电，地下室等潮湿部位的照明也要采用低压照明。电气设备要有可靠的接地线，电气设备操作人员操作时必须戴防护用具和绝缘手套。

(2) 各类气瓶有明显的色标和防震圈，不准在露天曝晒。乙炔气和氧气瓶距离应大于 5 m，乙炔气瓶在使用时必须装回火防止器，皮管应用夹头紧固。

(3) 基础施工时，搭设好基槽防护栏杆及上下人马道，清除槽壁、槽顶附近松散砖瓦石块，防止其掉落伤人。

(4) 设专人巡视基坑周边，保证槽底施工人员、槽边行走人员的安全。对于高空作业、地下施工、交叉施工、特种施工、冬雨期施工、用电作业和搭拆架子等主要安全部位要进行定时定人作业施工，并要加大检查力度，实现安全标准化。

(5) 夜间施工必须配备足够的照明设施，确保人员安全及施工质量。施工现场的一切设备，未经有关管理部门的同意，不得以任何理由私自移动和拆除。钢丝绳表面磨损、腐蚀、断丝超过标准以及断股、油花外露的不得使用。

(6) 大风天、雨雪天过后要对所有安全设施进行仔细检查，清除隐患后方可继续施工。

(7) 高空作业人员所使用的工具应随手装入工具袋内或放在安全稳妥的地方，不得随意抛掷。立体交叉作业应设防止物体打击的隔离层。

(8) 加强对地下管线的保护，防止事故发生。

(9) 安全员须加强对施工现场的安全巡视，进行全方位监察，如用水、用电安全，设备安全使用，坡面坡顶是否存在裂缝，工作人员持证上岗，工作时是否佩戴防护用具等。

(10) 加强对钢围檩焊接、钢支撑拼装等质量控制，保证结构施工安全。

(11) 加强监控量测，及时采集有效数据分析，科学指导施工。

第二节 暗挖施工方法

一、概述

国外在20世纪70年代初开始将新奥法应用于浅埋地层的研究，到70年代末80年代初已基本形成一套完整技术并应用于城市地铁、市政工程等。目前，德国、日本、美国、法国、意大利和韩国等国家都有新奥法成功应用的实例。日本的城市地铁多修建在浅埋软弱地层中，过去大多采用明挖法施工，自1976年采用新奥法技术以后，就逐渐地把山岭隧道使用的新奥法技术转移到了城市地铁中来，目前用新奥法技术修建的城市地下工程越来越多，如粟山、大贯、第一原、旭丘、北四番丁等城市隧道和横滨市地铁区间及地铁车站等。德国是当今地下工程中应用新奥法技术最多的国家，不仅在地铁区间隧道应用，而且还在多层多线路大断面地铁车站中广泛应用，如慕尼黑、法兰克福、埃森、波鸿、纽伦堡地铁车站等，其施工技术已发展到了较高水平。

我国于20世纪70年代末80年代初开始将新奥法应用于地下工程施工，并于80年代中后期开始系统研究新奥法在浅埋软弱地层中的应用。1984年首先在大秦线军都山隧道进口黄土段研究实验成功，之后又成功地运用在北京地铁复兴门车站折返线工程，并在北京地铁复一西区间、西单车站、国家计委地下停车场、首钢地下运输廊道、城市地下热力和电力隧道、长安街地下过街通道，深圳地上过街通道等地下工程中推广应用。经过多年的总结、完善，这一方法已在城市地铁、市政、电力隧道、城市地下过街通道、地下停车场等工程中推广应用，已形成一套完整的配套技术，并形成各地域、各城市的特色，如南京地铁软流塑地层暗挖施工工法、广州地铁含水砂层暗挖施工工法等。

地面条件允许的情况下，地铁隧道宜采用明挖法，主要适合在人、交通和管线较少的地方应用。因埋深条件、周边环境条件等因素的限制，在建筑物密集的繁华市区和特殊地质区段经常采用浅埋暗挖法施工。浅埋暗挖法是城市地下铁道与轻轨工程施工的主要方法之一，其技术核心是依据新奥法的基本原理，即在施工过程中采用多种辅助措施加固围岩，充分调动和发挥围岩的自承能力，开挖后及时支护，使支护封闭成环，与围岩共同作用形成联合支护体系。它是一种抑制围岩过大变形的综合配套施工技术，具有造价低、拆迁少、灵活多变、无须太多专用设备及不干扰地面交通和周围环境等优点。经过在许多工程中的成功实施，其应用范围进一步扩大，由只适用于第四系地层、无水、地面建筑物较少等简单条件，拓展到非第四系地层、超浅埋(埋深已缩小到0.8 m)、大跨度、上软下硬、高水位等复杂地层及环境条件下的地下工程中。在城镇软弱围岩地层中，在浅埋条件下修建地下工程，以改造地质条件为前提，以控制地表沉降为重点，以格栅(或其他钢结构)和锚喷作为初期支护手段，遵循“新奥法”理论，按照“十八字方针”(即管超前、严注浆、短进尺、强支护、早封闭、勤量测)进行隧道的设计和施工。

采用浅埋暗挖法修建地铁车站，其基本作业程序包括地层预支护和预加固、土方开挖、初期支护及二次衬砌、监控量测指导施工组织设计等，这些与区间隧道的施工大体类似。在城市中心区，由于地面交通不允许长期中断，地面建筑物众多，地面施工场地狭小，受城市立交桥下众多桥桩的影响，或者管线错综复杂，不易改移，因此在地质条件允许的情况下，可考虑采用暗挖法进行地铁车站的施作。该方法对地层的适应性较广，适用于结构埋置较浅、地面建筑物密集、交通运输繁忙、地下管线密布及对地面沉降要求严格的城镇地区地下构筑物施工。

浅埋暗挖法既可作为独立的施工方法，也可以与其他施工方法结合使用，车站经常采用浅埋暗挖法与盖挖法相结合，区间隧道用盾构法与浅埋暗挖法相结合。浅埋暗挖法与其他工法有很强的兼容性。

二、新奥法

新奥法概念是奥地利学者拉布西维兹教授于20世纪50年代提出的，它是以隧道工程经验和岩体力学的理论为基础，将锚杆和喷射混凝土组合在一起作为主要支护手段的一种施工方法，经过一些国家的许多实践和理论研究，于60年代取得专利权并正式命名。之后这个方法在西欧、北欧、美国和日本等许多地下工程中获得极为迅速的发展，已成为现代隧道工程新技术标志之一。20世纪60年代新奥法被介绍到我国，70年代末80年代初得到迅速发展。至今，可以说在所有重点难点的地下工程中都离不开新奥法，新奥法几乎成为在软弱破碎围岩地段修筑隧道的一种基本方法。

新奥法适用条件：① 具有较长自稳时间的中等岩体；② 弱胶结的砂和砾石以及不稳定的砾岩；③ 强风化的岩石；④ 刚塑性的黏土泥质灰岩和泥质灰岩；⑤ 坚硬黏土，或带坚硬夹层的黏土；⑥ 微裂隙的，但很少夹黏土的岩体；⑦ 在很高的初应力场条件下，坚硬的和可变坚硬的岩石。

新奥法施工基本原则是“少扰动，早喷锚、勤测量、紧封闭”。围岩是洞室的主要承载单元，施工中尽可能保护围岩；为充分发挥围岩的自承能力，开挖要尽可能保持围岩的原始状态；围岩变形的控制可以通过支护阻力（锚杆、锚索、钢筋混凝土衬砌）实现，并尽可能做到适时支护；施工中进行监控量测，提出可靠的量测数据，指导施工与现场设计；所选择的支护方式应具有薄、柔、与围岩密贴等特点，使围岩尽快封闭恢复三向受力状态；隧道施工断面在较短的时间内封闭，以免坍塌；隧道施工过程中，建立设计—施工检验—地质预测—监控量测反馈分析—修正设计的施工管理系统。

三、暗挖法工程特点

（1）埋深浅。所谓隧道深埋或浅埋，并非单纯指洞顶地层厚度，还应结合上覆地层的工程地质条件综合判定，包括围岩结构构造特征，风化、破碎、断层影响的程度，结构强度，松散状况以及地下水等因素。对于浅埋地下工程而言，其显著特点是埋深浅，在施工过程中，地层承载力差，开挖引起的地层应力波迅速传到地表，从而引起明显的地表沉降，对周边环境的影响较大，超过一定限度，会导致整体失稳，发生塌方。因此，对地层预加固、开挖方法、支护衬砌等提出了更高的要求。

（2）地质条件差。基本属于Ⅴ～Ⅵ级围岩，岩性软弱，大多为土质地层。开挖之前要采取超前支护措施，来改良加固地层，满足开挖的需要。超前支护的时机和强度视地层的岩体质量好坏而定，同时必须考虑其他因素的影响，如地下水情况、周边环境和地下管线等。而且，若开挖后稳定性差，需要及时设置具有足够强度的支撑体系，才能满足结构的稳定性要求。采用浅埋暗挖法修建的隧道，特别是城市地下铁路，其地下水非常丰富，地下水位也很高，隧道通常位于地下水位以下，如果对地下水不采取措施，就无法进行开挖施工，而且容易引起地下水突涌，及因此而带来的塌方等重大事故。因此，开挖时必须采取降水措施，来降低地下水位。通过降水，达到增加地层自身的稳定性和使隧道的施工在无水干燥条件下进行的目的。

(3) 周边环境复杂。浅埋地下工程，特别是城市地铁施工具有结构埋置浅，地面建筑物密集，交通运输繁忙，地下管线密布，地表沉陷要求严格，周边环境复杂，交通疏解、拆迁改移费用高等特点。与其他方法相比，浅埋暗挖法在这些方面具有显著的优点。

(4) 辅助工法多样。① 注浆法：注浆法是浅埋暗挖施工中使用最多的一种辅助工法。浆液在土体中固结并在注浆压力作用下扩散挤密土体，起到加固地层、止水的作用，通常配合小导管、大管棚使用。注浆方式主要有小导管注浆、大管棚注浆、帷幕注浆和全断面注浆等，注浆材料有普通水泥、超细水泥、水泥-水玻璃、改性水玻璃、化学浆液等。② 降水法：采用降低地下水位的方法，为浅埋暗挖施工提供干燥的施工作业条件。降水法主要有井点降水、管井降水、真空降水和电渗降水等。③ 超前小导管法：超前小导管支护是软弱地层浅埋暗挖法施工时，优先采用的一种地层预加固方法。通过超前小导管注浆，使地层得到固结改良，保证土方开挖时开挖面稳定，防止过大沉降发生。④ 长管棚法：该法用于暗挖隧道的超前加固，布置在隧道的拱部周边。管棚一般都要进行注浆，以获得更好的地层加固效果。⑤ 水平旋喷法：该法主要用于地层加固，如局部地层特别软弱需加固，或有重要建筑物需要特别保护时。在粉细砂层地层，低压渗透注浆难以形成连续致密的注浆体，不能有效起到超前支护和防沉作用，为此，采用水平旋喷方式加固地层。水平旋喷具有刚度较大、止水防沉、有效减少土体位移等特点。⑥ 注浆-冷冻法：由于冷冻法易引起融沉，冷冻质量不易控制，故不适用于地下水流速度过大的地层。通过注浆，在地层中形成骨架，降低水流速度，再冷冻地层，可保证冷冻效果，减少解冻引起的地表沉降。

(5) 开挖方法繁多。采用浅埋暗挖法施工时，常见的开挖方法有全断面法、正台阶法以及适用于特殊地层条件的其他施工方法，如单侧壁导坑超前正台阶法、双侧壁导坑正台阶法和中隔墙法等。

(6) 风险管理难度大。浅埋暗挖工程通常具有工期长、规模大、技术复杂、地质条件不确定、不良地质多、施工中的意外事故和施工造成的环境影响对工程的进展产生的影响很大等特点，因此，有必要以科学的方法和手段研究风险发生和变化的规律，使之尽可能接近并反映实际的变化情况，防患于未然，把风险造成的损失降到最低。

(7) 施工影响小。浅埋暗挖法与明挖法相比，具有灵活多变，对地面建筑、道路和地下管网影响不大，拆迁占地少，不扰民，不干扰交通，节省大量拆迁投资，不污染城市环境等优点；与盾构法相比，它具有简单易行，不需要太多专用设备，灵活方便，适用于不同地层、不同跨度、多种断面形式等优点。

四、暗挖法施工基本原则

(1) 选择适宜的辅助施工方法，优先采用小导管超前支护。

(2) 浅埋暗挖法在有水、不稳定地层中的应用，要以注浆堵水为主，以降水为辅。采用劈裂注浆加固和堵住 80% 的水源，降掉 20% 的少量裂隙水，以达到减小地表下沉的目的。

(3) 在地面动荷载作用下，在大跨度地段，用长孔劈裂预注浆预先加固地层，小导管配合进行超前支护，是安全可靠的施工手段。

(4) 开挖方法为正台阶环形开挖留核心土，第一个台阶高度宜取 2.5 m，台阶长度 1～1.5 倍洞径。

(5) 严格控制每循环的进尺长度，一般为 0.5～0.75 m。

(6) 由于地层条件很差，在喷混凝土时地层间经常出现空隙，该空隙多发生在拱顶附近和拱脚处。所以，背后充填注浆非常重要，该工序应紧跟工作面进行。同时，应做好拱脚的处理，在拱脚处应打设能注浆的锁脚锚管，这是防止拱脚下沉的关键。

(7) 为突出快速施工，考虑时空效应，应做到"5 个及时"，即及时支护、及时封闭、及时量测、及时反馈、及时修正。

(8) 监控量测技术是监控地表下沉和防塌方的最可靠的方法，是施工的核心，必须认真、快速获取监控量测结果，掌握洞室的变化特点，尤其要重视 1 倍洞径处的稳定性，这往往是发生塌方、变形的最危险区段。

五、暗挖十八字方针

1. 管超前

管超前就是隧道土方开挖前，在隧道前方土体中打设超前小导管(钢花管)，利用钢拱架为支点，使用超前小导管注浆防护。先用风钻或高压风吹孔、扩孔、引孔。小导管间距为 20～30 cm。为避免管下土体松落，以较小仰角为宜。在开挖支护的过程中，要留出钢管在土体内作为支点的长度。

2. 严注浆

严注浆就是通过超前小导管注浆对隧道前方土体进行加固改良，以增大围岩稳定性和自承力。在小导管超前支护后，立即压注水泥或水泥-水玻璃浆液，填充砂层孔隙，凝固后将砂砾胶结成为具有一定强度的"结石体"，使周围形成一个壳体，增强围岩自稳能力。每次注浆前必须对工作面进行喷射混凝土封闭，以防浆液在压力作用下溢出。

管超前、严注浆是两项工作一体施工，其作用一是改良工作面前方的地层在开挖工作面以外(尤其是顶部)形成厚度为 0.5～1 m 的加固圈；二是超前小导管与地层形成超前支护结构，从而保证开挖工作面的稳定，防止工作面坍塌，控制地表沉降。浅埋暗挖施工必须"先注浆，后开挖，注浆一段，开挖一段"。管超前、严注浆还要注意：

(1) 打导管必须注浆，防止导管施工扰动前方土体导致坍塌。

(2) 必须保证注浆质量，根据不同地层选取不同注浆材料，一般粉细砂、中粗砂、砂含量较高的砂卵石地层采用改性水玻璃或固砂剂，卵石含量较高的砂卵石地层及卵石圆砾地层采用水泥-水玻璃双液浆。要严格控制配比、注浆压力和注浆量。

(3) 超前围岩预注浆加固施工中注浆结束的条件是注浆压力达到设计终压，浆液注入量达到设计值的 80%以上。

3. 短进尺

短进尺就是控制开挖步距，每次进尺不能太长，一次注浆多次开挖。当导管长 3.5 m，每次开挖进尺 0.75 m，每次环状开挖，预留核心土。短进尺要注意：

(1) 必须"开挖一段，封闭一段，段段推进"，禁止两榀钢架一次开挖。

(2) 对于稳定性很差的地层，开挖时应缩短每循环进尺。

(3) 短进尺是早封闭的前提。

(4) 预留核心土,放坡开挖,禁挖神仙土。

(5) 环形留核心土法施工,应先开挖上台阶的环形拱部,并及时施工。

4. 强支护

浅埋暗挖隧道支护结构承担隧道上覆盖层的全部或部分土柱的地层压力,并从减少地表沉陷的要求角度出发,初期支护必须有足够的刚度。在松软地层和浅埋条件下进行地下大跨度结构施工,初期支护必须十分牢固,以确保万无一失。按照喷混凝土→网构拱架→钢筋网→喷混凝土的工序进行支护。浅埋暗挖法的网喷支护承载系数取较大值,一般不考虑二次衬砌承载力。强支护要注意:

(1) 必须严格控制钢架的材料质量、加工的骨架尺寸以及钢架节点法兰的焊接质量。

(2) 必须严格控制钢架安装质量。严格控制钢架安装的垂度,倾斜的钢架是不能承受巨大土压力的;节点法兰连接,螺栓连接牢固,必要时进行绑焊,特别是较大断面分部开挖,在拆除临时支撑时,一旦存在问题,后果不堪设想;连接筋焊接牢固,保证钢架的整体受力。

(3) 严格控制喷射混凝土的配合比,控制水及速凝剂的掺量,过大均对混凝土强度影响巨大。喷射混凝土、砂浆所用水泥强度等级不得低于 42.5 MPa。

5. 早封闭

早封闭就是使初期支护的钢格栅在最短时间内形成封闭环,确保结构及围岩的稳定。早封闭要注意:

(1) 控制台阶长度,根据地质条件,一般台阶长度为 1～1.5 倍洞径,6 m 的跨度,台阶长度以 6～9 m 为好。但不是越短越好,小于 1 倍洞径,一旦发生坍塌造成的后果会更严重。

(2) 隧道掘进前必须做好施工准备,支护材料齐备,满足进尺要求,施工机具和风、水、电等齐全完好,抢险物资充足到位等。

(3) 倘若遇到不良地质条件或重要环境风险时,应在上半断面台阶上设临时仰拱提前封闭。

(4) 隧道掘进应连续作业,因故停止掘进时,应对掌子面进行临时封闭处理(挂网喷混凝土,打设导管注浆)。

6. 勤量测

勤量测就是通过监控量测,及时分析数据,并根据监控数据来调整支护参数(信息化施工)。勤量测要注意:

(1) 必须重视数据分析。审阅内拱顶和对应的地面沉降值及洞内两侧收敛值,对照预警值分析;沉降数据结合地质条件的风险分析;周边结构的差异沉降分析。

(2) 出现问题时应及时采取相应对策。

六、地铁暗挖施工工法

区间及部分风道、出入口一般为小断面,主要施工工法有全断面法和台阶法(跨度一般小于 8 m);风道、出入口、换乘通道等断面一般介于大断面及小断面之间,主要施工工法有 CD 法(中隔壁法)、CRD 法(交叉中隔壁法)和双侧壁导坑法等(跨度一般在 6～15 m)。

地铁车站及渡线段一般为大断面,主要工法有中洞法、侧洞法、洞桩法和 PBA 工法等;除小断面施工工法外,其余工法的特点是将大断面划为小断面,分部开挖,做临时中隔壁及仰拱，然后分段拆除，施作二次衬砌。在施工过程中，随时通过监控量测，调整施工方案和参数，实现信息化施工。地铁暗挖应根据地质条件、断面大小选择施工方法。

1. 台阶法

台阶法是最基本、运用最广泛的施工方法，而且是实现其他施工方法的基础。台阶法适用于隧道跨度较小的情况，一般跨度小于8 m。台阶法根据台阶的长度分为长台阶、短台阶和超短台阶法3种。

长台阶法：上、下台阶长度$L>5B$(隧道跨度)，这种方法施工时整个断面初期支护封闭的时间长，在地质条件不好的情况下，容易造成初期支护结构过量的变形。由于上、下台阶长，运输及施工方法转换都不方便，上、下台阶的施工干扰也比较大。

短台阶法：上、下台阶长度$L=(1\sim1.5)B$，同长台阶法相比，上下台阶的喷混凝土以及超前注浆的设备可以共用，上下台阶的施工干扰相对较小，支护结构可以尽早封闭。

超短台阶法：台阶长度3～5 m，这种工法在土层以及软弱地层中比较合适，既能保证上台阶正常的开挖、支护作业，同时还可以保证整个断面结构初期支护及时封闭，可以有效地控制结构变形以及地表沉降。

台阶法开挖优点很多，能较早地使支护闭合，有利于控制其结构变形及由此引起的地面沉降。上台阶长度(L)一般控制在1～1.5倍洞径(D)，当开挖断面较高时可进行多台阶施工，每层台阶的高度常用3.5～4.5 m，或以人站立方便操作选择台阶高度。注意事项：① 台阶数不宜过多，台阶长度要适中。② 开挖过程中根据地层需要，采取一些辅助的施工措施，如回填注浆、增加锁脚锚管、超前支护等。

台阶法步骤：① 施作超前支护；② 上台阶土体开挖；③ 上台阶初期支护施工；④ 下台阶土体开挖；⑤ 下台阶初期支护施工；⑥ 施作防水；⑦ 二次衬砌施作。

台阶法主要技术措施有：① 地层稳定性较差时，拱部增设超前小导管注浆加固，确保开挖的稳定性。② 上半断面开挖采用环形开挖、预留核心土的方法，既可以保证掌子面开挖稳定，同时有利于拱部人工架立格栅或其他钢架。③ 拱脚部位视情况增设锁脚锚杆(管)，控制拱脚部位支护横向收敛和下沉，特殊情况下为了控制初期支护结构变形，在上台阶拱脚部位可考虑增设临时仰拱。④ 下半断面开挖可以采用两侧错开开挖或分三块(即先开挖两侧再开挖中部，或先开挖中部再开挖两侧)进行的方法，但通常情况下两侧左右错开开挖同样能有效控制沉降、确保施工安全，加上由于采用台阶法开挖的断面往往都不大，分三块开挖时断面划分较小，施工较困难，不利于组织施工。因此，通常情况下都采用两侧错开开挖的方式进行。⑤ 上台阶支护施工时预埋注浆管在初期支护封闭完成后及时进行回填注浆，确保支护结构和围岩之间密贴。

2. CD法

CD法是指将隧道断面分为左右两个洞室进行开挖，中间增设一道临时中隔壁，每个洞室开挖后及时施作初期支护封闭成环。

3. CRD法

CRD法是指将隧道分为多个导洞(视隧道断面大小确定导洞的划分数量)，依次、分别进行开挖，增设临时中隔壁及临时仰拱，每个小导洞开挖后及时封闭成环，导洞与导洞之间保持一定的纵向安全距离。此工法适用于地质条件差、隧道断面大、沉降控制要求较高的隧道开挖。

CRD 法施工步骤：① ϕ42 mm 超前小导管超前预注浆加固地层，开挖左上部导洞并施作永久及临时初期支护，封闭成环，采用锁脚锚管加固拱脚；② 开挖左下部导洞并施作永久及临时初期支护，封闭成环，采用锁脚锚管加固拱脚；③ ϕ42 mm 超前小导管超前预注浆加固地层，开挖右上部导洞并施作永久及临时初期支护，封闭成环，采用锁脚锚管加固拱脚；④ 开挖右下部导洞并施作永久及临时初期支护，封闭成环，采用锁脚锚管加固拱脚；⑤ 初期支护背后注浆，进行换撑施作仰拱二次衬砌，预留钢筋、防水板接头；⑥ 拆除剩余临时支撑，施作拱部二次衬砌，结构封闭成环，进行二次衬砌背后注浆。

CRD 法施工控制要点：① 保持各分部开挖断面和各部的纵向间距，开挖轮廓线要圆顺，以减少出现应力集中现象；② 每块小断面紧邻核心土，及时设置临时仰拱封闭，步步成环，尽量缩短成环时间，必要时进行掌子面喷射混凝土临时支护；③ 中隔壁设置为弧形临时支护，隧道左右开挖小断面底部临时仰拱保持在同一断面上，各节点的连接一定要对齐，螺栓连接牢固，并及时施作锁脚锚管；④ 必须保证中隔壁和临时仰拱钢架的规格数量及喷射混凝土的厚度，钢架之间纵向连接钢筋及时施作并连接牢固；⑤ 为减小支护结构对地基的压力，提高地基的承载能力，对钢拱架的底部设置 20 cm×20 cm×20 cm 的枕木支垫；⑥ 中隔壁混凝土拆除时，要防止对初期支护系统形成大的振动和扰动，可采用风镐由上至下逐榀拆除钢支撑之间的喷射混凝土，以及临时支护与初期支护连接部位附着在钢架上的喷射混凝土。

4. 双侧壁导坑法

采用双侧壁导坑法开挖隧道时首先进行两侧洞的开挖（一般是两侧对称开挖）与支护，然后再进行中洞的开挖与支护，视隧道断面大小，可将两侧洞及中洞再分为若干个小导洞分部开挖。

双侧壁导坑法也称眼睛工法，也是变大跨度为小跨度的施工方法，其实质是将大跨度（>20 m）分成三个小跨度进行作业，主要适用于地层较差、断面很大、单侧壁导坑超前台阶法无法满足要求的三线或多线大断面铁路隧道及地铁工程。该法工序较复杂，导坑的支护拆除困难，有可能由于测量误差而引起钢架连接困难，从而加大了下沉值，而且成本较高，进度较慢。

双侧壁导坑法施工步骤：① 拱顶打设大管棚及小导管、注浆，同时先后开挖两侧洞室，施作初期支护及中隔壁、中隔板。两侧洞室开挖距离参考值为 5～6 m。② 先后开挖洞室，前后参考距离 5～6 m，施作初期支护及中隔壁。③ 拱顶小导管注浆，开挖洞室，施作初期支护及中隔板。④ 开挖右下部导洞并施作永久及临时初期支护，封闭成环，采用锁脚锚管加固拱脚。⑤ 根据监测情况，纵向分段敷设防水层，施作拱底二次衬砌（步长≤3 m）。⑥ 根据监测情况，纵向分段拆除中隔板和中隔壁（步长≤3 m），敷设防水层，施作余下二次衬砌，仰拱部分回填素混凝土。

双侧壁导坑法施工注意事项：① 开挖方式采用机械辅助人工开挖。② 工序变化处的钢架（或临时钢架）应设锁脚钢管且必须对锁脚钢管进行注浆，以确保钢架基础稳定。③ 当现场导坑开挖孔径及台阶高度需进行适当调整时，应保证侧壁导坑临时支护与主体洞身钢架连接牢固，横向钢支撑可根据监控量测结果适当调整其位置，并考虑侧壁导坑自身的稳定及施工的便捷性。④ 双侧壁导洞法施工，其导洞跨度不宜大于隧道宽度的 30%，施工时，左右导洞前后错开距离不应小于 15 m，并在导洞施工完后方可按台阶法施工上下台阶及仰拱。⑤ 钢架之间纵向连接钢筋应按要求设置，及时施作并连接牢固。⑥ 临时钢架的拆除应等洞身主体结构初期支护施工完毕并稳定后，方可进行。⑦ 施工中，应按有关规范及标准图的要求，进行监控量测，及时反馈结果，分析洞身结构的稳定，为支护参数的调整、浇筑二次衬砌的时机提供依据。

5. PBA 工法

PBA 工法的原理就是将传统的地面框架结构施工方法（即在地面先做基坑围护桩，然后从上向下进行基坑土方开挖，必要时加支撑防止基坑变形，开挖到底后从下向上施工框架结构）和暗挖法进行有机结合，即在地面上不具备施工基坑围护结构条件时，改在地下提前暗挖好的导洞内施作围护边桩、中柱、底梁和顶梁、顶拱，共同构成桩、梁、拱支撑框架体系，承受施工过程的外部荷载，然后在顶拱和边桩的保护下，逐层向下开挖土体，施工内部结构，最终形成由外层边桩及顶拱初期支护和内层二次衬砌组合而成的永久承载体系。

首先施工上下各 4 个导洞，在下导洞内做条形基础并由上导洞向下开挖护壁桩孔和立柱孔，分别吊装钢管柱和浇筑护壁桩，使之置于条形基础之上，然后进行上层开挖和初次支护，实施二次衬砌的顶梁、拱部和上部边墙，并用地模施作中隔板，再向下完成下部开挖和衬砌。在开挖左、右洞上台阶时，为平衡中洞拱脚向左、右的推力，在两柱顶纵梁之间设置水平拉杆。为保证中柱两条形基础的整体性，在其下导坑间中柱位置，每隔一柱间距横向开挖小导坑先施作部分窄条底板。

也可以用钻孔桩法施工边桩及中柱，并可取消下导坑，这对控制地表沉降有利，但施工设备复杂、成本高，在有的地层（例如漂石和直径较大的砂卵石地层）中钻孔的速度慢，如果地质条件好，边桩可采用矩形挖孔桩底部扩桩的办法，取消边桩的下导坑和条形基础。

该法最大的优点是按照施工顺序，可以在横向扩大施作更大跨度结构，但因其在一个十分狭窄的小导洞内完成一系列的钢筋、立模、浇筑、吊装等操作，作业环境恶劣。采用 PBA 工法地表沉降值比侧洞法、中洞法小，因此适用于一拱两柱等拱顶较平缓的断面。

PBA 工法工艺特点：① 由于采用暗挖法施工，对地面和周边环境影响较小，适用于受环境条件限制无法进行明挖施工的地下结构工程。② 本工艺所引起的地面沉降变形相对较小，对保护暗挖结构附近的地下构筑物（桥桩、管线等）和周边建筑物的安全有利。③ 与其他大跨度暗挖工艺（如中洞法、CRD 法等）相比，废弃工程量相对较少，结构受力条件也好，因此本工艺也相对经济。④ 不受结构跨度和层数限制，适用范围较广，特别适合距桥梁桩基和高层建筑物很近的地下工程的施工，因为边桩本身可起到隔离桩的作用，从而达到保护建（构）筑物安全的目的。

PBA 工法的施工工序：为保证车站结构施工安全，车站结构必须尽快形成框架。首先施工 8 个导洞（上 4 个、下 4 个），接着在导洞内施工承载结构和传力结构，包括条形基础、边桩、底纵梁、钢管柱和顶纵梁等，然后由上至下逆作施工车站主体结构，包括拱顶的二次衬砌、站厅层和站台层等，最后进行建筑装修和设备安装的施工。

PBA 工法优点：① 拱部二次衬砌形成较早，防范了因拱部初期支护不足造成的拱部塌方。② 上部二次衬砌结构施工较早，且二次衬砌结构支承在两侧围护桩结构上，加强了对初期支护的支撑作用，减短了上部初期支护暴露时间，可大大减小地面沉降。③ 拱部二次衬砌紧跟，先施工了站厅板结构，增加了对两侧围护桩的支撑作用，下部开挖施工时可减少两道临时横撑，减少了工程量，节约了工期。④ 站厅板结构采用地膜施工，可以大量减少模板及支撑，极大地减少了工作量并节约了材料。

PBA 工法缺点：① 工序转换复杂，各个工序的衔接和组织要求较高，工期较长。② 将大跨度结构分割为小断面的洞室是把“双刃剑”，如在暗挖施工过程中对各个过程的连接控制不到位或方法不当会增加塌方的危险并造成二次或多次沉降较大的问题。③ 结构施工缝较多，防水及施工缝处理要求高，处理不当易形成渗漏。

七、暗挖法施工中易发生的问题及质量控制措施

1. 施工中易发生的问题

(1) 测量方面：施工测量方面易存在测量方案内容针对性、可操作性不强，控制网复测频率不符合规范要求；桩点经常被破坏或丢失，监控量测点不规范，测点布设在不同平面，收敛测点埋设不规范，采用接触量测时，测点挂钩未设置为闭合三角形状等；浅埋段地表沉降观测桩设置与方案不符等。

(2) 开挖过程：开挖过程容易出现开挖进尺超过设计要求，超欠挖严重，光爆效果差，擅自变更开挖工法或简化工艺，爆破施工中孔位数量、布置、装药量、起爆方式与方案不符或未根据现场实际情况进行调整，与设计及规范不符。

(3) 掌子面坍塌：发生的原因可能有开挖进尺过大，未预留核心土，与围岩等级不符，初次衬砌(初期支护)未跟上或者初次衬砌(初期支护)未及时封闭；开挖面未及时封闭，暴露时间过长，超前加固效果不佳，地面车辆等振动影响；局部含水砂层、局部软弱土、局部破碎带、局部空洞、溶腔；雨水管、污水管渗漏，下穿河、湖或近距河湖暗挖，降雨后渗漏，降水后地层残留水的影响；靠近马头门及断面变化处等。

(4) 钢架安装侵入衬砌界线：可能原因有围岩压力过大；拱脚未垫实，预留沉降量不足；拱架安装过程中质量控制不严。

2. 质量控制措施

(1) 为最大限度地保护围岩的自承能力，开挖采用光面爆破、预裂爆破以及机械辅助开挖的施工方法，拱部采用光面爆破，侧壁采用预裂爆破，以减轻爆破开挖对围岩的扰动。拱脚和墙脚以上 1 m 范围内严禁欠挖；围岩完整、石质坚硬时，岩石个别突出部分侵入衬砌应小于 5 cm。地铁区间暗挖隧道断面较小且采用台阶法开挖，为浅埋、超浅埋，上断面开挖应采用预留核心土环形开挖方式以起到一定的支撑作用，增加开挖面的稳定性，避免开挖面大面积暴露增加坍塌风险。在确定上、下台阶留置长度时，应考虑地质情况及机械作业的要求。围岩稳定性较好或采取降水及全断面注浆措施后围岩稳定性改善，可缩短台阶长度，利于初期支护及时封闭。若土质软弱，台阶留置过短，在开挖过程中由于地下水的软化作用，易出现下台阶失稳而导致预留核心土及上开挖面同时失稳的情况，增加隧道开挖的安全风险。因此台阶长度宜保持在 1～1.5 倍洞径。

(2) 掌子面坍塌预防措施：加强超前地质预报，采取多种手段探明掌子面前方地质情况；采取各种手段调查扫描隧道沿线市政道路地下溶腔、管线、交通等状况；严格按设计施工，确保超前地层加固处理的效果，及时引排地下水及地表水，减少对施工的影响；施工中控制开挖进尺，必要时掌子面预留核心土开挖，选择合适的台阶长度，开挖后及时支护，及时将初期支护底部封闭成环；加强施工监测，采用信息化指导施工。

(3) 钢架安装侵入衬砌界线处理：首先通过监控量测资料确定初期支护侵限范围。开

挖前需对侵限段及周边土体做注浆加固处理，破除初期支护及开挖土体均采用人工方式，每个循环按一榀钢架的间距进行施工，当一循环段初期支护结束后方可进行下一段的钢架拆除、置换及初期支护，直至换拱完毕。

第三节　盖挖施工方法

一、概述

盖挖法先用地下连续墙、钻孔桩等形式做围护结构和中间桩，然后做钢筋混凝土盖板，在盖板、围护墙、中间桩保护下进行土方开挖和结构施工。它适用于在城市中不能长期中断交通的道路下修建地下建筑；先修路面，恢复交通，在顶板的保护下修地下建筑；一般埋置较浅，通常埋深小于 3.0 m 的地下工程；软土地区、形状复杂、大平面、大深度的地下工程。其特点是地下结构位于地下水位线以下时，需附加施工排水设施；边墙既作为结构的永久边墙，又起基坑支护作用，可简化施工程序，降低造价；占地面积小，无噪声；顶盖一般距离地表面很近，可缩短从破坏路面、修筑顶盖到恢复路面所需的时间；盖板起支撑作用，可减少施工时的水平支撑系统。

盖挖法是在松软地层中修筑地下多层建筑物的最好方法，分为顺作法和逆作法，适用于地面交通繁忙不能中断且有一定交通疏解条件的地下工程施工。目前一般采用盖挖顺作法施工，但当工程周边环境复杂，施工受地面、地下建筑物影响大，地表沉降控制要求高，或开挖跨度大，需恢复路面交通，缺乏覆盖结构时，可采用盖挖逆作法施工。

盖挖法工艺特点：

(1) 需要有必要的临时路面支撑体系，确保地面交通顺畅。

(2) 施工进度较明挖法慢，较暗挖法快。

(3) 钢支撑的架设和拆除需要临时起吊系统。

(4) 端头部分土方开挖需要垂直运输。

(5) 挖土和出土往往是决定工程进度的关键工序。

二、盖挖法优缺点

1. 盖挖法优点

(1) 对路面交通的干扰少。

(2) 占地少，回填量小；可分层施工，也可分左右两幅施工，交通改道灵活。

(3) 施工受外界气候影响小，无冬期施工要求。

(4) 设备简单，不需大型设备，操作环境相对好。

(5) 结构的水平位移小，安全系数高，对地面影响小，可以最大限度地减少对交通的影响，对居民生活影响小。

2. 盖挖法缺点

(1) 不能使用大型机械，对环境要求高。

(2) 盖板上不允许留下过多的竖井，土方采用水平运输。

(3) 工期较长，作业空间较小，和基坑开挖、支护开挖相比较贵。

(4) 由于竖向出口少,需水平运输,后期开挖出土不方便。

三、盖挖法施工技术

盖挖法有逆作法和顺作法两种施工方法,这两种方法的不同点有:

(1) 施工顺序不同。顺作法是在挡土墙施工完毕后,对挡土墙进行必要的支撑,再着手开挖到设计标高,并开始浇筑基础底板,接着依次由下而上,一边浇筑地下结构本体,一边拆除临时支撑;而逆作法是由上而下进行施工的。

(2) 所采用的支撑不同。在顺作法中常见的支撑有钢管支撑、钢筋混凝土支撑、型钢支撑以及土锚杆等,而逆作法中建筑物本体的梁和板也就是逆作结构本身就可以作为支撑。

(一) 盖挖顺作法

1. 概述

在路面交通不能长期中断的道路下修建地下铁道与轻轨车站时,可采用盖挖顺作法。盖挖顺作法是由地面向下开挖至一定深度后,先施作围护结构、中间柱、临时路面,然后在临时路面覆盖板的保护下自上而下开挖土体、架设临时支撑,开挖至底后,自下而上施作主体结构的底板、侧墙、中板、纵梁、横梁、立柱和顶板等。当地面完成挡土结构后,以定型的标准覆盖结构(包括纵、横梁和路面板)置于挡土结构上维持交通,往下反复进行开挖和加设横撑,直至设计标高。依序由下而上建造主体结构和防水结构,回填土并恢复管线路或埋设新的管线路。最后,视需要拆除挡土结构的外露部分并恢复道路。

盖挖顺作法中的挡土结构是非常重要的,施工的安全性主要依赖于坚固的挡土围护结构。围护结构要求具有较高的强度、刚度和止水性能。随着施工技术的不断进步,工程质量和精度更易于掌握,盖挖顺作法中的挡土结构可用来作为主体结构边墙体的一部分或全部。

2. 适用条件及范围

适用于各种土层地质条件下修筑地下建筑物,但应结合现场条件、开挖深度等,选择坚固、合适的围护结构。

3. 优缺点

优点:施工作业面多;方法简单,速度快;支撑构架简单;工期易掌握;工程质量易控制;工程造价低。

缺点:由于存在安全支撑,开挖受限制;工期长;适合浅开挖工程;城市生活干扰大;对环境破坏大。

4. 围护结构

(1) 挡土结构:盖挖顺作法主要依赖坚固的挡土结构,根据现场条件、地下水位高低、开挖深度以及周围建筑物的邻近程度,可以选择钢筋混凝土钻(挖)孔灌注桩或地下连续墙。对于饱和的软弱地层,应以刚度大、变形小、止水性能好的地下连续墙为首选方案。

(2) 中间柱:开挖宽度很大时,为缩短横撑的自由长度,防止横撑失稳并承受横撑倾斜时产生的垂直分力以及行驶于覆盖结构上的车辆荷载和吊挂于覆盖结构上的管线重量,经常需要在建造挡土结构的同时建造中间柱以支撑横撑。中间柱可以是钢筋混凝土钻孔灌注桩,也可以采用预制的打入桩(钢或钢筋混凝土桩)。中间柱一般为临时性结构,在主体结构完成时将其拆除。为了增加中间柱的承载力或减少其入土深度,可以采用底部扩孔桩或挤扩桩。

(3) 覆盖结构：定型的预制覆盖结构一般由型钢纵、横梁和钢-混凝土复合路面板组成。路面板通常厚 200 mm，宽 300～500 mm，长 1 500～2 000 mm。为便于安装拆卸，路面板上均有吊装孔。

5. 施工技术要点

(1) 围护形式的选择：根据现场条件、地下水位高低、开挖深度以及周围建筑物的邻近程度，选择确定围护结构的形式是盖挖顺作法的第一个技术关键。

(2) 支撑的设置和地面沉降的控制：按照地区的邻近建筑的保护要求等级，控制地面沉降在设计允许范围内是盖挖顺作法的另外一个技术关键。

(3) 降、排水施工：在地下水位较高的情况下，有必要采用围护结构堵水、基坑内部降水等有效措施，保持围护墙内土层的地下水位稳定在基底以下，以保证施工顺利进行。

(二) 盖挖逆作法

1. 概述

盖挖逆作法又称盖挖逆筑法，其施工工序是先建造地下车站的柱、梁和顶板，然后以此为支撑构件，在顶板上面恢复地面交通，下部再进行土体开挖及地下主体工程施工。例如，由地面向下开挖至一定深度后，先施作围护结构、中间桩和柱、主体结构顶板，然后在顶板保护下从上向下开挖土体，并从上至下施作主体结构的侧墙、中板、横隔梁、纵梁和底板等。和盖挖顺作法一样，盖挖逆作法先由地表向下做挡土结构和中间桩柱，围护结构多采用连续墙或帷幕桩，中间支撑多利用主体结构本身的中间立柱以降低工程造价。开挖土体至主体结构顶板地面标高，利用未开挖的土体作为土模浇筑顶板。顶板可作为一道强有力的横撑，防止围护结构变形。回填土以复原道路，恢复交通。以后的工作都是在顶板覆盖下进行，即自上而下逐层开挖并建造主体结构直至底板。

盖挖逆作法多用在深层开挖、软弱地层开挖、靠近建筑物施工等情况下。该法在地下建筑结构施工时以结构本身既做挡土墙又做内支撑，不架设临时支撑。其施工顺序和顺作法相反，从上往下依次开挖和构筑结构本体。在地下构筑物顶板覆土较浅、沿线建筑物过于靠近的情况下，为防止因基坑长期开挖而引起地表明显沉陷危及邻近建筑物的安全或是为了避免盖挖顺作法两次占用道路的弊病，可以采用盖挖逆作法施工。

2. 分类

盖挖逆作法分为全逆作法和半逆作法。全逆作法就是从地面开始，地上和地下同时进行立体交叉施工的方法；半逆作法是将地下结构自地面往下逐层施工，地面以上结构在地下结构完成后再进行施工。

3. 适用条件及范围

(1) 开挖地点接近重要结构物，对地面沉降要求严格时。

(2) 需及早恢复路面交通，但又缺乏定型覆盖结构时。

(3) 有强大土压力和其他水平力作用，用一般挡土支撑不稳定，而需要强度和刚度都很大的支撑时。

(4) 开挖深度大，开挖或修筑主体需较长时间，特别需要保证施工安全时。

(5) 因进度上的理由，需要在底板施工前修筑顶板，以便进行上部回填和开放路面时。

4. 优缺点

优点:① 结构本身用来作为支撑,具有相当高的刚度,使挡墙的应力、变形减小,提高了工程的安全性,能有效控制周围土体的变形和地表的沉降,减小了对周边环境的影响。② 适用于任何不规则形状的平面或大平面的地下工程。③ 可以早期展开地上结构的施工。同时进行地上和地下结构的施工,缩短了工程的施工总工期。④ 不必另外架设开挖工作平台,大大削减支撑和工作平台等大型临时设施,减少费用。⑤ 由于开挖和施工的交错进行,逆作结构的自身荷载由立柱直接承担并传递给地基,减少了大开挖时卸载对持力层的影响,减小了基坑内地基回弹量。

缺点:① 设置的中间支撑立柱和立柱桩要承受地下结构及同步施工的上部结构的全部荷载,而且土方开挖引起的土体隆起易产生立柱不均匀沉降,对结构影响不利。② 所设立柱内钢骨和原设计中的梁主筋、基础梁主筋冲突,致使节点构造复杂,加大施工难度。③ 为搬运开挖出的土方和施工材料,需在顶板多处设置临时施工孔,必须对顶板采取加固措施。④ 地下工程在楼板的覆盖下施工,闭锁的空间使大型设备难以进场,给施工带来不便。⑤ 混凝土的浇筑在各阶段都分有先浇和后浇两种,产生交接缝,不仅给施工带来不方便,而且带来结构防水的问题,对施工计划和质量管理提出了更高的要求。

5. 施工注意事项

(1) 因逆筑混凝土作为挡土支撑及主体的一部分使用,故应能充分承受临时设施的自重和其他荷载,同时不能产生有害的变形,并满足主体设计上的各种条件。

(2) 因施工是在顶板之下作业,作业环境差,故要充分注意施工的顺序、方法和安全。

(3) 其开挖要在短期内进行,应把范围限制在最小限度内,不要过度开挖。

(4) 考虑主体结构以外的支撑。当层高较高或地梁较高时,必须设置结构以外的支撑。在封闭的空间里,应研究如何架设和拆除这些支撑,以免引起施工事故的发生。当斜支撑中有较大轴力时,轴力的垂直分量将会影响逆作结构及其立柱的稳定性,必须对此进行验算。

6. 施工步骤

(1)"一柱":先施作边柱(桩)护壁,如采用摩擦桩或条形基础桩,同时施作结构钢管柱或混凝土柱。

(2)"二盖":将盖板置于边桩和中柱之上。为了使边桩连成一体,边桩上设冠梁。这里盖板的概念,实际上是由周边梁结构和柱上纵横梁结构及盖板结构均置于地膜之上(此时结构已倒挂于桩柱上)而组成的梁板结构。

(3)"三板":开挖负一层土方后,施作中隔板地膜,在地膜上绑扎中隔板钢筋(梁板结构),浇筑中隔板混凝土(注:利用出入口或风道位置,紧贴车站结构设置竖井,破桩开马头门进入车站负一层)。

(4)"四墙":用不带动力的移动式边墙支架逐层浇筑边墙混凝土(注:此时作用于边桩上的部分荷载转移至边墙)。

(5)"五底":在完成负一层土方、中板、边墙后施作车站的负二层土方、底板及边墙。

7. 立柱结构的施工

立柱一般采用现浇灌注桩,在选择施工方法的时候,要考虑开挖深度范围内地下水的状态、地基的地质构成、土质及其相对密度等因素。

立柱的安装方式主要取决于有无地下水。

(1) 有地下水时，立柱的施工一般采用贝诺托工法、土螺钻法和反循环法。

开挖过程中，桩的制作都必须有稳定剂，钢立柱必须插入桩混凝土中进行固定。钢立柱不做基础底板。在立柱桩的混凝土达到足够的强度，并且能支持住钢立柱自重之前，必须在地面上对钢立柱设置临时支撑。

根据钢立柱安装及桩混凝土施工顺序，将立柱的安装方法分为后插法和先插法两种。

先插法，一般采用有中间固定点的 8～10 m 长的竖管。立柱较短时，安装就比较容易控制精度；立柱较长时，就必须将中间固定点向下移动，并将竖管换成套筒，以使其承担孔壁的反力等。在混凝土浇筑时应防止侧压作用移动立柱，不仅要牢牢固定立柱，而且必须采取使混凝土侧向流动较小的浇筑方法。

后插法的立柱平面位置在地面上定好，然后将立柱垂直吊入该位置。后插法吊入立柱时，其位置的准确度不仅取决于立柱的断面，而且取决于立柱的重心，细长立柱安装时，后插法比先插法容易控制精度。

(2) 没有地下水时，一般采用深基础工法。

建造完后，人进入桩孔内，进行立柱的插入和固定。钢柱是带有基础底板的，根据柱脚固定方法的不同，有基础外包混凝土方式、锚钉方式以及它们的组合方式。基础外包混凝土方式其基础底板下后浇混凝土的高度不高，并且施工时要在钢柱基础底板下将混凝土填充密实。锚钉方式是当桩混凝土浇筑后，将桩固定在预定高度上，依靠预先埋设的锚钉将带有基础板的钢立柱插入固定好。当精度要求在 1/400～1/200 时，用目测、悬挂 2 m 左右长的铅锤、使用倾斜计三种方式来确认精度；精度要求大于 1/500 时，采用激光电子发光测定管。

8. 逆作法的接头施工

(1) 逆作法接头的位置。

逆作法接头的位置基本由地下层的层高来决定，且满足以下要求：现浇混凝土梁板的模板易于安装且有足够的精度；模板和支撑撤去后，易于开挖；取在结构内力小的位置；尽可能接头和砂浆找平层位于同一标高上。

(2) 逆作法的接头处理。

逆作法的接头施工是逆作法施工的关键环节之一。在接头处要求先后浇筑的混凝土具有一样的受力性能以及同等物理指标。逆作法接头采取后填法施工。施工中常由于浇筑速度不足或流动性差出现浇筑死角，形成较大的裂缝从而造成防水的薄弱环节。

逆作法的三种接头施工方法的接头性能由好到坏依次为填充法、注入法和直接法。

① 充填法：在浇筑混凝土完毕后，将接缝下方 5～10 cm 厚的混凝土浮浆层清除掉，然后注入无收缩水泥。填充法的接缝很容易清洗，充填部分的高度也很小，而且没有收缩性，如果施工好可以实现无间隙接缝。

② 注入法：为了提高混凝土的密度和析水及气泡的排放度，将先浇筑混凝土底面做成斜面。注入材料有两类，较小缝隙(0.1～0.5 mm)，采用树脂系材料，但成本高；较大缝隙(>0.5 mm)，采用水泥系材料，鉴于其流动性差，多加特殊添加剂。注入通道的设置可以采用钻头钻孔法或设置接缝棒。

③ 直接法：在先浇筑混凝土的下方继续浇筑，浇筑口高于施工缝，利用自重使其密实，在接缝口进行二次振捣，排除气泡，增强密实性。具体有漏斗浇筑法、再振动法和套筒浇筑

法3种形式。

漏斗浇筑法：先浇筑混凝土的下方，将它做成2个方向或4个方向的倾角，在后浇的模板上部设置高15～20 cm的漏斗形浇筑口。柱子的浇筑口需要2个以上，浇筑口应每隔1 m设1个。

再振动法：当混凝土浇捣之后，经过半小时，从漏斗处插入振动器进行二次振动，排除内部气泡，要做到无缝连接，还需与注入法混合使用。

套筒浇筑法：在先浇混凝土内部，浇筑接头混凝土之前，从上层板面往下埋入直径150 mm的套筒，后浇筑的混凝土通过套筒从上层板面向下浇筑。利用浇筑压力来实现密实性要求。但此方法需要与注入法混合应用，才能解决混凝土沉降较大的问题。

第四节　盾构施工方法

一、概述

盾构施工法是使用盾构机在地下掘进，边防止开挖面土砂坍塌，边在机内安全地进行开挖作业和衬砌作业，从而构筑成隧道的施工方法。初期的盾构法是用手掘式或机械开挖式盾构机，结合使用压气施工方法，边保证开挖面稳定，边进行开挖，在地下水较丰富的地区，用注浆法进行止漏，而对软弱地层，则采用封闭式施工。经过多年来对盾构技术的研究开发和应用，现在已演变成非常盛行的泥水加压式和土压平衡式两种盾构机。这两种机型的最大优点是在开挖功能中考虑了稳定开挖面的措施，无须辅助施工措施，就能适应地质情况变化范围较广的地质条件。在隧道的一端建造竖井或基坑，将盾构安装就位后，盾构从竖井或基坑的墙壁开孔出发，在地层中沿着设计轴线，向另一竖井或基坑的孔壁推进。盾构推进中所受到的地层阻力，通过盾构千斤顶传至盾构尾部已经拼装好的衬砌管片上，再传到竖井或基坑的后靠壁上。盾构机是这种施工方法中主要的施工机具。

地下铁道盾构法施工是在闹市区或水底的软弱地层中进行地下铁道修建较好的施工方法之一。近年来，随着盾构机械设备和盾构法施工工艺的不断发展，其适应不同工程地质和水文地质条件的能力大为提高。盾构法施工之所以为世界各国广泛采用，除了近代城市地下工程发展的客观需要以外，还由于该法本身具有以下突出的优越性：

（1）施工安全。在盾构设备的掩护下，在不稳定土层中，可安全地进行土层开挖与支护工作。

（2）暗挖方式。施工时与地面工程及交通互不影响，尤其是在城区建筑物密集和交通繁忙地段，该法具有很大的优越性。

（3）振动和噪声小。可控制地表沉陷，对施工区域环境影响较小，对施工地区的居民几乎没有干扰。

盾构法作为目前最为安全有效的城市轨道施工工艺，已经被绝大多数市政工程所青睐，在21世纪中国社会、经济高速发展的时代，全国范围内各大中型城市都倾向于城市地铁及类似的市政工程的修建，因此盾构法施工在目前国内的市场不可估量。

盾构法施工糅合了传统和现代的各项技术革新，有着固定的施工工艺流程，包含了诸多施工环节，每一个环节或工序都必须有技术含量较高的专项方案指导施工，并辅以经验丰富的管理操作人员，才能充分发挥盾构法施工的优越性，实现工程的最大收益。

二、盾构的基本构造及其分类

（一）盾构系统

盾构是在隧道施工期间，进行地层开挖及衬砌拼装时起支护作用的施工设备。由于开挖方法及开挖面支撑方法的不同，盾构种类很多，但其基本构造均由盾构壳体与开挖系统、推进系统和衬砌拼装系统三大部分组成。

1. 盾构壳体与开挖系统

盾构壳体一般为钢制圆筒体，圆形有利于承受地压。少数盾构采用半圆形、矩形或马蹄形壳体，虽更接近特定的隧道断面，但前进阻力分布不均，操纵不便，故一般不选用。盾构壳体由切口环、支撑环和盾尾三部分组成。切口环处于盾构的最前段，施工时切入地层并掩护开挖作业；切口环前端制成刃口，以减少切土时的阻力和对地层的扰动；切口环的长度取决于工作面的支撑形式、开挖方法及人员活动和挖土机具所需空间等因素。

盾构开挖系统设于切口环中，采用人工开挖方式的盾构，切口环的顶部比底部长，有的还需要设有千斤顶操纵的活动前檐，以增加掩护长度。泥水加压式盾构中的切削刀盘、搅拌器、吸头和土压平衡式盾构的刀盘、搅土器、螺旋运土机的进口等部件均设在切口环中。在局部气压或泥水加压及土压平衡式盾构中，因切口环部位的压力要高于常压，故在切口环与支撑环之间必须设密封隔板。

支撑环位于盾构中部，为一具有较强刚度的圆环结构。所有地层的土压力，千斤顶的支撑力，切口、盾尾、衬砌拼装的施工荷载均传递到支撑环并由其承担。支撑环的外沿布置推进千斤顶。大型盾构的所有液压、动力设备，操纵控制系统，衬砌拼装机具等均设在支撑环位置；中、小型盾构则可将部分设备移动到盾构的车架上。正面局部加压盾构当切口环内高于常压时，支撑环内要设置人行加压与减压闸室。

盾尾一般由盾构外壳钢板延伸构成，主要用于掩护隧道衬砌的安装工作。为了防止水、土及压浆材料由盾尾与衬砌之间的间隙进入盾构，盾尾末端设有密封装置，盾壳外径与衬砌外径之间的空隙应加以密封，在满足盾构纠偏要求的前提条件下应尽量减少空隙。盾尾密封装置要将经常变化的空隙加以密封，因此，材料要富有弹性并耐磨损、耐撕裂，这是目前仍未完全解决的问题。

2. 推进系统

盾构的推进系统由液压设备和千斤顶组成，其工作原理是：启动输油泵，将油供给高压泵，使油压升高至要求值；启动控制油泵，待控制油压升至额定压力后，由电磁控制阀将总管内高压油输入千斤顶，使其按要求伸出或缩回，驱动盾构。在小型盾构中，可采用直接手动的高压操纵阀，直接控制千斤顶动作，但安全性较差。

3. 衬砌拼装系统

盾构的衬砌拼装系统最常用的是杠杆式拼装器，杠杆式衬砌拼装器由举重臂和驱动部分组成。举重臂采用杠杆作用原理，一端为卡钳装置，另一端为可调节的平衡锤。举重臂的功能是夹住管片或衬砌构件，将其送到需要安装的位置。驱动部分由液压系统和千斤顶组成，采用手动操纵阀能驱动举重臂做平面旋转与径向移动。举重臂多数安装在盾构支撑环上，也有与盾构脱离安装在车架上的。近年来国外多采用环向回转式拼装机，在拼装衬砌时由油压驱动大转盘，控制环向旋转，其径向及纵向移动由液压千斤顶控制。

（二）盾构分类

1. 手掘式盾构

手掘式盾构多用于地质条件较好的小型隧道中开挖，其构造简单，配套设备较少，可根据工作面的地质条件，或全部敞开开挖，或正面支撑开挖，随挖随掘。其特点是：

（1）开挖面是开放性的，施工人员随时可以观察到开挖面土层的地质变化状况。

（2）遇到各种地下障碍物时，比较容易排除处理。

（3）容易做到需要方向的超挖，对盾构纠偏有利，也便于隧道曲线段施工。

（4）设备简单，造价低。

手掘式盾构的缺点是施工人员劳动强度大，施工速度慢，用于含水不稳定地层容易产生涌砂和涌土现象，施工安全性差。

2. 挤压式盾构

挤压式盾构可分为全挤压式盾构和半挤压式盾构。前者是将工作面用胸板封闭，将土层挡在胸板外面，避免水土的涌入，并省去出土工序；后者则在封闭胸板上局部开孔，当盾构推进时，土体从孔中挤入盾构，装车外运。

挤压式盾构靠强大的推力将前方土层挤入盾构四周外侧而向前推进，适用于松软可塑的黏性土层。该方法对地层的扰动较大，应尽量避开在地面建筑物下施工。网格式盾构是一种介于半挤压式和手掘式的盾构形式。它的前部不是胸板，而是钢制的开口网格。当盾构向前推进时，土被网格切成条块进入盾构后运出，当盾构停止推进时，网格起到挡土的作用，可有效地防止开挖面土体的坍塌。

3. 机械化盾构

机械化盾构有半机械化和全机械化之分。半机械化盾构由挖土机械代替人工开挖。根据土质情况，掘土机械可以是反铲挖土机、螺旋切削机或软岩掘进机。与全机械化盾构相比，其造价相对较低，又可以减轻劳动强度，效率较高，因此在地下工程中用得较多。全机械化盾构于切口环部位装有与盾构直径相仿的全断面旋转切削刀盘，并配以运土机械设备，可使土方从开挖到装车全部实现机械化作业。全机械化盾构分为开胸式机械切削盾构和闭胸式机械化盾构。世界各相关国家的闭胸式机械化盾构施工技术发展较快。目前闭胸式机械化盾构可分为以下4种：

（1）局部气压式盾构。即在开胸式盾构的切口环和支撑环之间装有隔板，使切口环部分形成密封舱。舱内通入压缩空气，以平衡开挖面的土压力，维持其稳定。局部气压盾构是相对于隧道内全部通入压缩空气的施工方法而言，它可以避免工作人员在压气下工作的弊病。但局部气压盾构至今还存在下列技术问题：因密封舱部分的体积小，故压缩空气的容量小，透气系数大的地层难以保持开挖面气压的稳定。盾尾密封装置还做不到完全阻止舱内压缩空气的泄漏。管片之间接缝存在压缩空气泄漏的问题，有时管片外部泥水被一起带入隧道，增加了施工难度，因此该方法一直未被广泛应用。

（2）泥水加压式盾构。即在盾构密封隔舱内注入泥水，由泥水压力抵抗正面土压力，用全断面机械化切削及管道输送泥水出土方式，完成盾构开挖掘进的全过程。泥水加压盾构实现了管道连续出土，又可防止开挖面的坍塌，大大改善了盾尾泄漏情况。因此，泥水加压盾构发展较快，广泛应用于各种用途的隧道工程中。

(3) 土压平衡式盾构。又称削土密闭式或泥土加压式盾构，是在局部气压式盾构及泥水加压式盾构基础上发展起来的一种适用于含水饱和软弱地层中施工的新型盾构。土压平衡盾构的头部装有断面切削刀盘，在切口环与支撑环之间设有密封隔板，使切口部分形成浆化泥土密封舱。用流动性和不透水性的“作浆材料”压注于切削下的土中，使之成为可流动又不透水的浆化泥土，使其充满开挖面密封舱及相连的长筒型螺旋输送机。盾构切削速度控制螺旋输送机的转速，保证密封舱内始终充满泥土，而又不过于饱满。土压平衡盾构避免了局部气压盾构的主要缺点，又简省了泥水盾构中的处理设备，是正在发展的最有前途的地下工程施工设备之一。

(4) 微型盾构。微型盾构是指直径在 2.0 m 以下的小直径盾构。自 1970 年以来，由于城市上下水道、电缆隧道、输油气管道隧道等小直径隧道工程的不断增加，促使微型盾构迅速发展。尤其在大城市中地下管线密集，开槽埋管又无法施工时，采用微型盾构暗挖法更加显示其优越性。微型盾构基本原理与普通盾构相同，但并非单纯地将普通盾构按比例缩小，而是有其自身的许多特点：如覆盖层较薄，一般不到 2.0 m；衬砌结构受集中荷载影响；施工在繁忙的城市道路下方，工作井占地少、噪声低等。

三、盾构法优缺点

1. 盾构法优点

(1) 除竖井施工外，施工作业均在地下进行，既不影响地面交通，又可减少对附近居民产生的噪声和振动影响。

(2) 盾构的推进、出土、拼装衬砌等主要工序循环进行，施工易于管理，施工人员也较少。

(3) 隧道施工费用不受覆土量多少的影响，适宜于建造覆土较深的隧道。

(4) 施工不受天气变化如风雨等气候条件的影响。

(5) 当隧道穿过河底或其他建筑物时，不影响施工。

(6) 只要设法使盾构的开挖面稳定，则隧道越深、地基越差、土中影响施工的埋设物越多，与明挖法相比在经济上和施工进度上越有利。

2. 盾构法缺点

(1) 当隧道曲线半径过小时，施工难度较大。

(2) 在陆地建造隧道时，如果隧道覆土太浅，则盾构施工困难很大，而在水下施工时，如覆土太浅则盾构法施工也不够安全。

(3) 盾构施工中采用全气压方法以疏干和稳定地层时，对劳动保护要求较高，施工条件差。

(4) 盾构在地层中沿着设计轴线推进时，隧道上方一定范围内的地表沉降尚难完全预防，特别在饱和含水松软的土层中，要采取严密的技术措施才能将沉降控制在很小的限度内。

(5) 在饱和含水土层中，盾构法施工所采用的拼装衬砌，对达到整体结构防水的技术要求较高。

四、盾构施工技术

1. 盾构的安装与拆卸

在盾构施工段的始端必须进行盾构安装和盾构进洞工作，而当通过施工区段后，又必须出井拆卸。盾构的安装一般有以下几种方案：

(1) 临时基坑法。用板桩或明挖法围成临时基坑，在其内进行盾构安装和后座安装并进行运输出土施工，然后基坑部分回填并拔除板桩，开始盾构施工。此方法适用于浅埋的盾构始发端。

(2) 逐步掘进法。用盾构法进行纵坡较大的、与地面直接连通的斜隧道开挖，盾构由浅入深掘进，直到全断面进入地层形成洞口。

(3) 工作井法。在沉井或沉箱壁上预留洞口和临时封门，盾构在井内安装就位。待准备工作结束后即可拆除临时封门使盾构进入地层。盾构拆除井应满足起吊、拆卸工作的方便，但对其要求较拼装井低。

2. 土体开挖与推进

盾构施工首先使切口环切入土体，然后再开挖土体，千斤顶将切口环向前顶入土层，其最大距离是一个千斤顶的行程。盾构的位置与方向以及纵坡度等均依靠调整千斤顶的编组及辅助措施加以控制。

土体开挖方式根据土质的稳定状况和选用的盾构类型确定。具体开挖方式有以下几种：

(1) 敞开式开挖。当围岩地质条件好时，开挖面在掘进中能维持稳定或采取措施后能维持稳定，用手掘式及半机械式盾构时，均为敞开式开挖。开挖程序一般是从顶部开始逐层向下挖掘。

(2) 机械切削开挖。利用与盾构直径相当的全断面旋转切削大刀盘开挖，配合运土机械可使土方从开挖到运装均实现机械化作业。

(3) 网格式开挖。开挖面用盾构正面的隔板与横撑梁分成网格。盾构推进时，土体从网格内以条状挤入盾构，这种出土方式效率高，但对周围地层的影响较大，目前已被土压平衡式和泥水加压式盾构取代。

(4) 挤压式和局部挤压式开挖。挤压式开挖和局部挤压式开挖，由于不出土或部分出土，对地层有较大的扰动，施工中应精心控制出土量，以减少地表变形，目前较少采用。

3. 衬砌拼装与防水

软土层盾构施工的隧道，多采用预制拼装衬砌形式，少数也采用复合式衬砌，即先采用薄层预制块拼装，然后再在壁内复筑混凝土衬砌。

预制拼装通常由称作“管片”的多块弧形预制构件拼装而成。拼装程序有“先纵后环”和“先环后纵”两种。先环后纵法是拼装前缩回所有千斤顶，将管片先拼成圆环，然后用千斤顶使拼好的圆环沿纵向向已安装好的衬砌靠拢连接成洞。用此法拼装时，环面平整，纵缝质量好，但可能形成盾构机后退。先纵后环因拼装时只缩回该管片部分的千斤顶，其他千斤顶则呈轴对称地支撑或升压，所以可有效地防止盾构后退。

含水土层中的盾构施工，其钢筋混凝土管片支护除应满足强度外，还应解决防水问题。管片拼接缝是防水的关键部位，目前多采用纵缝、环缝设防水密封垫的方式。防水材料应具备抗老化性能，在承受各种外力而产生往复变形的情况下，应具有良好的黏结力、弹性恢复力和防水性能。特种合成橡胶做防水材料比较理想，实际应用得较多。衬砌完成后，盾构与衬砌间的建筑空隙需要及时充填，通常采用壁后压浆，以防止地表沉降，改善衬砌受力状态，提高防水能力。

第五节　TBM 施工方法

一、概述

TBM 是岩石隧道掘进机的简称。TBM 施工方法是利用岩石隧道掘进机在岩石地层中暗挖隧道的一种施工方法，通常是利用回转刀盘并借助推进装置的作用力从而使刀盘上的滚刀切割或破碎岩面，以达到破岩开挖隧道的目的。

TBM 由切削破碎装置、行走推进装置、出渣运输装置、驱动装置、机器方位调整机构、机架和机尾，以及液压、电气、润滑、除尘系统等组成。

二、隧道掘进机的分类

按岩石的破碎方式分类：分为挤压破碎与切削破碎两种。前者是将较大的推力给予刀具，通过刀具的楔子作用将岩石挤压破碎；后者是利用旋转扭矩在刀具的切线方向及垂直方向上进行切削。

按刀具旋转方式分类：分为单轴旋转式与多轴旋转式两种。

按切削方式分类：分为全断面切削方式和部分断面切削方式两类。部分断面切削方式是挖掘煤炭用的机械在隧道挖掘施工上的应用，全断面切削方式开挖的断面一般是圆形的。

按开挖地层分类：分为土质隧道掘进机（盾构）和岩石隧道掘进机（TBM）。

三、TBM 施工方法优缺点

1. TBM 施工方法优点

（1）掘进效率高：连续作业，能保证破岩、出碴、支护一条龙作业。特别在稳定的围岩中长距离施工时，尤其明显。

（2）开挖施工质量好：超挖量少，内壁光滑，不存在凹凸现象，减少支护工程量，降低工程费用。

（3）对岩石的扰动小：改善开挖面的施工条件。周围岩层稳定性较好，保证了施工人员的健康和安全。

（4）施工安全：TBM 可在防护棚内进行刀具的更换，密闭式操纵室和高性能的集尘机的采用，使其安全性和作业环境有了较大的改善。

2. TBM 施工方法缺点

（1）适应性较差：对多变的地质条件（断层、破碎带、挤压带、涌水及坚硬岩石等）的适应性较差。近年来采用了盾构外壳保护型的掘进机，既可以在软弱和多变的地层中掘进，又能在中硬岩层中开挖施工。

（2）经济性问题：掘进机结构复杂，对材料、零部件的耐久性要求高，制造的价格较高，难用于短隧道。

(3) 开挖不同断面问题:施工途中不能改变开挖直径,断面的大小、形状变更难,在应用上受到一定的制约。

四、采用TBM施工方法的基本条件及适用范围

(一) 基本条件

1. 工程地质条件

在TBM施工方法中,TBM和掌子面是分离的,故有软弱层和破碎带时,采用辅助工法很困难。所以,不良地质的调查,不仅对TBM的选择和施工速度有很大的影响,对能否采用TBM施工方法也是至关重要的。

(1) 影响选用TBM施工方法是否合适的地质因素。

① 隧道地压:很大的地压作用,掌子面难以自稳,TBM掘进是极为困难的。

② 涌水状态:在涌水地段,在极端的情况下,机体会产生下沉,TBM的优点会丧失殆尽。

(2) 影响TBM效率的地质因素。

影响TBM效率的因素主要有岩石强度、岩石硬度、岩层裂隙和破碎带等。这些因素对TBM切削岩石的能力影响极大。

① 岩石强度。开挖难易一般用抗压强度来判定,刀具消耗应结合岩石中石英颗粒分布、大小与岩石抗拉强度等进行判断。

② 岩石硬度。一般而言,对于硬度小于100 MPa的岩层,其石英含量较多、粒径较大,刀具磨耗就会很大。

③ 岩层裂隙。岩层节理、层理、片理对开挖效率影响极大。裂隙适度发育的岩层,即使抗压强度大也能进行较为有效的开挖。

④ 破碎带等恶劣条件。在破碎带、风化带等难于自稳的困难条件下进行机械开挖,均需采取辅助施工方法配合施工。特别是在有涌水的条件下更为困难,拱顶崩塌、机体下沉、支承反力降低等问题时有发生。

2. 机械条件

TBM不仅受到地质条件的约束,还受到开挖直径、开挖机构的约束。

一般来说,在硬岩中,大直径的开挖是很困难的。其原因是目前的TBM大都是单轴回转式的,开挖直径越大,刀头的内周和外周的周速差越大,对刀头产生种种不良影响。此外,随着开挖直径的增大,要增大推力,支撑靴也要增大,会出现运送上的困难和承载力问题。

此外,挖掘机械是采用压碎方式还是切削方式,对实际应用的适用范围也有差别。

3. 开挖长度

TBM进入现场后,一般要经过运输、组装的过程。根据TBM的直径和形式、运输途径、组装基地的状况等,要准备1～2个月。其次,TBM的后续设备长100～200 m,为正规地进行掘进,也要先修筑一段长200 m左右的隧道。所以,隧道长度短时,包括机械购置费在内的成本是很高的,是不经济的。当隧道长度在1 000 m以下时,固定费的成本急剧增大,到3 000 m左右时,成本大致是一定的。

4. 工程所在地的设施

在 TBM 施工方法中，因要进行机械的运输、组装等，故要对隧道所处地点的状况给予应有的注意。TBM 的运搬计划，要考虑道路的宽度、高度和重量的限制，根据组装的条件要充分调查运输时的分割方法(最小分割尺寸和重量)。

掘进机在各类隧道开挖中的技术可行性、经济合理性主要取决于以下因素：

(1) 工程规模。如隧道形状、长度、直径、埋深、走向以及围岩条件等。

(2) 地质情况。如岩石类型及强度，地质的节理分布及发育程度，有无断层、暗河、溶洞，地下水的分布，隧道正上方有无建筑物、河流等。

(3) 作业场地和交通运输能力。由于掘进机的机械部件多、重量大，现场搬运、解体等工作需要起重设备等配合，此外还有水电来源、进出洞口场地等。

(4) 施工进度要求。由总控制工期的时间推算出平均月进尺指标。

(5) 企业自身的实际能力。如制造维修能力、经济能力，施工队伍的技术、管理水平以及传统的施工习惯等。

(二) 适用范围

(1) 一般只适用于圆形断面隧道，只有铣削滚筒式掘进机可在软岩中掘进非圆形断面隧道。

(2) 开挖隧道直径在 1.8～12 m 之间，以直径 3～6 m 的技术最为成熟。

(3) 一次性连续开挖长度不宜短于 1 km，也不宜长于 10 km，以 3～8 km 最佳。

(4) 适用于中硬岩层，岩石单轴抗压强度介于 20～250 MPa，尤以 50～100 MPa 最佳。

(5) 地质条件对 TBM 掘进效率影响很大。在良好岩层中掘进月进尺可达 500～600 m，而在碎岩层中只有 100 m 左右，在塌陷、涌水、暗河地段甚至需停机处理。

(6) 选用 TBM 开挖隧道应尽量避开复杂不良岩层。

五、TBM 施工方法支护技术

在 TBM 施工方法中，多采用喷混凝土、锚杆、钢支撑以及木背板、钢背板等，有的还采用管片。支护参数也是基于地质条件进行设计的，但其设计方法和施工方法的问题还没有完全解决，其原因是：

(1) 掌子面被 TBM 机体所堵塞，很难基于掌子面直接进行状况的判断。

(2) 拱顶下沉和净空位移等隧道动态量测，在开挖后立即进行是困难的，因此，要采用量测以外的手段来判断围岩的稳定性和支护是否妥当。

(3) 支护设置位置要离开掌子面一定距离，支护设置时间较迟。

(4) 支护设置位置因 TBM 的形式不同而不同。

(5) TBM 的直径、用途是多种多样的，在同样条件下的工程实例较少，因此，TBM 的支护要在积累实践经验的基础上逐步完善。支护形式的基本要素如表 3-2 所列。

事前调查进行预设计，设定支护模式，并在掘进中根据对围岩状况的判断，修正支护形式。应特别注意以下几点：为确保高速掘进，应在尽可能短的时间内进行支护的施作，或能够与掘进平行施工；TBM 的洞壁是光滑的，松弛比矿山法小，支护可以采用轻型的；支护的施工位置(与掌子面的距离)；开挖后到构筑的时间较迟；构筑支护时对 TBM 装置的影响以及支撑靴挤压对洞壁的影响。

表 3-2 支护形式的基本要素

隧道用途		支护特征
隧道完成断面	TBM 开挖断面	在公路隧道中有采用 RC 管片作为永久衬砌;在水工隧道中采用喷混凝土、锚杆、钢支撑等组合支护
TBM 导坑	爆破扩大	事前要拆除管片支护
	TBM 扩大	使用可拆除和可切削的材料
隧道直径	2～5 m	多采用无支护钢支撑管片
	＞5 m	多采用无支护、喷混凝土、锚杆、钢支撑等组合支护
TBM 形式	敞开式	不使用管片支护
	盾构式	围岩不良处,采用仰拱管片、全闭合管片
隧道坡度	水平斜井	导坑时可采用纤维喷浆等特殊配比的材料

六、TBM 破岩方式与原理

1. TBM 破岩方式

(1) 挤压式。

主要是通过水平推进油缸使刀盘上的滚刀强行压入岩体,并在刀盘旋转推进过程中联合挤压与剪切作用破碎岩体。滚刀类型有圆盘型、楔齿型和球齿型。

(2) 切削式。

主要利用岩石抗弯、抗剪强度低(仅为抗压强度的 5%～10%)的特点,靠铣削(即剪切)与弯断破碎岩体。

两种破岩方式总的破岩体积中,大部分并不是由刀具直接切割下来的,而是由后进刀具剪切破碎的,先形成破碎沟或切削槽是先决条件。

2. 圆盘型滚刀破岩原理

圆盘型滚刀工作压力为 50～200 kN,岩体表面在刀圈刀尖强集中力作用下破碎而被切入,并形成切入坑。随着滚刀滚动,在岩面上形成一条条的破碎沟,破碎沟之间岩石受滚刀侧刃挤压力的作用而剪切破碎。

3. 楔齿型与球齿型滚刀破岩原理

最初由楔齿尖端在滚刀转动作用下产生切向张力破坏岩石的表面,切入深度为 λ,然后由齿尖的楔入力继续引起剪切破坏,楔入深度为 h。由于各齿环的齿节是不同的,因此加大了楔齿的破岩效果。球齿型滚刀的破岩原理与楔齿型滚刀相同,适用于硬岩掘进。

4. 削刀破岩原理

削刀在挤压力和切割力作用下,首先在刀尖处形成切碎区,随着刀具的回转运动形成剪力破碎区。削刀继续回转即在岩壁上留下环状切削槽,两槽之间的岩石在削刀侧向挤压力的作用下而剪切破坏。

七、TBM 施工方法施工要点

(一) TBM 的选用

(1) 整条隧道地质情况均差时采用单护盾 TBM。

(2) 良好地质条件中则采用开敞式 TBM。

(3) 双护盾 TBM 常用于复杂地层的长隧道开挖，一般适用于中厚埋深、中高强度和地质稳定性基本良好的隧道，对各种不良地质与岩石强度变化有较好的适应性。

(二) 基本原则

TBM 掘进断面大可达 10 m 以上，小仅为 1.8 m。由于 TBM 与辅助施工技术日臻完善以及现代高科技成果(液压新技术、电子技术与材料科学技术等)的应用，大大提高了 TBM 对各种困难条件的适应性，因此简单从开挖可能性来考虑 TBM 的适用范围是不全面的。判定依据应为：隧道围岩的抗压强度、裂缝状态、涌水状态等岩性条件；机械构造、TBM 直径等机械条件；隧道断面、长度、位置状况、地质条件等前面所论述的基本条件。

(三) TBM 施工管理措施

TBM 工厂化施工是一项管理系统工程。施工与设备管理水平的提高是其高效率与高效益的保证。在一般地质条件下，国外掘进机净掘进时间在 40%～50%。

(1) 提高设备完好率，强调预防性维修。

(2) 选择合理掘进系数，定时检查、更换与调换刀具。

(3) 配件储备与供应。

(4) 定岗定责、标准化作业地质、超前预报。

(5) 控制测量与施工测量精度。

(6) 洞口平纵面条件、作业场地、大型临时工程等施工准备。

(四) 衬砌施工技术要点

衬砌结构一般是由临时或初期支护以及二次衬砌组成。在隧道设计时，就应确定基本支护形式。引水隧道大都采用护盾式 TBM 进行管片衬砌；公路、铁路隧道除进行临时支护外，一般视地质情况采用二次喷射混凝土或二次模筑混凝土作为永久衬砌。

1. 管片式衬砌

护盾式 TBM 一般采用圆形全周管片式衬砌，该类衬砌适合于软弱围岩。管片间应安装止水条，并在管片外圆与洞壁间隙压入豆石并注浆。

2. 二次模筑混凝土衬砌

开敞式掘进机一般随开挖先施作临时支护，再进行二次模筑混凝土衬砌。亦可采用二次喷射混凝土(加钢筋网或钢纤维)作为永久衬砌。

(五) 不良地质地段施工

掘进机必须具备通过不良地质地段的能力，一般安装辅助施工设备进行特殊功能作业。

1. 地质超前钻机

安装在主机顶部、大刀盘后部的平台上，停机时超前钻探 30 m。兼具注浆与安装管棚功能。

2. 钢拱环安装器

紧靠刀盘后部安装，钢拱环间距应与掘进机的行程距离一致或成倍数关系，在预制仰拱块上要留有安放拱环的沟槽。

3. 锚杆钻机

前后 2 排共 4 台。可与 TBM 开挖平行作业。

4. 意外事故处理

常见事故有：开挖面大规模塌方埋机；洞壁围岩变形卡机；突发涌水淹机；工作面挤出造成机体后移。处理方法是：将掘进机后退，人工到掌子面用不同方法进行加固处理，以便让掘进机步进通过。大块卵石层与溶洞群这类特殊地质情况下不宜用掘进机施工。膨胀性地层与瓦斯地层应采取相应安全措施。

（六）综合施工方法

隧道较长时可一端采用钻爆法，另一端采用 TBM 法施工。隧道直径较大时，可用一台 TBM 开挖导坑，而后用钻爆法扩挖成洞（一般用于公路、铁路隧道），或采用一台扩孔式 TBM 扩挖成洞（一般用于输水隧道等圆形隧道）。大断面隧道掘进一般先用一台直径 5 m 左右的 TBM 开挖导洞，再扩挖到所需断面，也可用 TBM 开挖两个导洞再用钻爆法扩挖成洞。

先导后洞的优点：可适时获取地质资料，便于制订相关计划；可节约 35％左右的爆破费用；降低爆破对地层的扰动；减少通风量，降低安全风险。

第六节　防水施工方法

一、渗漏水形式及危害

城市轨道交通的地下车站或区间隧道对防水均有一定的要求。车站是人员集散和设备用房集中的区域，区间隧道是供列车通行的，通常车站的防水等级高于区间隧道。防水等级越高，对结构的刚度要求越高，工程的投入就越大；反之，如果防水等级低了，结构上的渗漏水不仅影响结构的使用功能，还会危及结构的使用寿命，维修费用也会大幅增加。所以，要确定合理的防水技术，需先了解渗漏水的形式及其危害性。

（一）渗漏水形式

地下车站或区间隧道发生渗漏水现象必须同时具备两个条件：结构四周有外部水源供给，结构内部存在渗漏水通道。由于渗漏水通道形式不同，造成了结构内部空间出现“点漏”“线漏”“面漏”“面渗”等不同的现象。结构局部发生从迎水面到内部贯通式的裂缝，会使内部空间发生点漏现象；当贯通的裂缝在结构的表面达到一定的长度之后，会在结构的内部产生一条较长的漏水线，从而造成线漏；当有多条贯通的裂缝在结构表面交汇时，会在结构的内部形成漏水面，从而造成面漏；当多条较细的裂缝在结构内部交汇，但并没有贯通至结构表面时，水会沿着裂缝渗透到结构表面，从而造成面渗。渗漏水的形式除了与结构裂缝的特征有关之外，还与工程地质和水文地质条件有关，如地下水位高低的变化（高水位时水压大，渗水点可能会转化为漏水点；低水位时水压小，漏水点可能会转变为渗水点或者不发生渗漏）。

地下车站或区间隧道防水的主体是混凝土，当防水混凝土达到防水要求时，其他因素可以通过结构设计来解决。在防水混凝土施工中，应按设计配合比配制防水混凝土，按照规定浇筑混凝土，进行混凝土振捣和养护，以防止防水混凝土失效，避免形成渗水通道。

除了施工质量之外，大体积混凝土裂缝主要是由于内部温度应力造成的。混凝土浇筑后，水泥水化会放出大量的水化热，大体积混凝土由于体积大，相对散热面积小，热量不易散发，导致内部温度急剧升高，而外部则相反，从而使得混凝土内外温差大。这种温差造成混凝土内部和外部的热胀冷缩程度不一致，混凝土表面产生膨胀应力。当这种温差达到一定程度时，混凝土表面就会出现裂缝。温度应力与温差的大小成正比，一旦这些裂缝内外叠加，就可能贯通结构截面，成为渗漏水通道。

大体积混凝土一次浇筑量大，在结构变形、温度变形、材料收缩、地基不均匀沉降和其他振动因素的影响下，混凝土内部产生细微裂隙是难以避免的。在一定时期内，随着时间的推移，这些细微裂隙在内力和外力的作用下，会进一步地发展，独立的裂隙会成为贯穿的裂缝，最终形成渗漏水通道。水分子的直径约为 0.4 nm，它可以渗入肉眼看不见的细微裂隙。特别是大体积混凝土浇筑时，为使浇筑工作有较好的可操作性，水灰比往往大于控制值，再加上基坑内的积水，水灰比则大大超过规定值。当混凝土内多余水分游离蒸发后，水分所占据的空间就成为毛细孔隙，最终也就形成了渗漏水的通道。另外，施工缝、变形缝是地下车站或区间隧道防水的重点。这些特殊部位若防水处理不当，便会出现裂缝，从而形成渗漏水通道。

（二）渗漏水对结构的危害

地下车站或区间隧道渗漏水会带来许多不利影响，渗漏使结构内部潮湿，装饰材料变形、发霉、翘曲、空鼓、脱落，严重影响装饰效果和使用功能，并且会对结构造成以下十分不利的影响：

(1) 渗漏水导致钢筋锈蚀。当前我国的地下工程多为钢筋混凝土结构，这是一种非匀质并有多孔和显微裂缝的结构物，其内部存在许多在水泥水化过程中形成的氢氧化钙，使混凝土呈现强碱性能，对钢筋可起到钝化和保护作用。当结构体发生渗漏水时，水会导致混凝土结构内部的氢氧化钙溶解和流失，碱性降低，当混凝土的 pH 值小于 11 时，混凝土结构体内钢筋表面的钝化膜会被活化而生锈，所形成的氧化亚铁或三氧化二铁等铁锈的体积比钢筋大 2～3 倍，由于这种膨胀应力的作用，使结构体开裂，又增加了水和腐蚀性介质的侵入，造成恶性循环，最终影响结构安全。

(2) 渗漏水加速了混凝土的碱集料反应。混凝土结构体内部粗、细集料中含有的活性有害矿物(如玉髓等高碱性矿物等)在水的作用下，会促进碱集料反应。一般把碱集料反应分为碱-硅酸盐反应和碱-碳酸盐反应，不管哪一种碱集料反应，均会产生膨胀应力，从而导致凝土结构工程的破坏。

(3) 在寒冷和严寒地区，由于地下水的渗入而导致结构体冻害破坏。当气温在 0 ℃以下时，渗入混凝土结构内部的水就会结冰，由于同质量情况下冰的体积比水大 10%左右，从而使混凝土结构产生冻胀破坏。

由此可见，渗漏水会对地下结构带来极大的安全隐患，而且随着时间的推移，这种不利的影响会更加显著，降低了地下结构的使用条件和使用功能，缩短了安全使用寿命。

二、地铁车站防水技术

由于不同车站施工方法、防水等级不同，地下水发育程度又千差万别，因此采用的防水施工方案也不同。山体中用矿山法施工的地铁车站，一般采用离壁式结构，复合式支护防水夹层施工方法。浅埋矩形框架车站多采用外包防水卷材的施工方法。利用连续墙挡土，又兼作车站结构一部分时，既要注意连续墙本身的防水性能，又要考虑接头的防水，并采取充填防水卷材、抹刷防水涂料等防水技术。不管采取何种防水技术，混凝土结构本身的自防水是基础。沉降缝、收缩缝和施工缝是地下工程防水最薄弱的位置，合理设缝并选用有效的接缝嵌固材料是成功的关键。

（一）离壁式衬套拱顶与侧墙防水技术

对于开挖的洞室可以用喷锚支护或者整体现浇被覆保证围岩结构的稳定性。若由于地下水较发育，采用复合支护的方式难以达到较高的防水要求时，则采用离壁式支护。支护施工中，PVC 卷材粘贴之前，基层应平整、清洁，坚硬的杂物用刀具清除干净。卷材每卷长 20 m、幅长 2.05 m、厚 1.0～2.0 mm。卷材与卷材的连接可搭接或对接，长边搭接不少于 5 cm，短边搭接不少于 10 cm，对接面上加焊 PVC 卷材条，宽度不少于 10 cm。卷材搭接热焊时要保证焊接受热均匀，有熔浆。卷材与混凝土面黏结采用聚氨酯黏合剂，涂抹均匀，卷材敷贴平顺。

离壁式衬套支护侧墙可以用轻质混凝土砌块砌筑，为防止上部漏水流经砌缝渗入工程内部，应用膨胀防水水泥砂浆抹面。在水泥砂浆内加入 PVC 膨胀剂、FNC 流化剂、微晶活性二氧化硅掺和料，迎水面采用 2～3 层防水砂浆抹面，可以达到良好的防水效果。

离壁式支护拱肩部位是拱部渗漏水汇集处。在拱肩部位的卷材边缘用水泥砂浆压实，一方面防止漏水沿边缘下渗，另一方面在拱肩形成一道排水槽，供拱顶集中的渗漏水有组织地排放至落水口。落水口间距 10～15 m，落水口接有落水管，落水管入水口四周与 PVC 卷材焊接形成一体，防止集水从管壁外流出。落水管长 2.0～2.5 m，用以减少自由落水的高度，防止水落地时溅湿墙体。

（二）复合式衬砌防水技术

地铁车站或者区间隧道当采用复合式衬砌支护时，通常由初期支护、缓冲层、防水卷材、二次衬砌模筑混凝土结构组成。初期支护为钢筋格栅加钢筋网再加喷射混凝土，厚度 0.25～0.30 m，缓冲垫层用较柔软且具有相当强度的片材，以克服喷射混凝土时凹凸不平的基面对防水板（膜）的损伤。防水板（膜）除具有不透水性外，还应具有在二次衬砌灌注混凝土时承受机械作用不致损伤的性能，具有耐久性良好和接缝处严密且操作简单的特点。

（三）卷材防水技术

对于采用明挖法施工的单层双跨矩形隧道或者多层多跨箱形结构车站，主体钢筋混凝土结构施工完成后，回填覆土之前，要施作柔性防水卷材。结构混凝土自防水厚度和强度等级由结构设计选定，在混凝土中宜掺微膨胀剂、密实剂和减水剂等。车站地下水位高、水头渗透压力大和车站防水等级高时，应采用全合成高分子防水卷材，厚度不应小于 2 mm，高聚合物改性沥青防水卷材（聚酯胎）厚度不应小于 5 mm。防水要求较低时，上述卷材厚度可以相应减薄。卷材全外包防水宜采用外防外贴法。将卷材直接粘贴在侧墙的结构混凝土外侧，并与混凝土底板下面的卷材防水层连接，以形成整体封闭防水层。

外防外贴的施工顺序是：首先在抹好水泥砂浆找平层的混凝土垫层四周砌筑永久性保护墙，其高度约为所需防水结构厚度加上 500 mm，下部应干铺一层油毡隔离层，上部用石灰砂浆砌筑临时性保护墙，以便以后拆除。铺贴立面油毡时，应先将接槎处的各层油毡揭开，并将其表面清理干净，如油毡有损伤，应修补后方能施工。粘贴油毡的沥青胶结材料的厚度为 1.5～2.5 mm，油毡的搭接长度，长边不应小于 100 mm，短边不应小于 150 mm，上下两层和相邻两幅卷材的接缝错开，上下层卷材不得相互垂直铺贴。

油毡防水层铺设完成后，应立即进行保护层施工。对立面涂刷防水层，在铺最后一层沥青胶结材料时，趁热粘上干净的热砂或散麻丝，经冷却后，随铺随抹一层 10～20 mm 厚的 1∶3水泥砂浆。对于平面，可铺设一层 30～50 mm 厚的 1∶3 水泥砂浆或细石混凝土。在防水保护层完工后，再砌筑保护墙，以压紧和保护外部防水层。全部完工后，按设计要求及时进行基坑回填土施工，以防止防水层受日晒雨淋而老化损伤，并防止因温度剧烈变化而产生温度应力裂缝。

高聚物改性沥青防水卷材、合成高分子卷材施工要点和防水构造基本与沥青系防水卷材相同，但应注意用汽油喷灯或热空气等进行热熔焊接，保证止水效果。

（四）涂料防水技术

1. 材料选择

防水涂料与防水卷材同为当今国内公认的并被广泛应用的新型防水材料。防水涂料是一种液态材料，且能形成连续的防水层，不像卷材那样存在很多搭接接缝，施工方便，特别适合于地铁车站复杂的基层施工涂膜防水层。但它不能像卷材防水层那样在工厂加工成型，而是在施工现场由液态材料转变成固态材料，防水膜的厚度不像卷材那样能由工厂生产准确控制，受工地人为因素影响大。虽然有些种类的涂膜可以获得较高的延伸率，但其拉断强度、抗撕裂强度、耐摩擦、耐刺穿等指标都较同类防水卷材低，且涂膜一般较薄，长期泡在水中，会发生黏结力下降的现象。水乳型涂料自然蒸发固化形成的涂膜，长期泡水后还会出现溶胀起皱，甚至局部脱离基层以致局部脱落等情况。地铁车站和隧道的防水层要长期浸泡于水中，经受地层不均匀变形的拉伸影响，因此应选用反应型或溶剂型涂料，不宜选用水乳型涂料。由于地铁车站防水等级要求较高，涂料防水常与结构自防水、卷材防水、防水砂浆防水等手段相结合，同时起到保护涂膜的作用。选择地铁车站防水涂料时，应注意下述问题：

（1）防水涂料在固化成膜后的长期使用过程中，不得产生任何有害、有毒物质渗入水中或扩散到空气中。

（2）防水涂膜表面不应直接浸泡于水中，应有砂浆等保护层。

（3）宜选用延伸性好、拉断强度高的防水涂料（如不含煤焦油的聚氨酯防水涂料等），以适应可能产生的基层变形、开裂。

（4）必须配合嵌缝、密封防水材料使用。

2. 施工工艺

（1）涂料配制。

应根据涂料出厂使用说明现场配制。防水涂料可以单组分也可以双组分。无论采用何种配合比均应在容器内先放入规定量的稀释剂，例如水、酒精等，然后把粉料（塑料袋包装净重 5 kg）徐徐放入水中，边搅拌边放入粉料，持续 10 min，使其成为均匀糊状物。然后，静置 30 min，使其充分化合作用（温度较低时静置时间要适当延长），施工时仍需搅拌，以防沉淀。

（2）施工要点。

① 抹压法施工。

在已充分湿润的基层上，将已配好的第一遍涂料用钢抹子或硬胶板均匀抹压。抹压时要按顺序操作，紧密搭接，避免漏抹。

刮压时，当涂层开始收水，手指轻压没有印痕时，应立即开始喷雾（或轻轻洒水），进行湿润养护。养护时间一般要求在 6～8 h，此段时间的养护是保证防水效果的关键，切勿令其早期失水干燥，否则将出现粉化现象，损害防水效果。

在养护后，即可进行第二遍施工。将调好的涂料用毛刷涂刷在第一层涂层上，待收水后并用手指轻压不出现印痕时，再用水湿润养护 24 h。

② 涂刷法施工。

用刷子将配好的第一遍涂料均匀涂刷在充分湿润的基面上，然后按上述抹压法的养护要求进行 6～8 h 的湿润养护。

待第一遍涂层养护后，即可进行第二遍涂刷，其养护方法同抹压法。

③ 填塞法施工。

在大量漏水的情况下，应先排水，然后堵塞缝洞。施工时，先将缝凿宽至 20 mm、深 15～20 mm，清除缝内浮灰，用水湿润，然后于裂缝底部及四周涂刷涂料（配合比同涂刷法第一遍涂料），待干燥 1 h 后，将配好的填塞料搓成条状（或团状），用力压填于裂缝或孔洞内，填塞料要与基层面齐平。养护 6 h 左右，然后将稀涂料（配合比同前）涂刷于表面，并洒水养护。如漏洞不大，可先用木塞打入洞内堵住漏水，然后按上述方法施工。

地铁车站大多采用内外防水涂层，矩形区间隧道多采用外防水涂层，车站防渗堵漏，为方便施工多采用内防水涂层构造。

（五）接缝防水技术

浅埋矩形隧道和箱形车站一般不设置沉降缝，只设置施工缝、伸缩缝或诱导缝和后浇带。

1. 施工缝

建造长条形、矩形隧道和车站，由于材料、设备、劳动力的限制，不可能连续一次浇筑，一般分段、分层施工，两次间隔浇筑的混凝土之间就会有施工缝。车站分段长度 15～24 m，按 3 层（底板、中板、顶板）浇筑。新旧混凝土接槎结合不致密，可引起地下水渗漏。无内衬墙车站结构，作为底板、中板、顶板与地下墙纵向连接的施工缝，通过设置遇水膨胀腻子止水条等措施防水，对于纵向及环向的施工缝，也可设置镀锌止水钢板或橡胶止水带防水。

2. 伸缩缝（诱导缝）

长条形的隧道和车站，混凝土浇筑硬化过程中，由于内外温度差异，产生膨胀和收缩，在周围围岩介质的约束作用下，有可能出现温度应力裂缝；长条形钢筋混凝土结构受到昼夜、季节温差影响，也会产生构造应力裂缝，因此应设置伸缩缝以释放变形引起的应力集中。在车站主体结构与出入口通道接口处，或与其他附属结构相接处，也要设置伸缩缝。沿纵向一般 35～50 m 设置一条伸缩缝。如果有成功的控制混凝土结构温度应力或伸缩的措施，应尽可能减少设缝的条数。伸缩缝间距与结构物的使用温度有关。

诱导缝与变形缝的使用功能基本一致。从防水施工上分析，诱导缝处混凝土可以连续浇筑，内表面留有一定深度与宽度的凹槽。变形缝处则必须支撑模板，中止混凝土浇筑，待混凝土硬化后拆除模板，方可继续混凝土的施工。

3. 后浇带（后浇缝）

在后浇混凝土中渗入 UEA（U 型膨胀剂），并使浇捣混凝土强度等级高于两侧混凝土，起到补偿收缩作用。宜选择在气温低于主体结构施工时的温度或气温较低时浇筑，以避免或减少收缩裂缝，此外还要保证 14 d 以上的湿养护期。

三、防水原则

长期以来，我国地下车站结构防水设计和施工提倡遵循“防、排、截、堵相结合，刚柔并济，因地制宜，综合治理”的总原则，不过在实施中要体现这一原则存在不少的困难，一般可以从以下几个方面来体现设计的要求：

(1) 防水设计应定级准确、方案可靠、施工简便、经济合理。

(2) 地下车站结构的防水方案应根据工程规划、结构设计、材料选择、结构耐久性和施工工艺等确定。

(3) 地下车站结构的防水设计应考虑地表水、地下水、毛细管水等的作用以及由于人为因素引起的附近水文地质改变的影响。单建式的地下车站结构，应采用全封闭、部分封闭防排水设计。附建式的全地下或半地下车站结构的防水设防高度，应高出室外地坪高程500 mm 以上。

(4) 地下车站结构迎水面主体结构应采用防水混凝土，并根据防水等级的要求采用其他防水措施。

(5) 地下车站结构的变形缝、施工缝、诱导缝、后浇带、穿墙管(盒)、预埋件、预留通道接头、桩头等细部构造应加强防水措施。

(6) 地下车站结构的排水管沟、地漏、出入口、窗井、风井等应有防倒灌措施，寒冷及严寒地区的排水沟应有防冻措施。

(7) 地下车站结构防水设计，应根据工程的特点和需要搜集有关资料。

地下车站结构防水设计，应包括以下五方面内容：

(1) 防水等级和设防要求。

(2) 防水混凝土的抗渗等级和其他技术指标、质量保证措施。

(3) 其他防水层选用的材料及其技术指标、质量保证措施。

(4) 工程细部构造的防水措施、选用的材料及其技术指标、质量保证措施。

(5) 工程的防排水系统，地面挡水、截水系统及工程各种洞口的防倒灌措施。

区间隧道的设计应遵循“以防为主”的原则，不应提出“防排结合”或“以排为辅”的原则。只有在施工与因地制宜、综合运营过程中不得已且疏排水不会引起周围地层下降的前提下，才允许对进入主体结构内的少量渗水进行疏排。区间隧道的主体结构宜采用钢筋混凝土结构自防水体系，即以结构自防水为根本，加强钢筋混凝土防渗、抗开裂能力，改善钢筋混凝土结构的工作环境，进一步提高耐久性。同时，以诱导缝、施工缝、变形缝等接缝防水作为重点，并辅以防水层加强防水，提高耐久性。

第七节　降水施工方法

一、降水原理

井点降水，一是要在挖至设计基底标高时不出现流沙，保证基坑内正常施工作业；二是要防止基坑外的地下水位下降对周围已建建筑物、管线、道路路面所造成的各种危害。根据工程实践经验，长期井点降水时，降水曲面坡度为降水影响半径的 1/10，如井点主管埋深为 S(指地下水位以下深度)，则最大的影响半径可达 $10S$。若已建建筑物、管线、道路路面位于影响半径范围内，而不采取防护措施的话，就会引起不均匀沉陷，造成倾斜、裂缝。为了保证高层建筑深基础的正常施工，减少对周围邻近建筑物、管线、路面的不利影响，必须采取一些措施，这样才能取得较好的技术经济效果。

二、降水相关技术

1. 确定井点布置的基本原则

井点系统的平面布置应根据基坑的平面形状、大小、要求降水深度、地下水流向和含水层渗透系数等来确定。一般情况下，基坑宽度小于 10 m，且降水深度不超过 5 m 时，用单排井点布置在地下水的上游；当基坑宽度大于 10 m，土质较差、渗漏系数较大时，可沿基坑两侧各布置一排井点；当基坑面积较大时，采用环形或多边形封闭布置。封闭形井点的转角处在每边不小于 5 m 的范围内加密主管 1/3～1/2。井点管距基坑壁不宜小于 1.5 m，井点主管的滤管应埋至抽吸深度以下 0.5～1 m 处，以免进气。为了充分利用泵的抽吸能力，水泵轴心应与总管保持齐平。

2. 井点系统使用注意事项

(1) 井点立管埋设完并与卧管及抽水设备接通后，必须先进行试抽水，在无漏水、漏气、淤塞等现象后，才能正常投入使用。

(2) 使用射流泵时，应安装真空表，并经常观测，做好记录，以保证井点系统的真空度不低于 60 kPa。当真空度不够时，应及时检查管路或井点管是否漏气、离心泵叶轮有无障碍等，并及时处理。

(3) 井点应保证连续抽水，并应准备双电源。如抽不上水或水一直较浑，或出现清水后又变浑等情况，应立即检查处理。如井点管淤塞过多，严重影响降水效果，应用高压水逐个冲洗井点管或拔出井点管重新埋设。

(4) 在地下室施工完毕，通过抗浮稳定验算符合要求并进行回填后，方可拆除井点系统，所有孔洞均须用砂或土填塞。

3. 对周边环境危害的控制措施

(1) 应优先采用有挡水作用的支护结构，如深层搅拌桩、钢板桩、混凝土灌注桩或地下连续墙等，并尽可能把降水井点立管埋设在支护墙的内侧(基坑一侧)，井点立管的深度应浅于支护墙的深度。

(2) 合理确定井点立管的深度，控制降水曲线。当基坑附近没有建筑、管线和道路时，坑中井点水位应降至基坑底面以下 1 m 为宜；当邻近有建筑、管线时，井点主管埋深可适当提高，其深度以保证基坑不出现流沙为宜。

(3) 适当控制抽水量或离心泵的真空度。在开挖基坑时，井点降水用最大的抽水量或真空度运行；在垫层、桩承台、地下室底板完成后，可适当调减抽水量或调小真空度，使基坑外的降水曲面尽可能控制在较小的范围内，但要在坑内、外设置水位观测井，及时控制水位。

(4) 在降水井管与建筑物、管线、路面间设置回灌井点，持续用水回灌，补充该处的地下水，使降水井点的影响半径不超过回灌井点的范围，防止回灌井点外侧建筑物地下水的流失，使地下水保持基本不变。

(5) 在降水、灌水区域附近设置一定数量的沉降观测点及水位观测井，定时观测、记录，及时调整降、灌水量，以保持水幕作用。

在前期施工中降水，待施工完成后，应及时对降水区域进行回灌，但很多工程忽略了这个问题。如果不及时回灌，会给周围的建筑物等其他设施带来很大的影响，因此，采用井点降水要特别慎重并采取相应对策。

第八节　施工监测

要做好施工监测方案的设计工作，必须了解地下工程拟采用的主要施工方法及其特点，进而有针对性地展开监测量控系统的设计，为信息化施工提供足够的预警和决策信息。通常，地下工程信息化监测方案应包括以下基本内容。

一、工程概况

包括工程简况、结构类型、施工方法、地质条件和水文条件等信息，便于在全面掌握工程特点以及施工技术难点的基础上，有针对性地提出本工程的监测重点和关键。

二、施工监测的目的

在地下工程的实践中，现场的量测结果和先前的预估值（设计值）之间往往存在较大的差异，这主要是由于计算模型的近似性、计算参数的误差（或不准确）、施工过程的随机性和动态性等原因所造成的，因而施工监测的目的归结起来不外乎以下几个方面。

1. 为施工开展提供及时的反馈信息

监控量测系统首先获得整个工程信息化施工所必需的基础性、定量化数据，其次通过对监测数据的进一步分析，获得地下结构及其相邻环境（岩土介质，周边建筑物、管线，地面道路等）的变化趋势或受力状态，最后把获得的监测信息和设计值进行对比，验证原施工方案（或设计方案）的正确性。监测数据和成果是现场施工管理和技术人员判别工程安全与否的依据，也是工程决策机构进行决策的重要数据基础。

2. 为施工方案或参数调整提供依据

地下工程的施工总是由点到面、由局部到全部的过程，把局部或点上施工获得的监测信息和设计值进行对比，当两者出现较大的差异时，则需根据监测数据的分析结果调整施工参数或施工方案，必要时采取附加的工程措施和手段，以确保工程的安全。同时，所获得的数据也可以通过反演分析，按所设定的计算模型反算或校正材料参数和作用荷载，进而推算出相应条件改变情况下的地下结构和周围环境的受力或变形状态，为施工方案或施工参数的改变提供一些预见性参考。

3. 为类似工程的设计和施工水平提高积累经验

地下工程的设计和施工方案是工程技术人员通过对实体进行抽象，采取数学分析手段开展定量化预测工作，加之长期工程实践经验而确立和制订出来的。鉴于地下结构与周围介质的相互作用分析总是在不同程度上作了简化或近似处理，突出了工程的主要因素，便于工程问题的求解，但是在真实描述自然规律方面，不可避免地掺入了人为假定的因素。在这方面，现场的检测技术显示出了巨大的优势，任何一个地下工程的实施在某种意义上都是1∶1的足尺试验，监测所取得的数据都真实地再现了结构与其周围环境在实际施工过程中的反应，是各种复杂因素综合作用下的真实状态，为后继类似工程提供了一定的借鉴。尽管不同工程在地质条件、支护方法以及施工方法等方面有所差异，但在设计计算中未曾计入的各种复杂因素可以通过现场监测结果分析加以局部修改和完善，信息化施工监测对于提高地下工程的设计与施工水平意义重大。

三、施工监测方案编制的依据

施工监测方案是由监测单位编制的，用以指导整个监测过程中的技术、组织的综合性文件。城市轨道交通的监测方案编制依据应包括：

(1) 国家和地方的法律法规，如《中华人民共和国计量法》《中华人民共和国测绘法》等。

(2) 现行规程和规范等，如《国家一、二等水准测量规范》(GB/T 12897)、《地铁设计规范》(GB/T 50157)、《工程测量规范》(GB 50026)、《建筑变形测量规范》(JGJ 8)、《城市轨道交通工程测量规范》(GB/T 50308)等；各种相关的地方性标准等，如《上海地铁基坑工程施工规程(试行)》(SZ—08)、《上海市基坑工程设计规程》(DBJ 08—61)等。

(3) 国家和地方有关管线保护、管理、监督、检查的文件通知等。

(4) 本工程相关勘察、设计文件和资料以及会议精神。

(5) 监测工作的承包合同。

四、施工监测项目

总体而言，施工监测包括轨道交通结构自身安全的监测和周围环境影响的监测两个部分，其监测项目的设置会因工程的地质条件、结构特点、施工工法和结构埋深等的不同而有所不同。我国现阶段城市轨道交通地下工程的常用施工方法可分为浅埋暗挖法、盾构法和明挖法等，其监测项目的要求简述如下。

1. 浅埋暗挖法施工监测

浅埋暗挖法施工过程中，围岩(地层)的变形和松动可能传至地表，影响地表建筑物的安全。因此，监测设计除应对围岩(地层)和支护结构中产生的位移与应力变化等进行监测外，尚应对地表及地面建筑物、构筑物的变形进行观测。

2. 盾构法施工监测

盾构法常应用于自立性较差的地层中，尤其适用于自立性、流动性高的软弱地层和淤泥质地层中。不论采用哪种开挖方式，都会使开挖面附近地层的应力状态发生变化，即使是采用密闭式盾构，如泥水加压式盾构、土压平衡式盾构，也会因开挖面的不稳定而导致过大的地表沉降。因此，其监测设计除根据需要对衬砌环、土层进行应力、变形选测外，更应对隧道隆陷、地表沉降进行监测。

3. 明挖法施工监测

明挖法施工监测指在基坑开挖施工过程中，借助一些仪器设备和手段对围护结构、周围环境[土体、建(构)筑物、道路、地下管线等]的应力、位移、倾斜、沉降、开裂及地下水位的动态变化、土层孔隙水压力变化等进行综合监测。根据前期监测结果，对原设计进行评价；判断现行施工方案的合理性；预测下阶段施工过程中可能出现的新动态，为优化和合理组织施工提供可靠信息；对后期开挖方案与开挖步骤提出建议，并对施工过程中可能出现的险情进行及时的预报。有异常情况时，立即采取必要的工程措施，以确保工程安全。

另外，由于许多高架道路的桥墩基础采用桩基，因此在已有的建筑物附近或一些市政设施附近打桩时，常由于桩的挤土作用而造成结构物的开裂、地下工程因土的侧向位移而破裂等，对这类工程施工也需进行相关的监测。

五、监测方法

施工监测方法主要指监测控制网的布置方法、监测点(孔)的设置方法以及具体项目的测试方法等。

监测控制网主要是针对光学测量而言的,分为水准控制网和平面控制网。对于城市轨道交通土建工程的施工监测而言,一般水准控制网按照国家一等水准的技术要求执行,其测量精度要求为读数基辅差 0.3 mm、测站附合差 0.5 mm、路线闭合差$\pm 2\sqrt{L}$ mm(L为千米数);平面控制网一般采用城市二级导线,其测量精度要求为测角中误差$\pm 2''$、边长中误差 1/10 000、点位中误差± 1 mm。

监测点(孔)设置方法和测试方法应根据监测项目的不同而不同,但总的原则是在保证后继监测工作可靠、准确的前提下,满足经济、高效的要求。

六、监测频率

监测频率是指某一检测项目的监测时间间隔,监测的常规频率的设置首先要满足相关技术规程的要求,同时针对工程特点和施工参数合理选用。值得指出的是,当监测数据揭示出工程可能出现风险时,应加大监测频率,甚至跟踪监测或不间断监测。

七、监测的安全控制标准

监测的安全控制标准可分为应力控制标准和变形控制标准两大类。在变形控制标准中需要同时考虑变形总量控制标准和变形速率控制标准两个指标。这些控制标准根据结构自身类型、施工工法和周围环境保护等级等的不同而不同,国家或地方规范在总结大量的工程实际经验的基础上,给出了一些参考数据,也可结合具体工程特点合理确定。上述安全控制标准数值又称为允许值,或监测警报值。

八、监测数据的分析和处理

对于城市轨道交通的施工监测数据,可以参照表 3-3 确定监测管理等级。即将允许值的 2/3 作为警告值,允许值的 1/3 作为基准值,将警告值和允许值之间称为警告范围,实测值落在此范围应提出警告,说明需商讨和采取施工对策,预防最终位移值超限;警告值和基准值之间称为注意范围,应加强支护;实测值落在基准值以下,说明土建结构及周边土体是稳定的,可正常施工。

表 3-3　监测管理等级

管理等级	管理位移	施工状态
Ⅲ	$U_0 < U_n/3$	正常施工
Ⅱ	$U_n/3 \leqslant U_0 \leqslant 2U_n/3$	加强支护
Ⅰ	$U_0 > 2U_n/3$	加强监测并采取相应工程措施

注:U_0为监测实测值,U_n为监测警报值。

当工程施工中出现下列情况之一时,应立即停止施工,采取以下措施处理:

（1）监测数据有不断增大的趋势。

（2）时态曲线长时间没有变缓的趋势等。

对于实测的监测数据，应及时按照控制流程上报给相关单位，以便于各方及时作出响应并采取应对措施。

九、监测工作的质量控制

监测工作的质量控制依据分为技术标准和管理标准两大类。技术标准包括：工程设计图纸及说明书，相应的设计标准、规范，相应的测量或量测标准、规范，施工合同中规定使用的有关技术标准或参数。管理标准包括：《质量管理体系 基础和术语》(GB/T 19000)、《质量管理体系 要求》(GB/T 19001)、国家权威部门的计量认证规定、企业主管部门有关质量工作的规定、本企业的质量管理制度及有关质量工作的规定、监测合同、监测方案等。

对于具体的工程施工监测，应确立完善的人员组织架构和人员配备，合理地选用测量仪器和设备，设计较为完善的监测方案，建立快速的监测数据反馈机制。为了降低测量误差，应尽可能固定监测路线、监测设备和监测人员。

第四章　青岛 4 号线静港路站、沙子口站明挖车站施工案例

第一节　明(盖)挖车站施工概述

青岛 4 号线一期工程共设 25 座车站，其中换乘站 12 座，含建设中 1 座，新建车站 24 座(含二期的 3 座车站)，全部为地下站，分别为人民会堂站、沂水路站、江苏路站、泰山路站、昌乐路站、内蒙古路站、海泊桥站、鞍山路站、错埠岭站、福州路站、洪山坡站、劲松三路站、劲松四路站、劲松七路站、辽阳东路站、李家下庄站、崂山科技城站、张村站、李宅路站、九水东路站、静港路站、沙子口站、崂山六中站、西登瀛站、大河东站。其中辽阳东路站在 2 号线同期施工，崂山六中站、西登瀛站、大河东站为二期施工车站。人民会堂站、江苏路站、泰山路站、昌乐路站、海泊桥站、鞍山路站、错埠岭站、劲松三路站、劲松七路站、辽阳东路站、崂山科技城站和张村站为换乘车站。平均站间距 1 258 m，最大站间距 1 929 m(李宅路站—九水东路站)，最小站间距 634 m(劲松三路站—劲松四路站)。

明(盖)挖车站施工方法为明挖法、半盖挖法，除静港路站采用半盖挖法，其他均采用明挖法施工。本章以静港路站、沙子口站建造方案为例，介绍相关的施工技术。

一、静港路站

静港路站为青岛市地铁 4 号线的第 21 座车站。车站两端均为盾构区间，且盾构机在大小里程端均为接收吊出。车站位于规划静港路与李沙路交叉路口，沿李沙路“一”字形布置。李沙路现状路宽约 16 m，双向 4 车道，车流量较多，规划道路红线宽度为 30 m。静港路现状路宽约 7 m，双向 2 车道，车流量小，规划道路红线宽度为 25 m。车站西北侧为金龙水产公司，东北侧为青岛崂峰市政公司及 5 层北崂社区，东南侧为 5 层南崂社区，西南侧为 5 层南崂社区，一层均为沿街商铺。

车站范围地形较为平坦，地面标高 6.46～7.04 m，车站顶板覆土 2.8～3.4 m，车站底板埋深 16.51～17.51 m，底板主要位于碎石土层中。

静港路站设计站台中心里程为 YCK24＋650.000，起点里程为 YCK24＋455.000。终点里程为 YCK24＋731.000。长 276 m，为 11 m 岛式站台，车站形式为地下两层双跨(局部三跨)矩形框架结构。车站标准段结构净宽 19.7 m。

静港路站设 3 个出入口、1 个安全出入口和 2 组风亭，均设置于路侧空地内，出入口明挖段和风亭井口范围均无重要管线。车站覆土约 2.8～3.4 m，采用半盖挖施工(排洪暗渠段全盖)。

车站站后设置单渡线。根据地质勘探资料，站址范围地层分布自上而下主要有：第四系人工填土、冲洪积中粗砂、冲洪积粉质黏土、冲洪积粗砾砂、碎石土、强～微风化基岩。基坑

底部为碎石土层，做好防、排水工作时，该层可作为良好基础持力层。

二、沙子口站

沙子口站为青岛市地铁 4 号线的第 22 座车站，车站位于沙子口镇家得乐综合市场门前空地中，距离南九水河南岸 100 m，沙子口湾西侧 450 m，呈东～西方向设置。拟建站点四周多为商户、工厂及民房，一般层高 1～3 层，车站北侧 11 m 左右为沙子口中心社区，为 6 层楼房。

沙子口站设计站台中心里程为 YCK25＋958.000，起点里程为右 YCK25＋884.000，终点里程为右 YCK26＋090.500，长 206.5 m，为 11 m 岛式站台，车站形式为地下两层双跨（局部三跨）矩形框架结构。车站标准段结构净宽 19.7 m。车站范围地形较为平坦，地面标高 3.2 m 左右，车站顶板埋深 3.2～3.7 m，车站底板埋深 16.8～18.1 m，主要位于碎石土层中。

沙子口站共设置 3 个出入口、1 个安全出入口及 2 组风亭，均设置于路侧空地内，出入口明挖段和风亭井口范围均无重要管线。车站主体结构及附属均采用明挖法施工。车站两端均为盾构区间，大、小里程端均为盾构始发。

第二节　明（盖）挖车站施工方法与工艺

一、明（盖）挖车站施工筹划

明挖车站的总体施工方案为首先施工围挡对施工场地进行围占，再对施工区域内有影响的管线进行迁改或保护，迁改完成后进行车站主体的围护桩施工，并对有需要的车站采取降水、止水措施。围护桩完成后，分区分层对车站基坑内岩土进行开挖及锚喷施工，并及时施工内支撑或锚索（锚杆），形成满足结构施工的地下空间后，从底板向上施工车站结构，为保证围护结构的侧向稳定，按设计进行倒撑施工，同时进行防水施工，最后恢复顶板以上管线及道路。

半盖挖车站的总体施工方案为首先施工盖挖部分施工围挡，并对该区域内有影响的管线进行迁改或保护，迁改完成后进行车站围护桩及钢管混凝土柱施工，围护桩完成后，施工冠梁并后续施工盖挖顶板，盖挖部分顶板完成后恢复顶板以上管线及道路。之后对于非盖挖部分施工围挡，并参照明挖施工方案继续进行施工直至管线与道路恢复。

二、明（盖）挖车站施工流程与施工方法

（一）明挖顺筑法施工流程

明挖顺筑法施工工艺主要为先施工围护结构，待围护结构施工完毕后，分段、分块、分单元进行土方开挖、支撑架设，然后自下而上依次进行内部结构回筑。沙子口站施工流程见图 4-1。

（二）局部盖挖顺筑法施工流程

局部盖挖顺筑法的车站为静港路站。局部盖挖顺筑法施工工艺主要为先施工交通道路部分顶板结构并回填，以方便进行交通疏导，盖挖部分顶板施工完毕后，进行其余部分围护结构、土方开挖、支撑架设以及内部结构施工。土方开挖、内部结构回筑形式同明挖法车站，分段、分块、分单元进行土方开挖、支撑架设，然后自下而上依次进行内部结构回筑。静港路站施工流程见图 4-2。

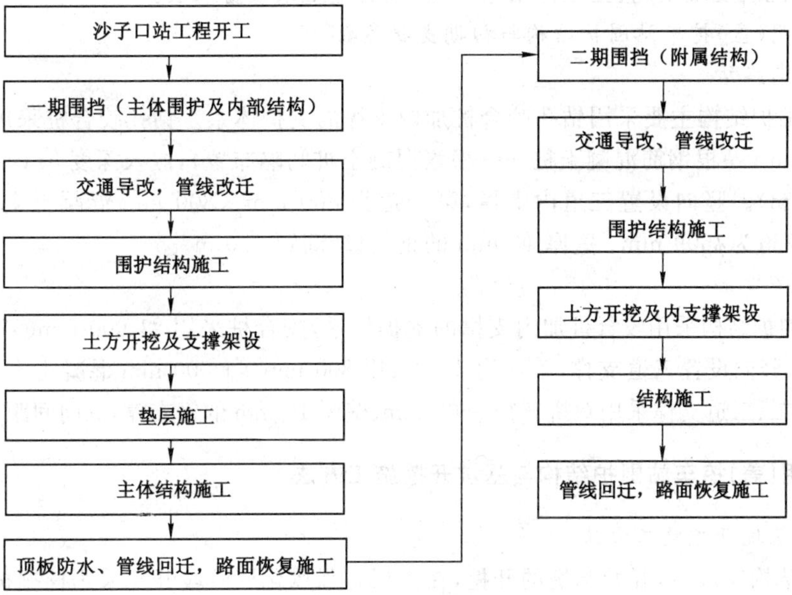

图 4-1　明挖法(沙子口站)施工流程图

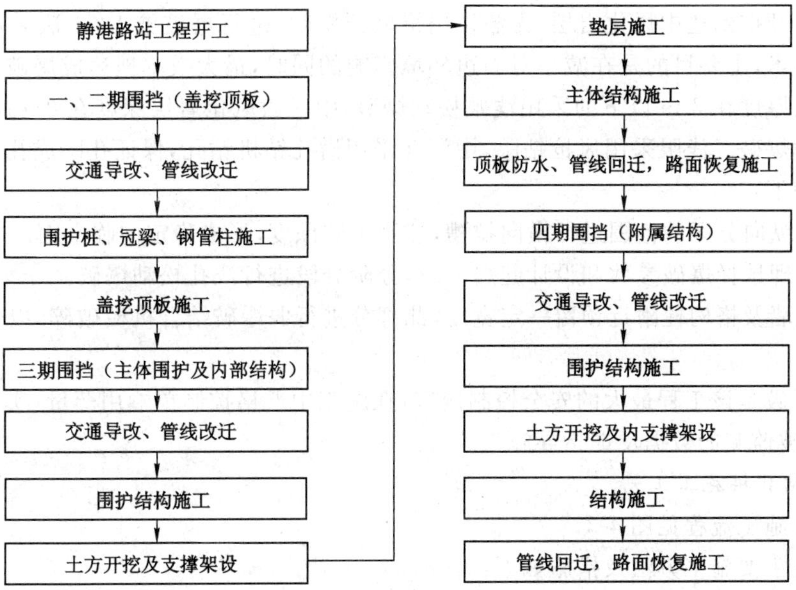

图 4-2　局部盖挖法(静港路站)施工流程图

(三) 明(盖)挖车站主要施工方法

明(盖)挖车站的主要施工方法为首先进行车站主体的围护桩施工,并对有需要的车站采取降水、止水措施。围护桩完成后,分区分层对车站岩土进行开挖及初期支护施工,并及时施工内支撑或锚索(锚杆),形成满足结构施工的地下空间后,从底板向上分模铺设防水,绑扎钢筋，浇筑混凝土，直至主体结构完成，最后施工顶板防水层。

(四) 明(盖)挖车站围护结构与初期支护参数

1. 静港路站

车站围护结构主要采用钻孔咬合桩加内支撑的支护体系。钻孔咬合桩采用 ϕ1 000 mm @1 400 mm (一根钢筋混凝土桩+一根素混凝土桩间隔布置)，嵌入深度 5.1～5.6 m(部分 5.1～6.1 m)。竖向设置三道内支撑，第一道为 800 mm×800 mm 混凝土支撑，间距 9.0 m；第二、三道为ϕ609 mm、壁厚 16 mm 的钢支撑，间距 3.0 m。

2. 沙子口站

车站围护结构采用咬合桩加内支撑的支护体系，咬合桩采用 ϕ1 000 mm@700 mm(咬合 300 mm)。竖向设置三道支撑，第一道支撑采用 800 mm×1 000 mm 混凝土支撑，纵向间距 8.0 m；第二、三道支撑采用双拼直径 ϕ609 mm、壁厚 16 mm 的钢支撑，纵向间距 4.0 m。

三、明(盖)挖车站围护结构与基坑开挖施工方法

(一) 基坑开挖施工方法

围护结构完成后，开始基坑的开挖，在土层与强风化层阶段开挖采用挖掘机配合破碎锤进行施工，直接装上专业渣土车外运至渣土处理场地。

基坑开挖须符合分区、分层的原则，合理安排开挖的分区与层高，分台阶留置车辆坡道，为及时安装内支撑及锚索提供足够的时间与空间条件。

在基坑开挖到达中风化岩层，无法采用机械开挖时，进行爆破施工，工法采用微震松动爆破控制技术，主要目的是在减小对周边环境影响的同时，最大效率地达成爆破效果。中～微风化岩层厚度在 3 m 以下的采用浅眼松动爆破，中～微风化岩层深度在 3～10 m 的采用中深孔松动爆破。浅眼采用风枪钻眼，中深孔采用潜孔钻机钻孔，保证孔眼成孔质量。具体爆破方式如下：

(1) 在纵向分区的范围进行横向拉槽，控制爆破深度，形成稳定向临空面。

(2) 合理选择爆破参数和设计起爆网络，分阶分段进行浅孔松动爆破。

(3) 边墙及格构柱附近预留一定宽度，此部分进行弱爆破结合机械破碎，以保证围护结构稳定性。

由于爆破是该工程最大的安全控制内容，在施工中严格控制单响用药量，实行全程爆破监控，以爆破监测的数据反馈指导施工。

(二) 钻孔桩施工工艺

钻孔桩施工流程见图 4-3。

钻孔桩主要施工方法及措施如下：

(1) 施工准备。

在施工前，清除设计桩位范围内场地的杂物、障碍物，平整施工场地，引入施工道路，整平夯实并进行硬化处理，使施工中的钻机保持稳定。

(2) 测量放线。

依据测量控制桩点及设计图纸定出桩孔平面位置，经监理工程师核验无误后方可进行施工。钻孔时，桩位中心用“十字交叉法”引至四周并用短钢筋做好标记，测量孔深的基准点可用水准仪将高程引至护筒口上或四周的钢筋上并做红漆标记。施工过程中要经常进行复测。

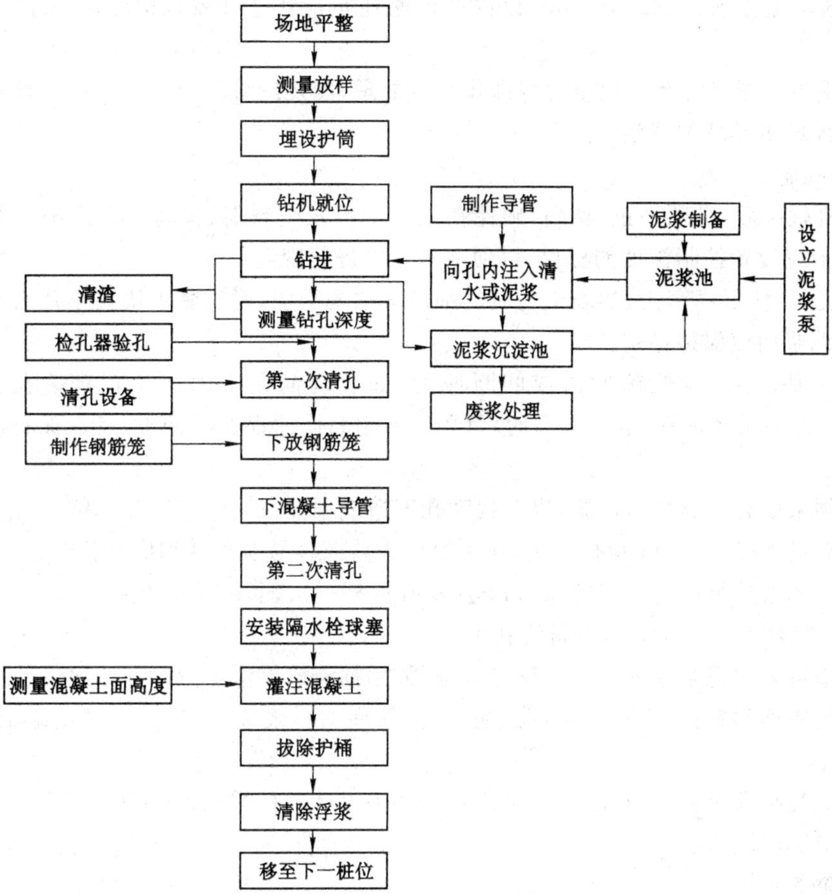

图 4-3　钻孔桩施工流程图

(3) 护筒埋设。

护筒埋设应准确、稳定，护筒中心与桩位中心的偏差不得大于 50 mm；护筒一般用 4～8 mm 钢板制作，其内径应大于钻头直径 100 mm，上部宜开设 1～2 个溢浆孔；护筒的埋设深度在黏性土中不宜小于 1.0 m，砂土中不宜小于 1.5 m，其高度尚应满足孔内泥浆面高度的要求，受水位涨落影响，水下施工的钻孔灌注桩，护筒应加高加深，必要时应打入不透水层。

(4) 钻机就位。

安设钻机时地面应平整，以保证钻机的平稳。同时调整机架，使钻机天轮槽口、钢丝绳、钻头保持在一个铅直线上，不发生倾斜移位现象。施工前，钻机应先试运转检查，以防止成孔过程中发生故障。

(5) 泥浆的制备和处理。

① 泥浆制备应选用高塑性黏土或膨润土。拌制泥浆根据施工机械、工艺及穿越土层进行配合比设计。

② 施工期间护筒内的泥浆面应高出地下水位 1 m 以上，在受水位涨落影响时泥浆面应高出最高水位 1.5 m 以上。

③ 在清孔过程中应不断置换泥浆，直至浇筑水下混凝土。

④ 浇筑混凝土前，孔底 500 mm 以内的泥浆比重应小于 1.25，含砂率小于 4%，黏度 18～22 s。

⑤ 严重被水泥浸污及大比重泥浆即作废浆处理，废浆应采用全封闭式的车辆外运到指定地点，保证城市环境的清洁。

(6) 钻孔施工。

① 钻机就位后，必须平正、稳固，确保在施工中不发生倾斜、移动。为准确控制成孔深度，在桩架上应设置控制深度的标尺，以便在施工中进行观测记录。

② 开孔时，应低锤密击，如表土为淤泥细砂等软弱土层，可加黏土块夹小片石反复冲击造壁，孔内泥浆面应保持稳定。

③ 进入基岩后，应低锤冲击或间断冲击，如发现偏孔应回填片石至偏孔上 300～500 mm 处，然后重新冲孔，遇到孤石时，可预爆或用高低冲程交替冲击，将大孤石击碎或挤入孔壁。

④ 必须采取有效的技术措施，以防扰动孔壁造成塌孔、扩孔、卡钻和掉钻。

⑤ 每钻进深度 4～5 m 验孔一次，在更换钻头前或容易缩孔处均应验孔。

⑥ 进入基岩后每钻进 100～500 mm 应清孔取样一次(非桩端持力层为 300～500 mm，桩端持力层为 100～300 mm)，以备终孔验收。

⑦ 排渣可采用泥浆循环或抽渣筒等方法，如用抽渣筒排渣应及时补给泥浆。

⑧ 冲孔中遇到斜孔、弯孔、梅花孔、塌孔、护筒周围冒浆等情况时，应停止施工，采取措施后再行施工。

⑨ 大直径桩孔可分级成孔，第一级成孔直径为设计桩径的 60%～80%。

(7) 钢筋笼加工及吊装。

① 钢筋笼加工。

钢筋原材料使用前必须调直、除锈去污，并具备出厂合格证和进场检验合格证后方可使用。根据设计图纸计算出箍筋的用料长度、主筋长度，将所需钢筋调直后用切割机成批切好备用，并按照钢筋加工规格的不同分别挂牌堆放。

钢筋笼采用现场加工制作，加工尺寸严格按设计图纸及规范要求；主筋净距必须大于混凝土粗骨料粒径 3 倍以上；加劲箍宜设在主筋内侧，主筋一般不设弯钩，如施工图要求设置弯钩时，弯钩不得向内圆伸露，以免妨碍导管工作。

将制作好的钢筋笼稳固放置在平整地面上，防止变形，并按型号、类别分别架空整齐堆放，挂牌标明钢筋笼的长度及对应的桩号。

② 钢筋笼吊装。

采用汽车吊下放钢筋笼，起吊过程中不得使钢筋笼产生不可恢复的变形。钢筋笼应一次性吊放。

起吊钢筋笼采用扁担起吊法，起吊点在钢筋笼上部箍筋与主筋连接处，设置 2～4 个吊点且吊点对称；起吊前检查钢筋骨架编号、尺寸，对号入座。下笼时由人工辅助对准孔位，保持垂直、轻放、慢放，避免碰撞孔壁。就位后使钢筋笼轴线与桩轴线吻合，并保证桩顶标高符合设计要求。

下放过程中若遇到阻碍应立即停止，查明原因进行处理，严禁高提猛放和强制下放入孔；下放钢筋笼时，技术人员在场严格控制笼顶标高，达到设计标高后固定吊杆，防止下沉或灌注混凝土时上浮。

(8) 水下混凝土灌注。

① 钢筋笼吊装完毕,进行隐蔽工程验收,合格后应立即浇筑混凝土。

② 每车商品混凝土在使用前必须进行坍落度现场试验,坍落度应满足规范要求,混凝土应连续一次灌注完毕。

③ 导管的构造和使用应符合下列规定:导管壁厚不宜小于3 mm,直径宜为200～250 mm,直径制作偏差不应超过2 mm,导管的分节长度视工艺要求确定,底管长度不宜小于4 m,接头宜用法兰或双螺纹方扣快速接头。

④ 导管管节应连接严密、牢固,使用前应试拼,并进行闭水实验,试水压力0.6～1.0 MPa。

⑤ 混凝土灌注时应符合以下规定:混凝土灌注前应在导管内邻近泥浆面位置吊挂隔水栓;导管应埋入混凝土2～6 m,并随提升随拆除;导管吊放和提升不得碰撞钢筋笼;浇筑后混凝土面要超出设计高度30～50 cm。

(三) 三重管旋喷桩施工工艺

(1) 施工工艺流程。

施工时首先用旋挖钻机引孔,再用旋喷机喷射,即先把浆液管下到预定加固范围最深点,然后自下而上进行高压喷射注浆切割土体,将开孔和灌注桩体同时进行,一次成桩。旋喷桩施工流程见图4-4。

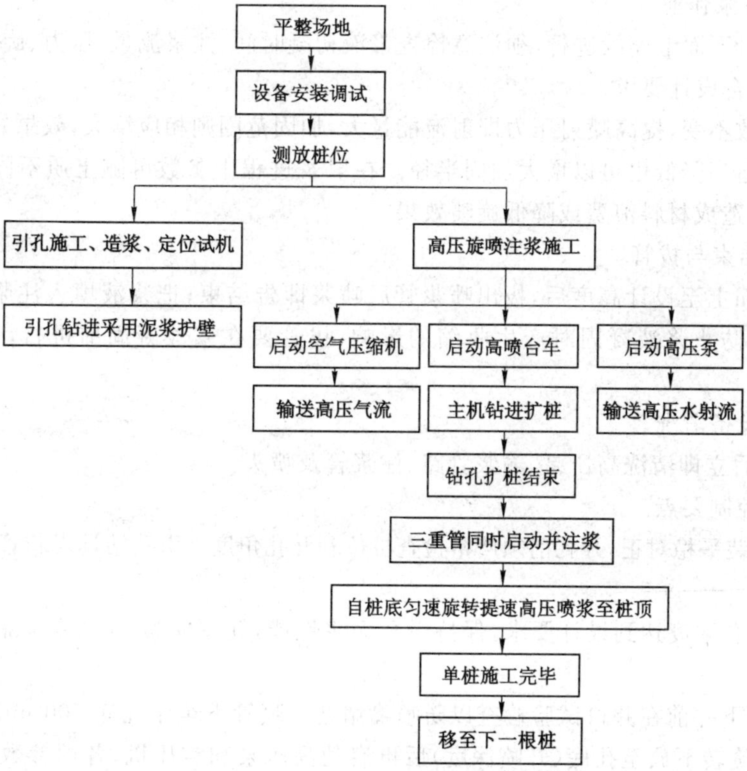

图4-4　三重管旋喷桩施工流程图

(2) 钻机就位。

钻机就位时，须将路面垫平填实，钻机按指定位置就位，并须在技术人员指导下，调整钻杆的垂直度。对孔位时，圆桩采用十字交叉法对中孔位。为保证钻孔垂直度必须做水平校正，使钻杆轴线垂直对准钻孔中心位置，偏差≤100 mm。

(3) 钻孔下管。

钻孔的目的是将注浆管顺利置入预定位置。待钻孔完毕后，取出岩芯管将旋喷管换上，插入预定深度。在下管过程中，需防止管外泥砂或管内水泥浆小块堵塞喷嘴，可用胶带封死喷头。

当注浆喷头下到预定位置(深入不透水层 2 m)，按照顺序往管内输送高压水、高压浆液和压缩空气，胶带将自动崩开，压力一般不超过 1 MPa。

(4) 制浆。

根据设计要求与不同地层选取不同注浆材料，一般选用 32.5 级普通硅酸盐水泥；根据需要加入适量外加剂，所用外加剂数量应根据具体情况通过试验确定；根据地层条件，可以利用回浆与水泥料混合拌制水泥浆液，结合灰浆浆液比重适当调整水泥加入量，浆液比重控制在 1.65～1.67 之间。

(5) 试管。

当注浆管置入土层预定深度后应用清水试压，若注浆设备和高压管路安全正常，则可搅拌制作水泥浆开始高压注浆作业。

(6) 高压注浆作业。

高压射浆自下而上连续进行，须注意检查浆液初凝时间、注浆流量、压力、旋转和提升速度等参数，应符合设计要求。

若其他参数不变，提高喷射压力即射流能量大，加固范围则相应增大，效果好；若提升速度和旋转速度适当降低也可以增大加固半径。在射浆过程中参数可随土质不同改变，若参数不变，则容易造成材料浪费或降低旋喷效果。

(7) 喷浆结束与拔管。

喷浆由下而上至设计高度后，拔出喷浆管后喷浆即告结束；把浆液填入注浆孔中，多余的清除掉，但需防止浆液凝固时产生收缩的影响；拔管要在浆液凝固前进行，切不可久留孔中。

(8) 注浆设备清洗。

喷浆结束后立即清洗高压泵、输浆管路、注浆管及喷头。

(9) 施工控制要点。

① 设备安装平稳对正，开孔前须严格检查桩位和开孔角度。引孔钻具岩芯管长度≥3 m，同心度要好。

② 确保引孔浓度达到设计要求，保持引孔泥浆性能，孔壁完整、不塌孔，确保高喷管顺利下至孔底。

③ 高喷管下井前在井口试验检查以防喷嘴堵塞。喷管下至距孔底 500 mm 时，启动浆泵送浆的同时旋转下放至孔底(开喷深度)后再启动高压泵和空压机，各项参数正常后方可提升。

④ 高喷作业中须注意观察水、气、浆压力和流量达到设计要求，发现异常，要立即停止

提升，查明原因，及时处理。

⑤ 浆液配制须严格按照配比均匀上料，经常检查测定浆液比重，并做好记录。不准用地下水配制水泥浆液，以免影响成桩质量。为防止水泥浆发生离析，应在搅拌机中不断搅拌，在压浆前缓慢倒入集料斗。

⑥ 桩机操作人员与搅浆施工员保持密切联系，保证连续供浆，一旦出现停浆，为了防止断桩，应在恢复供浆时将旋喷头下沉至停浆面上或下重复搭接500 mm。如停机超过3 h，为防止浆液结硬堵塞，应将输浆管道拆卸后清洗干净。

⑦ 机具下沉搅拌中遇有硬土阻力较大，应增加旋喷机自重，然后启动加压装置加压。局部存在较大砾石层或较硬地层应降低提升速度，高喷参数不正常孔段应进行复喷。

⑧ 固化剂浆液泵送管道应保持潮湿，以利输浆。现场拌制浆液，专人记录水泥及外掺剂用量，并记录泵送起止时间。

⑨ 两序施工(间隔一个)时为防止窜孔应及时回灌，保持孔内浆满。连续施工时采用冒浆回灌，冒浆不得回收和利用。

⑩ 旋喷过程中，冒浆量小于注浆量的20%时为正常现象，若超过20%或完全不冒浆，须查明原因并采取相应措施后再进行旋喷注浆。对于不冒浆，可采取改变浆液配方，缩短固结时间的办法；对于冒浆量过大，可采取提高喷浆压力、适当缩小喷嘴孔径或加快提升、旋转速度等措施。

⑪ 高喷作业各岗位要明确分工，统一指挥，协调一致。

⑫ 操作人员记录每米下沉、提升时间，记录送浆、停浆时间等有关参数变化，各种记录资料及时整理上报。

⑬ 旋喷深层长桩须按地质剖面等资料，在不同深度针对不同的土层调整旋喷参数，以得到均匀密实的长固结柱体。

(四) 水泥搅拌墙(TRD)施工工艺

(1) 施工准备。

① 制浆、注浆站。

制浆站设置在施工场地的中间，距TRD工作面距离最大不得超过300 m，以免注浆管路过长导致施工效率降低，并增加堵管的可能性。制浆站尽量采用可移动式搅拌机，免基型水泥罐，方便制浆站的转移需要。采用1.5 m^3自动计量搅拌机，配备100 t水泥罐，注浆机总装机流量1 500 L/min。

② 施工用水、电。

注浆施工过程中单位时间用水量大，城市供水管网一般难以满足单位时间供水量的要求，在搅拌站设置足够容量的储水箱，储水箱的容量不小于300 m^3。

链刀式地下连续墙机采用内燃动力，施工临时用电主要供应搅拌站、注浆机及现场照明，现场变压器容量不小于300 kV。

③ 施工流程

TRD工法施工采用3循环水泥土搅拌成墙工序，即先行挖掘、回撤挖掘、固化搅拌成墙的施工方法。施工工艺流程见图4-5。

(2) TRD施工方法。

① 场地清整。

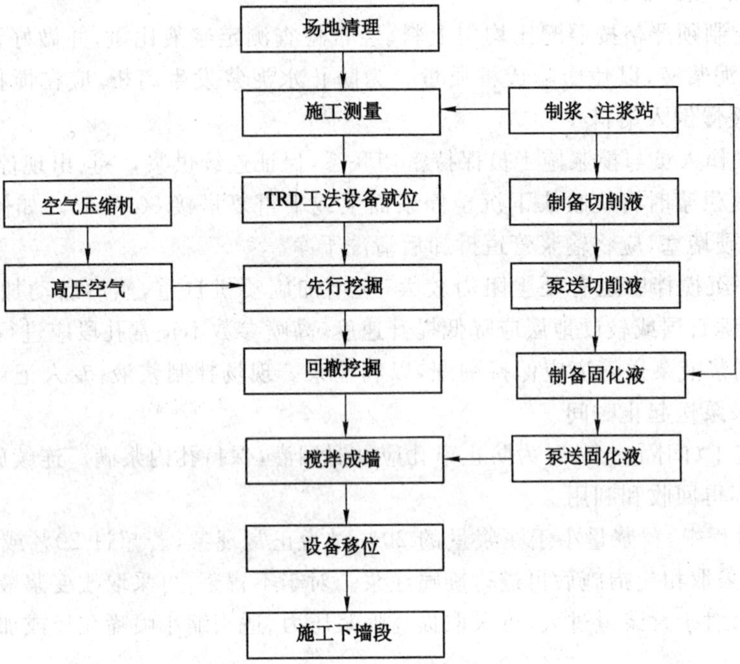

图 4-5　TRD 工法施工工艺流程图

挖除施工影响范围内地下管线上部的覆土，进行管线拆改；对场地进行测量放线，确定清理平整标高，合理规划场区的排水走向；清理现场遗留的垃圾、大块建筑障碍物及废料等，并将其从工地运至允许弃土区；用挖掘机对施工范围翻槽及清障工作。若遇到大型障碍物，要先用镐头机破碎，再用渣土车清运出场。

对于翻槽及清障过程形成的沟槽，要进行土方回填，并按照测定的标高进行场地平整；场地平整压实完毕后，尽早进行地面的硬化和道路施工，避免施工过程中用水和泥浆使场地软化。

② 施工测量。

根据设计图和测绘院提供的坐标、水准控制点，进行测量放线，建立施工测量控制网。

a. 导槽定位。根据图纸坐标进行 TRD 中心线定位，并报业主、监理单位进行复核，复核无误后方可进行导槽开挖工作。

b. 施工定位。首先测量钻具中心到行走履带外边的距离，根据 TRD 中心线与履带外边的关系计算坐标，然后进行履带外边（定位线）的放样。

c. 定位复核。利用 5 m 卷尺沿导槽方向每隔 5 m 对辅助线与定位线之间的距离进行复核，确保放样准确。另外，施工过程中每天至少对辅助线与定位线之间距离复核一次，防止施工扰动放样点造成定位误差。

d. 高程测量。标高控制依测绘院提供的水准点，利用水准仪、塔尺控制标高。

③ 设备组装、调试及就位。

设备组装由 50 t 汽车吊配合进行，组装完成后按功能模式进行调试。组装、调试完成并按设计要求就位后，根据地质情况确定刀具的排布间距，开始下切及接长刀箱至设计深度，刀箱接长前需要将箱体埋放在距下切位置 3～5 m 处。

④ 开挖导槽。

根据测放的 TRD 水泥土搅拌墙中心线位置开挖导槽，利用挖掘机进行开挖，导槽宽度为 1 200 mm，深度为 1 500 mm。导槽开挖在切削施工前进行，不能暴露时间过长，以防止在槽内没有泥浆护壁的情况下发生坍壁。

⑤ 吊放预埋箱。

用挖掘机开挖深度 3.0 m、长度约 2.0 m、宽度约 1.2 m 的预埋穴，下放预埋箱，然后将切割箱逐段吊放入预埋箱内，待切割箱全部安装完成后，回填预埋穴，回填应密实。

⑥ 桩机就位。

在施工场地一侧架设全站仪，调整桩机的位置。由当班班长统一指挥桩机就位，移动前看清上、下、左、右各方面的情况，发现有障碍物应及时清除，移动结束后检查定位情况并及时纠正，桩机应平稳、平整。

⑦ 切割箱与主机连接。

采用 50 t 吊车将切割箱逐段吊放入预埋穴，利用支撑台固定。TRD 主机移动至预埋穴位置连接切割箱，主机再返回预定施工位置进行切割箱自行打入挖掘工序。

⑧ 安装测斜仪。

切割箱自行打入到设计深度后，安装测斜仪。通过安装在切割箱内部的多段式测斜仪，可进行墙体的垂直精度管理，确保 1/250 的精度。

⑨ TRD 工法成墙。

测斜仪安装完毕后，主机与切割箱连接。在切割箱底部注入挖掘液或固化液，使其与原位土体强制混合搅拌，形成等厚水泥土地下连续墙。

根据该工程的地质情况及切深要求，采用横向切削方式进行先行挖掘，横向油缸推进力、推进速度、链条旋转速度及链条切削扭矩等施工参数根据施工深度、地质条件及进度要求确定，在正常情况下取值范围见表 4-1。

表 4-1　TRD 横切施工参数取值参考表

编号	参数项目	参考取值范围
1	横向油缸推进力	400～560 kN
2	推进速度	30～70 mm/min
3	链条旋转速度	50～65 m/min
4	链条切削扭矩	100～160 kN

在切削时为使切削破碎后的土体具有流动性，注入由水、膨润土等混合而成的悬浮液；同时提高切槽内泥浆的保水性，使泥浆在长时间静止的情况下不至于很快地泌水沉淀。施工前根据地质资料计算切削液用量的预计值，施工时由泥浆的管理参数进行泥浆检测确定，泥浆参数管理值见表 4-2。

表 4-2　切削时泥浆参数管理参考值表

编号	参数项目	参数范围
1	泥浆黏度	200～240 mm
2	泥浆密度	1.55～1.70 g/m^3

a. 回撤挖掘。一个施工循环内的切削完成后，需要将刀箱回撤至上个循环注浆成墙的截止位置，保证搭接长度不小于 30 cm。回程搅拌过程需要完成将切槽内泥浆再次搅拌均匀，并将泥浆比重及黏度调整至合适参数，以满足注浆成墙的要求。

回程搅拌时，需根据链条的旋转扭矩判断是否将槽内泥浆搅拌均匀，以判断的扭矩值可以在切削时进行一段时间的链条空转，此时的链条切削扭矩可以作为回程搅拌的扭矩控制参考值，实际扭矩值可以比参考值大 10～15 kN，链条转速取高值。

b. 搅拌成墙。地下连续墙机刀箱回程至上次注浆位置(注浆成墙位置以刀箱后侧边缘为准)，并完成搭接切削后，进行本循环的注浆成墙作业。注浆成墙含制浆、压浆及混合搅拌三个过程。

c. 制浆。采用 P. O42.5 普通硅酸盐水泥制取水泥浆作为固化液，浆液水灰比 1.5，水泥掺量不小于单位土体重量的 20%，具体根据设计图纸结合现场试配确定。根据单位时间的水泥用量确定制浆设备的配套需要，并保持设备制浆能力较施工最大要求大 1.2 倍以上。

d. 压浆。压浆设备选用柱塞式或者螺杆式注浆机，根据单位时间水泥用量确定注浆机的数量及注浆能力，注浆设备的总能力应较最大注浆量大 1.5 倍以上。

e. 混合搅拌。水泥浆液在链条及刀具的旋转搅拌作用下与切槽内泥浆混合均匀，成墙时需要有充分的搅拌时间将混合泥浆沿竖直方向搅拌均匀。每次注浆成墙截止位置须与本循环切削截止位置间留足刀箱的养生区，养生区宽度一般为 5～8 m。

⑩ 置换土处理。

施工过程中置换产生的废弃泥浆统一堆放，硬结后集中运至指定的弃渣场地。

⑪ 拔出切割箱。

链刀式地下连续墙机由于其施工过程中刀箱一直埋在地下，所以无法实现转角的连续施工。在单段地下连续墙施工完成后，需要将刀箱拔出进行转场，重新组装切割箱进行后续作业。刀箱拔出位置根据工程场地情况确定，在场地允许的情况下，优先选择在设计成墙范围之外拔出刀箱。

(3) 试验及检测。

① 水泥。

水泥进场后按规定做好原材料的复试，按每批 500 t 做一组原材料试验。根据设计要求，28 d 浆液试块无侧限抗压强度标准值不得小于 1.0 MPa。

② 墙体强度。

TRD 水泥土搅拌墙墙体强度采用试块试验并结合 28 d 龄期后钻孔取芯来综合判定。试块试验数量及方法：每台班抽查 2 幅等厚度水泥土搅拌墙，每幅制作水泥土试块 3 组，取样点应低于有效墙顶下 1.0 m，采用水中养护测定 28 d 无侧限抗压强度。

钻孔取芯在养护期 28 d 后进行，采用 ϕ110 mm 钻头沿墙体深度范围内连续取芯，在延长米方向均匀抽检 4 个取芯孔，每孔取芯数量不宜少于 5 组，每组不宜少于 3 件抗压强度试块，28 d 抗压强度不小于 1.0 MPa。取芯孔布置于等厚度水泥土搅拌墙的中心线上，且正式钻孔取芯前，必须将搅拌墙顶开挖暴露，以确保取芯孔位置定位准确。如取芯过程中出现搅拌墙不成形的现象，应立即停止取芯，并由各方协商解决。取芯完成后根据土层分布对芯样进行分段评价，分段长度不大于 2.0 m，且不大于各土层厚度，评价内容包括芯样的颜色和性状、密实度、水泥搅拌均匀性、水泥含量、胶结度、强度等。

③ 墙体抗渗系数。

通过钻孔取芯进行墙体抗渗系数检测，要求墙体抗渗透系数不大于 1×10^{-7} cm/s。钻孔取芯完成后的孔洞应注浆填充。注浆材料需根据设计要求选用。注浆时通过注浆管或钻杆由孔底向上分段注入水泥浆，直到孔内溢出浆液为止。

（五）钻孔咬合桩施工工艺

(1) 工艺原理。

钻孔咬合桩是采用全套管钻孔施工，在桩与桩之间形成相互咬合排列的一种基坑支护结构。该工法利用转动液压装置，使钢套管与土层间的摩阻力大大减少，边转动边压入，套管始终应超前挖土面 250 cm 以上，造成一段“瓶塞”，阻止素桩的超缓凝混凝土的涌入；同时通过注水使套管内水位高于地下水位，对地层产生反压，防止发生“流沙”或“管涌”现象，钻机针对地层情况选用钻头挖掘取土，直至桩端持力层为止，经检验合格后立即放入钢筋笼（素桩不放钢筋笼），灌注水下混凝土（素桩为超缓凝混凝土）成桩。最终通过素桩与钢筋混凝土桩相互咬合连成深基坑围护结构桩墙。

同排桩的成桩顺序，原则是先施工 A_1 桩（超缓凝混凝土桩），再施工 A_2 桩（超缓凝混凝土桩），后施工 B1 桩（钢筋混凝土桩），形成桩间互相咬合，成桩顺序为 A_1—A_2—B_1—A_3—B_2—A_4—B_3……如此循环，如图 4-6 所示。

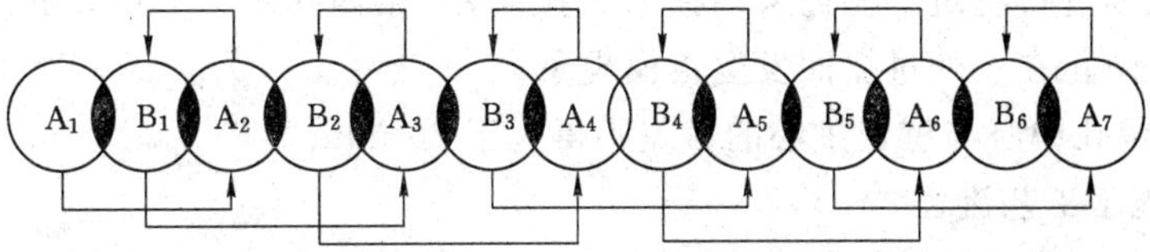

图 4-6　同排桩施工顺序图

(2) 工法特点。

① 采用钢套管护壁，不需要使用泥浆；噪声低、振动小、机械化程度高，施工现场整洁文明，环保效果好。

② 套管能够超前入土一定的深度，孔壁不会塌方，易于控制桩断面尺寸与形状，成桩直径和垂直度精度好，能保证桩间紧密咬合，形成良好的整体连续结构，起到良好的止水作用。

③ 在高地下水位时，采用注水反压工艺，能有效防止孔内流沙和涌泥；较容易处理孔底虚土，清底效果好；避免了普通钻孔灌注桩可能发生的缩颈、断桩及混凝土离析等质量问题，充盈系数小，节约混凝土。

④ 成桩过程中对周边土体的扰动可降低到最低限度，沉降及变形容易控制，能紧邻相

近的建筑物和地下管线施工，安全性好，尤其适合于在市区内繁华地段施工。

(3) 工艺流程与操作要点。

① 工艺流程。

导墙施工→钻机就位对中→吊放并压入第一节套管、校对垂直度、冲抓取土→注水反压、凿岩取土→终孔检查→(B桩吊放钢筋笼)→安装混凝土导管→灌注水下混凝土→桩机移位(重复上述工序)。

② 导墙的施工。

为了提高钻孔咬合桩孔口的定位精度并提高就位效率，在桩顶上部施作钢筋混凝土导墙，这是钻孔咬合桩施工的第一步。导墙宽为每侧 1.5 m，厚 30 cm，混凝土强度等级为 C20。

③ 具体步骤。

a. 挖探槽及平整场地：桩位处挖探槽，清除地表杂物，填平碾压地面管线迁移的沟槽。

b. 测放桩位：根据设计图纸提供的坐标，采用全站仪根据地面导线控制点进行实地放样，并做好护桩，作为导墙施工的控制中线，报监理复核。

c. 导墙沟槽开挖：在桩位放样线符合要求后即可进行沟槽的开挖，采用人工开挖施工。开挖深度为路面以下 35 cm，使导墙顶略高于原道路路面 10 cm。开挖结束后，立即将中心线引入沟槽下，以控制模板施工，确保导墙中心线及高程的准确无误。

d. 模板施工：模板采用自制钢模，导墙预留定位孔模板直径为管套直径放大 4 cm。模板加固采用 5 cm×10 cm 方木或钢管支撑，支撑间距不大于 1 m，确保加固牢固，严防跑模，并保证轴线和净空的准确，混凝土浇筑前先检查模板的垂直度和中线以及净距是否符合要求，经“三检”合格报监理检查通过后方可进行混凝土浇筑。

e. 混凝土浇筑施工：混凝土浇筑采用商品混凝土，人工施工。混凝土浇筑时两边对称交替进行，严防走模。如发生走模，应立即停止混凝土的浇筑，重新加固模板，并纠正到设计位置后，方可继续进行浇筑。振捣采用插入式振捣器，振捣间距为 600 mm 左右，防止振捣不均，同时也要防止在一处过振而发生走模现象。

f. 导墙预留孔中心与桩位中心的偏差不得大于 20 mm。

(4) 单桩施工工艺流程。

① 钻机就位对中：导墙混凝土达到强度后，重新定位咬合桩中心位置，将点位反映到导墙面上，作为钻机定位控制点；移动套管钻机至正确位置，使套管钻机抱管器中心对应咬合桩桩位中心。

② 吊放并压入第一节套管、校对垂直度、冲抓取土。钻机就位后，将第一节管吊装在桩机钳口中，找正套管垂直度后，磨桩下压套管，压入深度为 2.5～3.5 m，然后用冲抓斗从套管内取土，一边抓土、一边下压套管，保持套管底口超过开挖面的深度≥2.5 m。第一节套管全部压入土中后(套管高出导墙顶面 1.2～1.5 m，便于接管)，检测垂直度，如不合格则进行纠偏调整，如合格则安装第二节套管继续下压取土。

③ 快进入砂层时提前向套管内注水反压，保持套管内外水土压力平衡，后变更钻头继续取土，边压入套管，并不断向套管内补水，直至挖至设计孔底标高。

④ 终孔检查：将孔底的虚土全部清除，成孔质量应符合表 4-3 的规定。

表 4-3　成孔质量检验标准

检验项目	允许误差	检验方法
孔径	不小于设计值	钢尺量
垂直度	0.3%	锤球吊
孔深	不小于设计值	测绳量

成孔后垂直度采用线锤配合钢尺测量，应在套管拔出前进行，具体方法为检测人员下到孔下10 m地方，在孔口吊一根线锤至孔下11 m，孔下检测人员从两个垂直方向分别测量套管内臂垂直度即为成孔垂直度。

⑤ 钢筋笼制作、吊放：钢筋笼制作要符合《钢筋焊接及验收规程》(JGJ 18)要求。钢筋制作在加工场进行，加工要符合图纸尺寸要求，笼体完整牢固。为使钢筋笼有足够的刚度以保证在运输和吊放过程中不产生变形，每隔2 m用钢筋设置一道加强箍。

具体施工要求如下：

a. 场地的原材钢筋妥善保管，分类堆放，设置标志牌并存放在距离加工场地较近处。原材钢筋底部垫上原木或方(枕)木，使其与地面隔离，并备用彩条布等防雨材料。

b. 加工时，先清除原材钢筋表面的污渍，例如漆皮、鳞锈、附着的泥土、油污等(注：钢筋加工完成后，在成型钢筋上用粉笔、石笔等做的尺寸记号也应擦拭干净)，使其表面保持清洁。如果原材钢筋有弯折，应在加工之前进行调直。

c. 焊接前，先进行试焊，合格后再正式施焊。钢筋的纵向焊接采用对焊或电弧焊，焊接接头均应符合规范要求。

d. 骨架的绑扎顺序为先加工加强箍，然后按照设计尺寸绑扎主筋，主筋的绑扎顺序应隔筋对称绑扎，最后点焊(或者梅花形绑扎)螺旋箍筋。

⑥ 成孔检测合格后进行安放钢筋笼工作，钢筋笼安放时需注意以下几点：

a. 钢筋笼安放标高，由套管顶端处的标高来计算，安放时必须保证桩顶的设计标高，允许误差为±100 mm。

b. 钢筋笼下放时，应对准孔位中心，缓慢地逐步下放，放至设计标高后立即固定。

c. 为防止钢筋笼在浇筑混凝土时上浮，在钢筋笼底部焊上一块比钢筋笼直径略小的薄钢板以增加其抗浮能力。

⑦ 混凝土灌注施工方法如下：

a. 混凝土灌注导管采用螺丝扣套橡胶密封圈连接，内径25 cm，连接好后详细检查，保证导管密封耐压。

b. 采用吊机徐徐下放导管至孔内，导管底口应高出孔底30～50 cm，保证下口出料空间，导管上口连接混凝土漏斗。导管上口用隔水栓密封，根据以往施工经验，隔水栓可采用直径比导管内径稍小的橡皮球制作。

c. 混凝土通过滑槽流入漏斗内，条件困难时可采用吊机通过料斗吊入漏斗。漏斗内存入2 m^3以上混凝土后，拔出漏斗底盖，向导管内灌注混凝土。

d. 灌注开始后，应紧凑连续施工，严禁中途停工。灌注过程中，注意孔内水位升降情况，随时测量混凝土面实际高度并计算导管埋深，保证导管底端埋入混凝土面以下2～6 m。导管应避免埋深过大造成拔不起管，同时埋深也不能过小使钢筋笼产生上浮或导管拔出混凝土面造成断桩事故。

e. 随混凝土面上升拔高套管和导管，逐步拆除套管和导管。根据导管埋深情况，每次拆除 1～2 节导管，导管拆除后应立即冲洗干净，以便下次使用。套管提升时，慢慢上拔并左右摇晃，使混凝土能流入套管所占空间，同时注意观察钢筋笼有无上浮，套管埋深应控制在 2 m 左右。

f. 为保证设计桩顶混凝土质量，混凝土灌注至桩顶标高以上 0.5 m，施工冠梁前再凿除此部分混凝土，灌注结束后，拔出套管和导管。

g. 灌注过程派技术人员全过程监督，并填写水下混凝土灌注记录。

h. 素桩混凝土缓凝时间的确定：素桩混凝土缓凝时间根据单桩成桩时间来确定，而单桩成桩时间与地质条件、桩长、桩径和钻机能力等有直接联系，因此素桩混凝土缓凝时间可以根据以下方法来确定。

首先测定单桩成桩所需时间 t，然后根据下式计算得出：

$$T = 3t + K$$

式中 T——素桩混凝土的缓凝时间，h；

K——储备时间，一般取 10～15 h；

t——单桩成桩所需的时间，h。

根据地质和桩长及施工单位所施工同类工程的类比经验，设定 $t=15$ h，为此初步得出桩的缓凝时间为 60 h 可满足施工要求

(5) 关键技术。

① 桩的垂直度控制。

为了保证钻孔咬合桩底部有足够厚度的咬合量，除对其孔口定位误差严格控制外，还应对其垂直度进行严格的控制，根据我国《地下铁道工程施工质量验收标准》(GB/T 50299)规定，桩的垂直度标准为 3‰。

② 成孔垂直度的控制。

a. 套管的顺直度检查和校正。钻孔咬合桩施工前在平整地面上进行套管顺直度的检查和校正，首先检查和校正单节套管的顺直度，然后将按照桩长配置的套管全部连接起来，套管顺直度偏差控制在 1‰～2‰。

b. 成孔过程中桩的垂直度监测和检查。

地面监测：在地面选择两个相互垂直的方向采用线锤监测地面以上部分的套管垂直度，发现偏差随时纠正。这项检测在每根桩的成孔过程中应自始至终进行，不能中断。

孔内检查：每节套管压完后安装下一节套管之前，都要停下来用“测环”或“线锤”进行孔内垂直度检查，不合格需进行纠偏，直至合格才能进行下一节套管施工。

③ 纠偏。

成孔过程中如发现垂直度偏差过大，必须及时进行纠偏调整，纠偏的常用方法有以下三种：

a. 利用钻机油缸进行纠偏：如果偏差不大或套管入土深度在 5 m 以下时，可直接利用钻机的两个顶升油缸和两个推拉油缸调节套管的垂直度，即可达到纠偏的目的。

b. 纠偏 A 桩：如果 A 桩在入土深度 5 m 以下时发生较大偏移，可先利用钻机油缸直接纠偏，如达不到要求，可向套管内填砂或黏土，一边填土一边拔起套管，直至将套管提升到上

次检查合格的地方，然后调直套管，检查其垂直度合格后方可重新下压。

c. 纠偏 B 桩：B 桩的纠偏方法与 A 桩基本相同，其不同之处是不能向套管内填砂或黏土而应填入与 A 桩相同的混凝土，否则有可能在桩间留下土夹层，从而影响排桩的防水效果。

④ 克服管涌。

在图 4-6 所示 B 桩成孔过程中，由于 A 桩混凝土未凝固，还处于流动状态，A 桩混凝土有可能从 A、B 桩相交处涌入 B 桩孔内，称之为管涌。克服管涌的方法有：

a. 桩混凝土的坍落度应尽量小一些，不宜超过 18 cm，以便于降低混凝土的流动性。

b. 套管底口应始终保持超前于混凝土面一定距离，以便造成一段“瓶颈”，阻止混凝土的流动，如果钻机能力许可，这个距离越大越好，但至少不应小于 2.5 m。

c. 如有必要（如遇地下障碍物套管底无法超前时）可向套管内注入一定量的水，使其保持一定的反压力来平衡 A 桩混凝土的压力，阻止管涌的发生。

d. B 桩成孔过程中应注意观察相邻两侧 A 桩混凝土顶面，如发现 A 桩混凝土下陷应立即停止 B 桩开挖，并一边将套管尽量下压，一边向 B 桩内填土或注水，直到完全制止住管涌为止。

(6) 遇地下障碍物的处理方法。

总的来说，套管钻机施工过程如遇地下障碍物处理起来是比较容易的，但在施工钻孔咬合桩时要受时间的限制和防止管涌出现，因此在进行钻孔咬合桩施工前必须对地质情况进行认真分析，制定详细施工方案，做好造孔试验，否则可能会导致工程失败。一些比较小的障碍物，如卵石层、体积较小的孤石等，可以先抽干套管内积水，然后再吊放作业人员下去将其清除即可。

① 克服钢筋笼上浮的方法。

由于套管内壁与钢筋笼外缘之间的空隙较小，因此在上拔套管的时候，钢筋笼将有可能被套管带着一起上浮。其预防措施主要有：

a. B 桩混凝土的骨料粒应尽量小一些，不宜大于 20 mm。

b. 在钢筋笼底部焊上一块比钢筋笼直径略小的薄钢板以增加其抗浮能力。

c. 必须制作钢筋笼导正器。

d. 混凝土灌注必须按操作规程进行。

② 分段施工接头的处理方法。

往往一台钻机施工无法满足工程进度，需要多台钻机分段施工，这就存在着与先施工段的接头问题。采用砂桩是一个比较好的方法。在施工段与段的端头设置一个砂桩（成孔后用砂灌满），待后施工段到此接头时挖出砂灌入混凝土即可。因砂桩施工处不可避免产生施工缝，开挖后会出现渗水现象，因此在基坑开挖前所施工的砂桩接缝外侧另增加一至两根旋喷桩作为防水处理。如图 4-7 所示。

(7) 事故桩的处理方法。

在钻孔咬合桩施工过程中，因 A 桩超缓凝混凝土的质量不稳定出现早凝现象或机械设备故障原因，造成钻孔咬合桩的施工未能按正常要求进行而形成事故桩。事故桩的处理主要分为以下几种情况：

① 平移桩位单侧咬合。

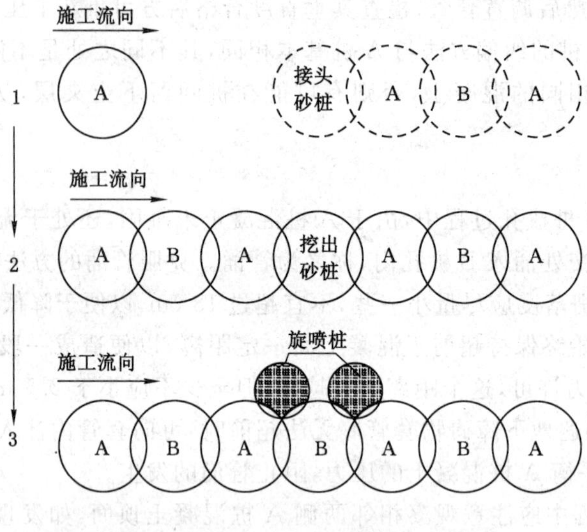

图 4-7　分段施工接头预设砂桩示意图

B 桩成孔施工时，其一侧 A_1 桩的混凝土已经凝固，使其套管钻机不能按正常要求切割咬合 A_1、A_2 桩。在这种情况下，宜向 A_2 方向平移 B 桩桩位，使套管钻机单侧切割 A_2 桩施工 B 桩，并在 A_1 桩和 B 桩外侧另增加一根旋喷桩作为防水处理。如图 4-8 所示。

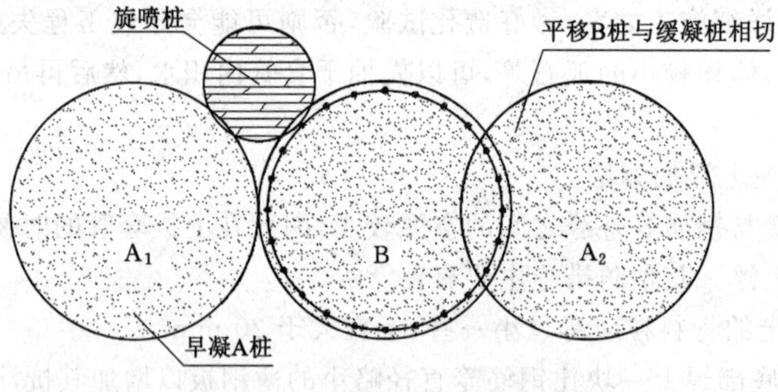

图 4-8　平移桩位单侧咬合示意图

② 背桩补强。

B_1 桩成孔施工时，其两侧 A_1、A_2 桩的混凝土均已凝固，在这种情况下，则放弃 B_1 桩的施工，调整桩序继续后面咬合桩的施工，以后在 B_1 桩外侧增加三根咬合桩及两根旋喷桩作为补强、防水处理。在基坑开挖过程中将 A_1 及 A_2 桩之间的夹土清除喷上混凝土即可，如图 4-9 所示。

(六) 浅眼松动爆破施工工艺

为保证基坑爆破具有良好的临空面，因此首先进行拉槽沟开挖。

采用浅眼渐进开挖爆破法，使用手持式凿岩机钻孔，钻孔直径 $d=42$ mm 或 50 mm(采用 $\phi32$ mm 的 2 号岩石乳化炸药)。沟槽爆破因夹制作用较大，药量要适当大一些。初步确定沟槽断面为梯形，槽顶宽 3.0 m，深度 3.0 m。

沟槽爆破类似台阶式浅孔爆破，在沟槽方向开挖出临空面。为取得良好的爆破效果，较

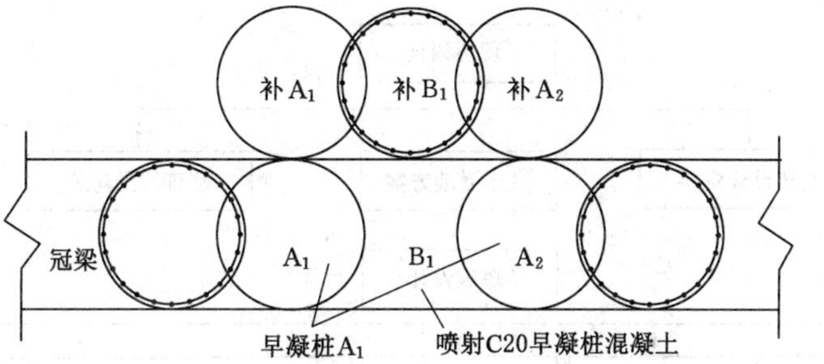

图 4-9　咬合桩背桩补强示意图

好地保护边墙，应合理确定有关参数。浅孔台阶控制爆破：考虑爆破施工特点，梯段高度 3 m，钻孔深 1.3 m。当平台形成 5～6 m 时，进行下一层拉槽，以形成流水作业，加快施工进度。

起爆方法和模式：采用排间微差爆破，它是在排间以毫秒级的时间间隔，按一定顺序起爆的爆破方法。其作用原理是先爆孔为相邻的后爆孔增加新的自由面、应力波的相互叠加作用和岩块之间的碰撞作用，使被爆岩体获得良好的破碎，并相应提高了炸药能量的利用率。

环保及飞石控制：为减少爆破灰尘保护环境及飞石控制，装药时应严格控制装药量，以松动爆破为主；装药完成后，用袋装水进行填塞，袋装水长度约 50 cm，然后用炮泥进行填塞，填塞长度约 50 cm。

（七）中深孔爆破施工工艺

车站基底围岩为硬度较大的中～微风化岩层，在基坑开挖施工过程中需要进行爆破施工。由于车站范围内通常市政管线较多，且紧邻市区主干道路、住宅区、商业区等，需要进行微震松动控制爆破设计和监测保护措施。石方爆破施工工艺流程图见图 4-10。

（1）总体爆破设计。

基坑爆破开挖属于大面积爆破施工，具较好的经济效益比率，同时也带来了高难度的控制技术要求。车站基坑大爆破总体设计思想是根据开挖断面空间尺寸和岩层深度，实施中深孔松动爆破。每一爆破分段和爆破分块周边采用预裂爆破，大面积采用松动爆破的综合控制爆破技术，先拉槽创造临空面，提高爆破效果，同时控制炮眼布置及装药量以达到良好的轮廓成形。

（2）爆破参数选择。

炮眼采用 ϕ80 mm 炮孔，炮眼纵横间距 2～3 m，排孔布置，钻孔严格根据测量放样进行布设和控制钻孔深度，开挖标高最大超挖不得大于 30 cm。按标准段纵向 40 m 分块开挖，共布设炮眼 220 个，中深孔炮眼深度多为 7～9 m。

炸药采用岩石乳化炸药，并采用散装炸药以填满炮眼，炸药单耗控制在 0.2～0.3 kg/m^3。雷管采用非电毫秒雷管。为避免振动强度叠加作用，雷管采取跳段使用，设毫秒延期导爆管，段间隔时差控制大于等于 100 ms。覆盖采用重型炮被并加盖砂袋。

（3）装药结构。

一般炮孔采用连续装药方式，对于某些抵抗线变化较大，或岩体差异大等特殊结构的前

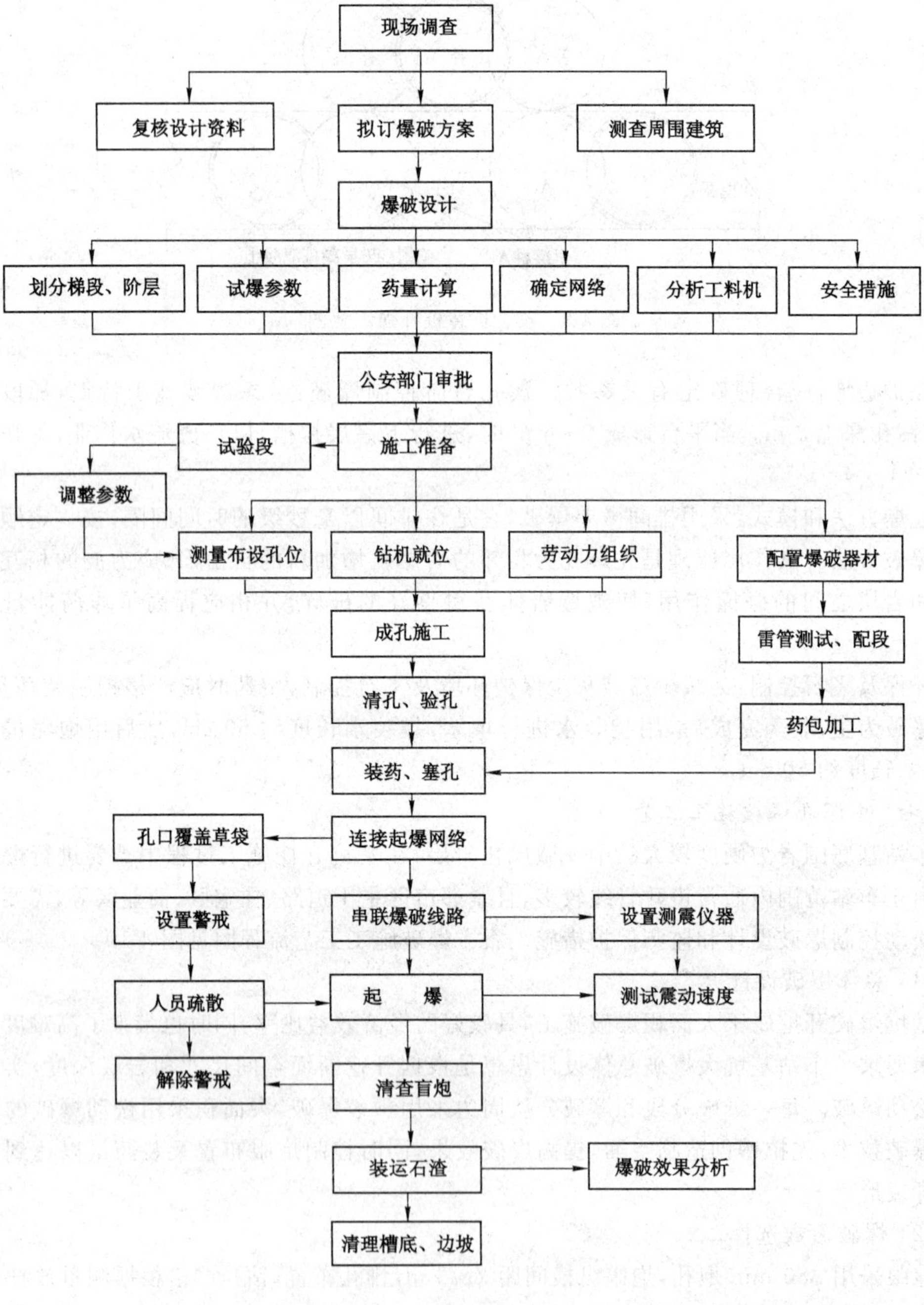

图 4-10　石方爆破施工工艺流程图

排炮孔，应根据实际地形采用间隔装药方式。对于炮孔的堵塞采用炮泥并填塞密实，其堵塞长度 $L=(20\sim40)d$（d 为炮孔直径），并且不小于 2.5 m。

（八）预应力锚索施工工艺

锚索施工前在现场进行试验，以检验锚索施工工艺的适应性和设计参数的合理性。试验锚索孔不少于 3 个，根据施工效果调整施工工艺及设计参数。若调整设计参数，应办理设计变更手续。锚索施工工艺流程见图4-11。

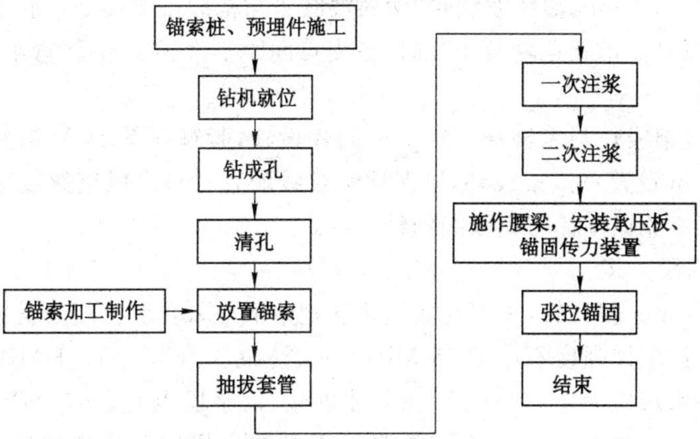

图4-11　锚索施工工艺流程图

(1) 预应力锚索张拉破坏试验。

由于现有的工程地质勘察资料不能完全、真实地反映实际地质状况，因此在预应力锚索施工前通过预应力锚索张拉破坏试验来确定合理的张拉参数。试验钻孔地点取在两根锚索桩之间，试验采用的钢绞线、水泥砂浆配合比、锚固段孔径等参数与施工时采用的一致。对各孔破坏荷载进行计算分析，获取一组符合施工实际的张拉参数，根据该组参数可对锚索桩进一步优化设计，确保工程安全。

(2) 钻孔。

基坑分层开挖到锚索设计位置，从桩间土体处钻孔施作锚索。钻孔前把钻机安装在作业平台上，调整钻机的位置、倾角，符合要求后进行钻孔。采用QZ-150K潜孔钻机，配20 m^3/min静音电动空压机，风动干钻成孔。钻孔作业时应定段检查孔洞前进方向的偏移情况，以便及时采取措施，确保孔位正确，并记好钻孔内的钻杆节数，以便核准钻孔深度。钻进过程中严禁冲水。钻孔过程中渗漏水、塌孔处理：遇到渗漏水、塌孔后，立即停钻进行固壁灌浆处理(灌浆压力0.1～0.2 MPa)，注浆36 h后重新扫孔钻进。采用分段加压注浆法，先用0.5～1.0 MPa压力注浆，停止注浆24 h后再用1.5～2.0 MPa压力注浆。注浆后土体与水泥浆形成柱状凝固体。注浆结束48 h后再钻进，这样可以有效地解决钻进过程中的塌孔和缩孔。如采取以上方法仍不能解决问题，可采用套管跟进的方法成孔。

(3) 锚索制作安装。

锚索由导向帽、箍筋环、架线环及定位托架、注浆管、止浆塞和排气孔组成，托架间距按照设计要求设置。锚固段和自由段注浆管与锚索一起安设。安设锚索前，退出钻杆，利用高压风清孔，直至清底干净为止，并经监理检查签认后立即安设锚索，安设深度不小于锚索长度的95%，且不得超深，以免外露长度不够。

(4) 锚索编束。

编束前要确保每根钢绞线均匀排列，相互之间不扭、不交叉，并剔除有死弯、机械损伤及锈蚀的钢绞线。钢绞线下料长度为锚索设计长度、锚头高度、千斤顶长度、工具锚和工作锚的厚度以及张拉操作余量的总和。钢绞线用砂轮切割机切割，锚索头部设导向帽。锚固段每隔 1.0 m 安装一对中支架，钢绞线束绑扎在对中支架耳环上。锚索张拉段钢绞线涂满防腐黄油后，外套直径 50 mm 塑料波纹管，塑料波纹管与锚固段交接处用胶带扎紧，保证注浆时浆液不进入张拉段。锚索运输及安装时，各支点间距不大于 2 m，转弯半径不小于 10 m。

(5) 穿插锚束。

钢绞线锚固段架线环与紧箍环每隔 1 m 间隔设置，紧箍环系 16 号铅丝绕制，不少于两圈，自由段每隔 2 m 设置一道架线环，以保证钢绞线顺直。自由段钢绞线应当用 PVC 软管套住互相分离，以避免锚固体与钢绞线固结。

(6) 锚索锚固段注浆。

注浆管为 ϕ25 mm 塑料管，采用孔底返浆法把浆液送入孔底。注浆材料选用纯水泥浆，并加入早强剂，且注浆体强度不小于 25 MPa，一次注浆压力为 0.5～1 MPa，并采用二次注浆，注浆材料选用水灰比为 0.45～0.50 的纯水泥浆，注浆压力为 2～3 MPa，要稳压 2 min。以上参数只做参考，具体的注浆压力和注浆量等参数应根据现场地质情况及锚索试验来确定。

(7) 腰梁。

锚固段注浆后，即进行腰梁施工，腰梁由 2 根 I 28 工字钢一起组成，腰梁架设在角钢支架上，支架每根桩设置一个。锚座承压面与锚具孔轴线应保持垂直，垫板孔道中心线与锚孔轴心线必须保持重合。

(8) 锚索张拉工艺。

① 张拉前准备：张拉前先安装承压板、锚固传力装置，并对张拉设备进行检查标定。张拉作业前首先对张拉机具(张拉千斤顶、高压油泵、压力表)进行标定，并绘制压力表读数与张拉力的关系曲线，用以指导现场张拉作业。为使钢绞线受力均匀，在成束张拉之前先用小千斤顶对钢绞线分别进行单根张拉预紧，施 5% 的设计张拉力。整束锚索正式张拉前取 10%～20% 设计轴心力预张拉 1～2 次，使其各部位接触紧密，锚索完全平直。

② 分级张拉：锚索张拉分六级进行，即按照设计张拉应力的 10%、25%、50%、75%、100% 及 110% 逐级施加预应力。除最后两级各需稳定 15 min 外，其余每级稳定 5 min 即可，并逐级记录预应力锚索的伸长值。

③ 锁定：为了克服因锚索滑移、钢绞线松弛、土体蠕变、锚固桩变形及因温度变化而引起预应力损失，以及为保证每一根桩上的三排锚索均匀受力，当同一根桩上的最后一排锚索张拉 6～10 d 后，再用较大吨位千斤顶对锚索进行一次整体张拉，最后锁定。

(9) 张拉段注浆及封锚。

从承压板预留孔插入注浆管直至管口进到锚固段顶面约 50 cm 然后开始注浆，边注浆边向外拔注浆管，直至孔口溢出与注浆端浓度相同的浆液。间隔 24 h 后补浆封口。在锚具外 5 cm 处用砂轮切割机切断多余钢绞线，在钢垫板及锚具外覆盖水泥砂浆封锚。

(九) 钢支撑施工工艺

(1) 钢管支撑安装工艺流程。

围护结构钢管支撑规格为 ϕ609 mm，壁厚 16 mm，间距 3～4 m。在开挖中及时测定支撑安装点，以确保支撑端部中心位置误差 $\leq$30 mm。

在开挖每一层的每小段的过程中，当开挖出一道支撑的位置时，即按照设计要求在地下墙两侧墙面上测定出该道支撑两端与地下墙的接触点，以保证支撑与墙面垂直且位置准确，对这些接触点要整平表面，画出标志，并量出两个相对应的接触点间的支撑长度，以使地面上预先按量出长度配置支撑，并备支撑端头配件以便于快速装配。

钢管支撑安装工艺流程见图 4-12。

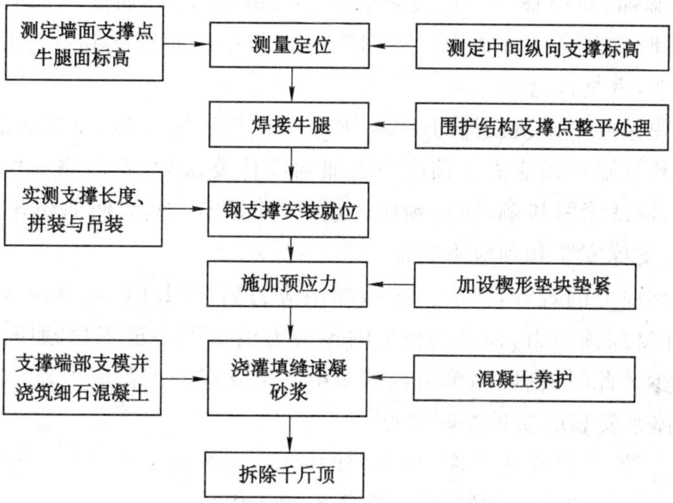

图 4-12　钢管支撑安装工艺流程图

(2) 钢牛腿及钢围檩安装工艺。

钢牛腿采用钢板制作成三角形牛腿支托，并与桩体连接牢固，在基坑开挖前必须制作完成；钢围檩原设计采用双拼 500 mm×250 mm×16 mm×20 mm 工字钢，且两侧采用钢板焊接牢固后架设在牛腿支托上。如基坑两侧土体侧压力太大，易使 H 型钢变形过大，导致失效，因此可采用 3 根 40b 工字钢焊接而成的加强钢围檩，与钢板焊接牢固后架设在牛腿支托上。斜撑处需制作斜撑支座。

施工时应注意以下操作要点：

① 施作冠梁时，必须预留预埋件。

② 支撑长度小于 3 m 时(阴角部)，可采用较短钢围檩替代支撑，并与围檩焊接。

③ 在基坑平面转角处，相交围檩的节点构造应满足两个方向围檩端部相互支撑的要求。

④ 钢围檩与桩间应留出宽度不小于 60 mm 的水平通长空隙，用强度不低于 C30 的快硬细石混凝土填塞，待达到一定强度后支撑方可施加预应力，斜撑在桩和围檩间应设置剪力传递构件，围檩下设钢牛腿支撑。

⑤ 围檩与围檩衔接处腹板应采用两块钢板连接，其翼缘也应采用连接板连接，以保证力的传递。

(十) 钢支撑安装

开挖前需先备齐检验合格的带活络接头的支撑，支撑配件、2 台 150 t 施加支撑预应力的千斤顶和安装支撑所必需的器材。

地面上有专人负责检查和及时提供开挖面上所需要的支撑及其他配件，试装配支撑，以保证支撑长度适当，支撑轴线偏差小于 20 mm，保证支撑、土体及接头承载能力符合设计要求的安全度，钢支撑安装采取分段吊装安装。

(1) 预应力施加和复加施工。

每道支撑安装后应及时对其施加预应力，第一道支撑按设计轴力50%施加，其余支撑按设计轴力70%施加，斜撑轴力根据实际受力情况确定计算，加至规定值时应再检查各节点连接状况，必要时对节点进行加固。采用换撑时需在内衬墙达到设计强度80%后进行。预应力应分级施加，重复进行。

为方便施工并保持千斤顶顶伸力一致，用专用托架固定整体，将其骑放在大活络头上，接通油管后即可开泵施加预应力。预应力施加到设计要求后，在活络头中用楔形钢板垫块填塞中间的空隙，保证紧密接触，防止预应力损失，并焊牢。然后回油松开千斤顶，解开起吊钢丝绳，完成该根支撑安装和预应力施加。

加强对支撑预应力的观察，在前一次施加预应力后12 h内，观察预应力损失及墙体水平位移的情况，并复加预应力，补足其损失的预应力值。下一道支撑预应力施加后，上一道支撑的应力会减少。此时，据监测单位数据对第一道支撑补加预应力，直至达到设计要求。

(2) 钢支撑体系安装的质量控制要点。

基坑需分层开挖，并遵循先支撑、后开挖的原则，支撑的安装应与土方施工紧密结合，在土方挖到设计标高的区段内，及时安装并发挥支撑作用。

钢管横撑按每节5 m的标准长度进行分节，同时配备部分长度不同的短节钢管，以适应基坑断面的变化。管节间用法兰、高强螺栓连接，同时每根横撑两端分别配活动端和固定端。钢管对称确保两端同步，与钢围檩正交，斜撑要确保剪力块角度与斜置角度一致，钢管横撑安装后应及时施加预应力。

组合千斤顶预加力对称同步，并分级加载，为确保对称加载，可通过同一个液压泵站外接T形阀门，分别接至组合千斤顶。

为防止钢管支撑端头压变形，要求活动端、固定端端承板采用厚4 cm的特种钢板。要求专人检查钢管支撑楔子，一有松动，及时重新加荷打楔子。专人检查钢管支撑时，由于属高空作业，需系安全绳。钢管支撑、钢围檩为钢构件，一定要确保焊缝质量，使用前需进行无损伤焊缝检测。

(3) 支撑保护措施。

基坑开挖过程中要防止挖土机械碰撞支撑体系，以防支撑失稳，造成事故。为防止基坑内起吊作业时碰动钢管支撑，每根钢管支撑、钢围檩要求通过钢丝绳固定在围护桩上。

施工过程中加强监测，若因侧压力造成钢管横撑轴力过大，造成横撑挠曲变形，并接近允许值时，必须及时采取增加临时竖向支撑等措施，防止横撑挠曲变形过大，保证钢支撑受力稳定，确保基坑安全。

(4) 支撑换撑和拆除技术措施。

支撑体系拆除过程其实就是支撑的"倒换"过程，即把由钢管横撑所承受侧土压力转至永久支护结构或其他临时支护结构。

支撑体系的拆除施工应特别注意以下两点：

① 拆除时应分级释放轴力，避免瞬间预加应力释放过大而导致结构局部变形、开裂，同时对围护桩的桩顶位移、桩心侧压力进行监测。

② 换撑时把拆下来的支撑安装到换撑的位置，并施加预加力。利用主体结构换撑时，

主体结构的混凝土强度应达到设计要求的强度值。

（十一）湿喷混凝土施工工艺

喷射机械安装好后，先注水、通风、清除管道内杂物，同时用高压风吹扫岩面，清除岩面尘埃。保证连续上料，严格按施工配合比配料，严格控制水灰比及坍落度，保证料流运送顺畅。

操作顺序：喷射时先开液态速凝剂泵，再开风，后送料，以凝结效果好、回弹量小、表面湿润光泽为准。

（1）湿喷混凝土特殊技术要求。

喷射混凝土采用湿喷工艺，由人工操作喷头直接喷射。喷射混凝土作业在满足《岩土锚杆与喷射混凝土支护工程技术规范》（GB 50086）有关规定的基础上，增加以下技术措施：

① 搅拌混合料采用强制式搅拌机，搅拌时间不小于2 min。原材料的称量误差为：水泥、速凝剂±1%，砂石±3%；拌和好的混合料运输时间不得超过2 h；混合料应随拌随用。

② 混凝土喷射机具性能良好，输送连续、均匀，技术性能满足喷射混凝土作业要求。

（2）喷射混凝土作业前，清洗受喷面并检查断面尺寸，保证尺寸符合设计要求。喷射混凝土作业区有足够的照明，作业人员佩戴好作业防护用具。

（3）喷混凝土在开挖面暴露后立即进行，其作业应符合下列要求：

① 喷射混凝土作业分段分片进行。喷射作业自下而上，先喷格栅钢架与拱壁间隙部分，后喷两钢架之间部分。喷射混凝土分层进行，一次喷射厚度根据喷射部位和设计厚度而定，拱部宜为5～6 cm，边墙为7～10 cm，后喷一层应在先喷一层凝固后进行，若终凝后或间隔1 h后喷射，受喷面应用风水清洗干净。

② 严格控制喷嘴与岩面的距离和角度。喷嘴与岩面应垂直，有钢筋时角度适当放偏，喷嘴与岩面距离控制在0.6～1.2 m范围以内，喷射时自下而上，先墙脚后墙顶，先拱脚后拱顶，避免死角，料束呈螺旋旋转轨迹运动，一圈压半圈，纵向按蛇形喷射，每次蛇形喷射长度为3～4 m。正常情况采用湿喷工艺，混凝土的回弹量边墙不大于15%，拱部不大于25%。

③ 终凝2 h后开始洒水养护，洒水次数应以能保证混凝土具有足够的湿润状态为度；养护时间不得少于14 d。

④ 喷射混凝土表面应密实、平整，无裂缝、脱落、漏喷、空鼓、渗漏水等现象，不平整度允许偏差为±3 cm。

（4）湿喷混凝土机具及工艺流程。

喷射混凝土采用罐式喷射机湿喷工艺，减少回弹及粉尘，创造良好施工条件。混凝土在场外拌和，由基坑下料管下到运料车运至喷射工作面，速凝剂在作业面随拌随用。混凝土配合比由现场试验室根据试验确定。

四、明（盖）挖车站主体结构主要施工方法

基坑土方开挖完，人工清底并验槽后，立即组织进行杂散电流接地和主体结构施工，先进行垫层和底板防水及保护层施工，进而施工底板。底板混凝土施工完毕后，进行中柱钢筋、模板、混凝土的施工。当底板结构混凝土达到设计要求强度后，拆除底板上部的钢支撑，抹侧墙水泥砂浆找平层并施工侧墙防水层。每层侧墙钢筋施工的同时可进行中部楼板结构

模板的支撑体系施工，侧墙钢筋完成后，经监理验收后施工侧墙模板。

搭设满堂支架铺设中板模板，模板验收合格后开始绑扎水平结构钢筋，完成并经验收后，进行梁板混凝土浇筑。在顶板混凝土达到设计强度之前，中板的支架体系也不得拆除。中板浇筑混凝土后再向上施工，最后施工顶层顶板。顶层顶板结构混凝土达到设计强度后，才能拆除最上一道钢支撑，其间可施作顶板防水层及其保护层。

(一) 结构防水施工方法

基坑开挖完成后，处理基面后进行防水层施工，明(盖)挖车站均采用全包防水，防水等级为一级。防水层施工首先作底板基底处理，再铺设底板防水卷材，施工底板防水保护层，处理侧墙基面，铺设侧墙防水卷材，施工侧墙防水保护层，顶板完成后，在顶板之上处理基面，涂抹防水涂料，覆盖隔离层，最后施作顶板防水保护层。

(二) 防水混凝土施工工艺

(1) 柔性防水层的保护：预留搭接防水板采用竹胶板保护。钢筋与防水板之间设置足够数量混凝土垫块，避免钢筋损坏防水层，焊接钢筋采用洒水或挡铁皮方法，避免烫伤或火烤防水板。

(2) 顶板防水层保护：顶板铺好防水卷材、涂刷好防水层固化后，及时施作防水层的保护层，保护层采用细石混凝土。混凝土用泵车浇筑，浇筑时禁止损坏底层防水涂层。

(3) 变形缝、施工缝施工：施工缝中部设钢板止水带和预埋注浆管；变形缝处设置三道止水层，第一道为在顶板外侧设密封胶，侧墙及底板外侧设外贴式止水带；第二道在混凝土厚度中部设带注浆管的橡胶止水带，缝间充填双组分聚硫橡胶和聚苯板；第三道为在顶板及侧墙内侧设不锈钢接水槽。

(4) 止水带的安装：确保“居中、平顺、牢固、无裂口脱胶”，并在浇筑混凝土的过程中注意随时检查，防止止水带移位、卷曲。为确保止水带位置准确居中，用间距 150 mm 的特制钢筋箍夹紧止水带，在变形缝拐角处止水带安装成直径 15 cm 以上的圆角。

(5) 各种贯通的施工缝、变形缝的止水条、止水带的安装确保形成全封闭的防水网。灌注混凝土前，先将混凝土基面充分凿毛、清洗干净，要用钢刷刷净；混凝土浇筑时，为确保新老混凝土结合良好，在混凝土界面上涂一层界面剂。

(6) 特殊部位的防水措施：阴阳角铺贴附加防水层。阴阳角应做成圆弧或成 45°折角，增加 1～2 层相同的卷材，宽度不小于 500 mm。

(7) 穿墙管的防水措施：穿墙管的主管在浇筑混凝土前固定在钢筋骨架上，在穿墙管中部焊接一块止水钢片，同时在穿墙管上围一块遇水膨胀橡胶止水条。

(8) 预留孔洞的防水措施：在预留孔洞中间环向焊接镀锌止水钢板，同时在外侧用遇水膨胀橡胶止水条密封，具体做法同穿墙管。

(9) 预埋件的防水措施：在预埋件中部沿环向焊接镀锌止水钢板用于防水。

(三) 结构钢筋施工工艺

钢筋采用集中加工制作、安装。钢筋采用电焊、电渣压力焊或直螺纹连接器连接。钢筋保护层厚度采用预制砂浆垫块控制。

钢筋进场必须根据施工进度计划，做到分期、分批进场和分类别堆放，并做好钢筋的标示和维护工作，避免锈蚀或油污，确保钢筋表面洁净。钢筋原材料出厂合格证、原材料试验报告单及焊接试验报告单等质保资料有关数据，必须符合设计及规范要求。

该工程所用钢筋均按设计施工图纸及现行规范和施工规程的要求进行现场下料和加工。加工好的钢筋应按类别和尺寸堆放并挂牌标示，以免错用。钢筋加工表经复核无误后，方可施工。

1. 施工技术准备

根据设计院提供的施工图纸及有关设备安装、装修标准，综合考虑各方面特殊要求，特殊配筋单独编号列表，并在设计图纸上进行重点标识。施工中按照编号逐号检查验收，以防遗漏。

(1) 钢筋弯曲。

钢筋弯曲形式有三种，分别为半圆弯曲、直弯曲及斜弯曲。钢筋弯曲后，弯曲处内皮收缩、外皮延伸、轴线长度不变，弯曲处形成圆弧，弯起后尺寸不大于下料尺寸，应考虑弯曲调整值。钢筋弯心直径为 $2.5d$(d 为钢筋直径)，平直部分为 $3d$。钢筋弯曲增加长度的理论计算值应为：对转半圆弯曲为 $6.25d$，对直弯曲为 $3.5d$，对斜弯曲为 $4.9d$。结构中配置的弯起钢筋，其中间部位弯折处的弯曲直径不小于 $5d$。

结构中配置的箍筋，其末端应做弯钩，弯钩形式应符合设计弯曲要求。箍筋下料调整值，即为弯钩增加长度和弯曲调整值两项之差或和，根据箍筋量外包尺寸或内包尺寸而定。

所有钢筋的弯折必须在温度＋5 ℃以上时进行。除非工程另有书面许可，钢筋必须按图纸所示形状弯折。浇入混凝土中的钢筋的露出部分存在弯曲时，不能在浇筑混凝土后现场弯折。所有钢筋都应冷弯。

(2) 钢筋截断。

按照设计要求和相应计算公式，严格控制下料长度。当采用机械直螺纹套筒连接时，钢筋截断必须采用砂轮切割机进行，要求截断面平整、圆顺、无扩大墩头。另外，用断筋机截断时，严禁同时进行多根钢筋截断。

2. 钢筋安装

(1) 钢筋的绑扎顺序同制作，按柱、墙、梁、板的顺序进行。钢筋应按图纸所示的位置准确安装，并用足够的支撑(间隔设置钢筋马凳)将钢筋牢靠固定好，使其在浇筑过程中不致移位。不允许将钢筋放入或推入浇筑后未凝固的混凝土中，除图纸特别规定或经工程师批准外，浇筑过程中不允许放入钢筋。

(2) 用于保证钢筋正确就位的保护层垫块应尽可能小些，具有符合其用途且得到工程师同意的形状，并使其在浇筑混凝土时不致倾斜，或者采用焊接钢筋的办法。采用混凝土保护层垫块时，其最大集料尺寸为 10 mm，其强度应与邻接混凝土强度相同。

(3) 不允许使用片石、碎石、金属块和木块做垫块。

(4) 如构件有数层钢筋，且上层重量较大，在安装就位时，可使用特制的钢筋支架。支架应支承在下层钢筋上，不得直接支承在模板或防水板上。

(5) 任何构件的钢筋安装后，应如实填写质量检验表，必须经监理工程师和项目质检员检查和批准后才能浇筑混凝土。

3. 主要构件钢筋网施作

钢筋交点全部采用 20# 铁丝绑扎，其中主要构件边缘部位必须满扎。

(1) 柱与墙。

① 绑扎前应先根据混凝土板表面上弹出的构件 50 cm 控制线进行甩筋定位校正无误

后，再按要求的种类、型号、间距进行接筋、绑扎，为了绑扎间距准确，墙水平筋可先在两端两面纵筋上画点；柱箍筋，在两根对角线主箍筋上画点，然后按点均匀分布绑扎，钢筋接头位置为受压区同一截面的接头不大于50%，受拉区同一截面不大于25%。墙钢筋有90°弯钩时，弯钩朝向混凝土内。

② 采用双层钢筋网时，在两层钢筋之间，应设置撑铁（钩）以固定钢筋的间距，墙筋绑扎时应吊线控制垂直度，并严格控制主筋间距。墙上下两边三道水平处应满扎，其余可梅花点绑扎。

③ 为了保证钢筋位置的正确，竖向受力筋外绑一道水平筋或者箍筋，并将其与竖筋点焊，以固定墙、柱筋的位置，在点焊固定时要用线锤校正。

④ 外墙浇筑后严禁开洞，所有洞口预埋件及埋管均应预留，墙、柱内预留钢筋做防雷接地引线，应焊成通路，其位置、数量及做法详见安装施工图，焊接工作应选派合格的焊工进行，不得损伤结构钢筋，水电安装预埋，土建必须配合，不能错埋和漏埋。

⑤ 柱两端箍筋加密，加密高度按照规范图集执行，柱箍筋均为封闭箍，弯钩应交错布置在四角纵向钢筋上，箍筋转角与纵向钢筋交叉点均应绑牢。

⑥ 混凝土保护层：柱采用下部焊支筋，顶部四面绑扎 ϕ20 mm、长 100 mm 的钢筋短头的方法，墙在钢筋网外侧两面绑扎间距 1.5 m 的同保护层的钢筋短头。

（2）梁与板。

① 纵向受力钢筋出现双层或多层排列时，两排钢筋之间应垫以直径 15 mm 的短钢筋，如纵向钢筋直径大于 25 mm 时，短钢筋直径与纵向钢筋相同规格。

② 箍筋的接头应交错设置，并与两根架立筋绑扎，悬臂挑梁则箍筋接头在下，其余做法与柱相同，梁主筋外角处与箍筋应满扎，其余可梅花点绑扎。

③ 板的钢筋网绑扎与基础相同，双向板钢筋交叉点应满绑，应注意板上部的负钢筋（面加筋），防止被踩下。

④ 板、次梁与主梁交叉处，要求板的钢筋在上，次梁的钢筋在中层，主梁的钢筋在下，当有圈梁或垫梁时，主梁钢筋在上。

⑤ 楼板钢筋的弯起点，如加工厂（场）在加工时没有起弯，设计图纸又无特殊注明的，可按以下规定弯起钢筋，板的边跨支座按跨度 $1/10L$（L 为板的中跨度）为弯起点，板的中跨及连续多跨可按支座中线 $1/6L$ 为弯起点。

⑥ 框架梁节点处钢筋穿插十分稠密时，应注意梁顶面主筋间的净间距要至少留有 30 mm，以利灌注混凝土。

⑦ 钢筋的绑扎接头应符合以下规定：受拉区域，Ⅰ级钢筋绑扎接头的末端应做弯钩，Ⅱ级钢筋可不做弯钩；钢筋搭接处，应在中心和两端用铁丝扎牢；受拉钢筋绑扎接头的搭接长度，应符合结构设计要求；受力钢筋的混凝土保护层厚度，应符合结构设计要求；板筋绑扎前须先按设计图要求间距弹线，按线绑扎，控制质量；搭接长度的末端距钢筋弯折处，不得小于钢筋直径的 10 倍，接头不宜位于构件最大弯矩处。

⑧ 为保证钢筋位置的正确，根据设计要求，板筋采用 ϕ20 mm 钢筋马凳纵横间距 3 m 予以支撑稳定。

⑨ 梁筋在绑扎过程中应注意：井字梁内纵筋，短边方向置于长边方向之下；梁箍筋间距要准确，加密区尺寸严格执行设计及规范要求；梁柱交汇处梁内柱箍筋避免漏放，施工时着

重检查。

（四）模板与支撑施工工艺

1. 施工准备

(1) 模板安装前做好模板的定位基准线，并以该轴线为起点，引出每条轴线，并根据轴线和施工图用墨线弹出模板的内边线、边线和外侧控制线，以便于模板的安装和校正；做好标高测量工作，用水准仪把建筑物水平标高根据实际标高的要求，直接引至安装位置。

(2) 进行找平工作。模板承垫底部预先找平，以保证模板的位置正确，防止模板底部漏浆，可沿模板边线用 1∶3 水泥砂浆做找平层。另外，在墙、柱部位，继续安装模板前，要设置模板承垫条带，并校正其平直。

(3) 设置模板定位基准，可根据构件断面尺寸切割一定长度钢筋头，点焊在预留插筋上，作为模板定位筋，可以保证钢筋保护层与模板位置的准确。

(4) 按施工需用的模板及配件，对其规格、数量逐项清点检查，未经修复的部件不得使用，检查合格后的模板，应按安装程序进行编号堆放，底层加垫木，模板底层要垫离地面不小于 10 cm。

(5) 梁模板轴线定位方法：把经纬仪架设在梁轴线偏 1～1.5 m 控制线上，在柱顶处外伸尺于柱模板上用红笔画出轴线位置点，然后根据此轴线点再进行其他测量定位工作。

(6) 竖向模板安装的底面要平整，防止漏浆。

(7) 在每次拆模之后，要及时清理模板与钢管，模板涂刷水性脱模剂，钢管刷红色防锈漆。

2. 支、拆模工艺流程

设计模板图→模板拼装→刷脱模剂→弹模板位置控制线（距模板 50 cm）→模内杂物清理→墙体复线→找平或铺胶条→钢筋、管线、盒、洞预埋隐检完毕→支模板→安装模板支撑→调整加固模板→预检模板并签字→混凝土浇筑→养护→检验混凝土强度→拆模申请→审批申请→拆模→修整模板→刷脱模剂→码放模板→进入下一循环。

3. 支模质量要求

所有模板在拼缝处必须用海绵塞缝，并用透明胶带贴严，防止漏浆。所有模板拼装或安装完成后，要求大面平整、表面干净、塞缝紧密、模板边缘顺直。

模板工程验收重点控制刚度、垂直度、平整度，特别注意外围模板、电梯井模板、楼梯间等处模板轴线位置正确性。

模板拆除时，结构混凝土强度应符合设计要求或规范规定。侧模拆除时，混凝土强度能保证其表面及棱角不因拆模而受损坏。悬臂构件及跨度大于 8 m 的板、梁、拱底模板拆除时混凝土强度必须达到 100%。拆模顺序为后支先拆，先支后拆，先拆非承重模板，后拆承重模板。拆模时不要用力过猛、过急，拆下来的木料要及时运走、整理，大模板配件集中堆放在指定地点，以防丢失。

4. 侧墙模板施工

明（盖）挖主体侧墙模板采用整体式大模板，模板背侧设梯形桁架支撑，浇筑 48 h 后拆除台车水平支撑，以及中板（底板）与侧墙相交处竖向支撑（该位置考虑靠斜向补强脚手架支撑），移动模板至下一模。

5. 中层板(顶板)模板施工

顶板和中层板底模及部分异型模板采用 18 mm 厚双面光面竹胶板组合拼装。所有脚手架顶均设置 U 形支撑头,并在支撑头上纵向放置第一层 120 mm×120 mm 的方木。第一层纵向方木横向间距为 0.9 m,再在第一层纵向方木上铺设第二层横向 100 mm×100 mm 方木,横向方木纵向间距为 0.25 m,顶板模板底面标高采用顶托调整。每个流水作业面准备 5 套模板,以周转使用。

6. 脚手架施工

脚手架采用壁厚 3.5 mm、ϕ48 mm 碗扣式脚手架,铺设方式为满堂式,横向间距为 90 cm,纵向间距为 90 cm,梁底部位加密。纵横向剪刀撑以 45°角搭设,横向剪刀撑间距为 2.7 m,纵向剪刀撑间距为 3.0 m。顶部采用顶托调整顶板或中板底面标高。

7. 中柱模板安装

柱模采用 18 mm 厚双面光面竹胶板组合拼装。支撑方法主要采用 ϕ48 mm 的脚手管配合中板(顶板)满堂架支撑。柱箍使用 ϕ18 mm 螺栓对拉加固,加固柱箍纵向间距 600 mm。为保证柱角不漏浆,模板阳角做成企口形式,并粘贴泡沫条。在柱顶的四个柱角向下斜拉 ϕ10 mm 钢绞线,用于调整柱子的垂直度和平整度。

8. 梁模板施工

底纵梁模板采用组合钢模板,采用 100 mm×100 mm 方木背肋,配合钢管斜撑进行加固。中纵梁或顶纵梁侧模采用组合钢模板,底模采用竹胶板,同相应部位板结构模板同时施工,与板模板一起加固。

9. 施工工艺

(1) 施工要求。

① 为确保该工程达到清水混凝土效果,在模板安装前严格检查其质量,凡有缺棱、掉角、扭曲、锈蚀的一律不用,以确保模板接缝不漏浆。模板外观要求模内干净、无杂物,拼缝严密,模板接缝宽度不大于 1.0 mm,无漏浆缝隙。

② 模板安装必须按模板的施工设计进行,严禁任意变动。

③ 模板及其支撑系统在安装过程中,要设置临时固定设施,严防倾覆,模板必须有一定刚度,而加固支撑和连接杆必须牢固,确保结构的几何尺寸。

④ 支撑要按工序进行,模板没有固定前,不得进行下道工序。

⑤ 支撑 4 m 以上的模板时,必须搭设工作台。不足 4 m 的,可使用马凳操作,不准站在柱模上操作和在梁底模上行走,更不允许利用拉杆支撑凳上下。

(2) 主要构件模板支撑施工工序。

① 柱模板施工程序。基层清理→放模板支设要求的 50 cm 线→柱模板吊装就位→安装模板上、中、下柱箍以及柱模斜撑→核正模板的位置、垂直度、平整度→安装其他柱箍→细校正柱模的位置、垂直度、平整度→柱模板自检→报质检部验收→报监理公司验收→浇筑混凝土养护→模板拆除、清理、退场堆放。

② 梁、板模板施工程序。弹出梁轴线及水平线并复核→搭设梁模支架→安装梁底楞→安装梁底模板→梁底起拱→绑扎钢筋→安装梁侧模→安装上下锁口楞、斜撑楞及腰楞和对拉螺栓→复核梁模尺寸、位置→梁模板自检→报质检部验收→报监理单位验收→浇筑混凝土养护→模板拆除、清理、退场堆放。

③ 梁、墙模板施工程序。弹出墙体边线及水平线并复核→绑扎钢筋→搭设侧模支架→安装调整侧模→安装模板背楞和临时支撑→校核纠正模板的位置、垂直度、平整度→模板自检→报质检部验收→报监理单位验收→浇筑混凝土养护→模板拆除、清理、退场堆放。

(3) 主要构件模板支撑施工。

① 柱子部分。清理场地，模板承垫底部沿模板边线用 1∶3 水泥砂浆找平，防止模板底部漏浆；在角部、根部，要设置模板承垫条带防止漏浆，并校正其平直；调整轴线位移，调整垂直度，上口安放保护层限位卡及保证钢筋间距的内撑卡；在上口拉通线验收；当下层模板完全安装好，再安装上层模板就位；安装完毕后拉通线检查。

② 梁、板部分。在柱子未拆的模板上量梁的轴线及水平线(梁底部标高引测用)，并复核；安装梁模支架前，在专用支柱下脚铺设 15 cm×15 cm 垫板，并且楼层间的上下支座应在一条直线上。支柱采用双排，间距 60～100 cm，支柱上连接固定 10 cm×10 cm 木楞；支柱中间和下方加模板或斜杆，立杆加可调底座；在支柱上调整预留梁底模板的厚度，符合设计要求后，拉线安装梁底模板并找直，底模上应拼上连接角模；在底模上绑扎钢筋，经验收合格后，及时清除杂物，安装梁侧模板，将两侧模与底板连接角模与卡具连接；安装上下锁口楞及外竖楞，附以斜撑，其间距一般宜为 75 cm；当梁高超过 70 cm 时，需加腰楞，穿对拉螺栓加固，且梁侧模安装固定前上口拉线找直；复核检查梁模尺寸，与相邻梁柱模板固定，有楼板模板时，在梁上连接阴角模，与板模拼接固定；支架搭设前，在支柱下脚铺设通长脚手板，并且楼层间的上下支柱在一条直线上；支架的支柱从边跨一侧开始，依次逐排安装，同时安装钢(木)楞及横拉杆，其间距按模板设计的规定；支架搭设完毕后，要认真检查板下钢(木)楞与支柱连接及支架安装的牢固与稳定，根据给定的水平线，认真调节支模翼托高度，将钢(木)楞找平。

③ 楼板部分。支架搭设前，在支柱下脚铺设长脚手板，并且楼层间的上下支柱在一条直线上。支架的支柱从边跨一侧开始，依次逐排安装，同时安装钢(木)楞及横拉杆，其间距按模板设计的规定；支架搭设完毕后，要认真检查下钢(木)楞与支柱连接及支架安装的牢固与稳定，根据给定的水平线，认真调节支模翼托的高度，将钢(木)楞找平。

(4) 主要构件模板拆除施工。

① 模板拆除条件。以钢筋混凝土结构强度为依据(通过制作同条件试块做试验来确定)；模板工程作业组织，应遵循支模与拆模统由一个作业班组进行作业。其好处是同一班组进行作业，支模就考虑拆模的方便与安全，拆模时，人员必须熟知情况，易找拆模关键点位，对拆模进度、安全、模板及配件的保护都有利。底模及冬季施工模板的拆除，必须执行《混凝土结构工程施工质量验收规范》(GB 50204)的有关条款。严格建立模板块和立柱的拆除申请、批准制度，防止为赶进度而盲目拆模。拆模应遵循后支先拆，先支后拆，先拆不承重的模板，后拆承重部分的模板，自上而下，支架需先拆侧向支撑、后拆竖向支撑等原则。在混凝土强度能保证其表面及棱角不因拆除模板而受损后，方可拆除侧模。

② 各构件拆模施工要点。柱模板先拆除柱斜支撑，再卸掉柱箍、对拉螺栓，然后用撬棍轻轻撬动模板，使模板与混凝土脱离；墙模板先拆除对拉螺栓等附件，再拆除斜撑，用撬棍轻轻撬动模板，使模板离开墙体即可把模板吊走；楼板、顶板、梁模板先拆梁侧模，再拆除楼板模板，楼板模板支撑体系先拆水平杆，然后拆模板支撑，用钩子将模板拆下，等该段混凝土全部脱模后集中运出、集中堆放。

（五）结构混凝土施工工艺

1. 施工准备

(1) 材料、配比准备。

① 车站外围框架混凝土采用“双掺技术”，加入适量的优质粉煤灰及抗裂(密实型)外加剂(除后浇带、后浇孔外不得使用膨胀类防水外加剂)。胶凝材料的最小用量不应小于 400 kg/m^3，水胶比不得大于 0.50，处于侵蚀地层时，水胶比不宜大于 0.45，混凝土搅拌站进行试配时，应派人参与，混凝土初凝时间不得小于 5 h。

② 水泥应采用普通硅酸盐低热水泥，其强度等级不得低于 42.5 级；砂选用中砂，含泥量不得大于 3%；石子所含泥土不得呈块状或包裹石子表面，且不得大于 1.0%，吸水率不得大于 1.5%，水选用不含有害物质的洁净水。应严格控制混凝土的碱集料反应，宜使用非碱活性骨料，当使用碱活性骨料时，混凝土中最大碱含量为 3.0 kg/m^3且不能超过水泥用量的 0.6%。在无氯盐的环境中，配制混凝土所用的各种原材料的氯离子含量分别不应超过胶凝材料的 0.1%。

(2) 商品混凝土性能、用量准备。

① 商品混凝土采用混凝土泵输送，坍落度控制在 12～16 cm，采用预拌商品混凝土，对其质量将在预拌现场进行监督控制，每次浇筑混凝土之前，通知搅拌站，备好足够的原料，对砂、石、水泥、粉煤灰、外加剂等按规定进行原材料检验。

② 对运输车辆从搅拌站到现场的时间进行测定，测定后确定所需车辆数量。

2. 混凝土运输和进场验收

(1) 混凝土运输。

预拌混凝土用混凝土搅拌运输车运输，装料前把筒内积水排清，运输途中，搅拌筒以1～3 r/min 速度进行搅拌，防止离析，搅拌车到达施工现场卸料前，使搅拌筒以 8～12 r/min 转 1～2 min，然后再进行反转卸料。

(2) 混凝土进场验收。

① 搅拌车在卸料前不得出现离析和初凝现象，现场取样时，以搅拌车卸料 1/4 后至 3/4 前的混凝土为代表，取样、试件制作、养护均由供需双方共同签证认可。

② 混装土拌和物质量检验及控制。

在搅拌站，混凝土搅拌完毕抽检其坍落度，每工作班随机取样不得少于 2 次(每班第一盘除外)，其检验结果作为搅拌站混凝土拌和物质量控制的依据。

商品混凝土运送到施工现场后，在浇筑前，抽检混凝土坍落度，每 100 m^3 混凝土或每工作班随机取样不得少于 3 次，不足 100 m^3 混凝土按 100 m^3 取。施工现场的检验结果作为混凝土拌和物质量的评定依据。混凝土到达现场测定的坍落度与出站前测定的坍落度允许偏差不大于 20 mm。

③ 混凝土强度的检验与评定。

根据该工程的具体条件，混凝土采用普通评定方法。其每批试件组数不少于 10 组；具体验收批的划分、取样方法及取样频率根据混凝土用量大小专门确定，每 100 m^3 试件不少于 2 组。

搅拌站按规定抽取的混凝土试样制作试件后，在标准条件下养护至 28 d，其强度作为硬化后混凝土质量控制的依据。

连续浇筑混凝土量为500 m^3以下时，留两组抗渗试块，每增加250～500 m^3增留两组。如使用的原材料、配合比或施工方法有变化时，均另行留置试块。试块在浇筑地点制作，其中一组在标准条件下养护，另一组与现场同条件下养护，试块养护期不少于28 d。混凝土强度分批进行验收，每个验收项目按《建筑工程施工质量验收统一标准》(GB 50300)确定。在制作标准养护试件的同时，尚应制作适量的同条件养护强度检验的试件，以作为质量控制过程中施工工艺和配合比调整的依据。

3. 混凝土浇筑与养护

底板混凝土采用分段浇筑的方式进行，每浇筑施工段长度不超过20 m，底板混凝土浇筑后，由于需要几天时间待底板混凝土达到设计要求强度，在这段时间内可以首先施工中柱及外墙部位的找平层、防水层，因此首先浇筑柱混凝土，然后将外墙混凝土和梁板混凝土一齐进行浇筑。

(1) 混凝土泵送。

因车站主体结构一次浇筑混凝土量较大，为保证浇筑作业稳定持续，要求混凝土供方现场配备2～3台汽车输送泵，1台备用泵，车况要求良好。

泵送混凝土前，先把储料斗内清水从管道泵出，达到湿润和清洁管道的目的。然后向料斗内加入与混凝土配比相同的水泥砂浆(或1∶2水泥砂浆)，润滑管道后，立即开始泵送混凝土；混凝土开始泵送时，泵送速度宜放慢，油压变化在允许值范围内，待泵送顺利时，才用正常速度进行泵送。混凝土泵送宜连续作业，当混凝土供不及时，需降低混凝土泵送速度，泵送暂时中断时，搅拌不得停止。

(2) 混凝土浇筑。

① 浇筑竖向结构混凝土，如浇筑高度超过2 m时，浇混凝土时采用加串筒的办法进行施工。浇筑混凝土时分段分层进行，插入式振动器的分层厚度最大不超过500 mm，平板振动器的分层厚度为200 mm。

② 浇筑混凝土应连续进行。如必须间歇，其间歇时间尽量缩短，并在前层混凝土初凝前，将次层混凝土浇筑完毕。间歇的最长允许时间按试验确定，如超过最大允许间歇时间按施工缝处理。

③ 浇筑混凝土时派专人经常观察模板钢筋、预留孔洞、预埋件等有无位移变形或堵塞情况，发现问题立即处理，并在已浇筑的混凝土初凝前处理完成。

④ 墙、柱混凝土浇筑前，在底面水平施工缝处先均匀浇筑50 mm厚与混凝土配比相同的水泥砂浆，砂浆用铁锹入模，柱墙混凝土分层浇筑振捣，每层浇筑厚度控制在500 mm左右，混凝土下料点分散布置循环推进，连续进行，并严格控制好混凝土浇筑的延续时间。

⑤ 外墙混凝土浇筑完毕后，应停滞一定时间再浇筑梁板混凝土。梁板混凝土由一端开始用"赶浆法"推进，先将梁分层浇筑成阶梯形，当达到板位置时再与板的混凝土一起浇筑，由于柱混凝土与梁板混凝土强度可能存在差异，浇筑梁板混凝土前首先浇筑梁柱节点区混凝土，梁柱节点区混凝土按高强度等级混凝土施工。

(3) 混凝土振捣。

① 使用插入式振动器快插慢拔，插点要均匀排列，逐点移动，按顺序进行，不得遗漏，做到均匀振实，每点振动20～30 s，移动间距不大于振动棒作用半径的1.5倍(一般为300～400 mm)，振捣上一层时插入下层混凝土面50 mm，以消除两层间的接缝，以混凝土表面不

再显著下降，不再出现气泡，表面泛出砂浆为准。平板振动器的移动间距能保证振动器的平板覆盖已振实部分边缘。插入式振动器避免碰撞钢筋，更不得放在钢筋上，振捣机头开始转动后方可插入混凝土中。振捣靠近模板时，插入式振动器机头须与模板保持 5～10 cm 距离。变形缝处混凝土浇筑时，混凝土振捣严禁碰到中埋式止水带及其固定件，以保证止水带位置的准确。

② 混凝土振捣均由专业振捣工负责，并防止漏振，班前对振捣区域进行责任承包，施工员给振捣工讲解注意事项，相对分条块浇筑时，振捣工在分界处振捣过界线不小于 50 cm。

(4) 混凝土养护。

混凝土浇筑完毕后，在 12 h 以内加以覆盖，并浇水养护，养护期不少于 14 d。车站侧墙抗渗混凝土浇筑完毕初凝后，在侧模与混凝土表面缝隙中浇水，以保持湿润。拆模要待混凝土达到设计要求的强度后方能进行，拆完模后还得继续养护不少于 14 d。

车站内墙、柱及梁板按常规采用人工洒水包裹无纺布或塑料薄膜的养护方法。车站顶板混凝土终凝前要对顶面混凝土压实、收浆、抹光，终凝后及时养护，养护时间不少于 14 d。顶板混凝土强度不达到设计强度前严禁堆放设备、材料等。养护期结束后立即施作顶板防水层和防水保护层，混凝土保护层亦要进行养护。

(六) 结构缝施工

车站工程纵向和环向施工缝均采用中埋式钢边橡胶止水带进行加强防水处理。沿竖向结构在楼板面上 0.3 m 设水平施工缝，中楼板处施工缝采用遇水膨胀橡胶止水条。

由于施工缝处钢筋穿过定制模板，因此采用海绵条封堵模板与钢筋之间的缝隙的方法防止施工缝模板漏浆。定制模板要求材质合格，形状符合设计要求。

1. 环向施工缝

(1) 车站底板、中楼板、顶板施工缝。

车站底板、顶板施工缝施工顺序为：绑扎板钢筋→安装中埋式钢边止水带→安装定制的施工缝模板→浇筑先期混凝土→拆除施工缝模板→施工缝凿毛，修整止水带→浇筑后期混凝土。

在混凝土浇筑之前，在模板(细石混凝土保护层)上弹出安装施工缝模具的控制线，安装固定模具，将模具与止水带之间的缝隙塞实。浇筑混凝土时，应加强施工缝处的振捣，并应使振动棒不能直接接触固定止水带用的卡具，以保证止水带位置正确。拆除模板后，清除止水带上的浮浆，将施工缝面混凝土凿毛，刷一道素浆后再浇筑另一侧混凝土。

对于中楼板施工，因其采用遇水型膨胀橡胶止水条，故其模板可采用普通木模板，但应在模板上下两侧刻出槽以使钢筋通过，并应在止水条位置采用预留小木条的方法预留止水条凹槽。

浇筑施工缝处的混凝土时，加强振捣成形，以保证施工缝处的混凝土质量。混凝土灌注 24 h 后拆除模具，除凹槽内立面不凿毛外，将其余施工缝面进行凿毛处理。后续混凝土浇筑前，进行遇水膨胀止水条安装，并先在施工缝面刷一层素水泥浆再灌注混凝土，混凝土灌注时施工缝处混凝土应加强振捣

(2) 车站侧墙竖向施工缝。

车站侧墙竖向施工缝采用中埋式钢边止水带形成一个封闭体系。车站侧墙竖向施工缝施工步序与顶板和底板相同，只是模板支撑形式有所不同。挡头模板支撑采用木方，支撑在

楼板预留的钢筋地锚上。

车站侧墙竖向施工缝拆除挡头模板后，要将施工缝面凿毛，再次灌注侧墙混凝土前24 h停止施工缝处混凝土的养护，用高压风吹干并清理干净施工缝的垃圾。侧墙混凝土浇筑时，先在施工缝处刷一遍水泥浆再浇筑混凝土；施工缝处混凝土灌注应加强振捣，以保证混凝土质量。

2. 水平施工缝

车站只有侧墙有水平施工缝，当侧墙混凝土灌注至底板面以上0.3 m后，混凝土留设水平茬。在侧墙中间放置小木方，以留出安装遇水膨胀止水条的凹槽，混凝土灌注24 h后拆除小木方，将施工缝水平面凿毛处理，再次灌注侧墙混凝土前，用高压风吹干并清理干净施工缝位置垃圾，进行防水增强处理。侧墙混凝土浇筑时，先在施工缝处灌注30～50 mm同标号水泥砂浆，施工缝处混凝土灌注也应加强振捣。

第三节　明挖车站施工安全保障措施

一、质量通病防治措施

（一）防止错模

支模前要放好模板线及检查线，预留50 cm控制线，模板安装完后，依照控制线复查位置、尺寸。

（二）防止爆模

木方及对拉螺栓的设置要严格按施工方案进行，不允许随意改变间距，且注意木方要立放，对拉螺栓用的钢筋要经过检验，合格后才能使用。在混凝土浇筑过程时，振捣工不应过振，不应碰到模板，并安排专人负责检查，如发现变形、松动等情况，立即停止浇筑并进行修补加固。

（三）防止模板拼缝及清理通病、灌注混凝土不合格

要对所有木方通过木工压刨，加工裁制成统一尺寸，以防止模板翘曲不平。模板接缝宽度不大于1 mm时，板缝用海绵条封严。浇筑混凝土前，用高压风管清理模板内木屑等杂物，用水管冲洗湿润模板，要保证模板内洁净。

（四）安全技术措施

（1）进入现场的施工作业人员必须接受三级教育、经考试合格办理资格证，方可上岗操作，操作时应正确佩戴好安全帽，系好安全带，安全帽帽带要绑紧在下颚位置，安全带应可靠地与大横杆连接，不得穿塑料底鞋或皮鞋，不得酒后、带病作业，现场严禁吸烟。

（2）所有作业人员必须参加指定的施工现场统一组织的安全教育活动。

（3）作业人员必须严格遵守劳动保护规定，正确佩戴和使用个人防护用品。

（4）作业人员必须严格执行安全技术交底和班长班组前讲话要求。

（5）交叉作业时，要有可靠的防护措施，不得伤害他人，也避免被他人伤害。

（6）任何作业人员不得擅自拆动施工现场的脚手架、防护设施、安全标志和警告牌，如必须拆动时须经施工负责人允许。

（7）作业人员不得随意抛撒施工垃圾和排放污水等。

(8) 作业人员除必须执行作业时间限制以外,在作业过程中应自觉减少和消除噪声。

(9) 作业人员要支持文明施工,个人行为要遵循项目形象管理要求。

(10) 拆除楼板顶时应一边拆支撑一边拆模板,禁止一次性拆完支撑。

(11) 登高作业时,各种配件应放在工具箱或工具袋中,严禁放在模板或脚手架上,各种工具应系在操作人员身上或放在工具袋中,不得掉落。

(12) 装拆施工时,除操作人员外,下面不得站人;高处作业时,操作人员要系安全带;装拆模板时,上下要有人接应,随拆随运,并应把活动的部件固定牢靠,严禁堆放在脚手板上和抛掷。

(13) 圆盘锯必须有护罩,分料尺柄有靠山;操作前应检查锯片是否上紧,锯盘有无裂口;操作者应站在锯片一侧,手背不得跨越锯片,接料应出锯片 15 cm,不得用手硬拉,小于 20 cm 的短料不得上锯,应使用推棍,超过锯片半径的木料,禁止上锯,截料应设截具。

(14) 手持电动锯时应按料厚调整锯切深度,禁止架在脚上锯切,按锯片齿数划分锯切与截料的功能,不得混用;锯片护罩必须完好,锯片边续断齿三个以上不得使用;平刨必须设置刨口保护装置或采用机械自动送料。

(15) 多用木工机械使用时只准使用其中一种功能,其他功能的传动皮带拆除。

(16) 大模板存放时应当满足自稳角的要求(倾角 85°),两块大模板应当采取板面对板面的存放方法,长期存放时,应将模板联成整体,模板的存放场地必须平整夯实,堆放模板处严禁坐人或逗留。

(17) 模板起吊前,应检查吊装所使用的绳索、卡具及每块模板上的吊环是否完整有效,并应先拆除一切临时支撑,经检查无误后方可起吊;模板起吊前应将吊车位置调整适当,做到稳起稳落,就位准确,禁止用人力搬动模板;严防模板大幅度摆动或碰倒其他模板。

(18) 施工中,必须搭设安全网和防护网,防护网应随支架逐上升,并高出作业面 1 m 以上;当风力为 5 级时,仅允许吊装 1~2 层模板和构件;当风力超过 5 级时,应停止吊装。

(19) 构配件使用过程中必须定期和不定期进行检查,发现问题应及时整改,整改后才能继续使用;如停工一段时间重新开工时必须全面检查,检查合格后才可使用;不得使用不合格的构配件。

(20) 支撑与模板架设后,应会同技术部门及安全检查员进行全面检查,按照分段施工和分段验收制度执行。每分段验评合格后方可使用和继续下一分段施工。

二、结构混凝土质量控制措施

(一) 混凝土质量的保证

(1)"混凝土浇灌令"制度。

① 混凝土浇筑必须严格执行签署施工准可令制度。

② 工区负责填写"混凝土浇灌令"的填表送签工作。

③"混凝土浇灌令"的签发权限:大体积混凝土浇筑,500 m^3 以上的混凝土浇筑,其浇灌令均由工区项目经理签发;30 m^3 以上、500 m^3 以下一般性结构混凝土浇筑,其浇灌令均由工区项目总工签发;30 m^3 以下一般结构混凝土浇灌令由工区工点主管和技术主管签发。

④“混凝土浇灌令”申请签发的条件：模板的支撑系统按施工方案施工完毕；模板、钢筋及其支架质量符合规定，验收合格；技术复核，隐蔽工程验收，监理检查确认签证；施工范围内安全设施落实；施工机具准备就绪且能正常运转；材料、商品混凝土联系准备完毕。

(2) 混凝土工程质量过程控制。

现场浇筑混凝土的来源主要是商品混凝土，根据供需计划签订供应合同，并制定详细的进场验收制度。

① 混凝土的运输控制。

a. 运输混凝土采用搅拌运输车，容器严密，内壁平整光洁。

b. 延续时间：混凝土自搅拌机出来到灌注完毕的时间要严格控制，必须保证输送工作区的混凝土不能离析，或者有凝固现象。

c. 泵送混凝土：泵送混凝土的供应必须保证混凝土泵能连续工作，混凝土泵受料斗内要充满混凝土，以防止吸入空气形式阻塞，混凝土泵允许中断时间不得超过 45 min。

② 混凝土浇筑过程的质量控制。

a. 浇筑前的准备：对模板、支架、钢筋、预埋件、预留孔的位置逐一检查，并做好记录。

b. 与混凝土直接接触的模板、地基基土、未风化的岩石，要清除淤泥和杂物，用水湿润，地基基土要有排水和防水措施，模板中的缝隙和孔洞要堵严。

c. 场地满足混凝土自由倾落高度不要超过 2 m。

③ 浇筑过程中的控制。

混凝土浇筑要分层连续进行，分层浇筑厚度应根据工程结构特点、配筋情况、捣实方法而定，车站基础大体积混凝土浇筑时，要采取有效的质量保证措施。

④ 施工缝设置和继续浇筑。

a. 施工缝的位置宜留在结构受剪力较小且便于施工的部位。

b. 柱要留水平缝，梁、板、墙留垂直缝，其施工缝的具体位置要符合规定要求。

c. 在施工缝处继续浇筑混凝土，要按规定对施工缝进行必要的防水处理和表面清除后进行。

⑤ 混凝土的养护控制。

为使混凝土达到设计强度要求和防止收缩裂缝，对浇筑好的混凝土要进行养护。在混凝土浇筑完毕后，要在 12 h 内加以覆盖和浇水，使混凝土保持足够的湿润状态。但在平均气温低于 5 ℃时，不得浇水，厚大体积混凝土的养护，在炎热气候条件下，还要采取降温措施。

(二) 安全技术措施

(1) 要求混凝土供方的混凝土输送泵机要随时检查润滑剂，冷却润滑水箱中的水量是否足够和干净，一般每工作 8 h 要更换一次；经常检查压力是否正常，避免经常处于高压下工作。

(2) 混凝土输送泵输出的混凝土在浇捣面处不要堆积过量，以免引起过载；输送泵清管时，管口下严禁站立人员，以防混凝土掉落或喷出伤人。

(3) 振捣作业人员，要穿胶鞋、戴绝缘手套、使用带有漏电保护的开关箱；夜间浇筑混凝土，要有足够照明设备，并防止眩光。

三、安全保障措施

（一）邻近河流的安全保障措施

(1) 邻近张村河保障措施：因距离张村河较近，地下水位较高，大里程端做双排止水帷幕。

(2) 邻近大河东河保障措施：针对车站深基坑采用钻孔灌注桩咬合桩＋内支撑，第一道撑采用钢筋混凝土撑；必要时车站主体结构深基坑与河堤之间夹土体用三轴水泥土搅拌桩加固，确保大河东洪峰过境时基坑工程安全可靠；施工期间做好应急预案，防止洪水淹车站深基坑。

（二）地下管线保护措施

对照设计图纸，上场前用管线探测仪器，探明需要改迁的管线位置及走向以及与基坑的位置关系，根据探测结果，绘制详细的管线改移图。

在管线开挖前，邀请有关管线产权单位进行确认，对于电力、给水、燃气、热力等重要管线，无论图纸上有无标注，都邀请其确认；在有关管线产权部门同意后，对管线开挖作业人员进行安全技术交底，用人工挖槽先找出管线，对于通信、电力、电缆线用槽钢或 PVC 管（破开）对其进行入槽包扎防护，并进行可靠的临时支护。

与管线产权单位沟通，共同商量管线改迁移方案。能不拆迁的管线尽量不要拆迁，能短距离拆除就能解决问题的就不要整条拆除。具体改迁时，请管线产权单位派人指导管线改迁工作。在施工中，如果遇到不明管线，立即停止施工，并研究合适的处理办法。如果遇到废弃管线，严格按青岛地铁集团《关于进一步加强地铁工程施工现场管线安全管理的通知》规定执行。

四、施工保护措施

（一）施工前保护措施

施工前组织专门的管线调查小组，配备管线探测仪进行地下管线探测校验及调查工作。主动与市政相关施工单位及管理部门取得联系，进一步收集施工影响范围内的所有管线图纸和管线竣工资料。必要时，到现场进行人工挖槽探测。

查清各类管线的允许变形量，并与有关单位协商确定，报监理工程师备案。针对在施工中遇见未知管线时，及时向建设单位及监理汇报，在建设单位的指导下，积极与有关单位取得联系，并进行建设性的磋商，取得尽快处理的效果。

工程施工前，落实保护该工程管线组织措施，委派管线保护专职人员负责管线监护和保护工作，项目部、施工队和各班组设兼职管线保护负责人，组织成管线监护体系，严格按照上级主管部门审定批准的施工组织设计和管线单位认定的保护技术措施的要求落实到现场，并设置必要的安全标志牌，悬挂保护管线的“十个不准”。

（二）施工过程控制措施

管线保护关键在于控制好施工过程中地层产生的变形及不均匀变形，因此确保基坑稳定是施工的重点。应采取以下措施：

(1) 基坑围护施工，必须做好围护结构和支撑，确保围护结构和基坑的稳定。

(2) 基坑开挖自上而下，分段、分层、平衡、对称依次进行，随挖随撑，确保基坑稳定。

(3) 加强施工管线监控，根据不同管线建立各类管线管理基准值，通过监控量测及时掌握管线变形状况，调整施工工艺，确保管线保护管理在可控状态有效运行。

（三）安全保障措施

地铁工程施工时，可能由于基坑周围土体的变形而使周围的建筑物、地下管线基础以及道路产生位移或沉降，将会危害周围建筑物及地下管线的安全。在施工前、中、后三个阶段须对施工现场周边地面及重要建筑物、开挖工作面、土体变形、已完成的永久结构或临时结构、地下水动态进行监测，做好施工信息化预测预报及抢险预案，发现问题及时处理。

施工前委托具有工程质量检测与鉴定加固资质的单位，对下穿建筑，可能受到影响的地上、地下建(构)筑物，组织专门的建(构)筑物调查小组，配备相机、测量仪器进行全面调查及评估；并主动与周边建(构)筑物的建设单位联系，进一步收集施工影响范围内的建(构)筑物地基情况、基础类型及深度、结构形式及地上建(构)筑物现状等资料；并做好建(构)筑物所有者签认工作。在施工前形成建(构)筑物调查评估报告。

建立完善的建(构)筑物监测系统，加强监控量测，一旦建(构)筑物变形过大，应及时分析原因，当地面沉降量超过建(构)筑物要求或基坑开挖造成地面实测位移(沉降)达到预警值时，考虑地表补充注浆加固。同时，在车站施工过程中，采取必要的措施确保基坑的稳定。

严格执行先支后挖的原则，保证围护结构的质量，对围护桩间漏水及时采取补救措施，拆除支撑时做好应力的转移。加强监控量测，基坑变形可能危及建筑物安全时，立即停工，在和有关部门商讨对策措施后再行组织施工。

第五章 青岛2号线高雄路站—海安路站区间TBM施工案例

第一节 工程概况

该区段TBM施工段左右线隧洞全长7 677.59 m，其中1号TBM掘进4 855.84 m，2号TBM掘进2 821.75 m。在左右线隧道中Ⅱ级围岩总长度3 647.79 m，Ⅲ级围岩总长度1 180 m，Ⅳ、Ⅴ级围岩总长度2 027.30 m。

该区段隧道主要位于香港中路和香港东路下方，洞室的轨面最大埋深44 m，轨面最小埋深18 m，区间地势起伏较大，且在TBM的整个施工区段将穿越10条断层破碎带。香港中路和香港东路地面交通繁忙，且香港东路是青岛市著名的旅游景点，两侧多为高档别墅居住区。

该区段隧道洞身除海川路到海安路区间主要穿越中等风化至微风化花岗岩外，其他区间隧道洞身范围主要位于强风化～微风化地层中。根据地质勘察报告，区间隧道洞身微风化地层的比例较大，微风化岩强度较高，其饱和单轴抗压强度如表5-1所列，最大饱和单轴抗压强度为202.6 MPa。

表5-1 岩石饱和单轴抗压强度分布 单位：MPa

区间	高雄路站—麦岛站	麦岛站—徐家麦岛站	徐家麦岛站—海川路站	海川路站—海安路站
单轴抗压强度	50～80	73.8～164.3	41～89	51.6～143.6
最大值	126	202.6	120	190.0

第二节 盾构设备选型

一、该工程对TBM型式的重点要求

该工程TBM施工段根据限界、土建施工结构变形、施工误差、测量误差、沉降控制以及复合式衬砌的要求，最终确定TBM的直径为6 280 mm，即隧洞开挖洞径在TBM刀具磨损极限时不小于6 280 mm，因此所选择的掘进机的刀盘（安装新刀具）开挖直径要略大于5 900 mm。一方面不影响隧洞的限界、土建施工结构变形、施工误差、测量误差、沉降控制以及复合式衬砌的要求，同时减少管片背后回填和回填灌浆的数量，从而更好地保证隧洞的成洞质量。

该工程采用TBM施工的区间隧道，采用预制管片衬砌和现浇模筑衬砌两种结构形式。其中预制管片衬砌结构为控制TBM开挖直径的结构形式，该种结构形式为，其内直径

5.4 m、外直径6.0 m，线路最小曲线半径350 m，线路最小竖曲线半径3 000 m，最大纵坡22‰。TBM应能满足该种断面及线型设计要求。

由于该工程TBM地段结构衬砌有预制管片衬砌和现浇模筑衬砌两种形式，要求选用的TBM应在满足开挖及结构设计要求的同时，应能在两种衬砌之间进行安全、方便快捷的转换。

根据该工程的地质条件，TBM掘进地段大部分为微风化地层，局部为中风化及强风化地层，微风化岩层最大单轴抗压强度为202.6 MPa。要求选用的TBM应对此地层有足够的适应性（如刀盘及刀具配置、动力配置、机械配置、掘进参数选择等）。

针对设计文件相关要求，TBM应具有对地层进行超前地质预报（超前钻探等）及超前预支护（超前注浆加固地层及止水等）能力；在采用管片衬砌地段，应同步安装管片；在采用现浇模筑衬砌地段，应具有对局部围岩进行及时临时支护（锚、网、喷等）的能力。

要求选择的TBM应能满足设计文件中提供的土建预留条件、施工场地条件、工程筹划条件等，并能满足建设单位的安全、投资、工期控制等其他要求。

二、选型的原则与依据

TBM的性能及其对地质条件和工程施工特点的适应性是隧洞施工成败的关键。该工程的TBM选型按照性能可靠、技术先进、经济适用相统一的原则，依据招标文件、地质资料，并参考国内外已有TBM工程实例及相关的技术规范进行

三、TBM选型的确定

根据青岛地铁2号线一期工程TBM的前期专题研究报告、全线初步设计及专家审查意见，该工程TBM施工地段采用能适应软硬岩地层掘进的双护盾TBM进行施工。

该工程拟选用的TBM型式为改进型双护盾TBM，与典型的双护盾TBM结构相比主要有如下的不同点：

(1) 增加了敞开式TBM的锚杆钻机、钢筋网安装平台、混凝土喷射系统等初期支护部件，如图5-1所示。

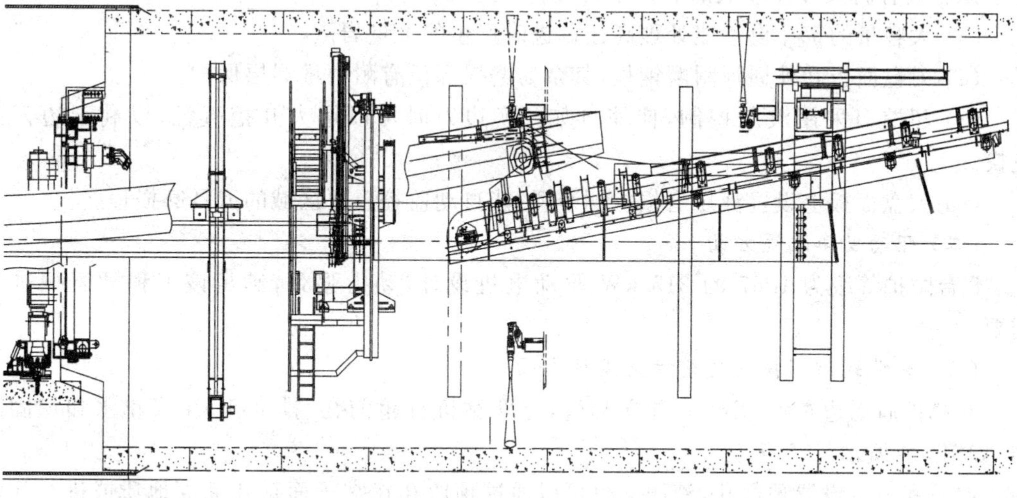

图5-1　增加设备示意图

(2) 主轴承中心皮带机出渣模式可转换成螺旋输送机出渣的方式,如图 5-2 所示。

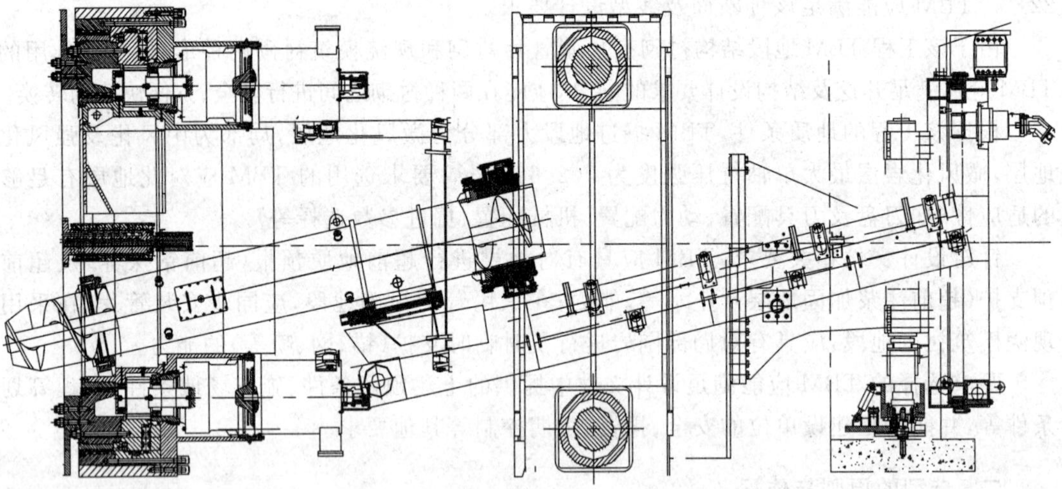

图 5-2　出渣模式转换示意图

四、拟选用的 TBM 对该工程的适应性

(一) 刀盘及刀具的配置方面

该工程 TBM 掘进区间围岩强度变化大,要求 TBM 刀盘设计和刀具配置既能适应麦岛站—徐家麦岛站区间饱和单轴抗压强度极大值 202.6 MPa 的硬岩掘进,又能适应徐家麦岛站—海川路站区间饱和单轴抗压强度极小值 33 MPa 的软岩掘进要求。拟选的 TBM 在刀盘设计和刀具配置时有很强的针对性,主要表现在以下几方面:

(1) 采用 19 in(1 in＝2.54 cm)背装式滚刀以及合理的刀间距布置,使 TBM 在硬岩条件下破岩效率更高,换刀频次大为减少。

(2) 铲斗斗齿采用大块合金设计,大大提高了斗齿的耐磨性能以及耐冲击性,使其在软岩中作业具有高效性和较低的磨损率,如图 5-3 所示。

(3) 大容量的铲斗设计能处理高速掘进时产生的大量岩渣。

(4) 刀盘面板和外周焊耐磨钢板,其余易磨损部位有耐磨堆焊层保护。

(5) 超挖刀采用液压控制,伸缩自如。换边刀时可以增大开挖直径,以利于边刀的更换。

(6) 刀盘面板上设置液压磨损检测装置,能自动监控重要区域的刀具磨损程度。

(二) 驱动功率配置方面

8 台防护等级为 IP67 的 315 kW 驱动电机设计,动力强劲,满足该工程硬岩掘进的需要。

(三) 超前地质预报及超前注浆设计方面

支撑护盾周边布置 DN100 导向套管,方便钻机打超前孔、排水孔、注浆止水和加固围岩,如图 5-4 所示。

前盾和刀盘设置预留孔,液压钻机可以通过预留孔在掌子面钻孔勘探地质或进行注浆加固地层,如图 5-5 所示。

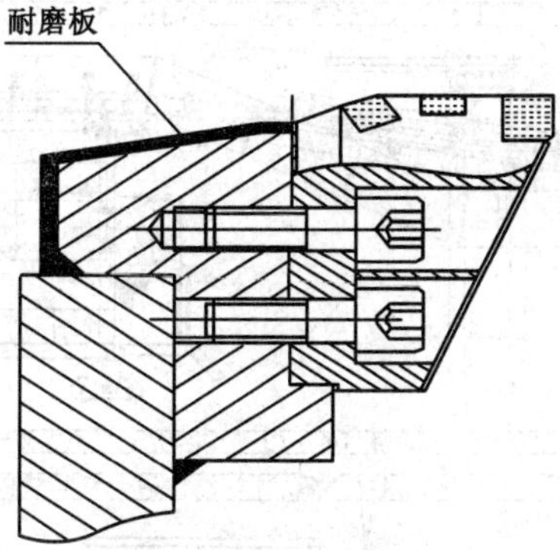

图 5-3　斗齿断面图

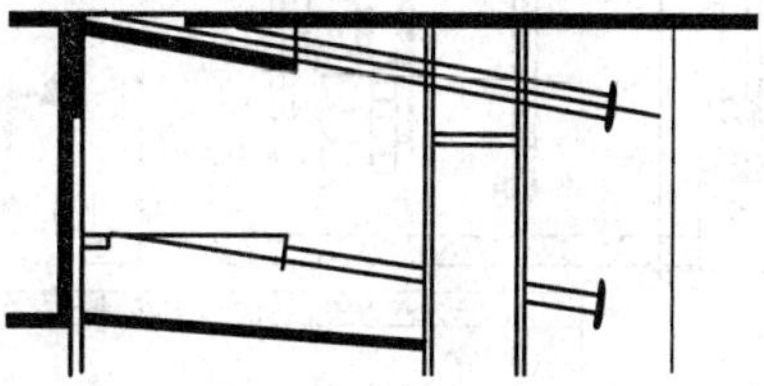

图 5-4　导向套管示意图

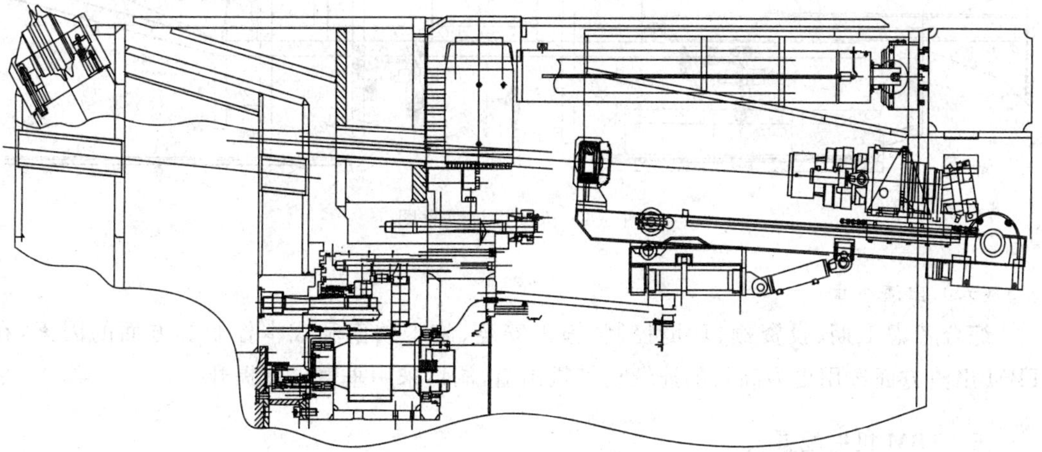

图 5-5　预留孔示意图

（四）适应管片衬砌与模筑衬砌两种方式设计方面

在设计为模筑衬砌区间以敞开式 TBM 的理念来掘进，配置了锚杆钻机、钢筋网安装平台、混凝土喷射系统等初期支护部件。

在设计为管片衬砌区间以典型双护盾 TBM 的理念来掘进，配置了管片拼装机和两套推进系统，使掘进和管片拼装工序能同时进行，如图 5-6 所示。

（五）操作性能方面

（1）TBM 的操作充分考虑人性化和自动化设计，减轻了劳动强度，提高劳动效率，降低了人身伤害的风险。

（2）在不同地质条件下，TBM 的推力、刀盘转速和刀盘扭矩等掘进参数是不同的，根据不同的地质条件可以及时地调整 TBM 的掘进参数，以使 TBM 安全、高效地通过施工标段不同的地质地段。

（3）TBM 在掘进过程中，掘进主参数（推进速度、推力、扭矩、刀盘转速和撑靴支撑力）会随围岩变化而产生波动，皮带输送机的渣量、渣粒也会随围岩变化而出现明显的变化。据此变化可大致判断 TBM 刀盘工作面的围岩状况并采用人工手动调节操作模式，及时调整掘进参数，或及时转换 TBM 工作模式。

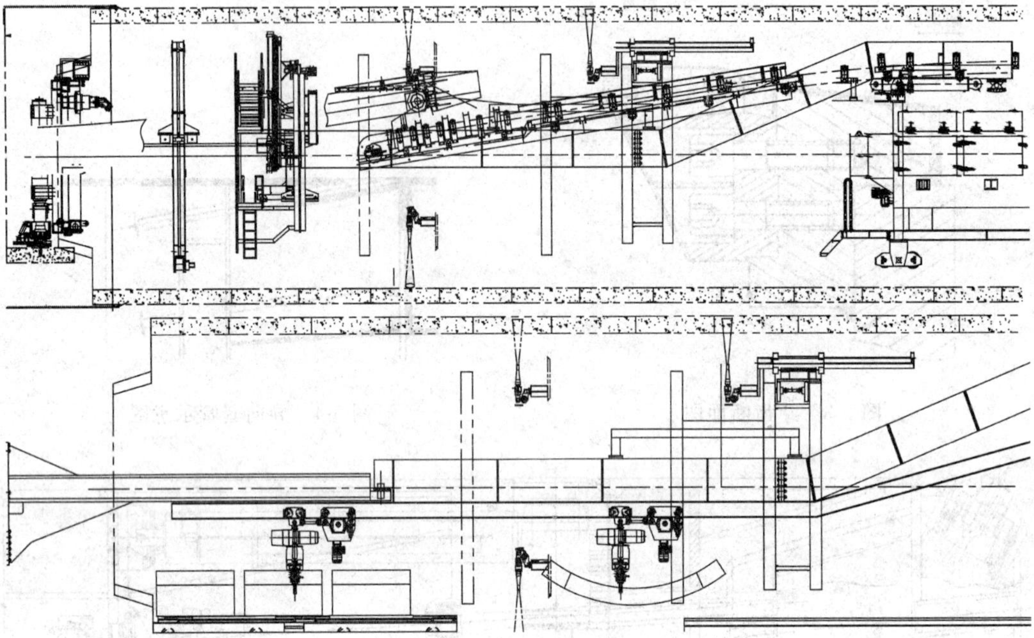

图 5-6 机型设计示意图

（六）出渣方面

综合考虑工期、投资额、环境控制、施工安全、施工效率和成本控制等方面的因素，在TBM 出渣方面选用更为高效的连续皮带机出渣，洞口采用垂直皮带提升。

五、TBM 机械配置

（一）拟选 TBM 主要部件功能描述

1. TBM 主机

TBM 采用最新、最先进的技术设计。TBM 主机主要由刀盘、主轴承及驱动组件、前盾、伸缩盾、支撑盾、盾尾及其辅助设备组成。主机结构如图 5-7 所示。

(1) 刀盘。

刀盘为封闭面板式箱型结构，开挖直径为 6 280～6 310 mm，采用背装式 19 in(1 in＝2.54 cm)滚刀，刀盘上安装中心刀、正滚刀、边滚刀等各类型刀具，刀具根据地质条件进行了合理的选型和配置。盘型滚刀刀具更换在刀盘里进行，保证了换刀人员的安全。刀盘表面焊接了具有优良耐磨性能的 Hardox 钢板，保证刀盘在硬岩掘进时抗耐磨方面的可靠性。刀盘上设计有用于喷水降尘的喷嘴，高压水喷出形成水雾对刀具进行降温和降尘。

刀盘设有人孔，人员可以通过人孔进入掌子面，排除障碍物。

刀盘偏心 15 mm 布置，增大了隧洞拱顶的开挖直径和上部开挖尺寸，为 TBM 快速通过围岩变形区预留了变形量。

刀盘设计液压式刀具磨损自动检测系统，使刀具磨损量能被监控，以保证刀盘不因刀具超量磨损、损坏而遭到严重磨损或损坏。

刀盘上的溜渣槽采用耐磨设计，将渣料导流到主机皮带机上，在刀盘肋板及出溜渣槽

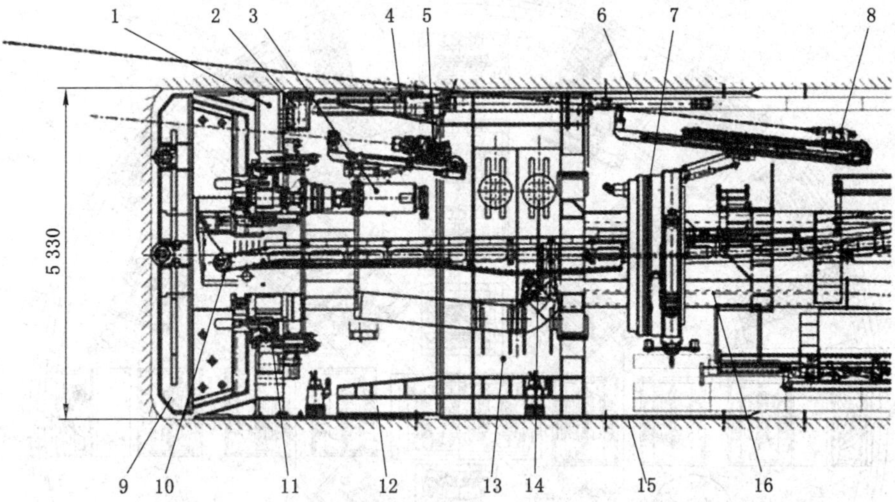

1—前盾；2—稳定器；3—驱动电机；4—主推动油缸；5—多功能钻机；6—辅助推进油缸；7—管片安装机；8—超前钻机；9—刀盘；10—主机皮带机；11—主轴承；12—伸缩护盾；13—支撑盾；14—撑靴；15—盾尾；16—管片安装梁。

图5-7　TBM主机结构示意图

上，留有用于漏水的孔使渣水分离，利于皮带机运输。刀盘结构如图5-8所示。

(2) 刀盘驱动系统。

刀盘驱动方式为变频驱动，共配置8台315 kW的变频电机，最大转速为9.5 r/min，额定扭矩为5 347 kN·m@4.5 r/min，最高转速扭矩为2 533 kN·m @9.5 r/min，脱困扭矩为8 020 kN·m。刀盘可以双向旋转，顺时针旋转为掘进出渣方向，在换刀和脱困时反向旋转。刀盘转速可以根据不同的地质条件而相应改变。

在检查刀盘或更换刀具的时候，刀盘驱动的操作模式需转换为由刀盘后的控制板手动点动操作，此时TBM主机的其他任何操作都会被禁止。

每个主电机都安装扭矩限制器，保证了设备及零部件工作在安全区域内。

(3) 主轴承。

主轴承采用大直径、高承载力、长寿命的三轴式设计。双轴承支座驱动小齿轮与齿圈啮合，支承稳固的驱动齿轮可最大限度地减小齿轮的磨损，主轴承与大齿圈设计寿命均超过15 000 h。驱动小齿轮和减速器、变频电机连于一体，结构紧凑。驱动结构如图5-9所示。

主轴承密封包括外密封和内密封两套密封系统。内外密封系统均由带有迷宫环的三道唇形密封组成，前两道密封防止杂物进入主轴承和齿轮腔内(第一道密封为油脂润滑密封，第二道密封用来控制泄漏)，第三道唇形密封可以防止主轴承润滑油的流失。这种高可靠度主驱动唇形密封设计，以及可移动的密封耐磨环，确保了主轴承齿轮油润滑系统的正常工作，主轴承外密封见图5-10。

主轴承和驱动装置采用强制式循环系统进行润滑，润滑系统与主驱动联锁，并先于主驱动启动，当润滑系统出现故障不能启动或停止运行时，刀盘将无法转动。主轴承润滑油与齿轮箱润滑油的循环管路相互隔离，以防止齿轮磨损的颗粒进入主轴承。所有润滑油液均流入驱动部件的油槽底部，过滤后回到循环系统中。循环系统中设置有传感器以监测润滑油

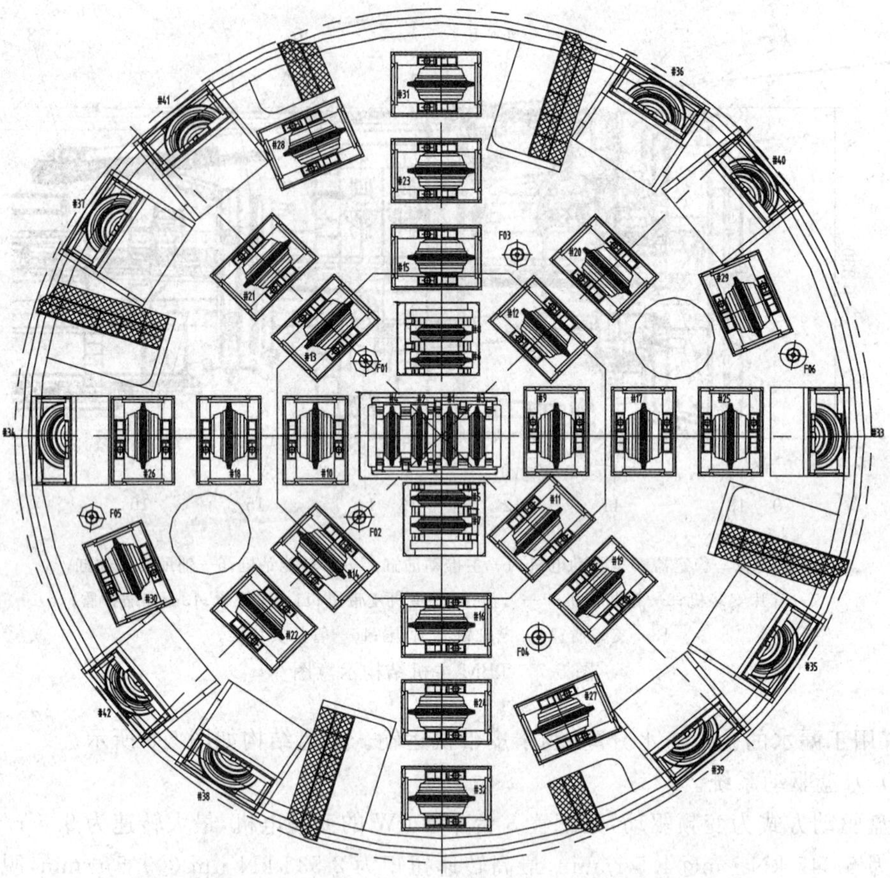

图 5-8　刀盘结构示意图

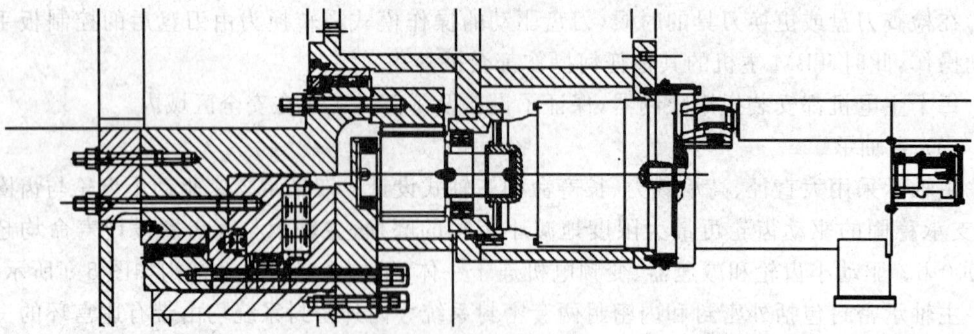

图 5-9　驱动结构示意图

的压力、流量和温度。

(4) 前盾。

前盾支撑刀盘和刀盘驱动装置，通过主推进油缸与支撑盾相连，主要部件有：用于安装主驱动的法兰盘、出渣区域的防尘装置及链条、稳定器支撑装置、推进油缸接头、除尘风管的接头装置等。

在前护盾顶部 1/4 的地方有两个液压操纵的稳定器，在硬岩中掘进换步时提供拖拉所

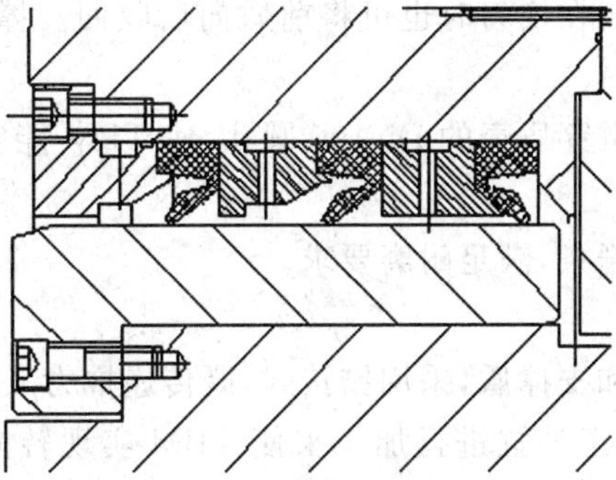

图 5-10　主轴承外密封示意图

需的撑紧力。前盾底部 120°范围内进行长距离掘进所需的耐磨设计。前盾结构示意图见图 5-11。

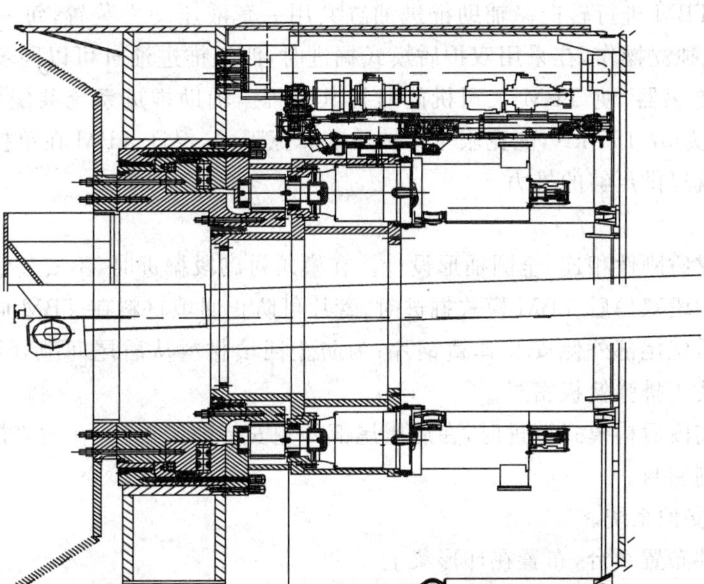

图 5-11　前盾结构示意图

(5) 伸缩护盾。

伸缩护盾连接前盾和支撑盾，外伸缩盾与前盾相连接，内伸缩盾与支撑盾相连接。伸缩内盾与伸缩外盾之间留有间隙方便它们相对运动，其功能是使 TBM 的掘进与管片的安装能同时进行。

伸缩护盾区域布置两个反扭矩油缸，将掘进时产生的扭矩从前盾传递给支撑盾，同时当前盾与支撑盾之间发生滚动时，反扭矩油缸可以给予调整。

伸缩区域内、外盾之间的间隙可以检查和清洁，TBM 设计时，为检查围岩状况和清洁提供了 4 个开口。

(6) 支撑盾。

支撑盾内设有辅助推进油缸和 TBM 支撑装置。撑靴布置的形状使得支撑力作用到两侧围岩上，提供掘进反推力，在换刀时也可将前盾向后收回。撑靴面积大，对围岩的接地比压只有 0.3 MPa。

沿支撑盾圆周布置了贯穿盾壳的 DN100 圆孔，使 TBM 能实现 360°的超前地质预报和地层加固等地层处理工作。

支撑盾底部设有耐磨栅条，满足耐磨要求。

(7) 主推进系统。

主推进油缸连接前盾和支撑盾，采用铰接式，既传递推力又传递拉力。油缸分成上下左右四组，通过有选择地对各组油缸进行加压来使 TBM 实现转向。每组作用油缸的行程及压力能同步在 TBM 主控室的显示器上显示。主推进系统共配置 10 根推进油缸，最大总推力为 28 148 kN，能保证 TBM 在双护盾模式掘进时给刀盘提供足够的推力。

(8) 辅助推进系统。

辅助推进油缸分成上下左右四组作用在四个压力区，以利于 TBM 在软弱围岩中掘进不能用支撑时 TBM 进行转向。辅助推进油缸共用一套液压动力装置，每一组液压缸均能由 TBM 主司机独立操作，在采用双护盾模式掘进时，四组推进油缸可以同步操作。每一组油缸装有行程传感器，使 TBM 主司机能监控其行程。辅助推进系统共配置 20 根推进油缸，最大总推力为 37 165 kN，能克服全部护盾的摩擦阻力，保证 TBM 在单护盾或者盾构模式掘进时给刀盘提供足够的推力。

(9) 盾尾。

盾尾与支撑盾刚性相连，全圆桶形设计。在模筑衬砌段掘进时，不安装钢板与尾刷。

在管片衬砌段双护盾 TBM 模式掘进时，管片可防止回填材料在 TBM 向前移动时流到 TBM 前方，在盾尾尾部外侧安装弹簧钢片；为防止回填材料从盾尾间隙处流入隧洞，在盾壳尾部内侧安装 1 排弹簧板密封。

在管片衬砌段盾构模式掘进时，在盾尾尾部外侧安装弹簧钢片，在盾壳尾部内侧安装 2 排盾构用的尾刷密封。

(10) 锚杆支护系统。

锚杆钻机共布置 2 台，布置在环形梁上。

锚杆钻机的主要功能是对出露围岩进行支护，使岩体连接为一个整体，并将钢筋网、钢拱架固定在围岩上。

充分考虑到新奥法施工的正确工序，锚杆钻机布置在喷混凝土机械手系统之前。因为钢拱架连接筋、钢网片在经过喷混凝土施工后被掩盖，钻孔施工时钻杆会打到钢网或钢筋，损坏钻头，破坏支护强度，造成二次塌方。

(11) 喷混凝土支护系统。

混凝土湿喷机械手布置的设备桥上，能在洞轴线方向上前后移动，具有一定的行程，机械手可在环形梁上进行混凝土喷射施工。喷混凝土区域具有防尘隔板，加之通风除尘系统的配合，使该区域能维持或很快恢复到较良好的空气环境。

(12) 管片安装机。

管片安装机为单体回转式，其移动可以精确地进行控制，以保证管片安装位置的准确性。管片安装机控制分有线控制和无线控制两种，施工中主要采用无线遥控器安装管片，有线控制器作为其出现故障时的备件使用。

安装机在两个方向都可旋转220°,其支撑和驱动装置由一个单座球轴承、内齿圈、两个小齿圈、行星齿轮减速箱与液压马达组成。驱动为无级变速,能产生足够的扭矩以安装沉重的管片。管片通过一个机械式锁定系统连接到安装机机头,安装机机头共有6个自由度,管片安装机机头用两个液压缸使它沿径向伸出,两液压缸能分别伸出。安装机机头上装有球面轴承,能向三个平面转动,保证管片正确定位。

管片安装机具有紧急状况的自锁能力,确保施工中的安全。

(13) 管片输送器。

管片输送器由液压油缸控制,能使放置在上面的管片实现升降和纵向移动。管片输送器放置于尾盾内的管片上并由钢链连接到支撑盾随TBM同步前移,管片输送器能存储一整环管片。

(14) 主机皮带机。

主机皮带机宽800 mm,能够在液压油缸的作用下前后伸缩。主机皮带输送机先将石渣运送到后配套皮带输送机上,然后通过安装在隧道洞壁的连续皮带机和竖井的垂直皮带机将石渣运出。

2. TBM主机辅助设备

(1) 超前钻机。

超前钻探和超前地质加固是TBM必备的辅助施工手段,TBM配置超前钻机用于地质超前探测和不良地质的处理。当钻探孔时,钻机固定安装在管片拼装机后面的支座上;当钻灌浆孔时,钻机能安装在管片拼装机上,沿着护盾圆周的14个贯穿盾壳的预留孔实现360°钻孔作业。超前钻机由独立的液压装置操作,额定功率为18 kW,钻孔直径为64～76 mm,钻孔深度可达80 m。超前钻机工作示意图见图5-12。

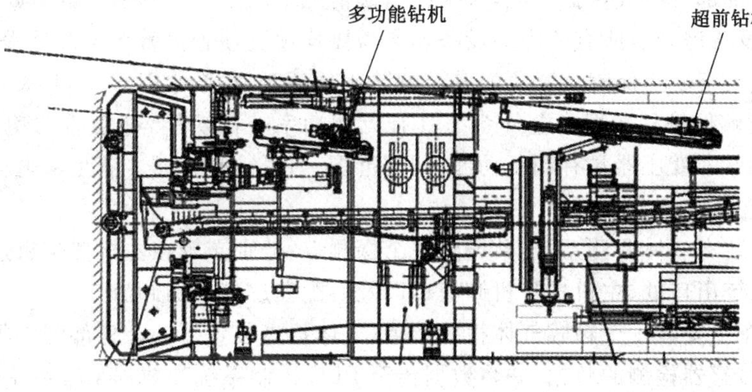

图5-12　超前钻机工作示意图

(2) 液压系统。

除刀盘驱动以外,所有主机的辅助功能部件均为液压操作。所有功能部件运行所需的液压动力装置都置于后配套的平台车上。

动力装置包括泵、马达、滤清器、冷却器和油箱并带有所有检测设备,动力装置与相应机械设备之间通过钢管或软管连接,考虑到围岩的高温以及对隧洞中温度的影响,冷却器的尺寸设计留有较大的富余量。液压系统设有便于测量压力的快速接头,所有软管都要安装得很结实以承受恶劣的地下工作条件。

液压泵站设机械式压力表，同时设置压力传感器、温度传感器将液压油压力和温度等信号传递给PLC(可编程逻辑控制器)，并在主控室显示。主油箱设循环过滤回路，滤清器的过滤精度为5 μm。为便于添加液压油，配置1台气动加油泵。

(3) 注脂及润滑系统。

注脂及润滑系统包括主轴承密封系统、主轴承润滑系统和其他部分。润滑及密封系统以压缩空气为动力源，靠油脂泵油缸将油脂输送到各个部位。

主轴承密封可以通过控制系统设定油脂的注入量(次/min)，并可以从外面检查密封系统是否正常。当油脂泵站的油脂用完后油脂控制系统可以向操作室发出指示信号，并锁定操作系统，直到重新换上油脂，这样可以充分保证油脂系统的正常工作。

主轴承润滑采用强制润滑，润滑油通过循环过滤后，对主轴承和齿轮进行强制润滑，PLC系统对润滑情况进行监控。

其他部分主要包括各系统油缸、管片安装机、管片输送器等部分的注脂及润滑，主要采用集中的自动或半自动润滑方式。为减轻工作强度，配置1台便携式气动油脂泵，对需要手动润滑的地方进行润滑。

(4) 电气系统。

TBM配置2台变压器，容量为(1 250+500)×2=3 500 kV·A。高压电缆经隧洞接入TBM，供电电压为10 kV，动力电压为690 V，控制和照明电压为230 V。同时TBM备有紧急照明应急灯，该灯备用电池可使用1 h。

TBM电气控制系统的核心部分为PLC系统，对TBM主要功能进行控制。它安装在带有远程接口的操作台上，并接入位于操作台的工业计算机。所有软件都可以防止未授权的登陆，所有系统都有失效保护功能，包括在错误情况下的错误操作引起的电路互锁保护和断路保护以防设备启动。所有的主要设备如果需要均设置预先报警系统及远程的悬垂或拉线、按钮以提供人身安全保障。紧急的安全电路用硬线独立接到PLC上，PLC系统上安装的USV功能能够保护其数据。电气系统具有无功功率补偿功能，补偿后的功率因素能达到0.9以上。TBM变压器具有调压功能，调压范围−15%～+10%，满足供电稳定的需要。

(5) 气体监测系统。

TBM上安装有气体监测系统，共设置5个探测点，分别布置在主机皮带机进渣口、伸缩盾顶部、除尘系统出口处、主机皮带机卸渣口以及后配套皮带机的卸渣口。

后配套台车上安装1个箱式气体报警装置，气体报警装置由一个外部配电柜提供电源，负责收集所有传感器检测的数据，并将数据传至PLC控制系统和数据采集系统。

检测系统测得的数值会实时地在屏幕上显示，达到一级浓度时，警报将通过无电势接触点在喇叭及闪烁灯上发布信号。同时将警报传递给TBM操作人员。达到二级浓度时，TBM将停机，只有防爆部件(应急发电机、二次通风机、应急照明、通信系统和排水系统)仍处于工作状态。

(6) 电视监视系统。

电视监视系统由摄像机和显示器组成。摄像机设计为防尘、防水和防震动，显示器为黑白电视显示器，具有多视窗显示功能，安设在主控室内。为满足监控整个TBM施工区域的需要，在TBM的下列位置安设了监视装置：TBM主机内；管片吊装区域；主机皮带机尾部卸渣处；材料卸料区；后配套台车尾部的轨道系统。

(7) 数据采集处理系统。

数据采集系统可采集、处理、储存、显示、评估与TBM有关的数据。所有测量数据都通过被时钟脉冲控制的测量传感器连续地采集和显示。所有必须记录的测量值都以图形的形式显示在PDV的监测器上。屏幕上的内容均按功能分页显示，主要包括以下内容。

① 掘进的相关参数：主推进油缸与辅助推进油缸推进力、刀盘扭矩、超挖装置超挖量等参数显示与记录。

② 油脂、豆砾石回填、注浆的注入量及注入速度显示与记录。

③ 各关键部位、系统的温度显示与记录，如液压系统、主轴承润滑系统等错误信息显示与记录。

④ 操作员可在这些屏幕页之间切换并从中获取需要的数据。通过数据采集处理系统收集到的信息，可以实现对TBM状态的实时信息化管理。通过互联网、电话拨号网以及数据采集系统的计算机可以将当前的TBM掘进状态数据传送至建设单位、监理、设计及施工等相关部门，为整个工程的信息化管理提供重要信息来源。

(8) 导向系统。

TBM配置了一套PPS导向系统，该系统能够对TBM在掘进中的各种姿态以及TBM掘进的方向和位置关系进行精确的测量和显示。操作人员可以根据导向系统提供的信息，快速、实时地对TBM的掘进方向及姿态进行调整，减小掘进偏差。

PPS导向系统和隧道掘进软件连续不断地提供TBM的三维坐标和定向的、连续的动态信息。导向系统附带的通信装置能够接收数据，由隧道掘进软件计算TBM的方位和坐标，并以图表和数字表格的形式准确地显示TBM的位置。

(9) TBM主控室。

主控室位于第1节后配套台车上。主司机在主控室内可以进行大部分TBM设备的启动、停止操作，通过主控室内各个显示屏，主司机能随时掌握TBM的状态，并能根据需要做出调整。主控室具有良好的隔音效果，并安装空调以保护PLC控制系统和保证主司机有良好的工作环境。

(10) 安全和控制系统。

TBM安全控制系统包括人员安全保护和TBM设备安全保护。

人员安全保护包括以下几项：

① 紧急停机开关安装在司机控制台和靠近刀盘的前盾处，紧急情况下可用来切断TBM的电力供应。

② 在主电气线路开关上安装有接地保护装置。

③ 在照明及输出线路开关上安装有接地保护装置。

④ 瓦斯监测及报警装置。

⑤ 所有移动的设备涂有醒目的标记。

⑥ 设备启动时能看到或听到自动警报。

TBM设备安全保护体现在TBM联锁功能的设置和TBM相关参数的显示两个方面：数据同步显示能保证主司机随时掌握TBM状态并做出适当的调整；TBM联锁功能保证了设备不具备安全使用条件时不因误操作而动作，从而避免导致设备严重损坏的可能性。

3. TBM 后配套

(1) 连接桥。

连接桥位于TBM主机后面。连接桥下留有足够的空间用于管片吊机运输管片和储存、铺设铁轨，连接桥上安有皮带输送机、新鲜空气的通风管道、管片吊机、喷浆机械手、锚杆钻机、安装工作平台运行的轨道。连接桥的长度满足延伸轨道的要求。

(2) 后配套台车。

后配套台车共10节，每节的长度在10 m左右。台车采用开式门形结构，在铺设的专用轨道上行走，轨距2 200 mm。在中间布置轨距为900 mm的运输轨道，轨道两旁以及台车上方平台两侧合理布置皮带输送机、通风管、集中油脂润滑系统、豆砾石回填系统、水泥浆搅拌注入系统、喷射混凝土系统、电气控制柜、液压动力装置、变压器、空压机、人员休息室与卫生间、水系统以及电缆卷筒、水管卷筒等TBM配套设备。

(3) 后配套皮带机。

后配套皮带机宽800 mm，驱动方式为电驱动。皮带机沿后配套台车上方布置，将从TBM主机皮带机转载的岩渣转运至洞内连续皮带机。

(4) 吊机及材料运输系统。

根据施工需要，TBM配置下列起重和提升设备：运输管片的管片吊机，轨道安装用吊机，豆砾石罐用吊机，通风存储箱用吊机。

(5) 除尘系统。

TBM除尘系统主要作用是清理来自刀盘的粉尘，然后将过滤的空气送回到后配套后部，以保持后配套区和隧洞的空气质量良好，吸入风管位于前盾，将主机皮带机进料口区域的空气抽走形成负压，使部分新鲜空气流向TBM前端，同时防止含粉尘的空气逸入隧洞内。除尘系统配置有消声和排尘装置。

(6) 空气压缩系统。

豆砾石泵、除尘器的灰尘收集器、风动工具的风源及油脂润滑系统的动力由空气压缩系统提供。空气压缩系统设备配置包括：2个2 m^3储风罐，3台90 kW、15 m^3/min、0.75 MPa的空压机。

(7) 豆砾石回填系统。

后配套台车上布置豆砾石回填系统，通过压缩空气将豆砾石吹入预先在管片上预置的开口进行豆砾石充填 。豆砾石泵具有遥控操作功能，可以遥控操作。TBM配置的豆砾石填充系统包括：2台豆砾石泵(其中1台备用)和1个容量为7.5 m^3的豆砾石储存罐。

(8) 水泥浆搅拌及注入系统。

水泥浆现场搅拌及注入系统设置在后配套台车上，利用水泥袋处理装置将水泥倒入搅拌机中，砂浆泵将搅拌好的水泥浆液通过注入口注入管片背后的空隙中。

(9) 高压电缆卷筒。

在TBM后配套设置电缆卷筒，电缆卷筒由气动马达驱动，置于后配套系统的尾部，可以存放400 m长的高压电缆。

(10) 应急发电机。

TBM配置150 kW应急发电机，在电力供应发生中断时，柴油发电机组自动启动。为避免瓦斯影响，应急发电机按防爆设计。应急发电机主要用于以下项目的供电：

① 主机和后配套的照明。

② 操作站内的仪表盘和配电盘。

③ 后配套通风系统和除尘器。

④ PLC及其他控制回路。

⑤ 排水泵。

(11) 供排水系统。

① 供水系统。隧洞内合理布置水泵从隧洞洞口给TBM供水，供水量为60 m^3/h。TBM后配套台车设置储存能力为50 m的水管卷筒，新鲜水经过水管卷筒补充到一个带有流量控制器的5 m^3水箱，所有冷却装置的用水以及现场搅拌用水都从这个水箱提取。

② 冷却系统。冷却系统按洞口水温25 ℃的条件设计，新鲜水流经各冷却装置后，变热的冷却水由设置在TBM后配套台车上5 m^3的热水箱收集，除尘系统、刀盘喷水以及钻机、冲洗等用水都从热水箱抽取。

③ 排水系统。在隧洞出口配置1台水泵将未用完的热水抽出洞并送至管片厂使用。TBM主机区域设置1台风动隔膜泵，将主机区域聚集的污水抽至TBM后配套配置的5 m^3的污水箱内，沉淀后的污水直接排放在TBM后配套区域外的隧洞内，利用坡度自流至洞口污水池。

④ 紧急排水。TBM伸缩盾区域与支撑盾区域各设置1台潜水泵，在涌水量大的情况下将水抽至污水箱。后配套设置2台(备用1台)水泵。

(12) 消防系统。

在TBM共安装了5个烟雾传感器，分别布置在后配套尾部、变压器、主控室、支撑盾和伸缩护盾区域。如果出现火情，TBM将发出视听警报，主控室的显示屏将指示警报的部位。在TBM烟雾传感器及邻近区域布置了手持式灭火器，总共有15台。

(13) 二次通风系统。

TBM配置风管从1号台车延伸至整个后配套系统，用来排除撑靴区域及液压泵使用过的热空气。隧洞外的新鲜空气经过轴流风机输送到TBM后配套区域，通过二次通风机和风管可以保证清洁空气不断供应给整个掘进系统。二次通风系统主要由以下部件组成：

① 1个风管存储箱，能存储100 m长的风管。

② 1台二次通风机(通风能力900 m^3/min，功率55 kW)及风管。

③ 2个消音器。

④ 1个用于操作存储箱的起吊设备。

(14) 通信系统。

通过TBM配置的通信系统使TBM主机室可以与TBM区域的若干固定位置进行通信。TBM共配置5部电话，主要分布于前盾、盾尾、连接桥、后配套皮带机和主机室。为保持TBM与外界的联系，TBM主控室预留一个外线借口供安装外线电话使用。

(15) 修理平台、医务室、卫生间和人员休息室。

根据需要，TBM后配套合理布置修理平台、医务室、人员休息室及卫生间。

4. 出渣系统

(1) 连续皮带机。

连续皮带承接后配套皮带机，随掘进不断延伸，皮带机带宽为800 mm，采用电动机驱动,电机功率配置为 2×315 kW。皮带储存仓储存能力为 600 m,满足掘进需要。

(2) 垂直提升皮带机

垂直提升皮带机采用针对该工程的隔板式设计,采用电机驱动,带宽为 1 600 mm,同时满足左线和右线两台 TBM 的出渣需要。

(二) TBM 主要技术参数

青岛地铁改良型双护盾 TBM 技术参数见表 5-2。

表 5-2 青岛地铁改良型双护盾 TBM 技术参数表

名称	各部件名称	TBM 参数
整机	主机长	12.5 m
	整机长度	120 m
	开挖直径	6 310 mm
	最小转弯半径	300 m
刀盘	刀盘型式/材质	19 in 背装式滚刀,刀盘材料 Q345C
	分块形式	整体式
	正滚刀数量	24 把
	中心滚刀数量	8 把
	边滚刀数量	10 把
	换刀方式	背装式
刀盘驱动	刀盘偏心量	15 mm
	驱动型式	无级变速变频电机(8×315 kW)驱动
	转速	0～9.5 r/min
	额定扭矩	额定扭矩:5 347 kN·m@4.5 r/min 最高转速扭矩:2 533 kN·m@9.5 r/min
	脱困扭矩	8 020 kN·m
	主轴承寿命	15 000 h 以上
	(密封)工作压力	0.3 MPa
	主轴承密封形式/数量	2×3 唇型密封
护盾	前护盾外径、材质	6 240 mm/Q345B
	伸缩盾外径、材质	6 240 mm/Q345B
	支撑盾外径、材质	6 150 mm/Q345B
	尾盾外径、材质	6 150 mm/Q345B
稳定器	稳定器数量	2 个
	油缸行程	110 mm
	单个油缸的最大撑紧力	2 500 kN
防扭油缸	油缸数量	2 个
	油缸型号	ϕ240 mm/ϕ180 mm

表5-2(续)

名称	各部件名称	TBM参数
主推进系统	最大总推力	28 148 kN@35 MPa
	油缸数量	10根(ϕ320 mm/ϕ240 mm)
	推进行程	1 600 mm
	最大推进速度	150 mm/min
	最大回缩速度	2 000 mm/min
撑靴油缸	撑靴油缸数量	2只(ϕ580 mm/ϕ420 mm)
	油缸行程	500 mm
	最大撑紧力	36 989 kN
	最大接地比压	3 MPa
辅助推进系统	油缸数量	10组双缸(ϕ260 mm/ϕ220 mm)
	油缸行程	2 200 mm
	最大推力	37 165 kN@35 MPa
	高压脱困推力	47 783 kN@45 MPa
	最大推进速度	100 mm/min
主机皮带机输送系统	皮带类型	不阻燃
	皮带机运行速度	0～3 m/s(液压马达)
	皮带输送能力	600 m^3/h
	皮带宽度	800 mm
后配套皮带机输送系统	皮带类型	不阻燃
	皮带机运行速度	0～3 m/s(液压马达)
	皮带输送能力	600 m^3/h
	皮带宽度	800 mm
连续皮带机	皮带类型	不阻燃
	皮带机运行速度	0～3 m/s(电机驱动)
	皮带输送能力	600 m^3/h
	皮带宽度	800 mm
提升皮带机	皮带类型	不阻燃
	皮带机运行速度	0～3 m/s(电机驱动)
	皮带输送能力	1 000 m^3/h
	皮带宽度	1 600 mm
回填灌浆系统	灌浆泵规格型号	双活塞泵
	灌浆泵数量	1
	能力	8 m^3/h
	储浆罐容量	2.5 m^3

表 5-2(续)

名称	各部件名称	TBM 参数
豆砾石注入系统	豆砾石泵数量	2
	额定压力	0.5 MPa
	能力	$2\times15\ m^3/h$
管片拼装机	额定抓举能力	100 kN
	抓取方式	机械式
	驱动方式	液压马达
	自由度	6
	移动行程	2 000 mm
	旋转角度	±200°
	控制方式	有线无线两种控制模式
	旋转速度	0～1.5 r/min
管片吊机	抓取方式	机械式
	起吊能力	100 kN
	工作范围	从服务列车管片车到管片喂片机
	控制方式	有线/无线控制
管片喂送装置	型式	液压自动喂送管片小车
	长度	10 m
	最大支撑力	100 kN
钢拱架安装器	旋转角	360°
	平移距离	＞900 mm
	钢拱架安装及控制方式	下部安装,可带遥控
	钢筋网安装	利用平台、管片拼装机安装
锚杆钻机	数量	2 台
	钻孔直径	30～60 mm
	钻机纵向移动距离	2 000 mm
混凝土湿喷系统	机械手数量	1
	单套机械手能力	$20\ m^3/h$
	机械手纵向移动距离	6 000 mm
	输送泵	$20\ m^3/h$,共 1 台
	速凝剂泵	1 台
超前地质钻机	钻孔深度	40 m
	钻孔直径	76 mm
	角度	0°或 8°

表 5-2(续)

名称	各部件名称	TBM 参数
后配套辅助装置	卫生间	1 间
	避险间	1 间
	混凝土罐吊机	1 套
	风管存储装置	1 套
导向系统	型式	棱镜式
	精度	2 s
	有效距离	200 m
监视系统	摄像头数量	4 台
	显示屏数量	1 个(单画面和多画面切换功能)
水系统	水管卷筒规格	进水管卷筒 DN100
	水管卷存储长度	50 m
空气压缩机	空压机数量	3 台
	排量	3×15 m^3/min
	额定压力	0.75 MPa
	储气罐数量	2
	储气罐容量	2×2 m^3
排水系统	能力	50 m^3/h
除尘系统	能力	480 m^3/min
	过滤精度	0.5 μm
	除尘风管	800 mm
二次通风系统	二次通风机流量	900 m^3/min
	风管直径	1 000 mm
消防系统	消防设备	灭火器
供电系统	功率补偿	0.95
	变压器防护等级	IP55
	初次电压	10 kV/50 Hz
	二次电压	400 V/690 V
	变压器容量	2 500 kV·A+1 600 kV·A
	电缆托盘容量	400 m
控制与通信	可编程控制器 PLC	西门子 S7-400
	显示器	2 个
	数据采集系统	1 套
	语音通信	6 部电话
	远程通信方式	光纤传输
应急发电机	规格型号	柴油发电机
	功率	150 kV·A

表 5-2(续)

名称	各部件名称	TBM 参数
有毒有害气体监测报警系统	监测气体种类	CH_4、CO_2、CO、O_2、H_2S
	探测器数量	共 8 个
功率	刀盘驱动系统	8×315 kW=2 520 kW
	撑靴推进液压系统	132 kW+90 kW
	管片安装机液压系统	55 kW
	辅助等液压系统	120 kW
	锚杆钻机	75 kW
	通风除尘系统	90 kW
	二次通风	55 kW
	排水系统	18.5 kW
	后配套皮带机	40 kW
	空压机	3×90 kW
	内循环冷却系统	4×15 kW
	砂浆罐吊机	30 kW
	豆砾石吊机	22 kW
	超前钻	45 kW
	其他备用	200 kW
	装机功率	3 830 kW

(三) TBM 主要技术参数复合计算

由于隧洞通过的地质情况复杂,为便于计算,假设地层为连续均匀的,根据 TBM 经验计算公式对 TBM 推力、刀盘转速、刀盘扭矩、刀盘功率和主轴承使用寿命进行复核计算。

1. 推进系统推力

(1) 主推进系统推力 F_1。

在硬岩地段,TBM 采用双护盾模式掘进,TBM 的推力计算如下:

$$F_1 = F_n \cdot N = 315 \times 42 = 13\ 230(\text{kN})$$

式中 N——TBM 配置滚刀数量,$N=42$(双刃中心刀 4 把共 8 个刃、单刃滚刀 34 把);

F_n——滚刀额定承载能力,19 in(1 in=2.54 cm)盘形滚刀额定承载能力 350 kN。

考虑软岩对护盾包裹等因素的影响,预留 50%的能力储备,则主推进系统所需总推力为 13 230×1.5=19 845(kN)。

TBM 设计主推进系统最大总推力为 28 148 kN,满足施工需要。

(2) 辅助推进系统推力 F_2。

在围岩较破碎地段,TBM 采用单护盾模式或者盾构模式掘进,TBM 的推力包括以下几项:

① 刀盘推力 F_t 与双护盾模式相同,为 13 230 kN。

② 地层摩擦阻力 F_f。

根据厂家提出的经验数据,地层摩擦阻力按下式计算:

$$F_f = W \cdot \mu = 4\ 500 \times 0.3 = 1\ 350(\mathrm{kN})$$

式中　W——TBM 主机重量;

μ——摩擦系数,取 0.3。

③ 拖拉后配套的力 F_1。TBM 采用单护盾模式或盾构模式掘进时,后配套随 TBM 主机一起前移,根据经验,后配套所需牵引力一般为 1 200 kN。

辅助系统所需推力 F_2。

$$F_2 = F_t + F_f + F_1 = 13\ 230 + 1\ 350 + 1\ 200 = 15\ 780(\mathrm{kN})$$

考虑工程高地应力可能引起的软岩塑性变形对施工的影响,预留 50%的能力储备,则辅助推进系统所需总推力为:15 780×1.5=23 670(kN)。

TBM 设计辅助推进系统最大总推力为 37 165 kN,满足施工需要。

2. 刀盘转速 N

根据经验公式,刀盘转速按下式计算:

$$N = V/(\pi D) = 120/(\pi \times 6.31) = 6.05(\mathrm{r/min})$$

式中　V——选用滚刀额定线速度,取 120 m/min;

D——TBM 开挖直径,取 6.31 m。

TBM 刀盘设计的最大转速为 9.5 r/min,能满足施工需要。

3. 刀盘扭矩 M

根据经验公式,刀盘扭矩按下式计算:

$$M = \alpha D = 60 \times 6.31 = 378.6(\mathrm{kN \cdot m})$$

式中　α——扭矩系数,取 60;

D——TBM 开挖直径,取 6.31 m。

当刀盘转速为最大转速 9.5 r/min 时,TBM 刀盘的设计扭矩为 2 533 kN·m,能满足施工需要。

4. 刀盘驱动功率 W_3

刀盘驱动功率按下式计算:

$$W_3 = M \cdot N/(9.55 \cdot \eta) = 2\ 501(\mathrm{kW})$$

式中　η——传动效率,变频电机驱动取 0.95。

TBM 刀盘驱动共配置 315 kW 变频电机 8 台,驱动功率为 2 520 kW,满足施工需要。

5. 主轴承使用寿命

根据全球最知名的 TBM 主轴承生产厂商德国罗特爱德的计算与承诺,TBM 主轴承设计寿命大于 15 000 h,满足施工要求。

6. TBM 支撑力

双护盾模式掘进时,TBM 主推进系统推力为 11 250 kN,考虑摩擦系数 0.3,需提供的支撑力为:11 250÷0.3=37 500(kN)。

TBM 配置的支撑系统的最大支撑力为 45 000 kN,能满足施工需要。

7. 皮带机出渣能力

根据 TBM 理论上的最大设计能力,150 mm/min 的推进速度,TBM 理论上的最快掘进速度为 1 环/10 min,每掘进循环进尺 1.5 m,渣土的松散系数取 1.8,出渣量为 84.45 $\mathrm{m^3}$/10 min，皮带机每小时出渣量为 $6\times84.45=506.7(m^3)$。

TBM 主机皮带机与后配套皮带机的出渣能力均按 600 m^3/h 设计，满足施工需要。

第三节　建造方案与工艺

一、TBM 设备过站、转场施、调头工方案

TBM 掘进至海川路站、徐家麦岛站时，车站无法及时提供先站后隧的条件，故采用先隧后站，TBM 掘进通过车站；右线 1 号 TBM 到达麦岛站时，将 TBM 主机从东端吊起，西端吊入，后配套站内过站；右线 1 号 TBM 到达高雄路站时，在东端调头，由左线始发，再次掘进至麦岛站。

（一）TBM 过站、转场施工方案

TBM 到达海川路站、徐家麦岛站时均采用掘进过站，到达麦岛站时采用主机吊出，后配套通过的过站方式。

1. TBM 掘进过站

TBM 掘进通过车站施工方法与 TBM 正常段掘进方式相同，在 TBM 到站前需与车站施工单位进行以下接口工作。

（1）工期接口条件。

TBM 根据当前施工进度及到站前剩余掘进长度提前两个月预估到站时间，在掘进过站前，区间、车站需进行工期接口工作，确保各项进度计划步调一致，同时对可能出现的进度偏差及时进行调整。

（2）功能接口条件。

涉及该工程区间与车站功能接口工作主要包括：临时用地、施工运输、施工用水或施工排水、施工用电、施工通风。

（3）质量接口条件。

掘进通过段岩层厚度应满足设计要求，确保 TBM 的顺利掘进通过。

TBM 掘进至中间车站时，采取慢速通过，掘进时通过加强姿态控制，确保掘进方向的正确性，掘进施工不允许侵入车站结构净空。

（4）安全接口条件。

施工期间区间的安全管理由区间负责，站内的施工安全由车站负责，同时在轨行区设置防护隔离栏。

（5）已完成工程保护接口。

已完成工程交叉作业施工期间保护由区间、车站共同保护。施工过程中遵循谁主张、谁举证的原则，对因交叉施工中造成的已完成工程的损坏，经施工双方确认，协商处理修复，如经协商未达成共识，由项目部进行裁决。

（6）通信接口。

车站、TBM 施工单位每周向项目部上报周进度，工期滞后节点工期情况，汇总后分别反馈至各施工单位。

各施工单位设接口联系人，根据工程进展情况定期组织召开接口专题会，对所出现的位

置制定纠偏措施。

(7) 验收程序。

TBM 到站前 1 个月区间、车站共同组织联合验收，经验收合格后进行交接工作，TBM 通过后，具备再次移交条件时，由工区项目部负责人组织联合验收。

(8) 掘进过站技术措施。

① TBM 到达车站时，车站停止施工，待 TBM 通过车站后再施工。

② 严格控制掘进参数，加强施工监测，根据监测情况及时调整掘进参数。

③ 在掘进过站时，考虑到前期车站已部分施工，预留岩层厚度保证 1 倍洞径厚度。

④ 在整个车站段掘进，TBM 的初期支护严格执行设计支护参数。

2. TBM 吊出过站、转场

当 1 号 TBM 到达麦岛站时，将主机拆解吊出，部件运至车站西端，再次吊入组装，后配套通过过站。

(1) TBM 到站后准备工作。

① 清理 TBM 刀盘内和盾壳上的泥土。

② 准备吊耳的焊接。

③ 对 TBM 各部件、各系统管道、电路系统进行详细标识。

④ 开始 TBM 主机和后配套设备的分离工作。

(2) 主机过站、转场。

按照主机拆卸顺序，依次将各个部件拆卸吊出，利用平板运输车将部件运至麦岛站西端，再次调入组装。起吊设备选用 350 t 履带吊，并配备相应吊具。主机过站、转场要点如下：

① TBM 主机过站转场主要环节分为解体、吊装、运输和组装几个环节。

② TBM 要以便于二次组装为目的进行，在不影响起吊、运输、包装及保证设备不致变形的情况下，尽量整体拆卸。

③ 拆卸之前应对 TBM 各部件、各系统管道、电路系统进行详细标识。

④ 拆机完成后应对主机所有部件进行分类统计，并列明其性能状态，以便制定后期的维修和购配计划。

⑤ 主要部件如刀盘、主轴承等，在拆卸后组装前应进行针对性的检测工作，确保各功能部件性能完好。

⑥ 转场前应对盾构接收工作井的钢平台、基座定位情况进行复核确认。

⑦ 编制 TBM 运输专项方案，并针对运输路线进行现场考察，保证路线上的道路、桥梁和周边建(构)筑物满足运输要求。TBM 吊装作业属于特殊吊装作业，应有专业资质的吊装队伍施工，吊装过程中应遵守相关的安全操作规程。

(3) 后配套过站、转场。

后配套设备的轨道铺设完成后，开始后配套设备的过站工作。将后配套连接桥的前端支撑在管片运送车上，直接利用 35 t 内燃机车牵引整个后配套系统向前移动。

后配套设备到达后，和 TBM 的主机重新连接，而后进行调试以使 TBM 能顺利始发，TBM 的过站工作基本完成。

(4) 其他配套设施转场。

TBM施工海川路站—海安路站区间、徐家麦岛站—海川路站区间及麦岛路站—徐家麦岛站区间时，出土均由海安路站进行；施工高雄路站—麦岛路站区间时，出土在麦岛站进行。当1号TBM掘进至麦岛站时，TBM吊出过站，1号TBM的配套设施进行转场至麦岛站。此时2号TBM仍在掘进施工。

在1号TBM吊出过站转场期间，与其配套的皮带机出渣设备、风机及风管、10 kV电缆均转至麦岛站重新安装，转运时进行标识及检查，以便补充采购。1号TBM作业人员及TBM备件仓库转至麦岛站场区。

(5) 重新始发前的检修。

TBM在麦岛站西端始发前进行检修，主要检修项目及方法如下：

① 主轴承：检测主轴承底部的残留齿轮油，观察油液中是否有残留物淤于底部，同时，齿轮油油品是否正常；外观检查打齿圈完好情况；检查主轴承密封磨损情况，如磨损较大，需要进行更换。

② 刀盘：对拆卸下的刀盘进行结构及焊缝的探伤检测：焊缝有无开裂，材料有无变形。

③ 支护设备：重点检查液压及电气部件。

④ 推进系统：检查油缸性能状况，对各液压管路进行清洗。

⑤ 整机结构件：检查整机结构件在拆机后的探伤和其他检测中有无变形等现象。

⑥ 电气及控制部分：检查各部件绝缘是否正常、内部是否干燥、清洁钻概况；检查所有控制系统功能是否正常。

以上各项在检查完毕后，编写TBM状态评估报告，制定专项方案进行设备的保养，以保证TBM在下一阶段掘进过程中的正常使用。

(二) TBM调头施工方案

根据全线工程筹划要求，右线1号TBM到达高雄站时，须在东端调头，改由左线始发，再次掘进至麦岛站。

1. TBM调头方案分析

通过参照类似工程，由于调头场地狭小，TBM或者盾构机在调头时，均采用将主机与后配套分开调头。由于主机部件结构复杂、重量大，如何快速实施是调头施工的重难点。

方案一，将主机拆解，吊至另一侧始发井再次组装，之后将后配套依次吊起，调头，与主机连接。此方案需将主机拆解再次安装，工期长；另外需要外部吊车配合，高雄路站为暗挖车站，不具备条件，所以此方案不适用。

方案二，将主机整体、各节后配套转动，实现调头。利用安装主机接收架，接收架与底板间铺设钢板或者型钢，利用卷扬机牵引或者千斤顶顶推，实现主机滑动旋转，最终调头。在后配套台车底部增加基座，利用已铺设的钢板或者型钢，卷扬机牵引转动，实现调头。此方案TBM主机及后配套台车通过滑动方式实现调头，后配套重量轻，调头容易实施，但主机部分重达400 t，滑动摩擦阻力大，需要牵引力大；而且主机转动没有固定旋转轴，需要通过反复多次移动才能实现调头，耗费时间长；再加之主机后配套还需再次连接调试，所需工期长，无法满足在高雄路站1月调头的工期要求。

方案三，将主机整体、各节后配套转动，实现调头。在车站内两条隧洞中间安装转盘，主机与后配套分离后，将主机由右线平移至中间的转盘上，转动180°，再将主机平移至左线。此方案调头过程简单，施工难度小，耗时少，但是转盘制作安装存在相对较高技术要求。

综合比选，选用方案三。

2. 调头施工准备

(1) 钢板铺设。

在TBM到达高雄路站前，在站内调头场地铺设25 mm的钢板，并将接缝进行锻焊，铺设或焊接时必须保证接缝的平整，必要时进行打磨处理。钢板利用地脚锚杆锚固在地面上。

(2) 接收架安装。

将制作的主机接收架部件运进场地内，焊接组装，按照轴线及高程要求焊接在钢板上，并在与盾体接触部位(圆弧形面)涂抹油脂，以减少摩擦阻力。

(3) 转盘安装。

转盘部件以散件形式运进场内，而后进行拼装。当TBM主机平移到中部时，将转盘整体拖入到主机接收架底部，主机调头后，再将转盘拖出。

3. 调头施工流程

TBM到达接收→主机平移至中部→主机顶起→拖入转盘→主机放置转盘上→旋转180°→主机再次顶起→转盘拖出→主机放置钢板上→再次平移。

4. 调头施工

(1) TBM接收、断开连接。

TBM到达高雄路站后，先利用撑靴推动TBM向前滑行。当撑靴无法支撑到洞壁时，利用在盾尾安装钢管片，由辅助油缸推动TBM滑行，至主机准确到达接收架上，将盾体与接收机焊接为一体。此时将连接桥利用管片车临时支撑，断开主机与后配套的连接。

(2) 主机调头。

利用2个200 t油缸，同时顶推，将主机和接收架推至场地中间，反力座焊接在已铺设的钢板上。通过4个200 t油缸将TBM顶升，在接收架底部利用卷扬机拖入安装自制转盘，采用20 t倒链将主机连同接收架转动180°，将转盘拖出，油缸收缩，主机和接收架置于钢板上，再次利用油缸顶推主机至预定位置。到位后割除主机与接收架的连接。主机调头参见图5-13。

(3) 后配套调头。

后配套台车与主机脱离后，在1号台车顶部结构设置吊点，安放一个30 t手拉葫芦，选择适合吊具，利用30 t葫芦将1号台车吊起推动台车，使其(前部)转向90°，随后将下方的轨道拆除，然后沿着横向铺设，从台车下方铺设起，横穿车站，至另一侧轨道为止。钢轨铺设完成后，将台车放置于其上，用5 t手拉葫芦拖动台车前行到达车站另一侧。之后运用第一次转向相同的方法，在其正上方挂手拉葫芦，再次转90°。经过两次换向及移动，实现了180°转向，即从右线移动到了左线，调头完成。运用同样的方法和工具，依次将其余台车调头。

(4) TBM连接、调试、掘进。

调头完成后，将主机后配套连接好，而后进行调试。调试完成后同样利用滑行方式前行，始发后继续向麦岛站方向掘进。

5. 调头技术要点

(1) 严格控制接收架安装的轴线及高程，保证主机能顺利滑入接收架。

(2) 转盘的中心必须与主机的重心尽量重合，以保证正常转动。

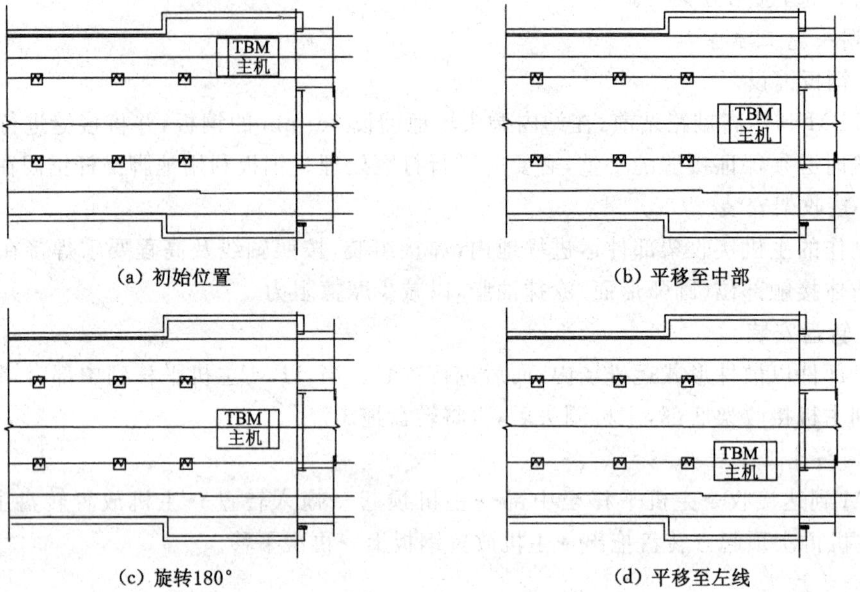

图 5-13 TBM 主机调头示意图

(3) 主机顶升时注意油缸必须保持同步,且必须有专人指挥。

二、TBM 下穿建筑物等特殊地段施工方案

该区段隧道主要位于香港中路和香港东路下方,洞室的轨面最大埋深 44 m,轨面最小埋深 18 m,区间地势起伏较大,且在 TBM 的整个施工区段将穿越 10 条断层破碎带和一条人工填土带。香港中路和香港东路地面交通繁忙,且香港东路是青岛市著名的旅游景点,两侧多为高档别墅居住区。因此,在 TBM 施工过程中,对下穿建筑物、断层破碎带、地面沉降控制和软硬不均地层需要重点关注。

(一) TBM 下穿建筑物的施工方案

1. TBM 施工段建筑物概况

该区间 TBM 施工区段位于香港中路与香港东路下方,两侧多为高档别墅居住区,且通过现场勘查在香港中路彰化路和善化路之间,道路两侧的建筑间距不足 30 m。

2. TBM 下穿建筑物的控制因素与影响的判定

TBM 下穿施工对建(构)筑物的影响分为均匀沉降、不均匀沉降(倾斜)、地表曲率变化、地表水平变形(拉伸、压缩变形)等四种。地层沉降和位移变形对于建筑物的破坏作用,不是受单一种类的地表变形的影响,而是几种变形同时作用的结果。区间隧道与建(构)筑物的平面位置关系主要分为侧穿(隧道结构与建筑物有一定的距离)和下穿两种。

对于下穿隧道,由于其在既有结构下方施工,工程地质和水文地质条件的好坏直接影响上部既有结构的变形和安全情况,岩体的具体特征决定下穿隧道的施工方法和具体措施,甚至是决定下穿工程成败的关键。同时,下穿隧道与既有上覆建(构)筑物结构的空间位置关系也是影响既有结构变形的关键因素之一。

TBM 下穿施工对既有建(构)筑物的影响范围、影响程度需要有一定的标准进行描述

和判断。首先是应力准则，隧道的开挖引起地层应力重分布，在地层变化处和既有建(构)筑物结构存在处会发生应力集中，这两点可以用开挖引起应力重分布的梯度变化范围和应力集中系数来衡量，对于Ⅰ级和Ⅱ级围岩，由于岩石强度较高，应力状态一般处于弹性状态，而对于Ⅲ～Ⅵ级围岩则一般处于弹塑性状态，因此，应根据围岩所处的不同的应力状态加以描述和判断。其次是塑性区准则，对于工程性质比较差的围岩，开挖引起的重分布应力很有可能超过围岩的弹性极限，从弹塑性力学角度讲就是重分布应力超过了围岩的塑性势面，围岩发生塑性屈服。如果接近施工引起周边围岩应力重分布后围岩仍处于弹性状态时，说明围岩强度仍有潜力，对既有建(构)筑物结构引起的受力变化不大，只有出现塑性区且与既有侧连通时，才会引起对既有建筑物的较大影响。因此，以塑性区不叠加为原则来进行穿越工程的判断和划分。

既有建(构)筑物结构强度准则即为既有建(构)筑物结构的承载能力。既有建(构)筑物结构物的强度是其具有的物理特性，如果没有外界施加作用，则结构物的强度是一个相对固定的物理特性，比如已修建的地上建(构)筑物能承受的地震荷载是设计已定的。但由于新建隧道的下穿施工，可能改变了既有结构的承载能力。既有建(构)筑物结构的健全程度也是一个重要的因素，健全程度越高，允许接近的距离越小，反之则越大。

既有建(构)筑物结构刚度准则。强度、刚度和稳定性始终是建筑结构永恒的话题，隧道开挖引起既有建(构)筑物结构形状的改变程度和既有结构的容许变形要求可以成为判断和评价下穿工程成败与否的标准之一。

3. TBM下穿建(构)筑物的处理方法

根据TBM下穿建(构)筑物的控制因素和控制准则，TBM下穿建(构)筑物时要从以下几个方面考虑：一是对两结构之间的地层进行预加固；二是对既有建(构)筑物进行现状评价和加固处理；三是根据需要适当加强TBM施工支护参数；四是根据实际条件调整TBM操作参数。

(1) 对结构风险点先期进行安全评估及控制管理。

在进行下穿段施工前，首先对既有结构强度和现状进行全面评估，根据检测结果确定施工控制标准；如发现有脱离、断裂等现象，应提前进行处理。在施工过程中，要加强对既有结构的检查，对结构裂缝进行跟踪观察，密切注意裂缝的发展情况，对于一些对结构的使用和强度有影响的裂缝要及时进行处理。

(2) 监控量测体系。

隧道下穿施工时，首先建立严密的监控量测体系，对施工过程进行全面的监控量测，随时反馈信息，指导施工生产。当监测值达到控制标准的30%时，为“预警”状态，需要引起注意；当监测值达到控制标准的70%时，为“报警”状态，此时立即停止施工，采取一定的防范措施后再进行施工，并密切关注变形的进一步发展。当发生既有结构沉降速率超限时，立即启动抢险预案，采取下列措施：立即停止掘进施工，加强结构监控量测工作；启动应急预案，组织专家讨论分析造成既有结构沉降速率超限的原因和相应的控制措施；根据确定的控制措施重新制定或调整施工工艺和施工组织，进行施工交底，严格落实各项措施，进行开挖施工；若既有结构沉降速率超限未得到有效控制，再次重复上述过程直到完全解决既有结构沉降速率超限问题。

(3) 应急预案。

加强地质超前预报和施工监测，并制定专项的施工组织设计。施工时应加强超前预注浆、初期支护及二次衬砌背后注浆，以保证开挖面的稳定和有效控制地面沉降。在进行下穿段隧道施工时，制定并严格落实各项防护措施。在发生施工段沉降或洞内变形过大时立即启动抢险预案，采取下列措施：立即使用防护措施处理，同时把有关信息上报相关各单位和部门，各单位联合采取必要的抢险措施，加强对既有结构的检查和量测工作；启动应急预案，组织专家讨论分析造成掌子面变形较大的原因和相应的控制措施；根据确定的控制措施重新制定或调整施工工艺和施工组织，进行施工交底，严格落实各项措施后再进行开挖施工。

(二) TBM 穿越断层破碎带的施工方案

1. TBM 施工段断层破碎带的分布概况

根据地质报告，该区间 TBM 施工将要穿越 10 条断层破碎带，这些断层破碎带属于一般断层破碎带(断层破碎带宽度 10～30 m)，而且地层含水量少。

2. 断层破碎带施工过程中的难点分析

该区间工程能否按照预定的工期完成，TBM 快速安全地通过 10 条断层破碎带是关键。

通过对设计文件图纸的研究，我们总结出穿越的断层破碎带对 TBM 掘进的影响，主要表现为如下几个方面：

(1) 初期支护量大大增加，严重影响掘进速度。

(2) 落渣急剧增加，造成盾体后部残渣量剧增，清渣工作量大，占用时间长，直接影响钢拱架支护以及掘进施工。

(3) 破碎带超前支护，造成 TBM 停机时间增加，减缓掘进速度。

(4) 在复合衬砌支护不能满足施工需要时，需要转换成管片支护，支护方式的转换将导致 TBM 掘进速度减缓。

(5) 洞壁不能为 TBM 撑靴提供必要的承载力，致使 TBM 推进困难，掘进方向难以控制。

(6) 坍塌造成出渣量瞬间增加，如果超过皮带机的最大承载能力，则皮带机出渣运输系统瘫痪，被迫频繁停机。

(7) 由于围岩自稳能力变差，挤压盾体，容易造成卡机。

3. 施工对策及措施

针对 TBM 穿越断层破碎带可能出现的问题，充分发挥 TBM 快速掘进的特长，在施工中我们将采取以下对策与措施。

(1) 加强地质工作。

尽可能探明前方地质条件，以便提前采取措施，减少 TBM 停机时间。

TBM 上要配备超前地质预报设备，结合地质勘探、隧洞设计以及施工观测成果，必要时实施超前地质预报，防患于未然。采取联合探测的形式，同时配备超前钻探、BEAM 系统、HSP 系统，必要时采用地质雷达探测掌子面前方较长距离的地质条件。

通过地质预测预报工作，及早采取预防措施，尽量减少特殊岩性造成的停机时间。超前探测隧洞前方断层带和软弱破碎带并利用超前钻机进行超前处理。

(2) 加强初期支护设备能力配置。

TBM 在断层破碎带中掘进，支护工作量大，从施工安全、施工进度等方面考虑，又要求有较快的掘进能力，此时制约进尺的不再是破岩能力，而是初期支护能力，因此，必须配置高效的初期支护设备。

锚杆钻机选用技术先进、性能可靠、实践应用广泛的产品，保证具有快速钻孔能力。

钢拱架安装器设计，参考以往施工单位应用经验，与制造商共同研究，选用结构简单、可靠性高、操作便捷的设备，并且可以根据围岩条件拼装普通钢拱架、加强型钢拱架、可伸缩钢拱架，甚至适用的钢管片。

TBM 在断层破碎带洞段掘进，铺设钢筋网是较为有效的支护方式，因此，钢筋网铺设必须能够实现机械化或者半机械化，以提高施工效率。

在断层破碎带，必须喷射混凝土，并且要求及早封闭，最终还要达到要求的喷射厚度。

断层破碎带，TBM 掘进后不可避免地会有大量石渣落到洞底，必须及时清理干净，否则会严重制约钢拱架作业速度与质量。针对 TBM 施工段断层多的特点，本次 TBM 选型中，配置了高效实用的清渣设备。

配备注浆设备，以便及时对初期支护上方松散的围岩实施注浆加固。

(3) 配置超前支护和围岩加固设备。

TBM 上配置超前支护钻机，必要时可以对刀盘前方的围岩实施超前锚杆、超前小导管、超前注浆、超前管棚等超前加固；可以采用加固速度快、效果较明显的新型化学浆液材料。

(4) 配备管片安装设备。

TBM 上配备管片安装设备，在前期复合衬砌支护不能满足施工进度、安全、质量等的综合要求时，采用安装管片的支护形式，保证 TBM 的施工效率。

(5) 撑靴面积配置合理、撑紧压力可调。

断层破碎带围岩稳定性差，有可能造成撑靴撑紧洞壁困难，因此撑靴与洞壁的接触面积要配置合理，同时撑紧压力可以根据围岩条件调整，做到既能保证足够的推进力，又能尽量避免造成撑靴部位围岩进一步坍塌。

(6) 盾体长度设计合理。

断层破碎带围岩的变形较大，由于挤压，使得盾体的受力增大，在施工过程中很容易造成卡机，因此，TBM 的盾体需要设计长度合理，减少卡机。

(7) 选择合理的掘进参数。

根据探测的情况合理选择刀盘转速和贯入度等掘进参数，减小对围岩的扰动，以达到快速通过断层破碎带的目的。

(三) TBM 施工过程中的地面沉降控制措施

1. TBM 施工区间地面状况分析

该工程 TBM 施工区间，隧道主要位于香港中路和香港东路下方，洞室的轨面在 18～44 m 之间。香港中路和香港东路地面交通繁忙，且香港东路是青岛市著名的旅游景点，两侧多为高档别墅居住区，同时又有大量地下管线。

2. 地面沉降原因的分析

由于 TBM 施工引起地表沉降的因素相当复杂，除与地层条件密切相关外，还与 TBM 掘进时的掘进速度、推进压力、注浆效果等有关。因此 TBM 施工时必须实行实时监测与控制。

TBM 施工引起的地表沉降变形可以分为五种类型，各种类型沉降产生的原因及变形机理见表 5-3。

表 5-3 TBM 施工引起位移的原因及变形机理

沉降类型	主要原因	应力扰动	变形机理
初始沉降	围岩受挤压而压密	孔隙水压力减小，有效应力增加	孔隙比减小，固结
TBM 工作面前方变形	工作面处施加压力过大会造成隆起，过小则会造成沉降	孔隙水压力增加，总应力增加	围岩压缩产生弹塑性变形
TBM 通过时的沉降	施工扰动，TBM 与围岩间剪切错动引起	应力释放	弹塑性变形
初期支护背后空隙沉降	围岩失去 TBM 壳体支撑，初期支护背后注浆不及时	应力释放	弹塑性变形
固结沉降	围岩后续时效变形	应力松弛	蠕变压缩

从表中可以看出，地层受施工扰动而引起应力变化是产生位移的主要原因。根据以往工程经验，大部分地层变形将会以通过时的沉降和背后空隙沉降为主。

3. 地表沉降标准

一般情况下，地表变形沉降标准为－30～＋10 mm；通过重要建(构)筑物时，应根据其结构特征、基础类型及埋深，制定满足该建(构)筑物变形要求的沉降标准。

4. 地表沉降控制措施

针对地表沉降产生的原因及地表沉降的控制标准，在 TBM 施工过程中主要采取以下措施

(1) 保持 TBM 开挖面的稳定。

TBM 开挖面的稳定可以通过优化掘进参数控制。掘进参数主要有：刀盘转速、刀盘扭矩、出渣量、推进压力、推进速度、撑靴压力、TBM 轴线、TBM 姿态等。为优化施工参数，必须熟练掌握 TBM 机的操作，根据地面变形曲线进行实测反馈，以验证选择施工的合理性或据以再调整优化施工参数。

(2) 二次注浆。

在初期支护完成后，再向初期支护背面进行二次注浆，二次注浆是减少地表沉降的有效辅助手段，可使 TBM 在穿越建(构)筑物、铁道、地下管线时，大大降低地表沉降。

(3) 地层加固。

地层加固法一般有超前注浆法和地表注浆加固法两种。前者是通过 TBM 配备的超前钻机打孔，施作超前小导管，向 TBM 盾体周围及刀盘前部围岩注入固结性浆液的方法；后者是通过前期的探测结果，在埋深允许的施工段，从地表打孔，向 TBM 即将穿越的地层注入固结性浆液，达到稳固地层的方法。两者的目的都是固结地层，提高地层的强度和防渗性能，进而抑制 TBM 通过时的松动范围，防止地层变形。

(4) 控制偏差量。

严格控制 TBM 施工的偏差量，施工偏差量增大，不但影响地铁隧道线路、限界等使用，还会过多扰动地层而导致地面沉降量的增加。

(5) 监测工作。

应在施工中做好对地面的监测工作，并及时反馈测量成果到掘进作业班组，调整掘进参

数到合理值，做到合理化施工。

(6) 应急预案。

在加强监测工作的同时制定应急预案，并制定专项的施工组织设计。在进行下穿段隧道施工时，制定并严格落实各项防护措施。在发生施工段沉降过大超出标准范围时，立即采取下列措施：立即使用防护措施处理，同时把有关信息上报相关各单位和部门，各单位联合采取必要的抢险措施，加强对地面的检查和量测工作；启动应急预案，组织专家讨论分析造成地面沉降较大的原因和相应的控制措施；根据确定的控制措施重新制定或调整施工工艺和施工组织，进行施工交底，严格落实各项措施后再进行开挖施工。

三、TBM 掘进(含始发、掘进、到达)施工组织及安排

青岛市地铁 2 号线 1 期工程五工区采用 2 台 TBM 分左右线施工 4 个区间。2 台 TBM 共计掘进 7 677.59 m，均在海安路站组装、调试，经过海川路站、徐家麦岛站时采用掘进过站。左线 2 号 TBM 掘进至麦岛站，拆解吊出；右线 1 号 TBM 经过麦岛站采用主机吊出，后配套通过过站的方法，配套设施转场后继续掘进至高雄路站，而后调头继续掘进至麦岛站，拆解吊出。

TBM 施工海川路站—海安路站区间、徐家麦岛站—海川路站区间及麦岛站—徐家麦岛站区间时，出渣均由海安路站进行；施工高雄路站—麦岛站区间时，出渣在麦岛站进行。

(一) TBM 组装、调试

2 台 TBM 均在海安路站组装、调试，其中右线 1 号 TBM 首先组装，左线 2 号 TBM 滞后 1 个月开始组装。

1. 组装前的准备

(1) 人员准备。

组装时分两个工班作业，每班 10 h。组装过程每个工班按主机区、后配套区进行划分，以结构件和设备的组装为主线，工班内的液压组、电气组同时进行相关部分的安装。

(2) 技术准备。

根据 TBM 组装需要配置人员，并对人员进行分组，组装前分别进行技术培训和安全培训。根据工期进度安排，合理制订组装计划。

(3) 场地布置。

为保证皮带机安装及 TBM 快速始发，结合 TBM 长度及连续皮带机部件长度，需在组装前采用钻爆法开挖 200 m 洞段。在麦岛站吊出过站及在高雄路调头 TBM 再次始发时，由于连续皮带机可安装在车站内，因此仅需采用钻爆法向施工区间开挖 15 m 始发洞段。

组装前根据现场情况对组装场地进行回填、加固、平整、硬化处理，主机、后配套等主要设备进行分区分块规划。组装场地布置见图 5-14，滑行段基座见图 5-15。

(4) 组装设备准备。

吊装主要设备为：350 t 履带吊一台、100 t 汽车吊一辆，以及相应的吊具、小型机具、工具。组装设备、小型机具和工具的使用清单见表 5-4。

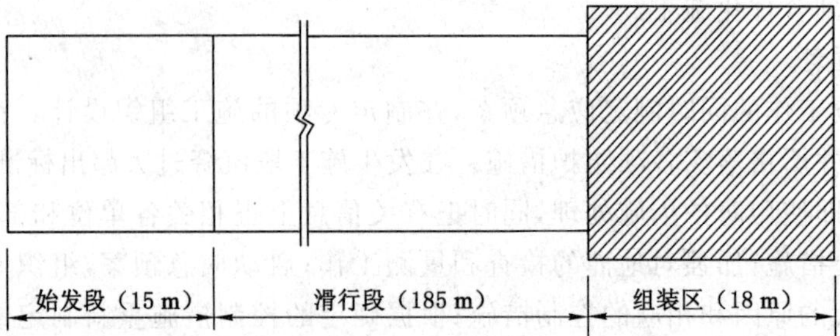

图 5-14　组装场地布置图

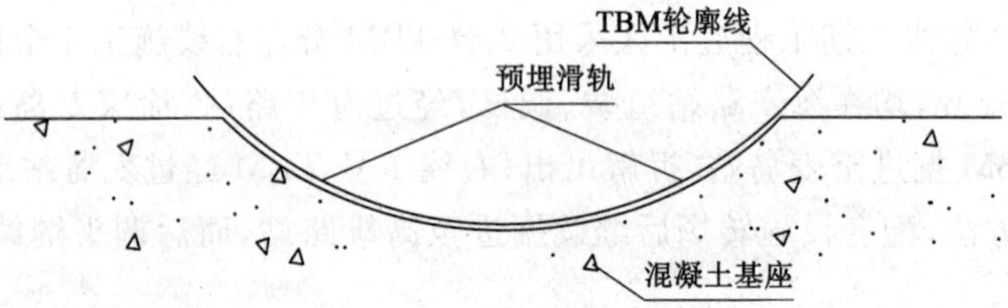

图 5-15　组装场地基座断面图

表 5-4　组装设备表

序号	设备名称	规格型号	数量	备注
1	履带吊	350 t	1 台	
2	汽车吊	100 t	1 台	
3	液压张紧扳手	HYTRO	1 台	
4	液压扭矩扳手	HYTRO	1 台	
5	各类吊机		若干	吊带、钢丝绳、吊环
6	升降平台	6 m	2 台	
7	叉车	5 t	1 台	
8	风动扳手	MI-5000P	1 台	
9	空压机	0G08-11F	1 台	
10	交流电焊机	BX1-400	4 台	
11	电焊机	CO_2 保护焊机	2 台	
12	扳手		各 2 套	开口、梅花、内六角
13	套筒		各 2 套	
14	油压千斤顶	3 t、5 t、10 t、20 t	各 2 个	
15	导链	3 t、5 t、10 t	各 2 个	
16	电动砂轮机	SIM-100B	5 台	

2. 组装要求

(1) 制订详细、可行的主机、后配套组装计划。

(2) 组装前对各元件进行详细的标识。

（3）提前做好技术培训和安全培训，使参加组装人员了解TBM的结构性能和组装过程中的安全注意事项。

（4）组装时与外方人员紧密配合，配备专职翻译人员。

（5）制订合理的组装材料、机具、配件计划。

（6）严格控制组装质量，做好组装记录。

（7）设置专职的质量控制组和安全控制组，全程监控TBM的组装工作。

3. 组装流程

因受始发井长度影响，不能满足整机下井组装要求，采用分体组装，即主机部分先下井组装，后配套部分在井上组装，始发阶段后配套部分暂不下井，通过延长中间连接管路的方式与主机部分连通以实现其功能，当TBM滑行推进一定距离，隧道空间长度能够满足后配套下井空间后，把地面的后配套逐节吊入下井，与主机相连接。后配套组装完成后，开始连续皮带机及垂直提升皮带机的安装。

（1）主机组装。

主机井下组装顺序为：安装前盾→安装伸缩盾→安装支撑盾→安装撑靴及油缸→安装驱动→安装渣槽及皮带机→安装刀盘→安装盾尾→安装管片拼装机。

（2）后配套组装。

为加快组装进度，采用分体组装方式时，后配套台车放置于始发井井口附近，在地面先依次进行组装。随着主机部分滑行前移进洞，井内组装场地满足一节后配套的组装空间，将整节后配套整体吊装下井，与主机相连，依次组装所有后配套。

（3）皮带机组装。

主机和后配套组装完毕，并滑行到进洞后，便开始连续皮带机及垂直提升皮带机的布置安装。

为了满足施工运输的需要，右线隧道内连续皮带机布置在掘进方向右侧，左线连续皮带机布置在掘进方向左侧，垂直提升皮带机布置在两条连续皮带机之间。连续皮带机驱动装置安装在组装井内，储带仓安装在洞内。垂直提升皮带机由组装井垂直安装至地面、地面水平延伸至临时弃渣场地。皮带机平面布置见图5-16。

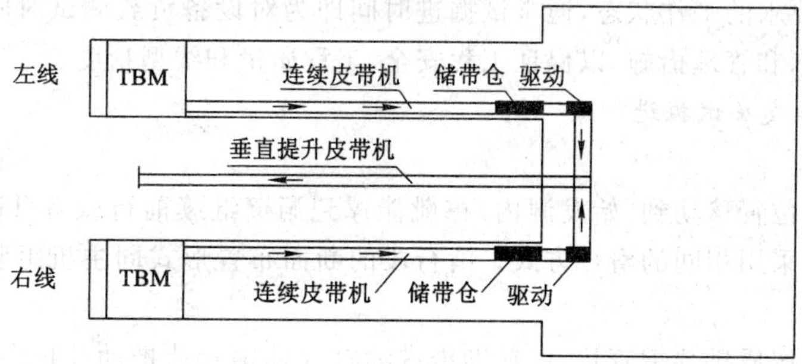

图5-16　皮带机平面布置图

4. 调试

（1）空载调试。

TBM整机组装完成后，由建设单位、监理单位和施工单位三方代表按检查测试标准进行检查测试，三方人员均须到场参加和见证。调试工作需要对掘进机各个系统及整机进行调试，以确保整机在无负载的情况下正常运行。调试过程可先分系统进行，再对整机的运行进行测试，测试过程中应详细记录各系统的运行参数，对发现的问题及时分析解决。掘进机可分为液压系统、电气系统及机械结构件等。

电气系统设备的调试内容可分为：电路检查、分项用电设备空载检查、分项用电设备加载时的检查、各设备急停按钮的检查、控制系统的检查等。

液压系统设备的调试内容可分为：空载和加载时泵和液压管路的调试、加载时执行机构的运行情况。步进系统的调试在主机安装完成后最先进行，主要分为：液压泵站负载运行时的状态和步进机械结构运转情况。

其余各分系统调试根据组装和步进程序组织实施。各系统运转情况正常后再进行整机的空载调试。

连续皮带机和垂直提升皮带机调试先进行单项系统调试再进行整机联合调试。

单项系统调试主要分为：

① 主驱动装置和连续皮带辅助驱动装置调试，电机启动运行调试。

② 张紧装置调试，电动张紧装置试运行及辅助液压系统调试。

③ 各从动辊和各类托辊调试，对于可手动转动的托辊应手动逐一检查。

④ 刮渣器、刮渣板调试，刮渣器应与皮带表面紧密贴合。

⑤ 检查各注脂口是否已注脂。

⑥ 移动尾部调试检查，润滑管路运行情况，防护罩安装是否干涉。

整机联合调试主要是检查皮带机系统及控制系统运行情况，皮带机是否接触皮带架，皮带是否有跑偏现象，各皮带辊处有无噪声或过热现象；整机调试过程中，应派专门技术人员负责详细记录各系统的运转参数，作为今后的掘进参考依据。发现问题及时记录、分析解决。

(2) 负载调试。

空载调试完成后即可进行负载调试。负载调试的主要目的是检查各种管线及密封的负载能力；对空载调试不能完成的工作进一步完善，以使 TBM 的各个工作系统和辅助系统达到满足正常生产要求的工作状态，通常试掘进时间即为对设备负载调试时间。负载调试时将采取严格的技术和管理措施，以保证工程安全、工程质量和线型精度。

(二) TBM 始发及试掘进

1. TBM 滑行

TBM 由组装位置移动到(始发洞内)撑靴能撑到洞壁继续前行或者 TBM 进站时撑靴无法支撑洞壁，均采用相同的滑行方式。滑行段的断面布置形式同主机组装时的基座布置形式。

滑行过程：在尾盾拼装钢管片，以辅助推进油缸顶推钢管片推动整机向前滑动，主机部分在预埋的滑轨上向前滑动，后配套走行于铺设的钢轨上；每向前滑行一个循环即 1.5 m，铺设一块钢管片，以 12.5 m(约 8 个掘进循环)作为一个完整的滑行工作循环，每个滑行工作循环的第一块钢管片锚固于洞底，其他钢管片与第一块钢管片顺次前后连接，所有钢管片可以循环使用；当整机向前滑行约 8 个循环后，在连接桥位置铺设钢轨，同时重新锚固下一个滑行工作循环的第一块钢管片，并拆除其他钢管片。

(1) 滑行准备工作。

① 加工滑行专用钢管片。

② TBM进洞前,在滑行基座上预埋钢轨。

③ 检查TBM滑轨,对损坏、变形的必须修复。

④ 检查滑轨安装位置,如不符合要求,必须进行调整。

⑤ 准备编组列车,满足滑行期间后配套钢轨、电缆、风水管延伸等需要。

⑥ 清理钻爆法施工段,确保洞内没有干涉TBM通过的设施及杂物。

⑦ 复核钻爆法施工段隧洞的轴线误差。

(2) 滑行。

① 在洞外组装基座尾部拱底TBM尾盾管片拼装位置钻ϕ50 mm孔,孔深50 cm,共2排,每排3个孔。

② 将钢管片安装在TBM尾盾位置,用ϕ45 mm×400 mm销子固定在已经钻好的6个孔中。

③ 在滑轨上涂抹黄油,以辅助推进油缸顶推钢管片,推动TBM主机在滑轨上向前滑动,后配套在铺设好的钢轨上向前行进。

④ 整机向前移动一个掘进行程的距离后,在第一块钢管片的前方铺设第二块钢管片。

⑤ 第二块钢管片铺设完毕,再次以辅助推进油缸推动整机向前行进。

以此类推,共铺设8～9块钢管片后,连接桥前支架后部将会有12.5～13.0 m的空间,则在此部位铺设钢轨,同时拆除已经铺设好的第一块钢管片,在盾尾重新钻孔锚固;向前推进一个掘进循环的距离后,将目前最后一块钢管片拆除,安装在尾盾部位,并与刚刚锚固的该滑行工作循环的第一块钢管片纵向连接。

依照上述方法,推动TBM向前行进,同时完成TBM尾部风水管、电缆的延伸。

(3) 滑行注意事项。

滑行过程中需注意以下几个方面:

① 滑行过程中,需对主机及后配套加强巡视,确保TBM各部位与洞壁没有干涉,特别是刀盘前方,必须派专人负责观察。

② 加强TBM姿态控制;控制滑行速度。

③ 滑行过程中,相关部位的人员之间以对讲机相互联系,确保信息畅通;刀盘前方负责观察的人员与TBM主司机密切联系。

2. TBM始发

TBM滑行到位后,开始始发。该工程选用的TBM具有硬岩和软岩两种掘进功能,针对两种功能有两种始发方案,即硬岩始发和软岩始发。硬岩始发利用撑靴支撑洞壁,推进油缸推进刀盘始发,软岩始发利用安装管片,辅助油缸推进始发。在实际施工中,需根据始发地段的地质情况,决定采用哪种始发方案。根据海安路站始发段的围岩级别,TBM采用硬岩始发方式。

(1) 始发准备。

始发洞采用钻爆法提前施工,根据撑靴距离刀盘的距离,始发洞长度为15 m。始发洞初期支护内轮廓线要与主机外轮廓线保持10 cm的安全距离,洞壁两侧撑靴位置采用喷混凝土处理,保证撑靴与洞壁的接触面积不小于90%。

始发前，复核 TBM 始发基座，确保顺直，严格控制标高、间距及中心线，调整好 TBM 的姿态，主机轴线应该与即将开挖的隧洞轴线一致，以保证掘进方向准确。

(2) 始发过程。

始发时将撑靴撑紧洞壁，启动皮带机，转动刀盘，伸出推进油缸，开始始发掘进。此时由于始发洞内已作初期支护，所以 TBM 在始发时暂时不用施作支护。

(3) 注意事项。

TBM 始发时要严格控制推力和扭矩，严密监测地表及围岩变化情况。严格控制掘进方向，防止旋转、上飘。

3. TBM 试掘进

(1) 试掘进的目的。

TBM 始发后进行试掘进，通过试掘进段拟达到以下目的：

① 熟悉机器性能，掌握 TBM 在各种围岩情况下的工作状况和设备掘进参数。

② 掘进机步进时掘进机处于空载状态，电器、液压系统及机械结构件未承受掘进载荷，试掘进时对各项系统进行进一步调试，完善设备各项性能。

③ 进一步了解该工程的地质条件，掌握在不同地质条件下 TBM 的施工方法。

④ 收集、整理、分析始发段地质条件下的设备掘进参数，为后期的快速掘进打下良好的基础。

⑤ 熟悉支护作业及钢轨铺设的操作工序，提高作业效率和质量。

⑥ 根据地面变形情况的监测分析，掌握 TBM 施工时对周围环境的影响。

⑦ 熟悉设备的物料运输、管线延伸等系统，完善洞内外各个环节之间的衔接，不断提高设备的掘进效率。

⑧ 完善各部门之间的协调工作，尤其是掘进施工各工班的交接流程。

(2) 试掘进的主要措施。

试掘进过程中，设备、人员及整个施工队伍都处于磨合期，在试掘进段应达到良好的磨合，使施工过程达到规范化和制度化，保证掘进机安全、快速、高效地施工。根据掘进机的施工特点，主要从以下几方面保证试掘进的顺利完成：

① 制定完善的安全生产技术规范、掘进机操作技术规程和单项设备的使用技术规范。

② 在试掘进开始前对掘进机上各工作岗位人员进行培训，做到定人定岗、持证上岗。

③ 在掘进过程中做好设备参数、地质条件等各项参数的记录，由技术部人员统一归纳整理。

④ 加强对地面及周围建筑物的监测，及时将监测数据上报技术部。

⑤ 加强隧道轴线及隧道变形的监控量测，发现问题及时上报项目部相关部门。

⑥ 做好交接班记录，完善交接班制度，定期召开例会解决试掘进过程中出现的各类问题。

(3) 试掘进时人员组织。

TBM 试掘进期间的人员组织形式与正式掘进时相同，每台掘进机均采用三班制组织施工，施工工班分为 2 个掘进班和 1 个整备班。掘进班工作 10 h，整备班 8 h，其中 4 h 与掘进班重合，其余工班随上述 3 个工班交接。单台 TBM 人员配备见表 5-5。

表5-5　单台TBM人员配备表

工班名称	人员数量/人	主要工作内容
掘进Ⅰ班	25	掘进工作
掘进Ⅱ班	25	掘进工作
整备班	22	TBM维修、保养
保障班	30	运输、生产保障

（三）TBM掘进施工

双护盾TBM有双护盾和单护盾两种掘进模式，掘进施工过程中，需根据工程地质图纸、石渣、前序掘进参数、超前地质探测结果等，对掌子面围岩状态作出准确判断，据此选择相应的掘进模式及掘进参数。

TBM掘进施工采取与试掘进相同的人员组织形式。

1. 掘进准备

(1) 接通隧洞内的照明。

(2) 接通洞外开闭所和TBM主机变压器之间的电源。

(3) 接通TBM上变压器的主开关，使变压器投入使用。然后待变压器工作平稳后，接通二次侧的电源输出开关，检查TBM所需的各种电压，同时接通TBM及后配套上的照明系统。同时检查TBM上的漏电监测系统，确定接地的绝缘值可以满足各个设备的工作要求。

(4) 检查气体监测系统、火灾监测系统监测的数据、结果，确定TBM可以进行掘进作业。

(5) 确认所有灯光、声音指示元件工作正常，所有调速旋钮均在零位。

(6) 检查液压系统的液压油油位、润滑系统的润滑油位，如有必要马上添加油料。

(7) 确认给水、通风正常。

(8) 接通TBM的控制电源，启动液压动力站、通风机、TBM自身的给水(加压)水泵。根据施工条件，确定是否启动排水水泵。

(9) 确定皮带机风水电管线延伸等各种辅助施工进入掘进工况。

(10) 检查测量导向的仪器工作正常，并提供正确的位置参数和导向参数。

(11) 根据测量导向系统提供的TBM的位置参数，调整TBM的姿态，确保方向偏差(水平、垂直、圆周)在允许误差范围内，撑紧撑靴达到满足掘进需要的压力，或将辅助推进油缸顶紧在已经安装好的管片上。

2. TBM掘进作业循环步骤

(1) 顺序启动后配套皮带机、主机皮带机，并确定运转正常。

(2) 启动掘进机各个部位的声电报警系统，提示进入工作状态。

(3) 顺序启动变频驱动电机。

(4) 启动主轴承的油润滑系统、各个相对移动部位的润滑系统，并确定各个润滑系统工作正常。

(5) 调整扭矩反作用油缸支撑扭矩支承梁，使刀盘的转动扭矩可靠传递到支撑护盾。如岩石不能满足支撑护盾的支撑，利用转环转动推进油缸使油缸旋转一定角度来产生抵抗刀盘旋转扭矩的圆周力。以上工作完成后启动刀盘旋转并调整刀盘转速至预先选定的转速，同时启动除尘系统风机。

(6) 慢速推进刀盘靠紧掌子面，确定刀盘已经靠紧掌子面后选择合适的推进速度进行掘进作业。在刀盘和岩石表面接触之前启动刀盘喷水系统对岩石喷水(在土层地段施工时，不进行喷水，避免破坏土层的稳定)。

(7) 时刻监控 TBM 掘进时各种参数的变化、石渣状态等。掘进时根据 TBM 的掘进参数和预计的前方围岩的情况选择适当的掘进参数，包括刀盘转速、推进力、驱动变频电机频率、推进速度、皮带机转速等。并根据围岩的状况变化及时进行调整。

(8) 如围岩满足双护盾掘进模式的要求，采取双护盾掘进方式，掘进和初期支护作业、钢轨铺设等同时进行；如围岩状况较差，不能满足双护盾掘进模式的条件，则采取单护盾掘进方式，掘进施工和管片安装不能同时进行，安装完管片后，利用辅助推进油缸完成一个循环推进作业后再进行管片安装。

(9) 掘进至行程结束后，停止推进并将刀盘后退 3～5 cm，顺序停止刀盘喷水、刀盘旋转、驱动电机、皮带机。

(10) 伸出前护盾液压支撑机构并撑紧，推进油缸拖动支撑盾前移、拖拉后配套到位，完成换步，重复掘进准备工作，准备开始下一掘进行程。当掘进机采用单护盾形式掘进时，支撑护盾和后配套的前移通过推进油缸和辅助推进油缸共同作用完成。

3. 双护盾模式掘进

双护盾模式掘进是指在硬岩条件下的隧洞开挖时，TBM 依靠支撑盾上的支撑靴支撑在洞壁上，掘进的同时可完成在尾盾打锚杆、喷射混凝土等初期支护作业。

(1) 双护盾模式掘进步骤。

双护盾模式掘进作业循环主要分为两个阶段：

第一阶段——换步与调向。掘进行程完成之后，停止推进、停止刀盘旋转，收回撑靴油缸，刀盘底部支撑于洞底，主推进油缸收回带动支撑盾向前移动；当支撑盾到达预定位置时，调整各位置推进油缸以调整掘进方向，待 TBM 方向调整完成后，撑靴再次撑紧洞壁，换步完成。

第二阶段——推进油缸推动旋转的刀盘向前掘进 1.5 m，掘进反力传递到撑紧于洞壁的撑靴，出渣列车停放于后配套区域，刀盘切削下来的石渣通过主机皮带机、后配套皮带机卸入渣车。与此同时，实施锚杆、喷射混凝土等初期支护作业或者安装管片。

(2) 双护盾模式掘进过程。

① 判断掌子面围岩状态。根据工程地质图纸，参考上一循环掘进参数、石渣状态判定掌子面围岩状况，通常可据此断定前方围岩的整体性、岩性、发育程度、含水量等。如有必要，可采用超前地质探测，进一步确定前方围岩状态。

② 换步与调向。换步与调向操作如前所述，TBM 主司机应该在换步过程中，根据测量导向系统所显示的上一循环结束时 TBM 的方位，及本掘进循环调向参考值调整 TBM 的姿态，确保掘进方向控制在允许的范围之内。

③ 选择掘进参数。根据判定的掌子面的围岩状态，选择推力、撑靴压力、刀盘转速等掘进参数。

4. 单护盾模式掘进

单护盾模式掘进是指在软岩条件下的隧洞开挖时，撑靴全部收回(不再撑紧洞壁)，主推进油缸也收回，前盾和支撑盾作为一个整体动作，掘进过程中辅助推进油缸顶紧已经拼装好的管片提供推进力，TBM 掘进时无法拼装管片，只能在掘进行程完成之后，停止掘进，待管片拼装及换步调向等工序完成后，方可继续掘进。

(1) 单护盾模式掘进步骤。

单护盾模式下的掘进作业循环可分为以下三个阶段：

第一阶段——调向。上一循环管片拼装完成之后，开始本循环作业，此时辅助推进油缸已经收回，也就是换步已经完成。通过调整辅助推进油缸，使主机以刀盘底部接触洞底的部位作支点在水平和竖直方向旋转，从而调整 TBM 掘进方向。

第二阶段——掘进。辅助推进油缸推动旋转的刀盘向前掘进 1.5 m，掘进反力传递到拼装好的管片，出渣列车停放于后配套区域，刀盘切削下来的渣土通过主机皮带机、后配套皮带机卸入渣车。与此同时，实施回填、灌浆等作业。

第三阶段——拼装管片与换步。

(2) 单护盾模式掘进过程。

单护盾模式适用于软弱围岩、断层破碎带等地质洞段，因而应严格按照工艺流程与施工组织要求施工，加强超前地质探测预报，积极采取加固、固结灌浆等技术措施，最大限度地保证 TBM 快速、安全地通过。

5. 掘进方向控制

TBM 上配备有激光导向装置，激光发射器安装在已经完成的隧洞洞壁上，接收器安装于 TBM 主机上。将经测量得到的位置参数输入到发射器自身的计算单元，以使发射器按照隧洞掘进的正确方向确定激光束的方向并发射到接收器，当它接收到激光束后，就可以根据激光在接收器上的入射角度、反射距离确定机器的位置参数数据。所有的位置数据都集中到安装在 TBM 控制室内的计算机，经过计算机的计算显示到控制室的显示屏上。操作人员根据显示的数据进行 TBM 的方向调整。

TBM 掘进时或掘进行程结束时可以进行掘进方向的调整，首先利用 TBM 上的测量和导向装置，确定掘进当前位置的上下、左右、圆周方向的偏差和 TBM 当前的位置状况，预测并显示掘进循环结束时 TBM 的位置和偏差。

根据显示在监视屏上的数据，及时调整 TBM 刀盘的方位。掘进方向的调整可以在掘进一个行程结束后在换步的过程中进行，也可以根据需要在掘进过程中调整。但必须根据技术要求严格控制调整幅度，避免对刀盘边缘的刀具和出渣机构产生大的冲击，造成刀具和出渣机构的损伤。

6. 掘进过程中的初期支护

该标段的 TBM 初期支护主要包括锚杆、钢筋网、钢拱架、喷射混凝土四种，根据不同地质，采用不同方式的支护。

(1) 锚杆支护。

锚杆孔利用 TBM 自身配备的锚杆钻机完成，钻机跟随 TBM 掘进同步施工。锚杆孔的孔位、深度、孔径、钻孔顺序和孔斜应按施工图纸的规定。孔内岩粉和积水必须清除干净。

施工工艺流程如下：

① 钻孔：采用 TBM 自身钻机钻孔，钻孔深度比锚杆杆体有效长度长 50～100 mm。锚杆孔开孔前做好量测工作，按设计要求布孔并做好标记。

② 钻孔完毕后，用钻机压力水将孔道清洗干净，经验收合格后，临时封堵孔口。

③ 操作人员根据图纸要求灌注砂浆，填装饱满。

④ 用人工配合钻机大臂进行锚杆的安装，杆体安装完毕，安装垫板和螺母。

(2) 钢筋网。

钢筋网使用前必须清除锈蚀。钢筋网在施作钢拱架、锚杆的同时铺设，与钢拱架、锚杆焊接牢固，在喷射混凝土时钢筋网不得晃动。

钢筋网的安装在锚杆施工前进行，首先在钢筋网安装器上布置钢筋网片，并用细钢丝绑扎连接固定。钢筋网安装器将网片顶起移动到安装位置举升到岩面，通过锚杆尾部的垫板固定，对于部分间距不符合招标文件要求的采用手持冲击钻打孔，用 ϕ8 mm 钢筋铆钉锚固。

(3) 钢拱架。

① 钢架支撑应在开挖时及时架设。

② 安装前应清除底脚下虚渣及杂物，钢架支撑底脚应置于牢固的基础上。

③ 钢架支撑拼装可在作业面进行，各节钢架支撑间以连接板螺栓连接并密贴。

④ 钢架支撑应尽量密贴围岩并与锚杆焊接牢固。

⑤ 钢架支撑应尽量减少接头个数，接头位置不允许出现在拱顶与拱肩处。

⑥ 钢架支撑与喷混凝土形成一体，钢架支撑与围岩间隙用混凝土充填密实。

(4) 喷射混凝土。

喷射混凝土采用湿喷，其工艺要点如下：

① 施工准备。喷射前用水或风冲洗受喷面，设置标志或利用锚杆外露长度以掌握喷混凝土层厚度。检查机具设备和风、水、电等管线路，并试运行，保证密封性能良好，输料连续、均匀。空压机性能应满足喷射机工作风压和耗风量的要求。高压风进入喷射机，必须进行油水分离，以免影响混凝土质量。

② 严格按使用说明书操作喷射机。开始时先给风，再开机，后送料，结束时待料喷完，先停机，后关风。

③ 开始时先给速凝剂、再给料，结束时先停料、后停速凝剂。根据料速的大小和回弹量的多少，适当调节风压，使速凝剂溶液在喷嘴处的压力稍大于风压。

④ 喷头垂直于受喷面，距离与风压协调，减少回弹。

⑤ 突然断水断料时，喷头迅速移开受喷面，严禁用高压风直吹未凝结的混凝土。

7. 出渣

为充分发挥 TBM 施工快速、高效的特点，TBM 施工采用连续皮带机出渣，在海安路站、麦岛站吊装井处设置垂直提升皮带机，到地面后向西侧(小里程端)延伸至临时弃渣点卸渣，再利用装载机在地面临时倒渣。出渣过程见图 5-17。

在海川路站—海安路站区间、徐家麦岛站—海川路站区间、麦岛站—徐家麦岛站区间掘进时，洞内各设置一条连续皮带机出渣，其中在海安路站吊装井配备一条垂直提升皮带机，安装位置在左、右线洞口之间，同时承担两台 TBM 的出渣。

在高雄路站—麦岛站区间，右线 1 号 TBM 在麦岛站吊出过站再次始发后，皮带机也相应转场，出渣经连续皮带机，转至安装在麦岛站西端吊入井的垂直提升皮带机，运至地面临

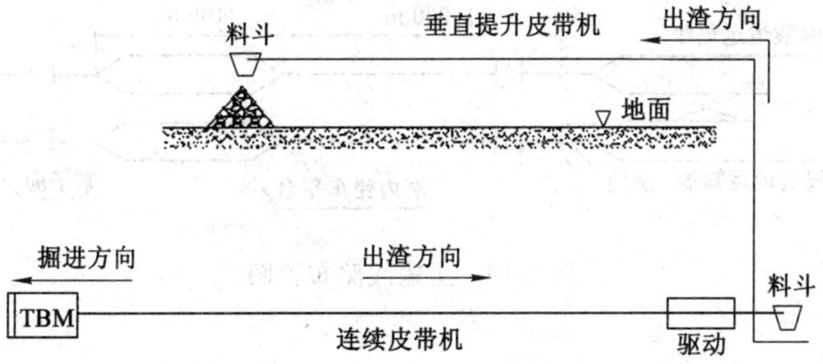

图 5-17　皮带机出渣示意图

时弃渣点。

1 号 TBM 在高雄路站调头后，与之配套的连续皮带机与 TBM 分离，在原地作为固定皮带机使用；此时 2 号 TBM 已经吊出拆解，将 2 号 TBM 的皮带机运至高雄路站再次安装，与 1 号 TBM 相配合，为 1 号 TBM 掘进高雄路站—麦岛站区间服务。两条皮带机在高雄路站内向中间靠拢，垂直高度错开，渣料仍由麦岛站西端的垂直提升皮带机运至地面临时弃渣点。高雄路站皮带机平面布置见图 5-18。

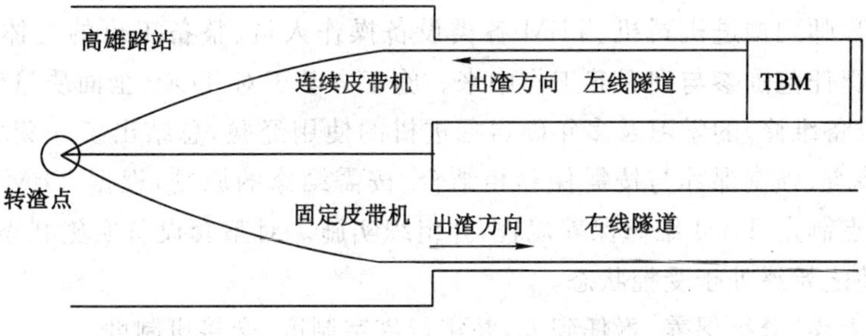

图 5-18　高雄路站皮带机平面布置图

8. 运输系统

TBM 施工运输主要包括垂直运输和水平运输，其中管片或者支护材料及矿车的垂直和水平运输贯穿整个掘进施工的始末。垂直运输主要是用列车编组将掘进施工所需的材料吊运至井下、将井下的重物吊运至地面；水平运输主要是机车通过水平运输系统(有轨运输)将垂直运输的施工材料(管片或支护材料、轨道、备件、油脂等)运输到工作面，将矿车运送到井口。水平运输通过在隧道内设单线，始发井下、中间车站或始发段洞口设置双线实现。TBM 的材料运输均各由 3 列编组列车来完成。

垂直运输系统通过 20 t 龙门吊进行材料下放及装车。该工程每台 TBM 配置 1 台 20 t 的龙门吊横跨在始发井用于垂直运输。

(1) 洞内水平运输。

为保证 TBM 快速、连续掘进，并结合隧洞断面，TBM 后配套采用门架式结构。

每条隧道内采用单线轨道运输，站内工作井设置双线。轨距 900 mm，钢轨采用 43 kg/m，轨枕采用Ⅰ16，长 1.2 m，间距 700 mm。为行车调度方便，TBM 后配套尾部安装一副 Y 型道岔，随着后配套的前进一同前移。洞内每隔 1 km 安设一副错车平台。运输线路布置见图 5-19。

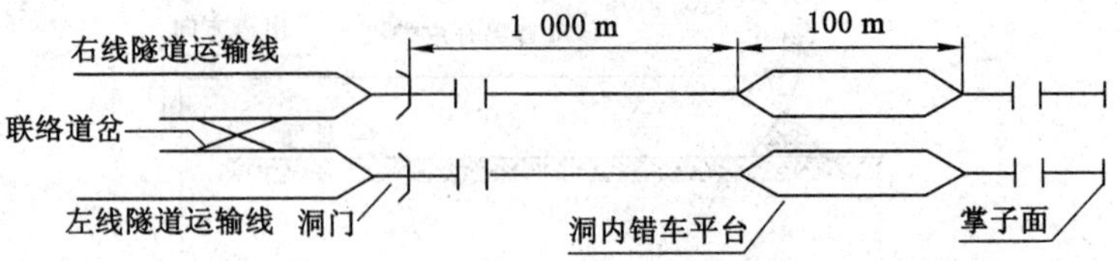

图 5-19　运输线路布置图

(2) 列车编组。

机车选用 25 t 低污染内燃机车。1 节混凝土罐车运送两个掘进循环的混凝土。2 节平板车用来运送支护材料、轨枕、钢轨等施工材料。

运输列车编组为：人车(1)＋机车(1)＋混凝土罐车(1)＋平板车(2)。

(3) 洞内垂直运输。

施工材料的垂直运输由安装在 TBM 始发井上方的 20 t 龙门吊完成，其移动方向为沿隧洞纵向，混凝土罐车、钢轨、轨枕、支护材料(或管片)及油脂、油料等材料由此龙门吊进行装卸和垂直起吊。

9. TBM 的维护保养

从专业工程师到掘进机司机、TBM 各类设备操作人员、整备工班的全体人员，每个人都按照一定的责任范围参与到保养工作中来。施工方基于对 TOC(全面质量管理)和 TPM(全员参加的设备维修)的学习及多年硬岩掘进机的使用经验，总结出了一套卓有成效的方法，依照定期检查、强制保养与按需保养相结合、按需维修的原则，根据 TBM 技术文件、各系统部位的特点制定 TBM 维修保养规程，并组织实施。对整套设备实施状态检测，随时掌握设备状况，使之始终处于受控状态。

落实培训上岗、分级保养、责任到人，并实行签字制度、交接班制度。

保养分为每班保养、每日保养、每周保养、每季度保养、半年保养和每年保养几级，明确每级保养的具体内容。

掘进施工期间，TBM 的维修保养主要在每天的整备工班工作时间完成，掘进工班作业期间如有需要，亦应立即实施。

(1) 状态监测。

为了准确掌握 TBM 的运行情况，需对其相关参数进行不间断的监测，摸索重要部件的磨损规律，由此判断异常情况的发生时段或预测即将出现的故障，以作出正确决策，防患于未然。

根据设备的重要程度和系统故障对工程的影响程度，确定监测系统以主机为主，重点是主机部分的大轴承、大齿圈、轴承密封、液压系统和变速机构。其余液压泵站和辅助设备则根据需要有选择地进行分项目监测。

监测主要采取下列手段：

传感器监测。通过各种传感器，可以实时采集各部位的运转参数，如压力、温度、流量、油位、压差、电涡流、位移、转速等，这些参数对故障的诊断有直接和间接的参考作用。

油样监测。通过油样的光谱分析、铁谱分析和污染度分析，了解液压油、润滑油中磨损产物的种类，磨损颗粒的形貌、尺寸、含量，并由此判断出磨损的部位及程度；通过油液理化指标的化验，可以得知油液的劣化情况，由油质的变化推断出故障的某些诱因；根据监测结果及时更换变质的油液并延长正常油液的使用时间。

(2) 主机与后配套的维护保养。

刀盘：每天检查所有连接件的紧固情况、刀具的固定和磨损情况、刮渣器耐磨板和铲斗的磨损程度、喷水嘴的喷水效果以及刀盘磨损，根据检查的结果更换或补焊。

主轴承：主轴承运转状况的优劣不但对 TBM 工作寿命的影响很大，而且一旦出现异常，由此造成的工期和经济损失是难以弥补的。主轴承检查包括油润滑系统、脂润滑系统、轴承滚道滚柱的检查。主要是检查密封的溢脂情况、润滑油的油位和油温、润滑油冷却系统的状态、过滤器的情况，根据检查的结果更换润滑油或滤芯。

液压系统：每班检查各液压系统油箱液压油位的情况，检查液压油的过滤器是否存在阻塞现象，检查各元器件连接部位是否存在渗漏现象，油管有无缠绕磨损情况，油质的情况。每月对各元件的工作寿命进行预测，进行液压元件的不解体检查，了解 TBM 各部位液压系统工作状态和可靠性的变化情况，根据检查的结果更换配件、补油或换油。

注脂：根据注脂时间表定期对需要加注润滑脂的部位进行充足的注脂。

电气系统：对所有电机和配电柜进行检查，并检查所有电气线路、各传感器及接口状态，根据要求对电机的润滑部位进行注脂。重点检查电气设备的防护，防止电气设备进水受潮。

减速箱：检查 TBM 主驱动变速箱和其他减速箱的润滑油，其维护保养内容如下：

① 油位检查：每班检查润滑油油面高度，以设备停止运转后，油液流回各个部位时观测的油面高度为准。

② 油品检查：定期从变速箱中抽取油样，用于污染度、理化指标、铁谱和光谱分析；当变速箱油位低于最小值时，及时补充新油，并加至技术手册中规定的高度。定期更换润滑油，没有达到更换时间的油液如超标，必须更换润滑油。

③ 振动检查：每班检查变速箱体温度和振动情况、运转是否平稳、是否有渗漏。

④ 支护设备：支护设备使用频率高，工作条件恶劣，使用过程中对设备的维护保养十分重要，否则，不但会影响掘进进度，还有造成安全事故的危险。重点检查内容包括其液压部分、电气控制部分及机械结构部分。

⑤ 其他系统和设备：如通风系统、压缩空气系统、供排水系统、注浆系统等，应按照设备的使用手册进行维护保养。

每天对掘进机的各部位进行清理，保持机械设备的干净整洁，可以减少设备的异常损坏并能及时发现设备的故障隐患和故障点。

(3) 刀具的维修保养与更换。

刀具在掘进过程中，由于冲击与振动、摩擦与温度的作用，其技术性能向着不良状态变化，刀圈逐渐磨损，甚至可能断裂，密封损坏而漏油，螺栓松动等都使刀具失去工作能力。为了使掘进继续进行，要对刀具进行定期和不定期的检查，进行应急和预期刀盘维修与刀具更换。不定期检查和应急维修与更换刀具比例越大，对掘进影响越大。定期检查和预期更换与维修比例是 TBM 掘进施工的技术与管理水平衡量指标之一。

刀具的检查与维修，是 TBM 施工中的重要环节，要从维修刀具的可靠性来提高掘进速度，从降低刀具及配件消耗来降低掘进成本，促进 TBM 施工的技术与管理水平的提高。因此，道具的检查与维修是刀具使用过程中技术性很强的一项工作。

刀具检查周期如下。

① 每日的整备检查：每日在整备班对刀盘进行全面检查和刀具更换与刀盘维修，保证当日两个掘进工班能连续掘进。

② 班检查：两个掘进班交接时停机进行刀盘检查及必要的处理，保证下一掘进班能连续掘进。

③ 扭矩检查：对新装的刀具，在掘进一个行程后停机进行的刀具安装螺栓扭矩复查。

④ 故障检查：掘进中发现刀具漏油、异味，刀盘发出异常响声，渣中发现金属物及严重塌方等特殊情况，应急停机进行检查。

⑤ 临时检查：对一些有疑问的地方，临时安排掘进中的停机检查。

⑥ 检查周期可根据地质条件和刀盘的状态适当调整，但一定要保证刀盘运转可靠。

⑦ 刀具检查项目。刀圈磨损量的检查：用样板检查刀圈的磨损量。除有特殊要求外，一般只对接近极限磨损量的刀具用样板检查并记录。其他则用目测判定是否接近极限磨损量。刀具的外观检查：目测检查刀具的外观是否正常，是否有漏油，刀圈的刀刃磨损是否均匀（有无偏磨），刀圈是否有断裂和大块崩刃，挡圈是否丢失，刀圈是否移位等。检查刀具连接的可靠性：用敲击的方法检查刀具固定螺栓及垫片、楔形垫块固定螺栓是否松动。

⑧ 刀具更换：刀具更换必须根据技术文件的要求实施，分为正常磨损更换和非正常损坏更换两种情况。正常磨损更换标准，根据 TBM 刀具的最大允许磨损量确定，经检查达到磨损极限的刀具必须及时更换。非正常损坏更换包括以下几种情况：刀具漏油、刀圈偏磨、刀圈断裂、刀圈有大块崩缺、刀圈挡圈丢失后刀圈移位较大、刀具螺栓损坏后不能在刀盘上修复。正确更换刀具可以减少刀具的非正常损坏，减少刀具消耗，减少因刀具异常损坏造成的停机，提高机器利用率。

⑨ 刀具维修：对从刀盘上更换下来的刀具必须全部送刀具修理车间及时进行检查和维修保养。需根据技术文件并结合以往施工经验制定刀具检查与维修规程。刀具检查维修过程的重点环节为：确定维修项目、刀具解体时检查、轴承的检查及更换、滑动密封的检查与更换。从刀盘更换下来的刀具，要及时清理外表，为维修前的检查做好准备。为了制定刀具维修项目，维修前对刀具进行下列检查：外表检查，检查刀具是否有漏油、刀圈偏磨、端盖螺栓丢失与松动、挡圈丢失与断裂，以及螺孔的损坏与断栓等损坏情况；检查刀圈磨损量，并应力求准确；检查刀具扭矩大小和转动是否均匀。

刀具维修中的注意事项：刀具解体过程中，应认真分析找出刀具故障的原因；拆卸、清洗、检查与安装过程中各套刀具及轴承与密封应分套存放；维修前的检测结果，安装中的检测数据及零件更换都应做好记录；严格遵守刀具检查维修规程；根据施工进程，经常检查刀具及配件的库存量是否满足要求。

（4）皮带机的维护保养。

为充分发挥 TBM 快速、高效的施工优势，针对皮带机系统的维护保养尤为关键，具体维修保养内容如下。

① 驱动装置：重点是对变速机构的监测。变速机构监测的主要手段是每班检查润滑油高度、变速箱体温度和震动情况，运转是否平衡，是否有漏油现象；定期抽取油样做检测，根据油液的劣化情况及时按需换油。

② 驱动滚筒的保养：每日安排专人检查及清理皮带与驱动滚筒之间是否夹渣，防止皮

带划伤。定期检查驱动滚筒的磨损情况，如发现滚筒磨损要及时更换维修，避免对皮带的运行造成影响。

③ 电机：运转前向电机前后部轴承润滑黄油嘴处加注 20 g 专用润滑脂并做好记录；以后应每工作 3 000 h 加注一次；严格做好电机的防水防尘工作。

④ 皮带存储机构：存储机构利用多层回转机构储存皮带，在整备和运行时检查每层皮带的回转机构及其松紧度，确保其回转轮的自由转动。对机构中各部件的黄油嘴加注润滑脂，对皮带存储器中的碎石、落渣作全面清理。

⑤ 皮带表面：连续皮带机的损伤主要分为表面砸伤与划伤，表面的处理主要是在整备时完成。皮带表面的砸痕采用挖空粘补法，即剥除砸伤部分并进行可靠清理，然后用同种材质的橡胶粘补；对于皮带表面的划伤应采取胶补法与缝合法相结合的方法，即在小划痕处只用氯丁胶填平，对较大的划痕则先用线缝合后再进行清理填胶。

⑥ 在石碴运行落差较大处应加装钢筋骨架和橡胶挡板，并定期检查。

（四）TBM 到达

TBM 到达施工的工作内容包括：TBM 定位及接收洞门位置复核测量、地层处理、洞门处理、接收基座施工等。

(1) TBM 定位及接收洞门位置复核测量。

推进至 TBM 到达施工范围时，应对 TBM 的位置进行准确的测量，明确隧道中心轴线与隧道设计中心轴线的关系，同时应对接收洞门位置进行复核测量，确定 TBM 的贯通姿态及掘进纠偏计划。在考虑 TBM 的贯通姿态时须注意两点：一是 TBM 贯通时的中心轴线与隧道设计轴线的偏差，二是接收洞门位置的偏差。综合这些因素，在隧道设计中心轴线的基础上进行适当调整，纠偏要逐步完成。

(2) TBM 到达洞门处理。

当 TBM 逐渐靠近端头时，应加强对土体的观测，TBM 刀盘抵达端头时，停止推进，迅速将石渣清理干净。

(3) 接收基座。

接收基座的中心轴线应与隧洞设计轴线一致，同时兼顾 TBM 到达姿态。

(4) TBM 到达段的掘进。

根据到达段的地质情况确定合理的掘进参数并作出书面交底，总的要求是：低速度、小推力、合理地进行初期支护。

(5) TBM 到达施工注意事项。

① TBM 进入到达段施工时，工作人员明确 TBM 实时的里程及刀盘距洞门掌子面的距离，并按确定的施工技术方案进行施工；

② TBM 到达前检查端头土层情况是否达到要求；

③ 增加地表沉降监测的频次，并及时反馈监测结果以指导施工。

(6) 主要技术要点与措施。

① 到达前 200 m，每 50 m 要进行导线和高程复测，同时应对到达洞门进行测量，以精确确定其位置。

② 以 50 m 为起点，结合洞门位置，参照设计线路，每掘进行程都必须严格地按制定的掘进计划进行。

(五) TBM 拆卸吊出

2 台 TBM 均由麦岛站拆卸吊出。2 号 TBM 掘进至麦岛站,在东端首先拆卸吊出。1 号 TBM 由高雄站调头掘进至麦岛站,在西端拆卸吊出。

1. 拆卸准备

(1) 技术准备。

TBM 拆卸前制订详细的拆卸计划,编制 TBM 拆卸的技术说明和要求。

(2) 人员准备。

TBM 拆卸分为两班作业,每班分为机械组、液压组和电气组三个小组。机械组负责结构件和设备的拆卸,液压组负责液压油管、阀块、马达、油缸等液压部件的拆卸,电气组负责电线、电缆、传感器、配电箱等电气部件的拆卸。

(3) 设备准备。

拆机前必须准备好拆卸所需的各种设备机具,即组装时所用的工具,保证风、水、电的供应。拆卸主要设备:350 t 履带吊、100 t 汽车吊各一台,以及相应的吊具。

(4) 设备的标识、包装。

TBM 拆卸前准备好包装用的包装箱和填充材料,系统地检查设备,记录设备状况,并对机械、液压及电气部件做好标识,便于设备的恢复性修理及再次组装。

2. TBM 拆卸

TBM 到达麦岛站后,将主机和后配套分离,边拆边采用无轨方式将部件转运走。先拆卸主机部分,再逐步将后配套推进至拆卸井,逐节推进、逐节拆卸。

(1) 主机拆卸。

① 确定 TBM 各个部件处于拆卸位置,断开主机和后配套连接桥之间的连接并对连接桥加以可靠的支撑。

② 确保各个用电器电源已断开,检查释放液压系统、压缩空气系统的残存压力。

③ 首先进行液压、电气系统和辅助设备(如超前钻机)的拆卸。

④ 在进行液压、电气系统拆卸的同时,进行各关键部件如刀盘、盾体、推进系统、主轴承附属件的拆卸和大件吊装位置吊具的安装。

⑤ 对拆卸工作比较复杂烦琐的部件,如刀盘,要考虑将它的固定连接件和其他系统的拆卸同时进行以减少拆卸的时间。

⑥ 关键部件的附属件拆卸完成后,开始依次进行刀盘、盾体、主轴承、支撑调向系统、推进系统的拆卸。

(2) 后配套拆卸。

从前向后依次解体连接桥与后配套,解体时,首先拆卸安装于后配套的各种设备,之后解体结构件。

3. 拆卸后转运

TBM 拆卸完成后,外运至指定地点,进行恢复性修理及存储工作。

4. 拆卸注意事项

(1) TBM 拆卸前必须制订详细的拆卸方案与计划,同时组织有经验的经过技术培训的人员组成拆卸班组,严格进行技术交底。

(2) TBM 主机吊点的布置必须合理,吊耳的焊接必须由专业焊工操作,关键部位必须进行探伤检查。

(3) 汽车吊工作区应铺设钢板，防止地层不均匀沉陷。

(4) 拆卸时对端头墙进行严密的观测，掌握其变形与受力状态。

(5) 拆卸前必须对所有的管线接口进行标识。

(6) 所有管线接头必须做好相应的密封和保护，特别是液压系统管路、传感器接口等。

四、TBM区间管片拼装

根据招标文件要求，该区间未设计使用管片衬砌，但要求TBM设备具有拼装管片的能力。因此将管片衬砌作为辅助支护方法，当遇到软弱围岩在初期支护不能满足支护要求的情况下，可立即使用管片衬砌来通过特殊地质段。

(一) 管片安装流程

管片安装流程见图5-20。

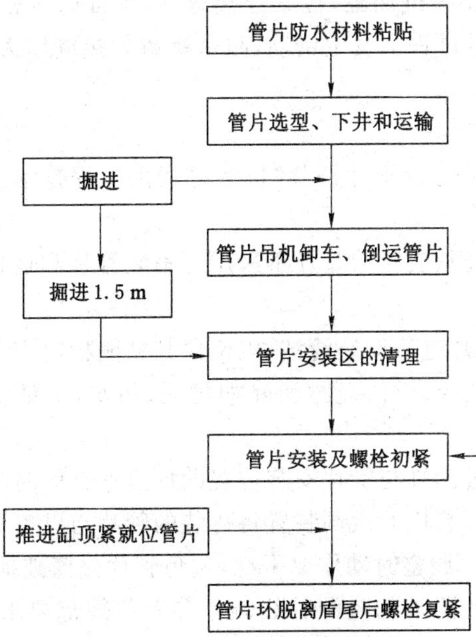

图5-20　管片安装流程图

(二) 拼装前的准备工作

(1) 在洞外清除管片上的浮灰、浮砂，清理干净后，按拼装要求粘贴密封垫。

(2) 将管片的连接件、防水垫圈等材料准备好。

(3) 操作人员应全面检查管片拼装机的动力、液压和机械设备是否正常，管片吊具是否安全可靠。

(三) 管片安装方法

根据管片拼装要求，相邻两环管片采用错缝拼装。

管片分为左、右转弯环和标准环，安装满足隧道轴线要求，重点考虑管片安装后盾尾间隙要满足下一掘进循环限值，确保有足够的盾尾间隙，以防盾尾直接接触管片。管片安装前根据盾尾间隙和推进油缸行程差选择拟安装管片的方式。

TBM 掘进行程结束，所有推进油缸行程伸出的长度都大于 1.5 m 时，TBM 停止掘进，进行管片安装。

为保证管片安装精度，管片安装前需对安装区进行清理。

管片安装时必须从隧道底部开始，然后依次安装相邻块，最后安装封顶块。每安装一块管片，立即将管片连接螺栓插入连接，并戴上螺帽用电动扳手紧固。

在安装封顶块时先搭接 1.0 m 以安装机径向顶进，调整位置后缓慢纵向顶推。为防止封顶块顶入时损坏防水密封条，应对防水密封条进行涂润滑油处理。

管片安装到位后，应及时伸出相应位置的推进油缸顶紧管片，其顶推力应大于稳定管片所需力，然后方可移开管片安装机。

管片环脱离 TBM 尾盾后要及时对管片连接螺栓进行二次紧固。

安装管片时采取有效措施避免损坏防水密封条，并应保证管片拼装质量，减少错台，保证其密封止水效果。安装管片后顶出推进油缸，拧紧连接螺栓，保证防水密封条接缝紧密，防止由于相邻两环管片在 TBM 推进过程中发生错动，防水密封条接缝增大和错动，影响止水效果。

（四）管片安装质量保证措施

(1) 由经验丰富的管片安装人员进行管片拼装，拼装过程由工程技术人员根据验收标准进行过程验收，保证拼装质量。

(2) 严格进场管片的检查，有破损、裂缝的管片不采用。吊装管片和运送管片时应注意保护管片和防水密封条，以免损坏。

(3) 防水密封条粘贴前，应将管片进行彻底清洁，以确保其粘贴稳定牢固。

管片安装前应对 TBM 管片安装区进行清理，清除如污泥、污水，保证安装区及管片相接面的清洁。

(4) 严禁非管片安装位置的推进油缸与管片安装位置的推进油缸同时收缩。

(5) 管片安装时必须运用管片拼装机的微调装置将待装的管片与已安装管片块的内弧面纵面调整到平顺相接以减小错台。调整时动作要平稳，避免管片碰撞破损。

(6) 管片安装质量应以满足设计要求的隧洞轴线偏差和有关规范要求的椭圆度及环、纵缝错台标准进行控制。

（五）同步注浆及二次补强注浆

1. 注浆目的

管片衬砌背后注浆是管片衬砌中的一项十分重要的工序，其目的主要有以下三个方面：

(1) 及时填充盾尾建筑空隙，支撑管片周围岩体，有效地控制地表沉降。

(2) 凝结的浆液将作为管片衬砌施工隧道的第一道防水屏障，增强隧道的防水能力。

(3) 为管片提供早期的加固稳定，并使管片与周围岩体一体化，有利于 TBM 掘进方向的控制，并能确保 TBM 施工隧道的最终稳定。

2. 注浆方式

在 TBM 掘进过程中采取以下两种注浆方式：

(1) 通过盾尾注浆管在掘进的同时进行同步注浆。

(2) 管片脱出盾尾后，通过管片上预留的注浆孔进行补强的二次注浆。

3. 同步注浆

同步注浆采用 TBM 自带的注浆泵在盾尾注入，及时填充管片与地层间环形空隙、控制地层变形、稳定管片结构、控制掘进方向，加强隧道结构自防水能力，对建筑空隙采用盾尾内置的注浆管进行同步注浆。

4. 二次补强注浆

同步注浆后使管片背后环形空隙得到填充，多数地段的地层变形沉降得到控制。在局部地段，同步浆液凝固过程中，可能存在局部不均匀、浆液的凝固收缩和浆液的稀释流失，为提高衬背注浆层的防水性及密实度，并有效填充管片背后的环形间隙，根据监测结果，必要时进行二次补强注浆。

二次注浆对同步注浆起到进一步补充和加强作用，同时也是对管片周围的地层起到充填和加固作用。当地下水特别丰富时，需要对地下水进行封堵。同时为了及早建立起浆液的高黏度，以便在浆液向空隙中充填的同时将地下水疏干（将地下水压入地层深处），获得最佳充填效果，这时需要将浆液的凝胶时间调整至 1～4 min，必要时二次注浆可采用水泥-水玻璃双液浆。

二次补强注浆采用 KBY-50/70 注浆泵。二次补强注浆的注浆管路自制，能够实现快速接卸以及密封不漏浆的功能，并配有止浆阀。二次补强注浆的注浆压力选定在 0.5～0.6 MPa，注浆量根据监测到的空隙和监控量测结果确定。注浆时主要以注浆压力进行注浆量的控制。

五、TBM 区间模筑衬砌

（一）总体方案

TBM-1 完成掘进后，海安路站—麦岛站区间右线隧道立即转入模筑衬砌施工，自海安路站向麦岛站方向施工，依次展开仰拱防水施工、钢筋混凝土仰拱施工、仰拱回填施工、洞身防水施工和洞身钢筋工程、洞身模筑衬砌施工，合理安排施工步距，形成施工作业流水线，多道工序平行作业。右线隧道两处风机段计 20 m 的马蹄形断面衬砌采用拱架模板施工，穿插安排。完成该段模筑衬砌施工任务后，右线衬砌台车在麦岛站过站，进入麦岛站—高雄站区间右线隧道继续施工，在高雄路站站内解体，运至麦岛站转场。

TBM-2 完成掘进后，海安路站—麦岛站区间左线隧道立即转入模筑衬砌施工，自海安路站向麦岛站方向施工，依次展开仰拱防水施工、钢筋混凝土仰拱施工、仰拱回填施工、洞身防水施工和洞身钢筋工程、洞身模筑衬砌施工，形成施工作业流水线，多道工序平行作业。完成该段模筑衬砌施工任务后，左线衬砌台车在麦岛站过站，进入麦岛站—高雄路站区间左线隧道继续施工，在高雄路站站内解体，运至麦岛站转场。

（二）施工方法

1. 防水施工原则

防水设计原则是：以结构自防水为主，并以接头防水为重点，辅以附加防水层加强防水。特别要处理好施工缝、变形缝防水。防水施工原则如下：

（1）结构防水施工遵循“以防为主、刚柔结合、多道设防、因地制宜、综合治理”的原则。

（2）以钢筋混凝土结构自防水体系为主，加强钢筋混凝土结构的抗渗、抗裂能力，改善钢筋混凝土结构的工作环境，进一步提高耐久性；同时以施工缝、变形缝等接缝防水为重点，辅以附加防水层加强防水。

(3) 纵向施工缝和环向施工缝均设置止水带、止水条双道止水。

(4) 所有防水构件、附加防水层、混凝土外加剂等同时满足耐久性要求。

(5) 防水施工必须符合环境保护要求，减少对环境影响。

2. 混凝土施工

(1) 混凝土施工方法。

模筑混凝土按 16 m 一仓一次浇筑成型，采用钢模台车木模立堵头模板。人工进行端头凿毛，钢筋在加工厂加工，现场人工绑扎或焊接，采用商品混凝土，混凝土搅拌运输车运输，混凝土输送泵泵送入仓，插入振捣棒振捣密实，拆模后人工洒水养护。

(2) 模筑衬砌混凝土施工工艺流程。

模筑衬砌混凝土施工工艺流程见图 5-21。

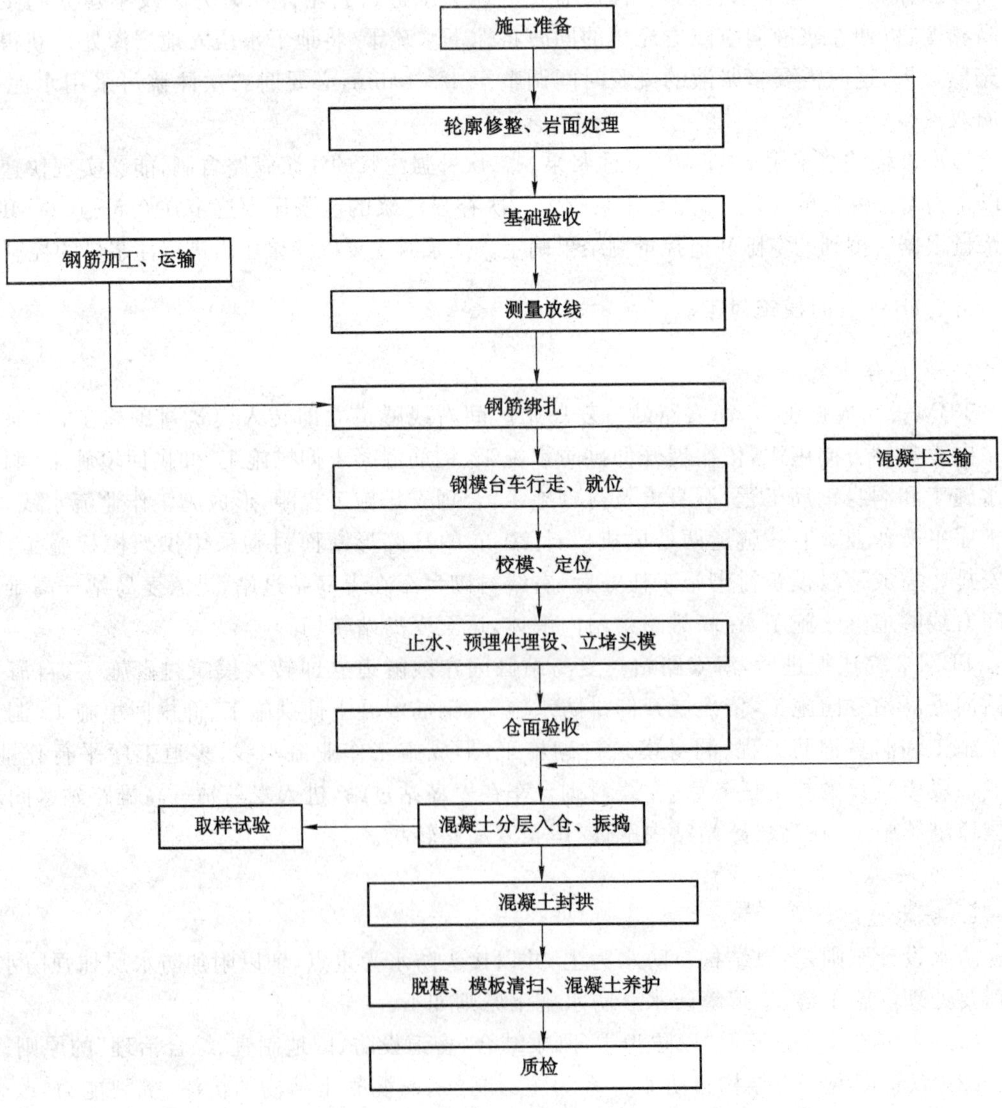

图 5-21 模筑衬砌混凝土施工工艺流程图

（3）施工措施。

① 清理岩基和施工缝处理、冲洗。

混凝土浇筑前，清除岩基上的杂物、泥土及松动岩石，并用压力水冲洗干净。施工缝人工凿毛，清除缝面上所有浮浆、松散物料及污染体，用压力水冲洗干净，保持清洁、湿润。进行地质资料收集整理，基础验收。

② 测量放线及岩面处理。

基面处理合格后，用全站仪等进行测量放线检查规格，将建筑物体型的控制点线放在明显地方，并在方便度量的地方给出高程点，确定钢筋绑扎和立模边线，并做好标记，焊钢筋架立筋。对测量放线中发现的混凝土浇筑基面局部的欠挖，采用风镐或冲击破碎锤进行岩面处理，直至合格。

③ 钢筋安装。

每批钢筋均应有产品质量证明书及出厂检验单，使用前分批进行钢筋机械性能试验。

钢筋由专业工程师出具设计图和下料单，在钢筋加工厂统一制作，其制作符合下列要求：钢筋的表面应洁净，使用前应将表面油渍、漆污、锈皮、鳞锈等清除干净；弯曲钢筋应矫直后才允许使用，其矫直冷拉率不得大于1%。钢筋成型应预先放样，成型后的钢筋必须完全与放样吻合。若不吻合，必须调整，直到符合要求为止。钢筋的弯制应符合设计要求，对加工好的钢筋，应挂牌标识。

加工好的钢筋由平板车运输到工作面，运输过程中采取必要的加固措施，避免钢筋变形，对已变形的钢筋必须进行处理。

钢筋安装要遵循先外层后内层，先主筋后分布筋的原则；同时接头和错位应符合设计规范要求。洞身边墙和护坡钢筋由人工直接安装。洞身顶拱衬砌混凝土钢筋在钢筋台车上安装。钢筋台车安装、调试好后，行走至第一块混凝土浇筑位置，采用卡轨器和地锚固定。

洞身钢筋安装时，在系统锚杆上测量放线，标好架立筋位置后进行架立筋的安装。在系统锚杆上焊纵向架立钢筋，再用粉笔在架立钢筋上标识出主筋间距，然后将主筋按顺序绑扎在架立钢筋上，最后安装分布筋。

④ 钢模台车就位。

钢模台车就位前对边顶拱高程和平面位置进行测量放样，钢模台车根据测量放样进行定位，先用油缸调整模板位置，再用丝杠进行加固，做到定位准确，支撑固定可靠，以确保混凝土体型尺寸及浇筑质量符合设计及规范要求。

钢模台车就位后对顶拱高程和平面位置进行复核测量，验收合格后，模板上涂刷专用脱模剂。采用木模封堵端头，对钢模板底部外侧，用水泥袋纸和其他软物塞实，防止漏浆。

⑤ 清仓验收。

清理仓位内的杂物，并且冲洗干净，排除积水，提交有关验收资料进行仓位验收，同时做好浇筑准备，搭设简易脚手架、安全护栏，检查振捣设备，增加照明。浇筑仓位首先通过内部三检，提供原始资料，由质检部门提请监理进行验收。

⑥ 混凝土拌制运输及取样试验。

混凝土由集中拌和站提供，用8 m^3 混凝土搅拌运输车运至浇筑现场，在浇筑现场进行混凝土取样试验。运料时，保证道路畅通，行车应平稳，以免车辆颠动而产生离析现象，并要求运输过程中防止漏浆、漏料和污染路面。

⑦ 混凝土浇筑。

仓面验收合格后，方可进行混凝土浇筑。基岩面浇筑仓，在浇筑第一层混凝土前，均匀铺设一层 2～3 cm 水泥砂浆或采用富浆混凝土，保证泵送管通畅和混凝土与基岩面结合良好。

混凝土浇筑注意以下要求：浇筑混凝土时，严禁在途中和仓内加水，以保证混凝土质量；浇入仓内的混凝土，应注意平仓振捣，不得堆积，严禁滚浇，严禁用振捣器代替平仓；仓内注意薄层平铺，特别是顶拱台车浇筑时，一定要对称下料，防止模板整体位移；认真平仓，防止骨料分离，注意层间结合，加强振捣，确保连续浇筑，防止出现冷缝；浇筑过程中模板工和钢筋工要加强巡视维护，异常情况及时处理。采用退管法或垂直法封拱。当混凝土面超过拱顶时，泵管出口埋设在混凝土面以下，以保证拱顶所有空间能填满、填实；混凝土封顶时检查是否灌满，采取台车拱顶中部设置三个封顶检查管，检查管伸至拱顶，发现检查管出浆时确认拱顶灌满。

⑧ 拆模。

混凝土强度达到施工图纸要求及规范规定后，方可拆除模板。拆模后将模板清理干净，以满足下一段混凝土浇筑使用。为缩短混凝土强度形成时间，该工程水泥采用早强型普通硅酸盐水泥。

模板脱模（拆除）时限除应符合施工图纸的规定外，还应遵循以下规定：不承受外荷载的拱墙混凝土强度达到 5.0 MPa 以上；受有较大围岩压力的拱墙，封顶和封口的混凝土达到设计强度 100%；围岩压力较小的拱墙，封顶和封口的混凝土达到设计强度 70% 以上；经计算和试验复核，混凝土结构实际强度已能承受自重及其他实际荷载时，应经监理批准后，方能提前拆模；拆模后若发现混凝土有缺陷，提出处理意见，征得监理同意后才能进行修补。对不同的混凝土缺陷，按监理批准的不同方法进行处理，直至满足设计和规范要求。

⑨ 洒水养护。

混凝土浇筑完毕后 6～12 h 内应喷水养护，使表面保持湿润状态。其养护时间不应少于 28 d，且应连续养护。

六、联络通道处特殊衬砌环施工

该隧道 TBM 区间联络通道采用喷锚构筑法施工，支护体系由超前支护、初期支护和二次衬砌三部分组成。初期支护与二次衬砌间设全包防水层。按设计，联络通道的衬砌为复合式衬砌。施工采用钢拱架模板工艺，联络通道与区间隧道洞门与洞身衬砌一起浇筑，最后进行联络通道铺底施工。

（一）超前小导管施工

该区间联络通道采取 ϕ42 mm 小导管超前预注浆，注浆范围依据设计图纸。

1. 施工方法

采用 ϕ42 mm 钢管加工小导管，管长 6.0 m；超前锚杆采用 ϕ32 mm 钢筋制作，钢管上间隔 25 cm 按梅花形钻 ϕ8 mm 的小孔。利用 353E 凿岩台车钻孔，超前锚杆先注浆后安装，超前小导管先安装后注浆，锚杆和小导管均采用 353E 凿岩台车将其顶入孔内，2SNS 型灌浆泵压注水泥浆或水泥-水玻璃双液浆。

2. 工艺流程

施工工艺流程见图 5-22。

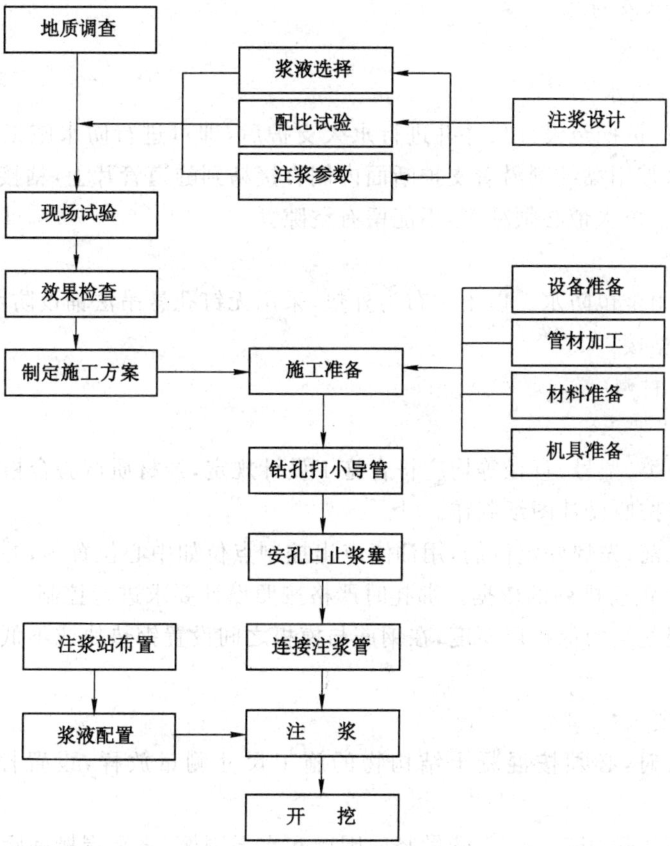

图 5-22 超前小导管注浆施工工艺流程图

3. 施工措施

(1) 先按设计要求钻孔，钻孔直径比钢管直径大 3～5 mm，然后用锤击或钻机顶入，顶入长度不小于钢管长度的 90%，并用高压风将钢管内的砂石吹出。小导管施工时，钢管尾部须置于开挖面后方的钢架之上，与拱架焊接牢固。

(2) 小导管安设后，用塑胶泥封堵孔口及周围裂隙，必要时在小导管附近及工作面喷射混凝土，以防止工作面坍塌。

(3) 隧洞的开挖长度小于小导管的注浆长度，预留部分作为下一循环的止浆墙。

(4) 注浆前进行压水试验，检查机械设备是否正常，管路连接是否正确，为加快注浆速度和发挥设备效率，在小导管前安装分浆器，采用群管(每次 3～5 根)注浆。

(5) 注浆施工前进行注浆试验，以确定合适的注浆参数值。

(6) 注浆量及注浆压力由现场试验最终确定。

(7) 注浆过程中随时观察注浆压力及注浆泵排浆量的变化，分析注浆情况，防止堵管、跑浆、漏浆。做好注浆记录，以便分析注浆效果。

（二）开挖

联络通道采用钻爆法开挖，并按设计参数施工初期支护。

（三）通道防水及衬砌

1. 联络通道防水

（1）通道接口防水。

通道喇叭接口扩挖至设计尺寸并进行永久支护后，即可进行防水施工。接口防水采用止水带施工，止水带用黏结剂沿着支护断面内侧直接粘到隧道管片上，粘接前采用特殊溶剂对管片进行清洗。止水带必须粘牢，不能留有空隙。

（2）通道防水。

联络通道采用全包防水。以土工布为外垫，采用无钉孔悬吊法铺设防水板，防水板搭接采用热合机加热粘接。

2. 联络通道衬砌

（1）钢筋施工要求：

① 钢筋的种类、型号、直径等均应符合施工设计规定，经材质试验合格。

② 钢筋严格按照设计图纸制作。

③ 钢筋绑扎前，先焊好定位筋，用油漆点出控制点位如中心位置等，并制作好钢筋排列间距的样尺，作为钢筋排列的依据。绑扎时严格按照设计要求进行控制。

④ 为确保混凝土的保护层厚度，在钢筋与模板之间设置钢垫块或不低于设计混凝土强度的混凝土块。

（2）立模板要求：

① 模板安装时，必须按混凝土结构物的施工尺寸测量放样，设置控制点，以利监测校正。

② 衬砌模板采用 ϕ50 mm 钢管做竖向围檩和水平围檩，水平围檩间距不大于 700 mm，竖向围檩间距不大于 500 mm。水平围檩用扣件扣牢，ϕ16 mm 对拉螺栓拉住。

③ 模板表面应光洁平整，接缝严密，不漏浆，保证混凝土表面的质量。

（3）浇筑混凝土要求：

① 联络通道采用商品混凝土浇筑。混凝土运至盾构井后采用溜槽转入自卸卡车中，再运至工作平台，通过人工浇入仓内，并用 40 型插入式振捣棒均匀振捣。

② 振捣时，严格按照规范进行，振捣间距不大于 500 mm，应控制好振捣棒的插入深度，不能少振、漏振，也不能在同一深度过度振捣，不得在模板外侧振捣。

③ 混凝土对称浇筑，均匀下料，两侧混凝土高差不得超过 300 mm。

（4）混凝土接缝处理要求：

① 联络通道混凝土由于不能一次浇筑，必须设置施工横缝和纵缝。施工缝是渗漏薄弱环节，必须做好防水处理。

② 对于施工纵缝，在侧墙墙壁上设凹形槽，内嵌遇水膨胀止水条。对于横缝，采用中埋式止水带止水。所有施工缝在后续施工时都必须对接触面进行凿毛清洗。

七、洞门加固

根据 TBM 工作原理，TBM 掘进是由撑靴支撑在洞壁上作为支点，为推进器提供反作用力来实现 TBM 向前推进。因此，要求撑靴对应位置的洞壁具有较好的稳定性及抗压能力。在施工区间的进洞段与出洞段，由于车站施工造成 TBM 进出洞段围岩结构被破坏，因此，在 TBM 进出洞前，根据进出洞段围岩等级和围岩埋深，对 TBM 进出洞段做相应处理。根据 TBM 施工规定，当围岩埋深为洞径的 1.5～2 倍时，围岩具有较强的承载能力，满足 TBM 通过要求。

根据招标设计可知，在海安路站至麦岛站区间，由海安路站双线始发，麦岛站双线出洞；过站后再由麦岛站右线始发，高雄路站右线出洞，调头后由高雄路站左线始发，麦岛站左线出洞。其间海川路站和徐家麦岛站均为先隧后站，无须进出洞。区间洞门段地质情况见表 5-6。

表 5-6　TBM 施工区间洞门段地质情况统计表

序号	洞门位置	围岩等级	围岩埋深/m
1	海安路站右线洞门段	Ⅳ级围岩	8.2
2	海安路站左线洞门段	Ⅱ级围岩	8.7
3	麦岛站右线洞门段	Ⅱ级围岩	13.6
4	麦岛站左线洞门段	Ⅱ级围岩	11.4
5	麦岛站右线洞门段	Ⅴ级围岩	7.1
6	高雄路站右线洞门段	Ⅱ级围岩	27.4
7	高雄路站左线洞门段	Ⅱ级围岩	28.0
8	麦岛站左线洞门段	Ⅴ级围岩	6.3

根据表 5-6 分析可知：

处于Ⅱ级围岩的洞门段，埋深为洞径的 1.4～4.5 倍之间。由于二类围岩具有较好的稳定性和承压能力，因此，对于处于Ⅱ级围岩的洞门段，只需进行以砂浆锚杆和喷混凝土加固为主的初期支护即可满足 TBM 通过。

处于Ⅳ级围岩的洞门段，埋深为洞径的 1.3 倍。由于Ⅳ级围岩稳定和承压能力都较差，以及埋深较浅，对于此洞段先进行砂浆锚杆和喷混凝土加固的初期支护，实现对岩石的锁固和封闭，再对此处实施小导管注浆稳固内部破碎。

处于Ⅴ级围岩的洞门段，埋深为洞径的 1 倍。由于Ⅴ级围岩段稳定性和承压能力差、埋深浅，对于Ⅴ级围岩段，在施工前先实施地层加固法，对此段地层进行固结后，再进行隧道开挖。开挖的同时实施初期支护和小导管注浆。

八、出洞及进洞防水

（一）工艺要求

(1) 防水施工应严格按照设计图纸施工。空铺式防水由塑料防水层加分区注浆系统组成，在初期支护与塑料防水板之间设置土工布缓冲层，底板防水层上设置 50 mm 细石混凝土保护层。

(2) 400 g/m^{2}无纺布、1.5 mm EVA 防水板铺设前应对初期支护表面进行处理，保证无纺布和防水板与初期支护喷混凝土面密贴。

(3) 400 g/m²无纺布、EVA防水板仅在拱墙处铺设,无纺布采用带热塑性热熔垫片的暗钉铺设,暗钉间距设置均匀,拱部0.5～0.7 m,边墙1～1.2 m,梅花形布置;防水板采用热焊机固定在热熔垫片上,防水板接缝采用自动热熔机进行双焊缝焊接。无纺布和防水板宽度搭接不得小于10 cm。无纺布和防水板不要铺设太紧,有一定的松弛度,防止浇筑混凝土时造成防水板破裂或撕裂。

(4) 施工缝防水由400 g/m²无纺布、EVA防水板、背贴式止水带、遇水膨胀止水胶条构成。背贴式止水带和止水胶条成环设置;施工缝表面应预留凹槽,除凹槽外的施工缝表面需要先凿毛并清理干净,使施工缝表面干净、干燥、坚实,无疏松、起皮等。背贴式止水带环向搭接不小于50 cm。

(5) 变形缝防水由400 g/m²无纺布、EVA防水板、背贴式止水带、中埋式钢边止水带构成。背贴式止水带和中埋式钢边止水带成环布置;变形缝预留凹槽尺寸可根据工程施工条件适当调整,但深度不宜小于25 mm,宽度不宜小于20 cm。

(6) 止水带部位的混凝土要振捣密实,避免空洞。仰拱止水带采用盆式安装法,以利于振捣混凝土时产生的气体顺利排出,振捣时严禁振动棒接触橡胶止水带。

(7) 注浆管露出结构表面3～5 cm,并做好口部保护,待结构稳定且水位恢复后,如有渗漏,可通过注浆嘴进行注浆止水,注浆液可采用超细水泥或其他化学浆。预埋方式为沿隧道轴线方向4～6 m一环,边顶拱1环3根,仰拱1根。

(8) 在边墙及拱顶防水板内侧应采用临时挡板,防止机械损伤或电火花灼伤防水层。

(9) 分区注浆纵向可利用变形缝外贴止水带止水;环向间距同施工缝设置间距,通过环向外贴止水带实现止水。

(二) 施工方法

1. 防水施工工艺流程

防水施工工艺流程见图5-23。

2. 初期支护表面处理

喷面起伏较大无法使防水层与混凝土表面密贴时,进行修凿补喷。若有锚杆头、钢管头、钢筋头、铁丝等外露时,应事先切除或用锤打扁,然后用砂浆素灰抹平。对于基面上锐利棱角,附着大颗粒石子及突出的岩石,将其敲掉或凿除,然后抹平。基面表面平滑的大致标准是30～40 cm间的凹陷的深度最好小于5～6 cm,即原则上凹部的矢跨比要小于1/6。设置格栅,格栅间必须喷平。突出喷混凝土面的锚杆头部,是板破损的重要原因,应加以处理。这个问题施工中常常被忽视。板张挂前,可采取以下方法进行处理:

(1) 切断处理:切断并用砂浆和缓冲材料等处理。

(2) 加设帽盖:用经过加工的帽盖(金属的、树脂的)套在锚杆的头部。

3. 无纺布、防水板施工

(1) 铺设要求。

① 防水板应在初期支护基本稳定并经验收合格后进行铺设。

② 防水板的铺设,要考虑基底的状态、板的材质及张挂时的富余等,选择适当的方法。

③ 防水板应从喷混凝土面的下方顺次张挂。张挂时,应确保有一定的富余长度,即板的长度应比围岩或喷混凝土的轮廓线长度大10%以上。特别是在表面有凹槽的情况时,张挂不要过紧,应考虑在灌注的混凝土的挤压下,能够与混凝土密贴的可能,而留出富余长度。

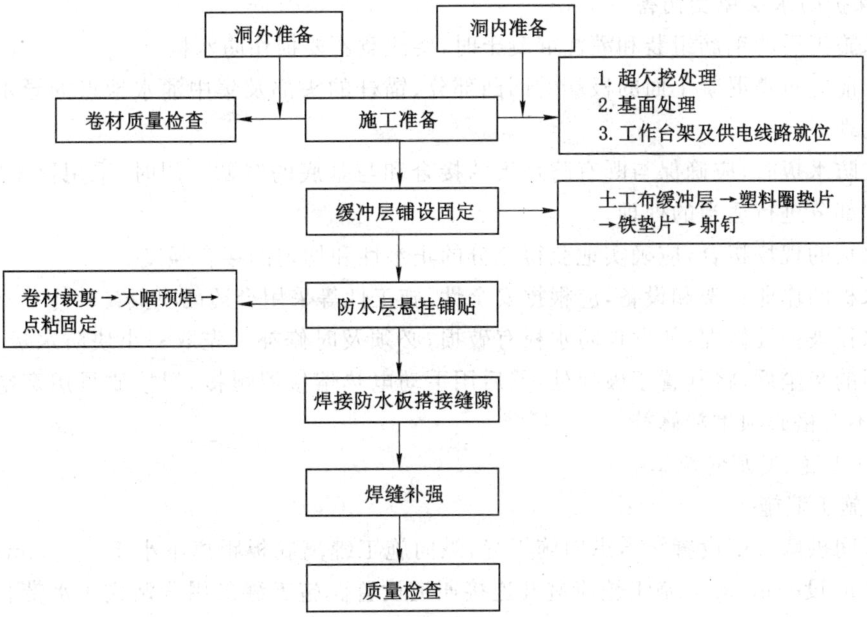

图 5-23　防水施工工艺流程图

④ 采用合适的作业台架进行铺设防水板作业。

(2) 无纺布、防水板的铺设。

① 无纺布铺设。

在初期支护表面，采用暗钉法铺设无纺布。用带热塑性圆垫圈的射钉将缓冲层平整顺直地固定在基层上，暗钉间距拱部为 0.5～0.7 m，边墙为 1.0～1.2 m，呈梅花形布置，在凹凸不平处适当增加数量。缓冲层铺设搭接宽度应不小于 10 cm；缓冲层铺设应平整、舒展、顺畅，有一定的松弛度，不能绷得太紧。

② 防水板铺设。

防水板采用无钉法铺设，采用手动电热熔接器将防水板与固定无纺布的带热塑性垫圈热熔焊接牢固，防水板表面应铺设平整，无破损、断裂或穿孔现象，并有一定的松弛度，防止浇筑二次衬砌混凝土时将防水板拉断。防水板应与初期支护喷射混凝土密贴，环向铺设时，先拱后墙，下部防水板应压住上部防水板。防水板间自动热熔焊接用自动双焊缝热熔焊接机按照预定的温度、速度焊接，单条焊缝的有效焊缝宽度不小于 15 mm。

防水板焊接检测：用平口螺丝刀沿焊缝外边缘(没有熔浆均匀溢出的部位)稍用力，检查是否有虚焊、漏焊部位。如果有漏点，做好标记并及时修补。

在二次衬砌混凝土浇筑过程中尤其要注意拱部防水板不要发生紧绷拉断现象，防止拱部混凝土浇筑不满，造成空洞。对于破坏的防水板要进行修补。防水层铺设位置应超前二次衬砌施工 18～24 m，并设临时挡板，防止机械损伤和电火花灼伤防水板。衬砌混凝土施工时应符合下列规定：振捣棒不得直接接触防水板；浇筑拱顶时应防止防水板绷紧；局部设置防水板防水层时，其两侧应采取封闭措施。

③ 防水板施工时，采用专用台车进行防水板的安装和结合作业。

④ 保护防水层免受伤害。

防水施工后的钢筋组装和灌注混凝土时，要注意不要损伤防水板。

施工前应对喷混凝土面的极端的凹凸部分、锚杆的头部及集中涌水地点的导水等进行适当的处理。

安装防水板时，应确保与既有防水板的接合和与基底的密贴。同时，采用钉子时，应对板的破损部分进行适当的处理。

防水板的现场接合，应确实地获得充分的止水性和均匀的接合强度。

防水板的作业台架和设备，应根据安全性、施工性等采用合适的机具。

防水板破损处修理：如发现防水板有破损，必须及时修补。先取一小块防水板，除尽防水板两面的灰尘后，将其置于破损处，然后用手动电热熔接器熔接，焊接质量用真空检漏器检测，若不合格必须重新修补。

4. 施工缝、变形缝施工

(1) 施工缝施工。

在区间拱墙底部设置一道纵向施工缝，纵向施工缝离底板距离不小于 300 mm；环向施工缝每 9 m 设一道，环向施工缝应避开连接通道设置。施工缝采用背贴式止水带和中埋式遇水膨胀止水胶条。背贴式止水带为与防水板同材质的塑料止水带，止水带宽度不小于 35 cm，采用外贴式止水带专用焊接机将塑料止水带两端热熔焊接在防水板表面，每道焊缝宽度不得小于 30 mm，并采用塑料焊条补强焊缝，要求焊接部位牢固、密实、不透水。止水胶条避免长时间浸泡在水中，以免止水胶条提前膨胀。

施工缝的防水施工应符合下列规定：

① 水平施工缝浇筑混凝土前，应将其表面浮浆和杂物清除，铺水泥砂浆或涂刷混凝土界面处理剂并及时浇筑混凝土。

② 垂直施工缝浇筑混凝土前，应将其表面清理干净，涂刷混凝土界面处理剂并及时浇筑混凝土。

③ 施工缝采用遇水膨胀橡胶腻子止水时，应将止水条安装在缝表面预留槽内。

(2) 变形缝施工。

变形缝是由于考虑结构不均匀受力和混凝土结构胀缩而设置的允许变形的结构缝隙，它是防水处理的难点，也是结构自防水中的关键环节。

在结构的中部设置埋入式橡胶止水带。在结构变形缝的内侧(背水面)预留 300 mm×30 mm 的凹槽，预留方法为：在模板安装完，未关变形缝处堵头前，采用 30 mm 厚 150 mm 宽橡胶条粘在模板端头，再关堵头浇筑混凝土，形成一半凹槽；另一半凹槽是在模板搭接端头上粘贴上 300 mm 宽橡胶条。

待变形缝两侧的混凝土浇筑完并养护完毕，在缝内用双组分聚硫橡胶嵌缝，深为 25 mm。在嵌双组分聚硫橡胶前，将缝两侧基面的表面松动物及浮渣等凿除并清理干净，以使其与变形缝两侧粘接牢固。

变形缝橡胶止水带施工步骤如下：

① 按照设计要求确定止水带的准确位置及尺寸规格。

② 橡胶止水带安装必须用模板固定。先安装一端，浇筑混凝土，同时另一端应用箱型木板保护，待混凝土达到一定强度拆除模板和另一端止水带的箱型保护。

③ 在止水带中央圆孔的上下方混凝土基面上涂刷黏结剂并固定填缝用的聚苯板。

④ 把另一端的止水带端头用细铁丝固定在钢筋上，支模浇筑混凝土。

⑤ 施工中必须保证止水带的准确位置和混凝土的浇捣质量，保证混凝土与止水带的紧密贴合。

施工注意事项如下：

① 预埋式橡胶止水带：在混凝土结构变形缝处，沿结构厚度的中心线将止水带的两翼分别埋入结构中，圆环中心对准变形缝中央。

② 安装止水带按250 mm间距以细铁丝悬吊于钢筋上固定位置，在顶底板水平安装时使止水带形成盆式，以避免止水带下的气体在混凝土浇捣时无法逸出，形成孔隙。

③ 止水带设置时不可翻转、扭曲，如发现破损立即更换。

④ 在混凝土浇筑前应避免止水带被污物和水泥砂浆污损，表面有杂质须清理干净，以免混凝土与其咬合不紧密造成渗水通道。

⑤ 接触止水带的混凝土不应出现粗集料集中和漏振现象。

⑥ 橡胶止水带应就位准确、安装牢固，模板的端板应做成箱型，在浇筑一侧混凝土时保护橡胶止水带的另一侧翼不受到破坏。止水带的端头离周围钢筋的距离不小于20 mm，纵向固定间距不大于250 mm。

5. 背后注浆回填施工

二次衬砌混凝土强度达到设计强度的100%时应进行二次衬砌背后回填注浆。二次衬砌施工时预留ϕ32 mm焊接钢管，焊接钢管长度为衬砌厚度加上200 mm，预埋方式为沿隧道轴线方向3 m一环，一环三根，分别位于拱顶和两侧拱腰位置，外端应留有连接管路装置，二次衬砌施工时若不方便预留，亦可在衬砌施工后钻孔埋设，钻孔时钻杆应有限深装置，防止钻破防水层。

注浆浆液采用高强无收缩水泥浆，注浆顺序沿线路上坡方向进行，注浆过程中要时刻关注注浆压力和流量的变化。当注浆压力达到0.2 MPa或相邻孔出现窜孔时，即可结束本孔注浆。

（三）质量标准

1. 基面处理标准

防水层铺设前应对隧道初期支护喷射混凝土表面进行处理，切除锚杆头和钢筋露头，并用细石混凝土抹平覆盖，凹坑深宽比应控制在1∶6以内，拱顶1∶8以内，深宽比大于1∶6或拱顶大于1∶8的凹坑应用细石混凝土填平，凹坑太大要抹平补喷混凝土，确保喷射混凝土表面平整。

2. 防水板施工质量标准

（1）材料要求：

① 防水层所用塑料板及配套材料必须符合设计要求。

② 防水板防水层的基面应坚实、平整、圆顺，无漏水现象；阴阳角处应做成圆弧形。

（2）防水板防水层的铺设应符合下列规定：

① 防水板的缓冲衬垫应用暗钉圈固定在基层上，防水板边铺边将其与暗钉圈焊接牢固，防水板的铺设应平顺并与基层固定牢固，不得有下垂、绷紧和破损现象。

② 两幅防水板的搭接宽度应为100 mm，防水板搭接宽度的允许偏差为－10 mm。下部防水板应压住上部防水板。

③ 搭接缝宜采用双条焊接，单条焊缝的有效焊接宽度不应小于10 mm。

④ 复合式衬砌的防水板铺设与内衬混凝土的施工距离不应小于5 m。

（四）安全措施

① 防水卷材吊装范围内不得有人，防止掉落发生危险。

② 在作业台车上防水施工时需佩戴安全带等劳保用品，以防高处坠落。

③ 使用手动热熔焊机严格按照操作规程操作，禁止接触人身，以防烫伤。

④ 施工用电严格按照现场安全员的指导施工，必须按照要求佩戴绝缘手套，穿绝缘鞋。

九、过特殊地段施工监控量测方案

（一）特殊地段概况

根据地质勘探资料，高雄路站—麦岛站TBM区间，施工将穿越四条断层破碎带，麦岛站端头范围地质为Ⅳ、Ⅴ级围岩，区间有8处地质破碎带；麦岛站—徐家麦岛站TBM区间，施工将穿越四条断层破碎带，该区间靠近麦岛站、徐家麦岛站端头范围地质为Ⅳ级围岩；徐家麦岛站—海川路站TBM区间，施工将穿越一条断层破碎带，该区间局部范围地质为Ⅳ级围岩；海川路站—海安路站TBM区间，施工将穿越一条断层破碎带，该区间右线中部局部范围地质为Ⅳ级围岩。

（二）特殊地段监控量测原则

(1) 监控测量设计遵循"关键工序、关键过程、关键时间、关键部位"的原则，确保检测数据及时、准确、有效。

(2) 监测方案以确保特殊地段施工的安全、稳定实施为目的，针对保证特殊地段安全稳定的允许指标进行方案设计。

(3) 该工程项目监测点的布置能够全面地反映监测对象的工作状态。

(4) 采用先进的仪器、设备和监测技术。

(5) 各监测项目能相互校验，以便于数值计算、故障分析和状态研究。

(6) 监控量测工作设专人负责，按设计文件、招标文件技术要求和监测计划有步骤地进行，及时做好数据处理和信息反馈，并以此指导施工，从而提高监测工作质量。

(7) 观测点类型和数量的确定结合工程性质、地质条件、设计要求、施工特点等因素综合考虑。

(8) 为验证设计数据而设的测点布置在设计中最不利位置和断面上，为结合施工而设的测点布置在相同工况下的最先施工部位，其目的是及时反馈信息、指导施工。

(9) 表面变形测点的位置既要考虑反映监测对象的变形特征，又要便于应用仪器进行观察，还要有利于测点的保护。

(10) 埋测点不能影响和妨碍结构的正常受力，不能削弱结构的变形刚度和强度。

(11) 在实施多项内容测试时，各类测点的布置在时间和空间上应有机结合，力求使同一监测部位能同时反映不同的物理变化量，找出内在的联系和变化规律。

(12) 根据监测方案在施工前布置好各监测点，以便监测工作开始时，监测元件进入稳定的工作状态。

(13) 测点在施工过程中遭到破坏时，应尽快在原来位置或尽量靠近原来位置补设测点，保证该点观测数据的连续性。

（三）特殊地段监测项目

特殊地段监测项目见表 5-7。

表 5-7　隧道特殊地段监测项目设计表

<table>
<tr><th>序号</th><th>监测项目名称</th><th>方法及工具</th><th>测点布置</th><th>量测频率</th><th>备注</th></tr>
<tr><td rowspan="3">1</td><td rowspan="3">地表隆陷</td><td rowspan="3">水准仪</td><td rowspan="3">每 10 m 一断面</td><td>掘进面前后<20 m 时每天测 1～2 次</td><td rowspan="18">必测</td></tr>
<tr><td>掘进面前后<50 m 时每 2 天测 1 次</td></tr>
<tr><td>掘进面前后>50 m 时每周测 1 次</td></tr>
<tr><td rowspan="3">2</td><td rowspan="3">隧道变形</td><td rowspan="3">水准仪、钢尺</td><td rowspan="3">每 5 m 设一断面</td><td>掘进面前后<20 m 时每天测 1～2 次</td></tr>
<tr><td>掘进面前后<50 m 时每 2 天测 1 次</td></tr>
<tr><td>掘进面前后>50 m 时每周测 1 次</td></tr>
<tr><td rowspan="3">3</td><td rowspan="3">岩体内部位移</td><td rowspan="3">水准仪、磁环分层沉降仪、倾斜仪</td><td rowspan="3">每 15 m 一个断面</td><td>掘进面前后<20 m 时每天测 1～2 次</td></tr>
<tr><td>掘进面前后<50 m 时每 2 天测 1 次</td></tr>
<tr><td>掘进面前后>50 m 时每周测 1 次</td></tr>
<tr><td rowspan="3">4</td><td rowspan="3">衬砌内力和变形</td><td rowspan="3">压力计和传感器</td><td rowspan="3">每 20 m 一个断面</td><td>掘进面前后<20 m 时每天测 1～2 次</td></tr>
<tr><td>掘进面前后<50 m 时每 2 天测 1 次</td></tr>
<tr><td>掘进面前后>50 m 时每周测 1 次</td></tr>
<tr><td rowspan="3">5</td><td rowspan="3">岩层压应力</td><td rowspan="3">压力计和传感器</td><td rowspan="3">每一代表性地段设一横断面</td><td>掘进面前后<20 m 时每天测 1～2 次</td></tr>
<tr><td>掘进面前后<50 m 时每 2 天测 1 次</td></tr>
<tr><td>掘进面前后>50 m 时每周测 1 次</td></tr>
<tr><td rowspan="3">6</td><td rowspan="3">建（构）筑物观察及地下管线（涵）</td><td rowspan="3">水准仪、高精度倾斜仪、光学观测仪与可伸缩量尺</td><td rowspan="3">施工影响区域</td><td>掘进面前后<20 m 时每天测 1～2 次</td></tr>
<tr><td>掘进面前后<50 m 时每 2 天测 1 次</td></tr>
<tr><td>掘进面前后>50 m 时每周测 1 次</td></tr>
<tr><td>7</td><td>支护、衬砌表面裂缝量测</td><td>测缝针</td><td>每个代表性地段 13 个量测断面，每个断面不少于 20 个测点</td><td>1～15 d，每天 1～2 次；16～30 d，每 2 天 1 次；1～3 月，每周 1～2 次；>3 月，每月 1～3 次</td><td>有裂缝时必测</td></tr>
<tr><td>8</td><td>隧洞渗压监测</td><td>渗压计</td><td>涌水、渗漏的断层破碎带</td><td>每天 1～2 次</td><td>涌水时必测</td></tr>
</table>

（四）特殊地段监测方法

1. 洞内外观测

洞内观测分为开挖工作面观测和初期支护状况观测两部分。开挖工作面观测在每次开挖后一次喷射混凝土前进行，地质情况基本无变化时，可每天进行一次。观测内容包括围岩状况的观测和记录，观测工作面状态、围岩风化程度、节理裂隙、断层分布和形态、地下水情况以及锚喷混凝土的效果。观测后进行工程地质特征的描述，绘制开挖工作面略图（地质素描），填写工作面状态记录表及围岩类别判定卡。对初期支护的观测也应每天至少进行一次，观测内容包括检查喷射混凝土有无裂损及发展，锚杆有无松动，钢架支护工作状态等，并做好相应的记录。

洞外观测包括对洞口地表情况、地表沉陷、边仰坡稳定以及地表水渗透等的观测。若遇特殊不稳定情况时，应派专人进行不间断观察。

2. 测点布置

(1) 地面测点布置。

隧道地面测点布置见图 5-24。

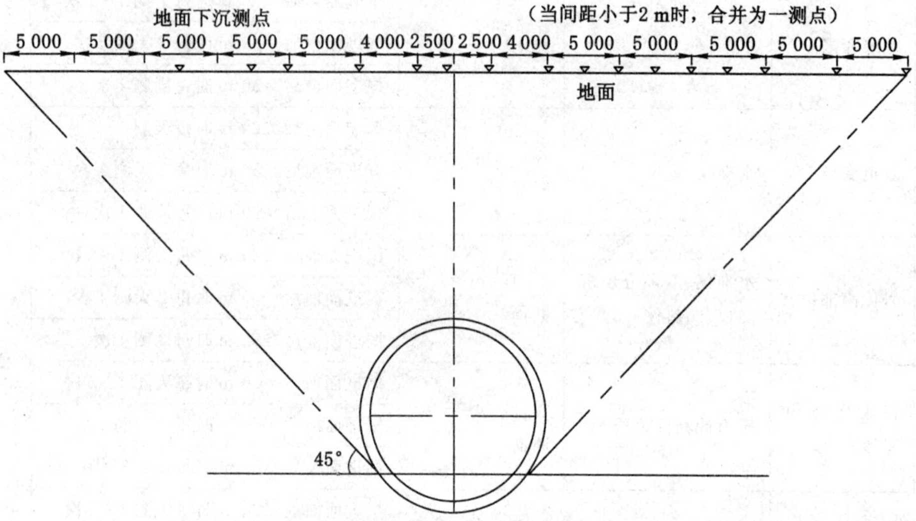

图 5-24　隧道地面测点布置图

(2) 净空量测测点布置。

净空变化量测基线在横断面上的布置如表 5-8 和图 5-25 所示，以水平基线量测为主，必要时设置斜基线。

表 5-8　净空变化量测基线布置表

位置	特殊地段			
	洞口	埋深小于 2D	断层破碎带	围岩差的地段
全断面	1～2 条水平基准线	3 条三角形基线	4 条基线	4 条基线

注：D 为开挖宽度。

(3) 拱顶下沉测点布置。

拱顶下沉及围岩位移量测测点，一般布置在拱中和两侧拱腰，每断面布置 5 点，当受通风管或其他障碍影响时，可适当移动位置。测点布置见图 5-26。

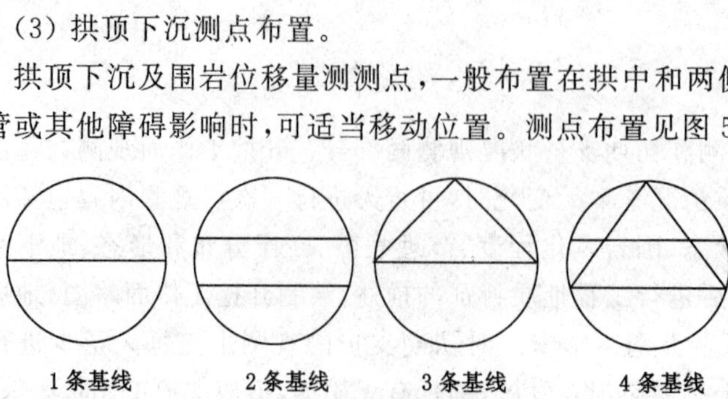

图 5-25　净空变化量测基线布置图

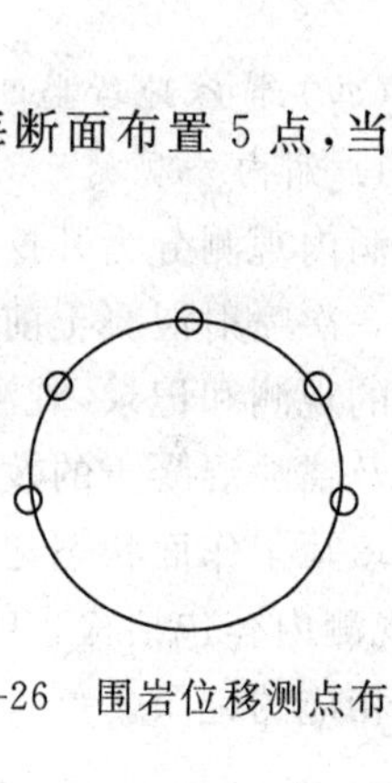

图 5-26　围岩位移测点布置图

（五）监测信息的反馈

监测信息的反馈应符合下列要求：

(1) 及时检查和统计监控量测的数据，并进行数据反馈分析。

(2) 及时绘制包括隧道净空收敛、地表沉降的时态曲线，以及上述各项变位置的发生与开挖工况的关系图等。选择与实测数据拟合性较好的函数进行回归分析，分析是否发生突变和预测可能出现的最大位移，对现状施工进行评价，必要时提出优化设计、施工的建议。

(3) 根据量测数据按表 3-3 的要求指导施工。

(4) 单线区间隧道地表沉陷槽按正态分布曲线计算；相邻区间隧道净距大于 $0.7D$（D 为隧道开挖宽度）时，地表沉陷最大允许值按单一隧道施工引起的地表沉陷曲线叠加计算；相邻区间隧道净距不大于 $0.7D$ 时，应考虑群洞施工影响因素，通过数值计算分析确定。

(5) 一般情况下，单线 TBM 区间隧道地表沉降最大允许值为 30 mm。

第四节　施工生产、技术保障方案

一、配置先进的设备及配套设施，展开专业化施工

充分结合该工程的地质条件、开挖支护要求和工期要求，根据建设单位选择的 TBM 高性能掘进机，配备先进适用的初期支护、超前探测、超前加固、底部清渣等设备，确保性能优良、技术先进、相互匹配。同时，配备性能良好、数量充足的配套设备，做好 TBM 刀具、备品备件方面的储备，加强 TBM 及配套设备的日常维护保养，保证设备完好率，确保 TBM 施工系统连续正常运转。

二、提高 TBM 设备完好率和利用率，确保快速施工

TBM 利用率＝净掘进时间/总施工时间，而总施工时间＝净掘进时间＋辅助工作时间，因此，在施工中，高度重视 TBM 设备检修工作，同时尽可能地缩短辅助工序时间是提高 TBM 设备完好率和利用率的关键。

在岩性、TBM 性能等客观因素确定的条件下，通过正常作业时间和停机时间段内工序的优化，缩短辅助作业、整备、换刀及其他可以人为控制的时间，延长有效掘进时间，加强 TBM 组织管理，做到科学组织施工，能大大提高 TBM 的工时利用率。主要采取以下措施：

(1) 不良地质地段，及早做好超前支护、钢支撑安装、钢板焊接、清渣的施作方案准备、物资准备和人员配备；隧洞后期掘进时，尤其做好材料运输调度和其他后勤保障工作。

(2) 建立员工教育机制和激励机制，合理进行 TBM 人员组织，根据不同阶段相应特点，优化各工序安排，有所侧重；在平行作业的基础上保证重点工序，加强沟通，避免工序干扰，减少 TBM 掘进的辅助工时。

(3) 提高换刀速度。在高温、高湿、空间狭小的环境下作业，劳动强度高，增加换刀人员批次，改进换刀作业工序，保证换刀的齐备和完好率，刀具螺栓松动、脱落，刀具轴承漏油的故障发生率明显减少，换刀速度明显提高。

(4) 合理把握换刀时机。例如，刀圈磨耗极限值为 38 mm，刀圈磨耗量较小时更换，既增加换刀时间，又增加刀圈消耗；刀圈磨耗量达到或接近极限值时才换刀不能有效保护刮渣

板，刀圈刃口很宽，破岩能力大幅度下降，增加掘进工时与电能消耗。现场在遵循刀具磨耗到限换刀的原则基础上，根据掘进刀具磨耗测量的结果，尽量避免大批量换刀造成的时间延误，除刀具轴承漏油必须随时更换外，采用每次在维修保养时间进行小批量更换的办法，收到良好效果。

(5) 优化掘进参数。掘进参数选择不当，会造成换刀频度加大。硬岩时推进速度变慢，贯入度明显降低，在获得同样进尺的情况下，刀圈的滚动轨迹增加，加速了刀圈的磨损，降低了刀圈的有效寿命；而提高推进速度，贯入度加大，提高了破岩效率，但可能刀具轴承的载荷过大，容易造成密封损坏导致轴承漏油，同样缩短刀圈寿命。所以在硬岩地段掘进时，采用换步结束开始掘进后退刀盘的一段距离时，以略小于该段岩石对应的最大掘进速度的速度来进行掘进。如果掌子面完整，换步后采用上一循环结束时掘进速度挡位减小 10%进行推进，节约掘进时间，部分刀具切削局部硬岩而过载的概率也较小，寻求到提速和防止过载之间的最佳点。另外，为避免刀盘接触掌子面瞬间推进速度过高而冲击电机传动系统及刀盘的偏载，可在刀盘接触掌子面前(可由刀盘位移传感器判断)，适当降低速度，待刀盘接触岩面推力上升后逐步提速进入正常掘进操作，如此操作一般仅需 3～5 min，且实际掘进中出现刀具过载漏油的情况极少，每个掘进循环时间明显缩短。

(6) 合理的维修保养和科学的诊断方法。TBM 的维修保养及故障排除所引起的停机，对工时利用率也有很大影响。采用合理的维修保养对策和时间安排，可以将维修保养内容化整为零；采用正确的诊断思路和手段，可以迅速判明或预见故障的发展趋势及部位，及时采取应对措施，避免更大事故和损失。

综上所述，要提高工时利用率的关键是要降低工序组织人为延误时间和岩石支护时间，其次是要根据 TBM 在不同岩性地段的掘进速度来规定合理的调试时间、刀具更换时间、维修保养时间、退出检修时间、岩石支护时间比例标准以及合理的工时利用率目标。

三、做好排水、通风措施准备

施工准备阶段前期就配备充足的、防止大的涌水等突发应急时的物资、材料和通信器材，做好应对预案，并设专人进行值班，保障设备和人员的安全。

由于隧洞施工期间通风距离长，在通风设备、柔性风筒配置、安装、管理等方面，必须予以高度重视，确保通风效果以及通风系统的持续完好。

尽量减少和避免因排水不畅、通风效果差而影响正常施工。

四、做好应对地质风险措施准备

总体上，制定不良地质地段的施工处理措施，最大限度减小其对施工进度产生的不利影响，对于断层破碎带、软弱岩带、大涌水洞段等，采取切实可行的应对措施，加快掘进速度。

处理特殊情况的方法必须得当、及时、有效，对于 TBM 设备施工过程中可能遇到的问题，充分利用 TBM 上配置的超前钻机、BEAM 等系统，配合地质雷达，结合勘察设计文件，高度重视超前地质预报工作，尽量准确地掌握掌子面前方的地质条件，以便针对地质风险采取相应的处理措施，避免由于地质风险而出现长时间停机。

五、加强目标管理，实施目标控制

为了做好目标管理，采取以下几方面的措施：

(1) 应用网络技术和先进的项目管理软件系统，对工程的重点、难点和控制工期的工序，认真分析研究，抓住关键线路，倒排工期。对施工重点优先安排，加大设备、人力、物力、财力的投入，确保各关键工序的按期完成。使施工计划做到日保旬、旬保月、月保年，严格按照节点工期进行施工计划组织。同时，在保证安全、质量的前提下，尽可能开展多工序同步施工，严格控制作业循环时间，合理安排作业程序，不断提高施工效率，加快施工进度。

(2) 根据该工程的特点，抓住关键线路，分阶段制定工期目标。对总工期目标进行层层分解，狠抓具体的各分项目标的实现；在施工工期管理上，对各阶段目标管理实行目标责任制，明确分工，逐个目标抓落实，以分目标保总目标，确保总体工程目标的实现。

(3) 随着施工情况的不断变化，及时分析控制工期的关键线路，合理调剂人力、物力、财力和机械配置，使施工进度紧跟计划。加强调度统计工作，提高办公自动化水平，建立施工调度中心，加强信息收集、反馈工作，实现实时动态管理，减少各道工序间的衔接时间，充分利用有利空间，避免出现误工、窝工现象。协调好各施工队、各业务部门的工作，加强协调配合，为现场施工提供有利的经济技术保障。理顺上下关系，对施工现场的需求和需要解决的问题及时反映、及时解决，避免影响施工进度。

六、加强组织保障，保证施工安全、稳定、高效

抽调具有丰富经验的施工管理和 TBM 技术人员组成项目部，提前介入、熟悉资料、充分了解地质条件、编制和完善实施性施工组织设计，确保工期合理、技术可行，确保节点工期和总工期。

建立高效的调度系统。在特长隧洞施工调度过程中，传统的有线电话和现场值班制度会产生信息堵塞、中断和错乱等不良效果。为此，项目部建立微机网络化调度控制中心，采用无线列调系统、色灯信号系统、泄漏同轴电缆以及有线电话、移动电话、机载电台、100%覆盖的无线对讲机等，组成一套快捷、高效、灵敏的调度系统，实现全方位、全覆盖的立体化调度管理，减少中间环节，实现安全、快速施工。

建立以工区负责人为组长、工区技术负责人为副组长的施工进度监控小组，各施工队成立进度管理小组，以实事求是的原则，依据区间工程地质条件，结合多年 TBM 施工经验，遵循工程招标文件要求，科学制定总工期、各主要分项工程施工进度与工期，合理安排工序时间，编制月、周计划，层层分解到每一个班组。

做好物资供应保障。首先是材料采购供应，提前筹划、结合工程计划进度以及供货周期、资金流等情况，编制落实物资采购计划，并及时跟进工程进展适时调整，保证物资供应；其次，做好现场物资转运供应保障，建立高效完善的车辆调度体系，提高转运效率，确保线路畅通。

第六章　青岛 2 号线高雄路站暗挖车站施工案例

第一节　工程概况

高雄路站为两层岛式车站，采用单拱直墙断面形式。起点里程 YCK32＋936.96、终点里程 YCK33＋144.960，车站总长 208 m。车站主体基本位于强～中风化岩层，采用复合式衬砌结构，具体施工步序如下：采用双侧壁导坑法、台阶法从两端进入车站主体；模筑车站下断面边墙；分段拆除临时支撑，铺设防水层及模筑二次衬砌；施工车站中板、站台板及内部结构；施工出入口及风道二次衬砌。

车站双侧壁导坑法开挖示意见图 6-1。具体施工步序如下：

(1) 开挖左导洞 1，施工该部初期支护、临时中隔壁及临时型钢Ⅰ。

(2) 开挖左导洞 2，施工该部初期支护、临时中隔壁及临时型钢Ⅱ。

(3) 依次施工 3、4、5、6、7 导洞的初期支护、临时中隔壁及临时型钢。

(4) 拆除临时型钢，施工侧墙及拱部二次衬砌。

(5) 开挖剩余部分的核心土。

(6) 最后施工仰拱钢筋混凝土。

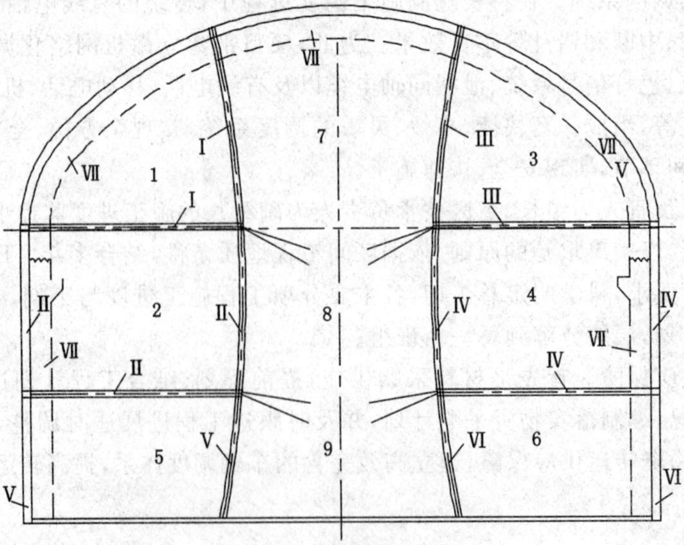

图 6-1　双侧壁导坑法施工步序图

第二节　施工工艺及技术措施

一、竖井及横通道施工

竖井及横通道施工步序：锁口圈梁土方开挖→圈梁钢筋绑扎、混凝土浇筑→架立桁吊→风井土方开挖→安装型钢、格栅、锚杆、钢筋网→喷射混凝土→风井底板施工→横通道开挖、支护施工。

竖井除地表下井口段范围内一次开挖并施作锁口圈衬砌外，其余井身段采用喷锚及型钢架支护。竖井每开挖一榀，先喷射混凝土到一定厚度，随即架设钢架(含钢架与纵向连接钢筋、锚杆、注浆小导管、钢筋网)，钢架与初喷混凝土之间密贴，随即复喷至设计厚度。

竖井开挖到横通道马头门处，垂直井壁沿马头门断面轮廓打小导管注浆加固地层，然后将竖井开挖至合理标高，喷射C25混凝土临时封闭竖井井底，架设施工平台，破除井壁，施工横通道马头门。横通道马头门钢架封闭成环，竖井钢架及其连接筋与马头门钢架连接成一个整体，超前小导管尾部与马头门钢架有效焊接。横通道进出口部位钢架局部加强，接口处用两榀钢架紧密焊接在一起。马头门施工完成后，开始施工横通道。

待横通道下台阶进洞2 m后，再破除井底临时封闭混凝土，开挖至设计标高。横通道开挖、初期支护施工完成后，施作竖井及横通道二次衬砌。

二、提升及运输系统

采用10 t桁吊提升，井口的4根立柱与锁口圈预埋铁焊牢，其他立柱灌注混凝土基础，桁吊高7 m，横梁为Ⅰ30工字钢，横梁之下为两道行走梁，每个行走梁设1台电动葫芦。料斗提至地面后通过桁吊直接卸入临时弃土场。

洞内渣采用普通农用车运至竖井口，卸入料斗内运至洞外。洞外白天将渣存于临时弃土坑，夜间用汽车外运到弃土场。

三、车站正洞开挖

隧道开挖应严格按照“短进尺、弱爆破、强支护，快封闭”的方针作业，减少对围岩的扰动，减少对周围建筑物的振动影响。爆破对周围建筑物的振动速度应控制在15 mm/s以内，对于文保建筑应控制在10 mm/s内。根据施工监测情况及地质超前预报，开挖方法可做适当调整。

隧道允许最大超挖量为50 mm，不允许欠挖。

确定开挖轮廓时，应充分预留围岩变形量，并通过施工监测及时加以调整。

当地质条件与地质勘察报告差别较大时，应及时通知有关单位，会同解决。

为保证小净距隧道的施工安全，左右导洞隧道掌子面其前后开挖面错开不应小于15 m。

同一条隧道相对开挖，当两工作面相距20 m时应停挖一端，另一端继续开挖，并做好测量工作，及时纠偏，其中线贯通允许偏差为：平面位置±30 mm，高程±20 mm。

横洞与正洞相连或变断面、交叉点等部位开挖时，应采取加强措施。

开挖后应及时对初期支护背后空隙进行注浆回填，保证初期支护背后密实。

隧道开挖前，做好超前地质预报；开挖过程中应进行地质描述并做好记录，将情况与地质预报作对比，地质差异较大时应进行超前地质勘探；开挖后应加强监控量测。

四、超前支护施工

(一) 超前小导管

超前支护采用 ϕ42 mm 小导管，小导管由壁厚 4 mm 的热轧无缝钢管加工制成，钢管前端加工成锥形，尾部焊接 ϕ6.5 mm 钢筋加箍筋，管壁四周钻 4 排 ϕ6 mm 压浆孔，施工时钢管沿隧道周边以 15°或 30°外插角打入围岩。超前小导管端部焊于型钢支撑上。超前小导管预注浆采用水泥-水玻璃双液，其参数如下：注浆压力初拟为 0.4～1.0 MPa；水泥浆水灰比为 1∶1；水泥标号为 P. O42.5；水玻璃波美度为 30°B′e，模数为 2.4。水泥-水玻璃双液的参数可据现场注浆效果进行调整，注浆参数根据现场工艺试验确定。

超前小导管采用风钻钻孔，双液注浆机注浆。施工顺序为：钻孔→清孔→小导管安装→封闭注浆掌子面→注浆→效果检查。施工工艺流程详见图 6-2。

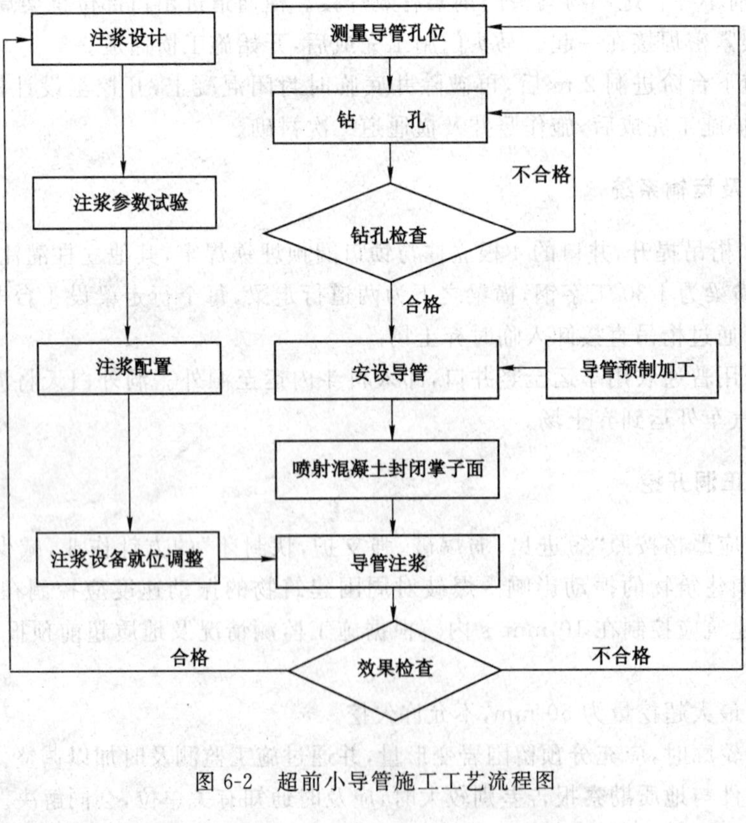

图 6-2　超前小导管施工工艺流程图

(二) 超前大管棚

按设计要求，超前大管棚选用 ϕ108 mm、壁厚 8 mm 的无缝钢管，总长 25 m。管棚孔口中心距隧道开挖轮廓线外 200 mm，水平间距 500 mm，外插角 1°～2°，钢管内注水泥浆，注浆压力为 0.5～1.2 MPa。

钻机定位:移动钻机至钻孔部位,调整钻机高度,将机具放入导向管中,使导向管、钻机固定钻杆的转轴和钻杆在一条直线上,用仪器量测这一直线的角度。

钻孔:经仪器量测,钻杆方向和角度满足设计要求后方可开钻,钻孔开始时使用低档,待钻到一定深度后,退出接钻杆,继续钻进。钻孔过程中要始终注意钻杆的角度变化,保证钻机不移位。每钻进 5 m 要用仪器复核钻孔的角度是否正确。

偏斜修正:钻孔的偏斜,可由每隔 5 m 测定钻孔的偏斜而知,钻孔偏斜过大时,用修正偏斜的合适方法进行修正。如:向下偏斜时,在偏斜部分填充水泥砂浆,等水泥砂浆凝固后再从偏斜处开始继续钻进。

套管跟进:下管前要预先按设计对每个钻孔的钢管进行配管和编号,以保证同一断面上管接头数不超过 50%。随着钻进,接钻杆同时做好套管的连接,套管跟着钻杆钻进。

注浆:套管跟进到设计位置后进行注浆,浆液采用纯水泥浆,注浆压力根据现场情况调整。注浆分两步完成,当第一次注浆的浆液充分收缩后,再进行第二次注浆。

超前大管棚的具体施工工艺流程见图 6-3。

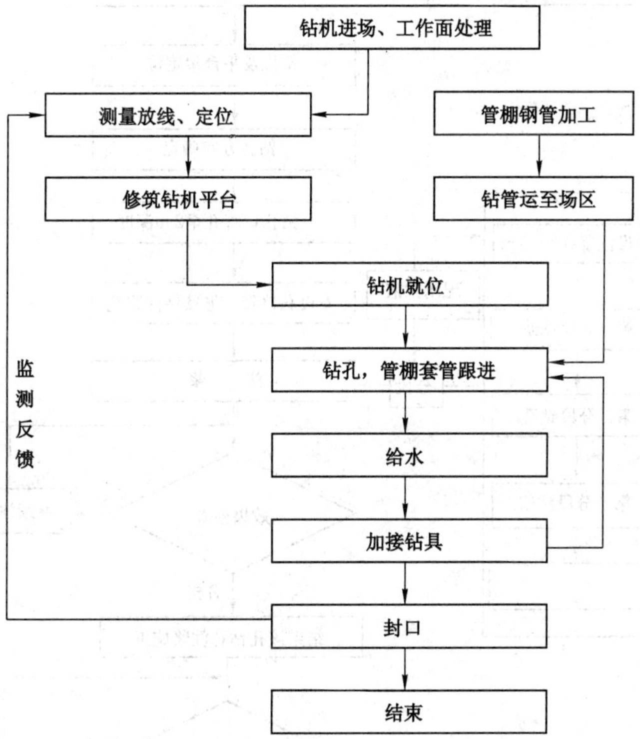

图 6-3　超前大管棚施工工艺流程图

（三）帷幕注浆

根据设计要求,采用水平超前钻孔的方法预测地下水涌水量,超前钻孔长 35～50 m,测得涌水量大于 0.2 L/min,采取帷幕注浆加固,注浆加固圈为开挖轮廓线外 3 m。

每一循环注浆长度为 25 m,开挖 20 m,并保留 5 m 止浆岩盘,第一循环采用 2 m 厚 C20

混凝土止浆墙。

按注浆孔扩散半径 2 m、孔底间距 3 m 布置，每一循环共设 8 环 154 个注浆孔。

注浆孔开孔直径不小于 108 mm、终孔直径不小于 90 mm；孔口管采用 ϕ108 mm、壁厚 5 mm的热轧无缝钢管，管长 3 m，孔口管应埋设牢固，并有良好的止浆措施。

钻孔和注浆顺序为由外向内，同一圈孔间隔施工。注浆形式采用后退式，岩层破碎容易造成坍孔时，采用前进式。

钻孔过程中遇涌水或因岩层破碎造成卡钻时，应停止钻进，进行注浆扫孔后再行钻进。

注浆材料采用纯水泥浆液及特种浆液，开挖轮廓线外 7～8 m 范围注浆材料采用发泡注浆抢堵剂，开挖轮廓线外 0～7 m 范围注浆材料采用无收缩多液固堵剂，开挖轮廓线以内采用纯水泥浆液（水灰比 1∶1）。

注浆效果检查：注浆完成后，在开挖轮廓线范围内打设检查孔，检查注浆效果，注浆达到效果方可进行开挖。

帷幕注浆的具体施工工艺流程见图 6-4。

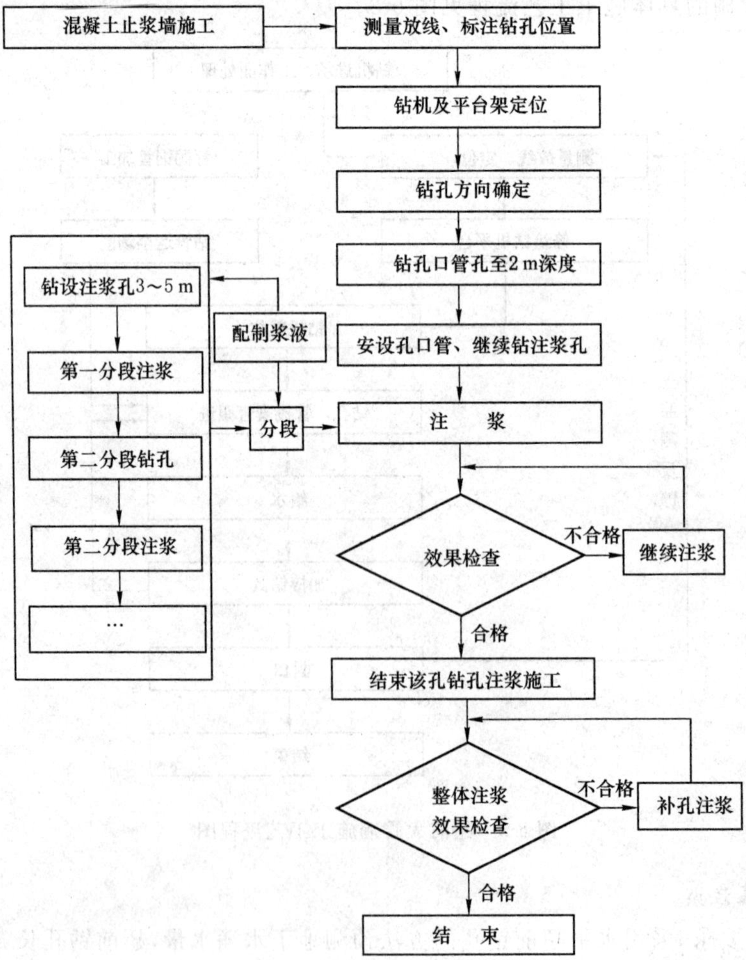

图 6-4　帷幕注浆施工工艺流程图

五、初期支护施工

（一）钢格栅与钢筋网安装

1. 钢格栅与钢筋网加工要求

钢格栅与钢筋网在工厂加工，第一榀格栅加工完成后要试拼，经检验合格后方可进行批量生产。

钢格栅主筋使用 ϕ25 mm 螺纹钢加工，其原材料规格、型号要符合设计要求，同时其施焊要符合设计与焊接标准的规定。钢格栅与钢筋网表面的锈蚀及油污要清除。

顶拱钢格栅要圆顺，边墙格栅拱架要直顺，允许偏差为：顶拱矢高及弧长 0～20 mm，边墙拱架长度±20 mm，拱、墙架横断面尺寸（高、宽）0～10 mm。

钢格栅组装后要在同一平面内，允许偏差为：高度±30 mm，宽度±20 mm，扭曲度 20 mm。

2. 钢格栅安装要求

基面要坚实并清理干净，拱脚及边墙底部超挖时不得使用土回填，要设置钢板调整。

钢格栅要垂直通道中线安装，允许偏差为：横向±30 mm，纵向±50 mm，高程±30 mm，垂直度 5‰。

钢格栅与开挖壁面要使用钢板楔紧。每榀钢格栅的节点使用螺母连接牢固并焊接，拱架间纵向使用 ϕ22 mm 钢筋连接，长度 0.75 m，环向间距为 1 m。钢拱架在喷射混凝土施工时不得晃动。

3. 钢筋网安装要求

钢筋网要铺设平整，并与钢拱架间绑扎连接牢固，确保喷射混凝土时不晃动。

钢筋网之间搭接要牢固，搭接长度不小于 20 cm。

（二）砂浆锚杆施工

采用自制锚杆钻孔台架作为锚杆钻孔平台，采用 YT28 风钻钻孔，高压风清孔后，人工安装锚杆，采用后退式注浆，以保证杆体插入时孔内浆液饱满。待砂浆达到强度后，安装垫板，拧紧螺帽。

砂浆锚杆施工技术要求如下：

（1）锚杆钻孔孔位、孔深和孔径等应符合设计要求，允许偏差为：孔位±150 mm、孔深±50 mm，孔径应大于锚杆体直径 15 mm。

（2）安装前将孔内清理干净。

（3）水泥砂浆锚杆杆体应除锈、除油，安装时孔内砂浆应灌注饱满，锚杆外露长度不应大于 100 mm。

（4）锚杆应与岩面垂直，锚杆垫板与孔口混凝土密贴。

（5）检查合格后填写记录。

（6）锚杆应进行抗拔试验，同一批锚杆每 100 根取 1 组试件，每组 3 根（不足 100 根取 3 根），设计或材料变更时应另取试件。同一批试件抗拔力最低值不应小于设计锚固力的 90%，平均值不得小于设计锚固力。

（三）喷射混凝土施工

喷射混凝土完成后应进行注浆处理。喷射混凝土施工前要预埋注浆管，间距为 3 m，初期支护结构施工完成后，进行壁后回填注浆，确保喷射混凝土与壁面之间密贴。注浆材料为水泥砂浆，灰砂比为1∶1.3～1∶1.5，水灰比为1～1.1，注浆压力控制在0.1～0.3 MPa。

六、防水层施工

暗挖结构初次衬砌和二次衬砌之间设置柔性半包防水层，防水层采用土工布缓冲层+2.0 mm厚塑料防水板，辅以分区注浆系统。

(一) 防水层基底处理

初期支护结构净空测量是防水层施工前的必要工序，它能反映出隧道断面超挖或侵限。防水层施工前，必须对初次衬砌结构侵限部分进行凿除，并用防水砂浆抹光，以保证二次衬砌结构的厚度要求。具体做法是：用ϕ10 mm钢筋在环向放出二次衬砌结构的轮廓线，每隔5 m放一环，然后在钢筋上沿轮廓线挂线实测，测点间距为0.5 m，侵限不大于30 mm、超挖不大于50 mm为合格。

基面修整即把需凿除或填补的墙面进行处理，对初次衬砌结构施工外露钢筋头、注浆管、网片等容易刺破防水层的杂物清理干净，最后用防水砂浆抹面。

处理后混凝土基面应达到如下要求：

拱部平整度　　$D/L<1/6$

边墙、底板平整度　　$D/L\leq 1/8$

式中　D——相邻两凸面间的下凹深度，m；

L——相邻两凸面间的距离，m。

基面由质检人员负责检查验收，不合格部位继续进行修整直至全部合格为止。

(二) 防水层施工工艺流程

柔性防水层：底板采用土工布衬垫+ECB防水板+土工布保护层；侧墙及顶板采用土工布衬垫+ECB防水板，将卷材置于初期支护结构与二次衬砌结构之间。

其工艺流程为：基层处理、清理→节点密封处理→衬垫层敷设→定位、弹基准线、试铺→喷枪、燃具试用，加热底熔胶滚铺→辊压、排气、压牢→加热烧去搭缝面薄膜→加热搭接缝卷材热熔胶→搭接缝粘合、滚压排气→收头固定、密封→清理、检查、修理。

(三) 防水层施工方法

1. 无纺布和垫圈施工

无纺布缓冲层用塑料垫圈加膨胀螺钉或钢钉固定在已经处理完的混凝土基面上。垫圈呈梅花状排列，垫圈固定点间距：底部仰拱，间距1.5 m一个固定点；边墙，间距1.0 m一个固定点；拱顶和拱腰，间距0.5～0.8 m一个固定点。

膨胀螺钉位置应避开漏水点，螺钉长4～5 cm为宜。螺钉与垫圈间要有钢垫片，以防止垫圈受力后破裂。ECB防水板用电烙焊热粘在垫圈上，施焊时防水膜与垫圈应支垫平整，以防止防水板被烫伤或拉伤，保证受热粘接后受力均匀。

2. 防水板铺设

ECB防水板在隧道底为纵向铺设、侧墙和拱部为环向铺设，相邻焊缝应尽量错开，接缝处采用双焊缝。拱墙单幅铺设顺序：为减少焊机因自重产生的阻力，应由拱顶向两边铺设，即在拱顶外固定后，向左右两侧下垂，铺设时应注意基面紧贴，两个固定点的ECB不得有空吊现象。与垫圈粘接外观应为较规则的形状，呈垫圈本色，粘接边缘不得因受力而出现变薄及损伤，如发现有变薄及损伤部位应用比损伤部位直径大一倍的面积补焊。

防水板之间的搭接采用热楔式的滚轮焊机焊接，即把两个热楔轮加热到一定的温度，将防水板接触面熔化几微米，通过滚压使卷材受力，将熔化的接触面紧密结合，形成一个防水环。两道焊缝间形成一个连续空气通道，用以检验粘合效果。每次正式施焊前，需在现场进行试焊，试焊长度不小于 3 m，宽度不小于 0.2 m，待检测合格后方可正式施焊。

3. 防水层质量检验

防水层须由专业防水队施工，施工完毕后应对全部焊缝进行自检。合格的焊缝应均匀透明不起褶、不虚焊，用手动热焊枪焊接的焊缝其粘接应完全，且边缘用手撕不开。如发现焊缝颜色不透明，用手能撕开，焊缝不饱满，应采取补焊措施。

底板部位防水层施工完毕后，要及时铺设 8～10 cm 厚豆石混凝土保护层，强度与设计二次衬砌混凝土的强度相同。在保护层未铺设前，所有人员进入现场只能穿软底鞋，不得穿带钉的鞋或用尖锐物碰撞防水层。

现场不得抽烟，不得使用明火，必须使用时应加强对 EVA 的保护。绑扎钢筋及浇筑混凝土必须注意保护防水层。浇筑混凝土前再次检查防水层有无破损，待监理工程师检查合格并做隐蔽工程检查记录后方可进行下一道工序的施工。

充气试验：手焊缝、交叉点和破损修补处应用肉眼做 100% 的检查，对机焊缝做 20% 的抽查。抽查办法是随机抽取一条 2.0 m 以上长的焊缝，将带有仪表的针对扎入两道焊缝之间，然后加压，压力为 0.15 MPa，保持压力 2 min，压降不大于 20% 为合格。

防水层在结构变化处或变形缝处，按照里程桩号做出明显标记，以便为下道工序施工做准备。

（四）结构施工缝、变形缝防水处理

1. 施工缝防水处理

所有施工缝部位均采用两道遇水膨胀腻子条和一道预埋注浆管进行防水处理，迎水面和背水面遇水膨胀腻子条距结构外、内表面的距离均为 100 mm。注浆管设置在两道遇水膨胀腻子条中间，间距 4～5 m 接出一根注浆导管。

2. 变形缝防水处理

车站暗挖段与明挖段衔接处设置变形缝，变形缝宽度为 20 mm。变形缝处模筑混凝土外侧设置背贴式止水带，同时在背贴式止水带的两翼最外侧齿条的内侧根部固定注浆管注浆。

变形缝部位设置中埋式止水带，止水带现场粘贴遇水膨胀腻子条。变形缝内侧采用密封膏嵌缝止水。

七、车站结构施工

（一）双侧壁导坑法二次衬砌施工

双侧壁导坑法施工二次衬砌的顺序为：两侧导洞开挖至底部后，首先施工拆除第一层型钢支撑，施工局部底部及侧墙至中板以上；然后保留模板支架，拆除第二层型钢支撑及拱部中隔壁支撑，施工拱部二次衬砌；最后自上而下拆除模板支架，待中部土体全部开挖完成后施工剩余部分底板。具体见图 6-5～图 6-7。

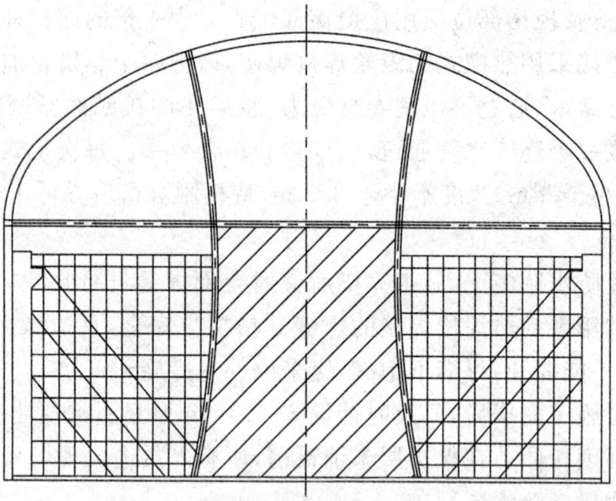

图 6-5 侧墙模板支架施工

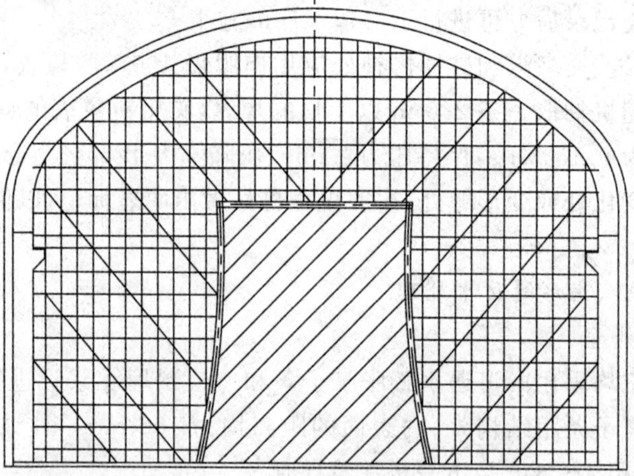

图 6-6 拱部模板支架施工

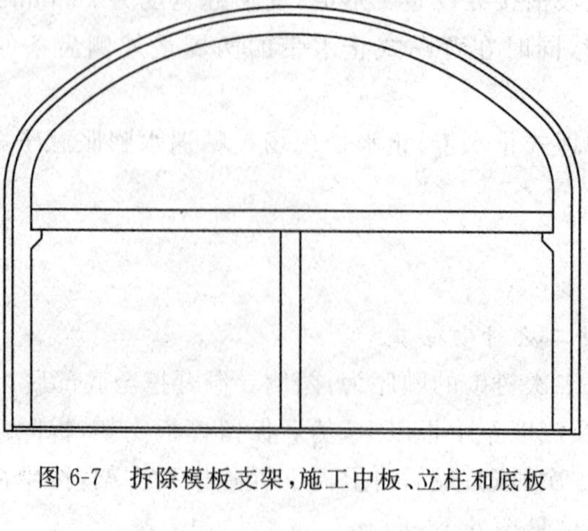

图 6-7 拆除模板支架，施工中板、立柱和底板

（二）钢筋施工

本工程所需钢筋总量较大，施工现场场地较狭窄，因此钢筋加工以现场加工为主、场外加工为辅，钢筋的连接方式选用机械连接、闪光对焊及和绑扎搭接。

二次衬砌结构及内部结构由于受暗挖施工方法复杂性的影响，在施工缝处的主筋可在同一断面断开，并与后续工程中的钢筋采用等强直螺纹连接。在其余情况下，钢筋混凝土柱中钢筋接头按 50%上下错开，且接头错开距离不得小于设计要求；顶底板、侧墙、纵梁钢筋接头位置按设计要求的位置错开连接，并要求同一截面不得超过接头数量的 50%；搭接长度不得小于设计要求和规范规定。

1. 底板钢筋绑扎

按图纸要求画出钢筋分档位置线，先绑扎底板反梁钢筋和底板下层钢筋，检查无误后，按间距 1 m 摆放马凳，然后与底板钢筋绑扎牢固，钢筋接头位置错开 50%，底板钢筋全扣绑扎，不得跳扣。按线绑扎墙、柱的插筋。钢筋绑扎好后随即垫好垫块，确保混凝土保护层厚度，待钢筋隐蔽检验合格后，方可浇筑混凝土。

2. 侧墙钢筋绑扎

备好墙体钢筋料后，绑扎前对墙体控制线、墙体接茬筋进行校正，先绑扎几根立筋，并画好分档标志（立筋间距不宜超过 3 m），然后按照竖向分档标志绑扎几道水平筋固定立筋间距，并在水平筋上划出分档位置控制立筋位置。随后大面积绑扎立筋，再绑扎水平筋，墙体双层筋绑扎先绑扎一侧钢筋，等一侧钢筋绑扎好后，再绑扎另一侧钢筋，同时绑扎墙体 S 钩拉筋。

3. 柱钢筋绑扎

计算好箍筋的数量，将箍筋套入柱插筋或下层甩出柱筋，主筋接头按设计和规范要求相互错开，柱主筋连接好后，画好箍筋间距线，按线绑扎箍筋，箍筋开口处沿柱主筋螺旋错开。柱主筋外侧绑塑料垫块，保证保护层厚度。

4. 梁、板钢筋绑扎

按图纸要求划出板筋分档线，用墨线弹出板筋位置线，然后绑扎板筋。对于板筋的上下位置关系以及梁与梁之间、梁与板之间以及梁与柱之间的钢筋穿插顺序施工时应特别注意，在现场加强检查，杜绝出错造成返工损失。对于梁柱主筋较密的情况，钢筋安装时注意保证钢筋净距。

（三）模板支架施工

1. 模板体系确定

工程具有工期紧、质量要求高、施工难度大的特点，因此选择模板时，以保证质量、缩短工期和节约投资三个原则作为选择模板类型的原则，为加快支模速度和模板周转及确保混凝土表面质量，并考虑到结构尺寸规则、形式，模板选用原则为：中板及纵梁均采用覆膜多层板及异型钢模；侧墙部位采用异型钢模；端头封堵模板采用木模或覆膜多层板。

拱部及边墙模板采用异型钢模板拼装而成。模板支撑采用特制的钢管拱架支撑，拱架支撑间距为 600 mm，并用钢管将拱架立柱连成统一整体，以增强其整体稳定性。

2. 模板体系设计

中部顶拱模板采用异型拱模板拼装而成。模板支撑采用特制的钢管拱架支撑，拱架支撑间距为 600 mm，并用钢管将拱架立柱连成统一整体，以增强其整体稳定性。

边墙及边拱模板均采用异型拱模板拼装而成。模板支撑采用特制的钢管拱架支撑，拱架支撑间距为600 mm，并用钢管将拱架立柱连成统一整体，以增强其整体稳定性。侧墙模板为防止混凝土浇筑时模板上浮，设置地锚，用钢丝绳加固。拱部及侧墙模板的支撑体系采用满堂红碗扣架，侧墙处还设有斜支撑，斜支撑底端与在底板中的预埋地锚钢筋上设置的纵向钢管连接，顶端通过可调顶丝与主龙骨连接。

施工缝挡头板采用18 mm覆膜多层板和方木，用短钢管或方木支撑到两侧中洞初期支护上。做好钢管柱基座钢板的预埋和加固，防止浇筑混凝土时移位。模板一次安装长度6～8 m，根据施工时钢管柱的具体位置适当调整。模板安装时做好施工缝处防水板及止水带的保护。

（四）混凝土施工

主体结构施工混凝土时，采用地泵进行混凝土输送。地泵运到现场组装时要附带所必需的各种证明文件及其使用说明书，使用前，要对其性能进行必要的鉴定，泵管的加固方式要有详细交底并经现场安全员、机械管理员检查其安全防护，符合要求后方可正式投入使用。混凝土泵送施工前，先在钢筋上用脚手板铺设浇筑马道，以防钢筋被踩变形。由一端开始浇筑混凝土，混凝土分层浇筑，每层厚度不得大于500 mm。振捣采用振捣棒和平板振捣器相配合，振捣器快插慢拔，插点均匀。

混凝土须按规范要求分层浇筑，浇筑高度用预先准备好的标尺控制（预先备有低压安全手把灯，用以观察模内混凝土的情况）。必须留置施工缝时须严格按规范留置。浇筑混凝土时，注意保护并经常观察模板、支架、钢筋、预埋件和预留洞的情况，当发现有变形、移位时立即停止浇筑，并应在已浇筑完的混凝土凝结前修整完好。

1. 底纵梁及底板混凝土浇筑

先在钢筋上用脚手板及钢筋马凳搭设浇筑马道，以防钢筋被踩变形。梁板同时浇筑，浇筑的方法为分段由一端开始下灰，振捣密切配合，用“赶浆法”保持混凝土沿梁底向前推进，根据梁高分层浇筑，当达到板底部位后与板一起浇筑；振捣采用振捣棒，振捣器快插慢拔，插点均匀。板面采用平板振捣器，边振捣边用振捣尺、滚杠抹平压光。板面随振捣随抹平，抹好后禁止上人踩踏。梁柱节点钢筋较密，用ϕ30 mm振捣棒振捣，并准备一些小钢钎人工辅助振捣。

2. 柱子混凝土浇筑

混凝土浇筑前，先浇筑30 mm厚与柱混凝土相同配合比的减石子混凝土，以便与混凝土结合密实。采用泵管输送布料杆下灰的方法，混凝土应分层浇筑振捣，其厚度不大于500 mm，振捣器不得振动钢筋和预埋件。

两个柱子循环下灰。从柱顶下灰时，自由倾落高度不得超过2 m，如超过2 m，必须加设串桶。柱子混凝土浇筑高度高出梁底10～20 mm，混凝土强度达1.2 MPa后，将高出梁底部分剔除。

3. 中板混凝土浇筑

每次浇筑长度为6～8 m，先在钢筋上用脚手板及钢筋马凳搭设浇筑马道，以防钢筋被踩变形。梁板面采用平板振捣器，边振捣边用振捣尺、滚杠抹平压光。板面随振捣随抹平，抹好后禁止上人踩踏。

4. 墙体及拱部混凝土浇筑

每次浇筑长度为6～8 m，采用地泵进行混凝土输送，浇筑墙体混凝土前，底部先填以3 mm厚与墙体混凝土相同配比的减石子砂浆，避免墙体底部混凝土出现烂根。侧墙混凝土浇筑时应对称浇筑，每次浇筑高度0.5～0.6 m，两侧混凝土高度差小于0.5 m，以防止模板发生侧移。每层浇筑时间间隔不大于1.5 h，以防止形成水平施工缝。混凝土浇筑到边墙浇筑口位置后，封堵孔口，再由拱顶浇筑口进行灌注，直至浇筑完成。浇筑时由观察口插入ϕ30 mm振捣棒进行振捣，顶部用附着式振捣器振捣，振捣间距3 m。浇筑拱顶时，必须由一端开始逐渐移动以保证模板仓内空气排出和支撑的安全。拱部模板应预留1～2 cm混凝土自重下沉量。模板与防水层之间的净空应符合二次衬砌混凝土厚度的要求。端头模板用木模拼装，由于混凝土浇筑顺序是从低处向高处，故应在端头模板位置设ϕ32 mm钢管进行排气。

（五）模板支架的拆除

1. 模板拆除的一般要点

侧模拆除应在混凝土强度能保证其表面及棱角不因拆除模板而受损时方可进行。

底模及冬季施工模板的拆除，必须待同条件养护试块抗压强度达到表6-1的规定后方可拆除。

表6-1　现浇结构拆模时所需的混凝土强度

结构类型	结构跨度/m	按设计的混凝土强度标准值的百分率计/%
板	≤2	50
	>2、≤8	75
	>8	100
梁、拱、壳	≤8	75
	>8	100
悬臂构件	≤2	75
	>2	100

已拆除模板及支架的结构，在混凝土达到设计强度等级后方可承受全部使用荷载；当施工荷载所产生的效应比使用荷载的效应更不利时，必须经核算，加设临时支撑。

模板拆除，应遵循先支后拆，后支先拆，先拆不承重的模板，后拆承重部分的模板；自上而下进行。

拆模具体方法：下调可调式顶托，使得龙骨与底模脱开，再用钢钎轻轻撬动钢模板拆下第一块，然后逐块拆除。不可用钢钎、铁锤猛击乱撬。每块模板拆下后，应用人工将其运托放至地上，严禁把拆下的模板扔下地面或使其自由坠落于地面。

2. 拱部、中板模板拆除工艺

拆除工艺流程：拆除支架部分水平拉杆和剪力撑→拆除梁连接件及侧模板→下调模板支柱顶翼托螺旋2～3 m，使模下降→分段分片拆除模板、钢（木）楞及支柱→拆除模板及支撑系统

拆除支架部分水平拉杆和剪刀撑，以便作业。而后拆除梁与楼板模板的连接角模及梁

侧模板，以使两相邻模板断连。

下调支柱顶翼托螺杆后，先拆钩头螺栓，以使钢模与木楞脱开。然后拆下U形卡和L形插销，再用钢钎轻轻撬动钢模板，或用木槌轻击，拆下第一块，然后逐块逐段拆除。不可用钢根或铁锤猛击乱撬。每块模板拆下时，或用人工托扶放于地上，或将支柱顶翼托螺杆再下调相等高度。严禁使拆下的模板自由坠落于地面。

3. 墙模拆除工艺

墙模分散拆除工艺流程：拆除斜撑→自上而下松动U形托及外楞→拆除模板→模板及配件运输与维护。

分散拆除墙模的施工要点与柱模分散拆除相同，只是在拆各层单块模板时，先拆墙两端接缝窄条模板，然后再向墙中心方向逐块拆除。

（六）混凝土的养护

本工程二次衬砌结构采用C45、P10混凝土，内部结构采用普通混凝土，为保证混凝土抗渗要求，在混凝土中加入微膨胀剂，以增强混凝土抗渗性能，具体掺量在确定混凝土配合比时确定。为保证混凝土的强度并防止混凝土开裂，采用常规洒水养护方法对混凝土进行养护。

底板混凝土浇筑完毕后及时用塑料布覆盖，减少终凝前水分的蒸发，终凝后洒水养护。必须保持混凝土在养护期间处于湿润状态，浇水养护的时间对于普通硅酸盐混凝土不少于7 d，掺有缓凝剂或有抗渗要求的混凝土不少于14 d。

混凝土墙、柱拆模后，及时覆盖湿麻袋片，外包塑料布，经常检查养护情况，从墙、柱顶往下浇水养护，保持麻袋片湿润状态。拱部二次衬砌涂刷养护剂养护。养护时注意端头处的养护，养护时间同混凝土板。

（七）背后注浆

1. 初期支护背后注浆

初期支护施工时在拱部预留ϕ42 mm注浆管，壁厚3.5 mm，长500 mm，纵向间距为2 m。当初期支护闭合成环一定长度后，即对初期支护背后压注水泥浆，以填充初期支护与土层间的空隙，控制地层沉降。尤其对顶拱部位进行背后注浆，防止顶拱部位背后形成集水区域。初期支护完成6～8 m注浆一次。采用注浆泵将1∶1水泥浆液注入预埋好的背后注浆管，注浆压力控制在0.3～0.5 MPa。开挖后地下水位露出比较多的地段，初期支护背后注浆后仍有渗漏水段及围岩破碎地段，应视具体情况向衬砌背后更深层注浆。

2. 二次衬砌背后注浆

根据设计要求，在初次衬砌和二次衬砌之间及环、纵向施工缝内均设置有注浆管，其中：初次衬砌和二次衬砌之间注浆管的纵向间距6 m；环、纵向施工缝部位设置的注浆管上引出的导管间距为4～5 m。在二次衬砌混凝土浇筑完14 d后进行注浆，以加强防水。

第三节　质量保证措施

一、开挖质量保证措施

遵循浅埋暗挖法“管超前，严注浆，短开挖，强支护，早成环，勤量测”的施工原则，结合实际制订出施工方案，确保安全生产。具体措施如下：

(1) 施工前对设计提供的地质资料进行详细的了解、分析并进行必要的现场调查核实。

(2) 超前预注浆，根据工作面地质情况，拟定注浆的方案，精心布管，严格注浆工作，控制好注浆压力，密切关注注浆量，确保达到理想的加固效果。

(3) 严格控制开挖循环进尺，对不良地质地段，适当缩短开挖进尺，环形开挖留核心土，喷混凝土封闭开挖工作面，并选用具有足够刚度和早强的支护设计，如适当加厚喷混凝土层，早强喷射混凝土，及早完成锚喷网联合支护。必要时采用双层钢筋网或增设临时钢支撑措施，以控制围岩变形。

(4) 及时施作仰拱形成封闭结构，为保证仰拱及早受力，仰拱设计选用早强混凝土。

(5) 初期支护封闭后及时进行背后回填注浆。

(6) 加强施工现场监控量测，选择合理的监测项目，及时反馈信息，掌握施工中围岩和支护的力学动态及稳定程度，确定施工工序，以保证施工安全。

二、初期支护质量保证措施

(一) 钢格栅

初期支护的钢格栅，其原材料符合设计要求。

现场加工格栅分批进行验收，确定合格后再投入使用。

钢格栅用于工程前先进行试拼，架立符合设计要求，连接螺栓拧紧，数量符合设计，节点板密贴对正，钢格栅连接圆顺。

(二) 喷射混凝土

所用材料的品种和质量符合设计要求和施工规范的规定，其中水泥先进行试验，符合有关规定后使用。

喷射混凝土配合比、计量、搅拌、喷射符合施工规范规定。

喷射混凝土强度符合设计要求。

喷射混凝土的结构，不得出现脱落和露筋现象。

钢格栅间喷射混凝土厚度满足设计要求，无大的起伏凹凸，表面平整圆顺。

三、防水质量保证措施

(一) 柔性防水

在铺设卷材防水层前，应对初次衬砌结构表面外露的钢筋、注浆管等进行切除，并用水泥砂浆封堵抹平。

在底板防水作业时，操作者必须穿软底鞋。对于底板位置已做好的防水层，为防止下一道工序的破坏，应做一层不小于 5 cm 的细石混凝土保护层。

对于墙体位置的防水层，在绑扎二次衬砌钢筋过程中，应着力避免碰撞防水卷材。钢筋接头形式采用冷挤压，避免在已完成的防水层区段内进行焊接作业。

铺设好的防水层在下道工序前应先进行围护及覆盖。

为满足结构及施工过程当中安全性的要求，在车站结构与区间隧道、施工通道、出入口及换乘通道连接处，车站二次衬砌结构连接处均存在着防水卷材的甩茬，必须采取可靠的保护措施。在甩茬部位，无纺布应做成双层，甩茬卷材表面应满铺无纺布，底板位置上铺钢板、侧墙及顶板挂胶合板保护。

施工止水带时，要采用钢筋夹等可靠的加固措施，保证混凝土浇筑时止水带不移位。

（二）结构自防水

提高混凝土结构的防渗能力，一是通过提高混凝土配制质量和改善混凝土浇筑质量，以致密的混凝土形成挡水的基本屏障；二是通过科学的施工工艺和严格的管理措施，确保各结构防水薄弱部位的防水能力，截断地下水沿该部位的通路；三是防止结构开裂产生渗水通道而引起结构漏水，以提高混凝土抗渗能力。

优化混凝土的原材料，选用抗水性好、泌水性小、水化热低并具有一定抗侵蚀能力的质量稳定的普通硅酸盐水泥，选用级配良好的砂、石等集料，碎石最大粒径35 mm。

混凝土配合比满足设计对混凝土抗渗的技术指标要求，经多次试配、类比配制出既能满足混凝土的强度及其他各项技术性能，又提高其抗渗漏能力的混凝土。

控制混凝土水灰比，采用"双掺技术"，加入适量的优质粉煤灰及聚羧酸防水外加剂，具体掺量根据试验确定。

后浇带混凝土中掺入适量的混凝土微膨胀剂，补偿混凝土的收缩，减少混凝土的收缩裂缝。具体掺量经试验确定。

降低混凝土的入模温度，炎热季节施工尽量安排在气温较低的时段进行混凝土浇筑，同时可用降低砂、石及拌和水温度的方法来控制混凝土的入模温度。

混凝土运输过程中不断地加以搅拌，确保进入施工现场的混凝土本身的质量。

混凝土浇筑施工严格按照顺序进行，分层浇筑，振捣密实。严格按操作规程要求，控制振捣范围及时间，避免因漏振而引起蜂窝麻面或因振捣时间过长、过短所引起的翻砂和振捣不密实等不良现象的发生。分层浇筑混凝土的间隙时间应控制在允许范围内，间隙时间超出允许范围时，按施工缝有关要求进行处理。

四、结构混凝土质量保证措施

（一）混凝土的生产、运输及进场验收

拌和站每次搅拌前，检查拌和、计量控制设备的状态，保证混凝土生产过程按施工配合比计量拌和。同时根据材料的状况及时调整施工配合比，确保各种材料的准确使用量。

制定切实可行、准时的混凝土运输线路，并根据使用情况编排好拌和、运输计划，保证混凝土在规定时间内准时运到，确保现场混凝土的连续浇筑。

混凝土运输到达施工现场后，由监理工程师、试验工程师、质检工程师对混凝土要求的各项技术指标进行质量检查与验收，确认符合要求后方能投入使用。

（二）混凝土浇筑前的准备工作

对模板、支架、钢筋和预埋件进行检查，确定满足定位要求。

对结构尺寸精确定位，并对模型、钢筋、浇筑设备及临时支撑等做最终检查。

制定每一浇筑施工段的设备、人员及小型施工机具、浇筑施工工艺的混凝土浇筑实施方案及场地安排计划，配备适用的内燃发电机以备急用。

（三）混凝土的浇筑、振捣

浇筑工艺随不同部位予以相应调整。

不做冷接缝：一次浇筑厚度控制在振捣棒长度2/3以内，防止浇筑厚度过大、水泥浆流动远而造成冷接缝的现象发生，混凝土间隙浇筑时间不超过60 min。

防水构造的细部加强振捣，以保证节点处混凝土的质量。

（四）混凝土试块留置

按试验规程规定留置混凝土试块，认真做好工地试块的管理工作，从试模选择、试块取样、成型、编号以至养护等指定专人负责，以提高试块的代表性，能正确地反映混凝土结构和构件的强度。

（五）混凝土的养护

混凝土浇筑完毕后，在12 h以内加以覆盖，并浇水养护，养护期不少于14 d。

五、钢筋质量保证措施

（一）钢筋加工制作

先由现场技术员按设计施工图和规范要求编制钢筋下料单，经过分管工程师审核后对钢筋加工班进行技术交底，钢筋加工班复核后按下料单制作。在施工中，当钢筋品种、规格不齐需要代换时，首先应征得设计单位或监理单位同意，并办好技术核定后，方可代换。

钢筋加工的形状、尺寸符合设计要求。钢筋表面洁净、无损伤，油渍、漆污和铁锈等在使用前清除干净，带有粒状和片状锈的钢筋不得使用。

钢筋切断和弯曲时要注意长度的准确，钢筋加工的允许偏差符合规范要求。

弯曲后，平面上没有翘曲不平现象，钢筋弯曲点处不得有裂缝，对于Ⅱ级钢筋不能反复弯曲。

钢筋加工成半成品后，要按类别、直径、使用部位挂好标志牌，并分类堆放整齐，使用提升设备吊运下井使用。

（二）钢筋安装

核对半成品钢筋的规格、尺寸和数量等是否与下料单相符，准备好绑扎用的20～22号镀锌铁丝、工具等，并按各部位保护层的厚度准备好水泥砂浆垫块。

钢筋的绑扎接头符合规范要求。搭接长度的末端距钢筋弯折处不得小于钢筋直径的10倍，钢筋搭接处，在中心和两端用铁丝绑扎牢。钢筋的搭接长度严格按设计要求施工。

（三）钢筋验收

分自检和隐蔽验收两步进行。

钢筋按设计和施工规范绑扎成型后，施工班组先和质检员一起进行自检、互检，再由安全质量部进行检查评定确认。

自检评定合格后报请监理进行隐蔽验收，经签证后进行下道工序施工。

六、预埋件及预留孔洞质量保证措施

（一）测量放样

预埋件、预留孔洞位置以中心线及实测标高严格控制，中心线严格按双检制度执行，未经复核的中线不准使用。测量放线并精确确定预埋件、预留孔洞的中心位置。

（二）过程控制

预留孔模型和预埋件由专门作业小组严格按技术交底进行制作。预留孔洞模型按设计的尺寸规格、垂直度进行制作，其精度符合设计要求。预埋件按设计规定的材质、大小、形状提前进行加工制作，并分类存放，确保非制作原因而影响正常施工。作业小组严格依照综合预埋、预留图进行施作，严格按测量放线位置正确安装，保证焊接牢固、支撑稳固，不变形和不移位。对有止水要求的，按设计采取防水措施。穿墙螺栓及穿墙管要设止水环与之满焊，不得靠模板固定。

（三）检查验收

预留孔洞模型安装、预埋件安装完成后，由总工程师组织质检人员、工序技术人员检查验收，重点检查预埋位置、数量、尺寸、规格是否符合设计要求。自检合格后，报请驻地监理工程师检查验收，并办理签认手续；签认后，方能进行下道工序施工。

（四）模板拆除

禁止使用撬棍沿孔边缘硬撬。拆模后，测量组要对预埋件、预留孔洞位置、孔洞尺寸、孔壁垂直度等进行复测。对接地体或易破坏的预埋件、预留孔洞应采取特殊的保护措施，防止被损坏。

第七章　南昌4号线安丰站—东新站区间泥水平衡盾构施工案例

第一节　工 程 概 况

安丰站—东新站区间，属于南昌轨道交通 4 号线 1 期工程前 4 个盾构区间，为下穿赣江区间。区间出安丰站后沿龙兴大街下穿赣江，再进入昌南新城区域，于象湖四路进入东新站。工程地质具体概况如表 7-1 所列。

表 7-1　工程地质概况

标段	区间名称	区间概况	地形地貌	主要地层
二工区	安丰站—东新站区间	线路最小平曲线半径 600 m、最大纵坡 25‰，区间单线长度 3 054.8 m，隧道埋深 10～30 m	岗埠地貌，场地标高起伏较大	穿越粉质黏土、淤泥质黏土、强风化泥质粉砂岩、中风化泥质粉砂岩

第二节　泥水平衡盾构技术方案

安丰站—东新站区间左线起终点里程为 SZK13＋178.660～SZK10＋123.894，长 3 057.441 m(长链 2.675 m)，右线起终点里程 SZK13＋178.660～SZK10＋123.894，长 3 054.766 m，区间下穿赣江。区间共设置两座中间风井、一座联络通道兼废水泵房和三座联络通道。中间风井采用明挖法施工，联络通道采用矿山法和冷冻法施工，其中西岸中间风井侧联络通道采用冷冻法，其余三个联络通道采用矿山法。

5#、6#盾构机从东新站西端头左右线始发，掘进至东岸风井进行二次始发，继续掘进至西岸风井再次二次始发，最后掘进至安丰站东端头解体吊出。

安丰站—东新站区间筹划示意见图 7-1。

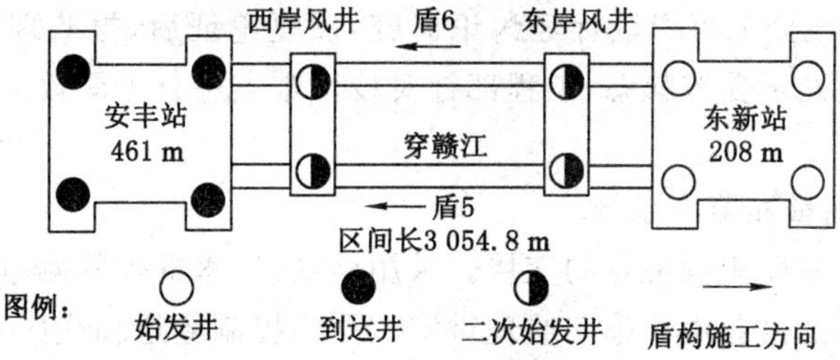

图 7-1　二工区盾构区间筹划示意图

第三节　泥水平衡盾构区间主要施工方法

一、盾构施工准备

（一）人员上场准备

人员进场，开展施工前期的准备工作：端头加固，场地布置，龙门吊安装，完成盾构机、泥水设备的采购工作；办理用水、用电、用地等施工相关手续，场地接收后及时施作临时建筑，以保证盾构始发的顺利进行。

（二）技术准备

（1）熟悉施工图纸和有关设计资料。

学习工程设计图纸和有关的地质资料、施工验收规范和有关的技术规定，充分了解和掌握设计人员的设计意图、结构特点和技术要求，在开工前切实领会设计单位的设计交底，在此基础上对施工方案进行充分论证和优化。

（2）核查地下管线、建构筑物及地质情况。

施工前根据业主提供的资料对地下管线及构筑物进行复核调查，核查管线种类结构、类型、埋深等，与隧道的相互关系等情况；对于地面建筑物，核查建筑物的种类、结构、基础埋深与隧道的相互关系等情况，制定相应的保护措施。

（3）补充地质钻探。

为了对地质情况有更详细的了解和认识，以便能在施工前采取必要的施工技术措施，在施工前进行补充地质勘探，勘探成果上报业主和施工监理。

对距离隧道较近、变形反应敏感的管线列为重点，进行相应的保护。其他管线以监测为指导原则，及时采取跟踪保护措施。

（4）实施性施工组织设计的编制。

① 设计单位详细进行施工图设计并进行设计交底后，由项目总工组织，对设计施工图纸进行全面会审，认真领会设计意图。

② 结合地质补充钻探、地面建筑物及地下管线调查资料，掌握工程地质及水文地质、周围环境等工程条件，紧抓工程特点、重点和难点，制定相应施工技术措施，对每一分项进行施工安排计划，确定施工方案、施工方法以及施工技术措施。

③ 根据业主的工期要求、工程特点，综合考虑各种因素，用工程管理软件编制工程进度计划，制定施工措施。

④ 编制出的实施性施工组织设计经讨论研究，反复论证后，报监理工程师及业主审批后执行，确保施工过程处于受控状态，工程部针对技术难点进行专题攻关，制定施工方案，编制施工组织设计。

（5）建立完整的测量和监测系统。

尽快和业主、监理办理测量桩点的交接。采用全站仪、水准仪等测量仪器对业主所交桩点进行复测，测量成果上报业主和施工监理审定。严格控制隧道轴线区域的地面沉降，通过及时反馈信息，实现信息化施工。

（6）熟悉盾构机操作性能。

熟悉盾构机的主要施工参数及相应的盾构操作方法，熟悉项目合同有关技术标准和规范要求，掌握施工要领。

(7) 技术交底和培训。

在盾构施工前，对参加施工的全体人员按阶段进行详细技术交底和培训，按工作类别对施工人员进行技术培训和操作规程培训，考核合格后方可上岗操作。对于龙门吊、电瓶车司机、电工、电焊工等特殊工种严格执行持证上岗制度。

（三）地面准备工作

(1) 在盾构推进施工前，按常规进行施工用电、用水、通风、排水、照明等设施的安装工作，将电缆、管路等接至井下。

(2) 施工材料、设备、机具备齐，以满足施工要求。管片、连接件等准备有足够的余量。

(3) 井上、井下建立测量控制网，并经复核、认可。

(4) 施工场地准备完善，生产辅助设施安置妥当。

(5) 对隧道沿线的建筑物，以及将要穿越的保护管线布置沉降监测点。

（四）设备与材料准备

(1) 投入工程的盾构附属机械设备、材料按计划提前准备，确保工程需要时可及时运送到场。对进场的机械设备提前进行检测、维修和保养，以保证机械设备进场后可正常运转。

(2) 盾构附属机械设备主要包括：泥水分离设备、龙门吊、运输车、拌和站等，周转材料主要包括：管片、钢轨、轨枕、走道板、水气管、泥浆管及油脂等。

（五）施工前调查

应指定一名专职工程师负责调查工作，并配备有经验的土地测量员和专业摄影师，在相关机构的协助和指导下进行建筑物与管线的调查与鉴定。

(1) 调查方法。

对隧道施工影响范围内的建(构)筑物均进行详细的调查，包括建(构)筑物的名称、位置、建造时间、所属单位，建筑物的用途、结构类型、内外构件(包括建筑物的表面情况和维修情况)有无损伤，建(构)筑物的基础类型、基础深度、尺寸及其与隧道的相对位置关系，其中构筑物的基础是调查重点。清楚地列出构筑物当前状况，包括建筑材料、建筑物的结构形式、基础状态、垂直度及损坏情况等。

(2) 沿线管线调查。

查明隧道施工影响范围内各类地下管线的种类、平面位置、埋深、管径、根数、材质等要素。在盾构正式施工前，成立专门的管线调查组，配备专业摄影师、工程师、土地测量员、建筑工程师和结构工程师等，配备全站仪、水准仪、探测仪、测缝针、摄影机等仪器。在调查前制订详细的调查计划和调查图表，收集受调查管线的有关设计和竣工资料，在管线单位人员在场的情况下，用实地观测、测绘等方法来完成在工程影响范围内所有管线的调查工作。最后进行资料整理分析，列出图表，明确各类保护项目的允许变形量，将调查结果呈报，同时妥善保存，以便在需要时可随时查找。

(3) 盾构机进场路线调查及准备工作。

本工程盾构机采用陆运的方式运至施工场地，对盾构机陆运方式以及运输路线、大件运输公司等情况进行调查核实，选择最佳运输方案；同时，对盾构机运至南昌进场路线进行调查核实，并积极与相关职能部门进行沟通，确保盾构机进场运输工作的准备充分。

二、盾构机始发、到达与盾构机过站端端头加固

盾构工程的进洞始发与出洞到达施工，是盾构隧道施工的关键工序。为了在破除盾构洞门范围内围护结构时保持地层的稳定，防止在盾构进洞始发完全进入地层之前和盾构出洞到达完全脱出地层之后其周围流出地下水和泥砂造成端头失稳，需要考虑地质条件、水文条件、隧道埋深及周边环境等因素后对盾构进出洞端头进行相应处理。

本工程盾构始发和到达端头的地质情况及加固措施见表 7-2。

表 7-2　洞门端头地质情况及加固措施一览表

序号	端头位置	地质情况	加固措施
1	盾构始发端	隧道自上而下位于中砂、粗砂、砾砂层中	采用 ϕ850@600 三轴搅拌桩结合旋喷桩加固，长度 10 m
2	中间风井（西岸）	隧道全断面位于中风化岩，隧道顶在岩面以下 3.6 m	盾构井外土层不采取加固措施，在盾构掘进范围周边设置 4～6 口应急降水井，遇到紧急情况时可以采取适当的降水措施
3	中间风井（东岸）	隧道全断面位于中风化岩，隧道顶在岩面以下 1.6 m	采用 ϕ850@600 三轴搅拌桩结合旋喷桩加固至中风化岩以下 0.5 m，加固长度接收端 12 m、始发端 10 m；0～3 m 洞外垂直注浆与三轴搅拌桩加固搭接 1 m、3～12 m 洞内水平注浆封堵基岩裂隙水，注浆管按 1 m×1 m 梅花形布置
4	盾构到达端	隧道全断面位于淤泥质黏土层中	采用 ϕ850@600 三轴搅拌桩结合旋喷桩加固，长度 12 m

（一）端头加固设计原则

（1）设应急深井点，位置根据现场情况布置，作为盾构始发、到达的应急措施。开启降水井时，应加强对周边环境、建筑物的监测，确保结构的安全。降水深度需达到洞门圈以下。地基加固应在降水井成井前施工完成。

（2）加固宽度为盾构隧道结构每侧 3 m。竖向加固范围为盾构隧道结构上下各 3 m，隧道顶部以上 3 m 至地面为弱加固区。加固长度为盾构始发端 10 m，盾构接收端 12 m。实施端头加固后的土体应有良好的自立性、密封性和均质性，无侧限抗压强度不小于 0.8 MPa，渗透系数 $k \leqslant 1\times10^{-7}$ cm/s。

（3）三轴搅拌桩加固指标：弱加固区的水泥掺量不小于 10%，强加固区的水泥掺量不小于 25%，采用 P42.5 级普通硅酸盐水泥。弱加固区的无侧限抗压强度不小于 0.5 MPa，强加固区土体无侧限抗压强度不小于 0.8 MPa，同时加固土体应具有良好的均匀性、密封性和自立性。旋喷桩水泥掺量不小于 35%，无侧限抗压强度不小于 0.8 MPa。加固体取芯检验过程中，要求无明显地下水渗出。

（二）端头地层加固方案及要求

（1）盾构始发端加固。

本区间盾构机从东新站工作井始发，始发井端头采用 ϕ850@300 三轴搅拌桩加固，搅拌

桩与地下墙间500 mm的空隙采用ϕ800@300三重管高压旋喷桩加固。加固区纵向长度10 m，加固宽度为盾构隧道结构每侧3 m。竖向加固范围为盾构隧道结构上下各3 m，在盾构掘进范围两侧与左右线隧道加固区中间布置6口应急降水井，遇到紧急情况时可采取适当的降水措施。

搅拌桩加固一区的水泥掺量为10%，加固二区的水泥掺量为25%，采用P.O42.5普通硅酸盐水泥。搅拌桩加固一区的强度不低于原状土强度，加固二区土体加固强度指标无侧限抗压强度≥0.8 MPa，渗透系数≤1×10^{-7} cm/s，同时确保加固土体的均匀性、密封性和自立性。

(2) 盾构区间中间风井(东岸)二次始发端头加固。

中间风井(东岸)接收端采用ϕ850@300三轴搅拌桩加固，搅拌桩与地下墙间500 mm的空隙采用ϕ800@300三重管高压旋喷桩加固。加固区纵向长度12 m，加固宽度为盾构隧道结构每侧3 m，竖向加固范围为盾构隧道结构上下各3 m。

中间风井(东岸)始发端采用ϕ850@300三轴搅拌桩加固，搅拌桩与地下墙间500 mm的空隙采用ϕ800@300三重管高压旋喷桩加固。加固区纵向长度10 m，加固宽度为盾构隧道结构每侧3 m，竖向加固范围为盾构隧道结构上下各3 m。

在盾构掘进范围两侧与左右线隧道加固区中间布置6口应急降水井，遇到紧急情况时可采取适当的降水措施。三轴搅拌桩加固至进入中风化岩0.5 m，此外风井区间范围内0～3 m采用地面垂直注浆加固，3～12 m(始发端3～10 m)采用洞内水平注浆加固，注浆管按1 m×1 m梅花形布置。注浆材料主要采用普通水泥浆液，水泥浆水灰比拟采用0.6：(1～1.1)。上述参数可根据实际地质情况及注浆的不同时段现场试验确定。

搅拌桩加固一区的水泥掺量为10%，加固二区的水泥掺量为25%，采用P.O42.5普通硅酸盐水泥。搅拌桩加固一区的强度不低于原状土强度，加固二区土体加固强度指标无侧限抗压强度≥0.8 MPa，渗透系数≤1×10^{-7} cm/s，同时确保加固土体的均匀性、密封性和自立性。

(3) 盾构区间中间风井(西岸)二次始发端头加固。

中间风井(西岸)二次始发接收与始发端头均采用ϕ800@300三重管高压旋喷桩沿围护结构加固。加固区纵向加固宽度为500 mm，加固至中风化岩层以下0.5 m。在盾构掘进范围两侧与左右线隧道加固区中间布置6口应急降水井，遇到紧急情况时可采取适当的降水措施。

(4) 盾构到达端加固。

本区间盾构机在安丰站工作井接收，接收井端头采用ϕ850@300三轴搅拌桩加固，搅拌桩与地下墙间500 mm的空隙采用ϕ800@300三重管高压旋喷桩加固。加固区纵向长度12 m，加固宽度为盾构隧道结构每侧3 m，竖向加固范围为盾构隧道结构上下各3 m。在盾构掘进范围两侧与左右线隧道加固区中间布置6口应急降水井，遇到紧急情况时可采取适当的降水措施。

搅拌桩加固一区的水泥掺量为10%，加固二区的水泥掺量为25%，采用P.O42.5普通硅酸盐水泥。搅拌桩加固一区的强度不低于原状土强度，加固二区土体加固强度指标无侧限抗压强度≥0.8 MPa，渗透系数≤1×10^{-7} cm/s，同时确保加固土体的均匀性、密封性和自立性。

（三）搅拌桩、旋喷桩施工工艺

1. 搅拌桩施工工艺

(1) 施工准备。

① 场地准备：施工前先进行场地平整和桩位探测，如发现浅埋障碍物应予以清除，然后开挖导槽。安装机械用的场地地基必须能够经受住机械的振动和压力，必要时采取地基加固措施（换填表面软弱土层，整平和碾压地基，用沥青混凝土做简易路面为临时便道等）。

② 水电准备：水、电接通综合考虑与钻孔灌注桩的协调共用，根据施工规模及设备配置情况，计算和确定工地所需的供电量，并考虑生活照明等，设置变压器及配电系统，全面设计施工供水的水源及给水管系统。

③ 施工参数选择：为了保证施工质量，施工中必须加强主要技术参数的控制，见表 7-3。

表 7-3　水泥搅拌桩主要施工技术参数

序号	技术参数	指标	序号	技术参数	指标
1	水泥(P. O 42.5)掺入比	实桩≥20%；空桩≥10%	6	提升速度	<50 cm/min
2	供浆流量	160～180 L/min	7	28 d 无侧限抗压强度	≥1.0 MPa
3	浆液配比(水：水泥)	1.2～1.5	8	水泥浆的比重	1.59～1.67
4	泵送压力	1.5～2.5 MPa	9	搅拌速度	两边搅拌头：26.0 r/min 中间搅拌头：14.5 r/min
5	下沉速度	<100 cm/min	10	每桶水泥用量(标准桶)	300 kg

④ 设备安装准备：清理障碍物，然后铺设道木，安装轨道，在轨道上安装底盘（底盘上下为钢板，中间夹槽钢焊成），并临时固定，在底盘上搭设塔架。塔架拼装完成后利用塔架进行深层搅拌桩机吊装，同时安装灰浆制备系统包括工作平台、制浆设备及泵送设备、灰浆流动制备站。做好管线连接工作，最后进行机械调试。

⑤ 待桩机就位后进行垂直度校正，保证垂直度误差不超过 4‰。施工中应注意相邻两桩间的搭接，在通常情况下相邻两桩间的施工间隔不应超过 24 h，以确保墙体的防渗效果。

(2) 施工流程。

三轴搅拌桩施工的主要流程见图 7-2。

(3) 施工方法。

① 桩位放样：由现场技术员根据设计图纸和测量控制点放出桩位，桩位平面偏差不大于 1 cm。

② 搅拌桩机就位：搅拌桩机行走桩位，调整桩架垂直度达到 4‰以内。

③ 搅拌下沉：启动电动机，根据土质情况，按计算速率，放松卷扬机使搅拌头自上而下切土搅拌和下沉，直到钻头下沉钻进至桩底标高。

④ 注浆、搅拌、提升：开动灰浆泵，待纯水泥浆到达搅拌头后，按计算要求的速度提升搅拌头，边注浆、边搅拌、边提升，使水泥浆和原地基土充分拌和，至提升到桩顶设计标高后再关闭灰浆泵。

⑤ 重复搅拌下沉：再次将搅拌机边搅拌边下沉至桩底设计标高。

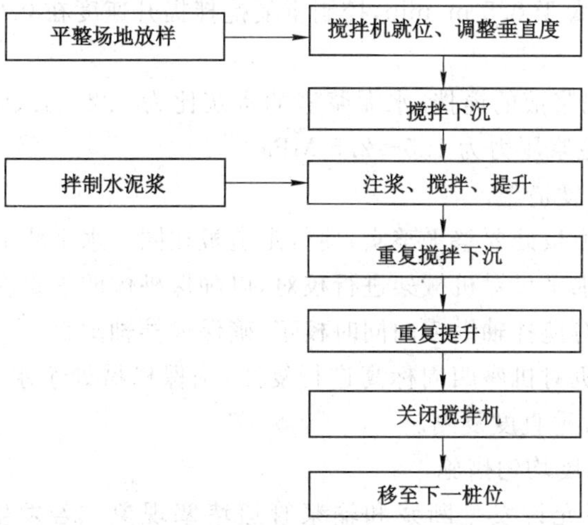

图 7-2　三轴搅拌桩施工工艺流程图

⑥ 重复搅拌、提升搅拌喷浆高出设计桩顶标高 300 mm 处停止喷浆，即完成一根加固桩。

⑦ 关闭搅拌机，移动搅拌机至下一个桩位。

(4) 施工要点。

① 开机前必须探明和清除一切地下障碍物，须回填土的部位，必须分层回填夯实，以确保基底加固的质量。

② 桩机行走走道板不得下沉，桩机垂直偏差不大于 4‰。

③ 水泥宜采用 P. O42.5 普通硅酸盐水泥，水泥掺入量为：搅拌桩掺量 20%，空搅水泥掺量不小于 10%，水灰比 1.2～1.5。

④ 严格控制注浆量和提升速度，防止出现夹心层或断浆情况。

⑤ 搅拌头提升速度均控制在 0.5 m/min。注浆泵出口压力控制在 0.4～0.6 MPa。

(5) 桩与桩搭接工程注意事项。

① 桩机预搅下沉应根据原土情况，保证充分破碎原状土的结构，使之利于与水泥浆均匀拌和。

② 严格控制水灰比，水泥浆搅拌时间不少于 2～3 min，滤浆后倒入集料池中，随后不断搅拌，防止水泥离析压浆应连续进行，不可中断。

③ 每个台班一天必须做 7.07 cm×7.07 cm×7.07 cm 试块 1 组(6 块)，28 d 后测定无侧限抗压强度，应达到设计标号。

④ 工程质量员应填写每根成桩记录，记好施工日志，各种原材料必须有质保单方可使用。桩与桩搭接时间不应大于 24 h，如超过 24 h，则在第二根桩施工时增加注浆量，可增加 20%，同时减慢提升速度；如因相隔时间太长致使第二根桩无法搭接，则在设计认可下采取局部补桩或注浆措施。

(6) 搅拌及注浆速度。

三轴搅拌采取一搅一喷，水泥掺量达到设计要求(20%)，空搅水泥掺量不小于 10%。在钻进和提升过程中注入水泥浆液，同时严格控制下沉和提升速度，一般下沉速度为

1 m/min，提升速度不大于 0.5 m/min，控制重复搅拌提升速度在 0.8～1.0 m/min，并做好原始记录。

在开机前进行水泥浆液的搅拌，水泥浆液的水灰比为 1.2～1.5，每立方米水泥土水泥用量约 176～234 kg，注浆压力为 1.5～2.5 MPa。

(7) 保证桩体垂直度措施。

① 在铺设行走走道板处要整平整实，使行走道板在同一水平线上。

② 在开孔之前用水平尺对机械架进行校对，以确保桩体的垂直度达到要求。

③ 用两台经纬仪对搅拌轴纵横向同时校正，确保搅拌轴垂直。

④ 施工过程中随机对机座四周标高进行复测，确保机械处于水平状态施工，同时用经纬仪经常对搅拌轴进行垂直度复测。

(8) 保证加固体强度均匀措施。

① 压浆阶段时，不允许发生断浆和输浆管道堵塞现象。若发生断桩，则在向下钻进 50 cm 后再喷浆提升。

② 采用“一喷一搅”施工工艺，严禁桩顶漏喷现象发生，确保桩顶水泥土的强度及桩顶质量。

③ 搅拌头下沉到设计标高后，开启灰浆泵，将已拌制好的水泥浆压入地基土中，并边喷浆边搅拌约 1～2 min。

④ 控制重复搅拌提升速度在 0.8～1.0 m/min 以内，保证加固范围内每一深度均得到充分搅拌。

⑤ 相邻桩的施工间隔时间不能超过 24 h，否则喷浆时要适当多喷一些水泥浆，以保证桩间搭接强度。

⑥ 预搅时，软土应完全搅拌切碎，以利于与水泥浆的均匀搅拌。

(9) 施工质量控制措施。

① 搅拌桩开钻之前，应用水清洗整个管道并检验管道中有无堵塞现象，待水排尽后方可下钻。

② 为保证搅拌桩桩体垂直度满足规范要求，在主机上悬挂一吊锤，通过控制吊锤与钻杆上、下、左、右距离相等来进行控制。

③ 对每根成型的搅拌桩质量检查的重点是水泥用量、水泥浆拌制的罐数、压浆过程中是否有断浆现象、喷浆搅拌提升时间以及复搅次数。

④ 搅拌桩施工采用一喷一搅工艺。每根桩的正常成桩时间应不少于 40 min，喷浆压力不小于 0.4 MPa。

⑤ 为保证水泥搅拌桩桩端、桩顶及桩身质量，第一次提钻喷浆时应在桩底部停留 30 s 进行磨桩端，余浆上提过程中全部喷入桩体，且在桩顶部位进行磨桩头，停留时间也为 30 s。

⑥ 施工时应严格控制喷浆时间和停浆时间。每根桩开钻后应连续作业，不得中断喷浆。严禁在尚未喷浆的情况下进行钻杆提升作业。储浆罐内的储浆应不少于一根桩的用量加 50 kg。若储浆量少于上述数量时，不得进行下一根桩的施工。

⑦ 施工中发现喷浆量不足，应按监理工程师要求整桩复搅，复喷的喷浆量不少于设计用量。如遇停电、机械故障原因使喷浆中断，应及时记录中断深度，在 12 h 内采取补喷处理措施，并将补喷情况填报于施工记录内。补喷重叠段应大于 100 cm。超过 12 h 应采取补桩

措施。

(10) 检验方法。

水泥搅拌桩成桩28 d后，用钻孔取芯的方法检查其完整性、桩土搅拌均匀程度及桩的施工长度。每根桩取出的芯样由监理工程师现场指定相对均匀部位，送试验室做(3个一组)28 d龄期的无侧限抗压强度试验，留一组试件做3个月龄期的无侧限抗压试验，以测定桩身强度。钻孔取芯频率为1%～1.5%。

对搅拌桩取芯后留下的空间应采用同等强度的水泥砂浆回灌密实。

2. 旋喷桩施工工艺

(1) 施工准备。

① 对各端头井地下连续墙及盾构进出洞搅拌桩加固位置进行测量放样，摸清旋喷桩填充范围。由于双重管旋喷桩施工时间待车站结构完成后方可施工，届时需具备场地内交通疏导、用电、用水等条件方可进场施工。

② 按施工平面图要求做好加固位置的清理准备工作，桩机移动范围内及时覆土压实，并保持场内外道路清洁。

③ 工程放样，根据施工图纸在现场确定搅拌桩和旋喷桩的轴线和孔位。做好标记并请监理现场复核。复核合格后方可施工。

④ 根据放样的轴线进行沟槽开挖工作，以便于以后正常施工后泥浆的排放与外运。

⑤ 接受甲方“三通一平”要求，按施工要求布置好供水、供电、排水、排浆设施。

⑥ 做好设备安装及调试工作，确保机械在开工后能正常运转。

⑦ 做好原材料复试工作。

⑧ 对所有参加施工作业的人员进行技术、质量及安全的交底工作。

⑨ 施工时加强监测工作，如发现地面开裂、沉降加速应立即停止施工，并采取有效措施，在经施工监理确认安全，上报业主及设计人员确认后继续施工。

(2) 施工流程。

① 根据施工图纸在现场进行孔位放样，并请监理到现场复核。

② 钻机就位。钻机安放在设计的孔位上并保持垂直，施工时钻杆的允许倾斜度不得大于4‰。

③ 钻导孔至设计深度。

④ 旋喷桩机就位，接通所有管路，并开始拌制水泥浆液。

⑤ 将旋喷钻杆下放至设计加固底标高后，依次开启空压机、高压水泵和注浆泵，输送气、水和水泥浆液，当高压浆压力达到标准值后再根据施工要求提升旋喷钻杆。

⑥ 旋喷钻杆提升至设计加固顶标高后，依次关闭注浆泵、高压水泵、空压机，停止输送水泥浆液、水和气。清洗钻杆，使钻杆和注浆管路内无残留水泥浆。最后将旋喷机移至下一孔位。

⑦ 重复以上步骤，直至施工结束。

⑧ 进行泥浆的清理和外运工作，保持施工现场的干净、整洁。

(3) 施工参数。

① 孔径：800 mm。

② 旋喷桩孔中心距：各端头井均为600 mm。

③ 水泥用量：250 kg/m。

④ 高压水灌注压力：1.0 MPa。

⑤ 浆液流量：60～70 L/min。

⑥ 浆液喷射钻杆提升速度：约 10～13 cm/min。

⑦ 成桩垂直度偏差：≤0.5%。

⑧ 水泥浆液灌注压力：≥22 MPa。

⑨ 水灰比：0.7∶1～1∶0。

(4) 质量保证措施。

① 在施工过程中使用过程质量控制表对整个施工过程、每一道工序实施过程控制，做到每一道工序责任落实到人。

② 在给全体现场施工人员进行详尽的技术交底后，明确各自的任务及操作要求。

③ 施工过程中控制桩位误差必须小于 50 mm。

④ 利用铅锤把钻杆垂直度误差控制在 4‰内。

⑤ 成桩过程中钻杆的旋转和提升必须连续不中断，拆卸钻杆续喷时，注浆管搭接长度不小于 100 mm。

⑥ 在作业过程中出现异常情况时，及时查明原因并采取措施进行补救，排除故障后复喷高度不小于 500 mm。

⑦ 浆液配比必须严格控制，对不合格的浆液作为废浆处理。

⑧ 详细做好搅拌桩施工过程、各项技术参数和工程以外情况等的记录。

⑨ 周密安排施工计划，尽量避免多次设备搬迁、移位。

(5) 特殊情况处理。

钻机钻进过程中，当遇到地下不明障碍物时，要暂停钻进，待查明后再继续施工，如一时不能查明或查明后难以继续进行钻进的，可先移至下一孔位进行施工。

因停电、机械事故暂停旋喷，再继续喷射时，应将喷射管下插 50 cm，以保证桩体的连续性。

(6) 质量检验控制项目与方法。

高压喷射注浆可根据工程要求和当地经验采用开挖检查、取芯(常规取芯或软取芯)、标准贯入试验、载荷试验或围井注水试验等方法进行检验，并结合工程测试、观测资料及实际效果综合评价加固效果。质量检验宜在高压喷射注浆结束 28 d 后进行。

① 检验点布置及数量应符合下列规定：

a. 有代表性的桩位。

b. 施工中出现异常情况的部位。

c. 地基情况复杂，可能对高压喷射注浆质量产生影响的部位。

d. 检验点的数量为施工孔数的 1%，并不应少于 3 点。

e. 载荷试验必须在桩身强度满足试验条件时，并宜在成桩 28 d 后进行。检验数量为桩总数的 0.5%～1%，且每项单体工程不应少于 3 点。

② 检验项目。

a. 高压喷射注浆所用的水泥和外掺剂品种、规格及质量应符合设计要求。

检验数量：同一产地、品种、规格、批号的水泥和外掺剂，袋装水泥每 200 t 为一批、散装水泥 500 t 为一批，当袋装水泥及外掺剂不足 200 t 或散装水泥不足 500 t 时也按一批计。每批抽样检验 1 组。检验方法：检查产品质量证明文件及抽样检验。

b. 浆液应严格按设计配方和试验确定的配合比拌制，制备好的浆液应均匀，不得离析。检验数量：施工单位每根桩施工过程中抽样检验 2 次。检验方法：观察并用浆液比重计检测浆液密度。

c. 高压旋喷桩的数量、布桩形式应符合设计。检验数量：全部检验。检验方法：观察、现场清点。

d. 高压旋喷桩的长度应符合设计。检验数量：全数检验。检验方法：测量钻杆长度，并在施工中检查是否达到设计深度。检查施工记录。

e. 高压旋喷桩的完整性、均匀性、无侧限抗压强度应满足设计要求。检验数量：施工单位抽样检验桩总数的 2‰，且不少于 3 根。检验方法：桩完工后 28 d，在每根检测桩桩径方向 1/4 处、桩长范围内垂直钻孔取芯，观察其完整性、均匀性，拍摄取出芯样的照片，取不同深度的 3 个试样做无侧限抗压强度试验。钻芯后的孔洞采用水泥砂浆灌注封闭。

f. 高压旋喷桩处理后的复合地基承载力应满足设计要求。检验数量：总桩数的 2‰，且每检验批不少于 3 根。检验方法：平板载荷试验。

g. 高压旋喷桩施工的允许偏差、检验数量及检验方法见表 7-4。

表 7-4　旋喷桩允许偏差、检验数量及检验方法

序号	检验项目	允许偏差	施工单位检验数量	检验方法
1	桩位(纵横向)	50 mm	按成桩总数的 10% 抽样检验，且每检验批不少于 5 根	经纬仪或钢尺丈量
2	桩体垂直度	1%		经纬仪或吊线测
3	桩体有效直径	不少于设计值		开挖 50～100 cm 深后，钢尺丈量

三、盾构施工测量方案

（一）施工量测

工程开工根据提供的工程定位资料和测量资料，并对所给三角网点、水准网点及其他控制点用 GPS 静态定位技术进行复测。同时加设施工过程中使用的固定桩，严格遵守工程测量技术规范。

1. 联系井测量

(1) 井定向测量。

在盾构始发井通过联系三角形定向测量把地面坐标和方向传递到洞内。由于始发井定向的精度直接决定了地铁的贯通精度，要保证地铁的贯通，需要在地面和洞内建立统一平面坐标系统。因为始发井是车站，完全可以保证两悬吊钢丝间距远大于 5 m，所以完全可以通过联系三角形定向把地面的坐标和方位导入井下，容易保证精度。同时保证定向角接近零，距离比值达到最佳。用联系三角形传递坐标方位角时，选择经过小角的路线。角度观测采用徕卡 TCR1101 型全站仪(测角精度±1.5″)，用全圆测回法观测 6 测回，测角中误差在±2.5″之内。边长测量采用全站仪测量反射贴片的方法。每次独立测量 3 测回，各测回校差在地上小于 0.5 mm，在地下小于 1.0 mm。地上地下测量同一边的校差小于 2 mm。定向联系测量示意图详见图 7-3。

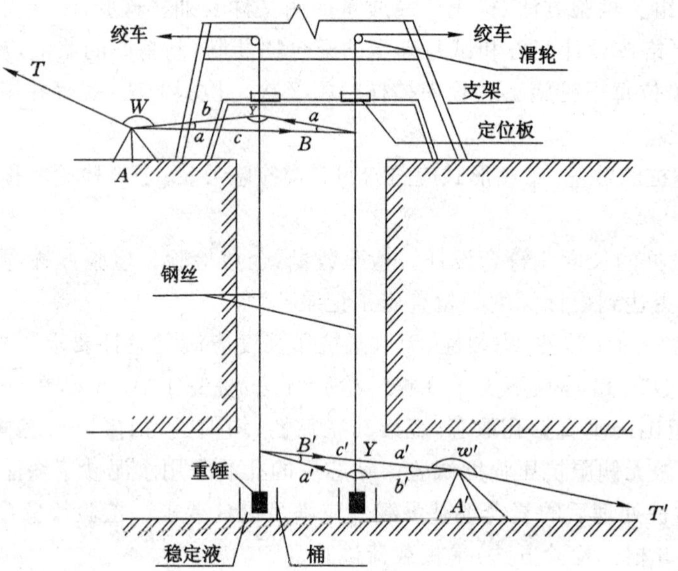

图 7-3　定向联系测量示意图

(2) 高程传递。

在始发井通过高程传递把地面标高传递到洞内。高程传递测量包括地面趋近水准测量及竖井高程传递测量,地面趋近水准测量附合在地面相邻城市二等水准点上。其测量的技术要求同城市二等水准测量。通过悬吊钢尺的方法进行高程传递测量,地上和地下安置两台水准仪同时读数,钢尺上悬吊与钢尺检定时相同质量的重锤。每次独立观测 3 测回,每测回变动仪器高度,3 测回测得地上和地下水准点的高差小于 3 mm 时,取其平均值作为该次高程传递的成果。所用仪器为 DSZ2 精密自动安平水准仪结合因瓦尺和 30 m 钢尺。高程传递示意图见图 7-4。

2. 井下控制测量

(1) 施工控制导线测量。

在隧道内,左、右线分别布设导线网。在线路中线两侧平移一定距离的管片底部布设一般导线点,在管片拱腰位置安装强制对中托架布置强制对中导线点。导线网布设成若干个彼此相连的带状导线环。在直线段保证平均边长在 150 m,曲线上也不少于 60 m,角度观测采用徕卡 TCR1201 型全站仪(测角精度±1″),按四等导线的技术要求施测,网中所有边和角都全部观测,采用严密平差方法计算。这样可以提高精度并有检核条件。每次延伸施工控制导线测量前,对已有的施工控制导线前 3 个点进行检测,无误后,再向前延伸。施工控制导线在隧道贯通前测量 5 次,其测量时间与竖井定向同步。

(2) 地下高程测量。

地下控制水准点的布设利用地下的施工控制导线点。开始时采用支水准路线向前延伸。在联络通道打通后,通过联络通道,把左、右洞水准点连接起来,形成附合水准线路。其中地下控制水准测量所用仪器是 DSZ2 精密自动安平水准仪配因瓦尺和测微器,按城市二等水准测量的技术要求施测。地下控制水准测量在隧道贯通前独立进行 5 次,并与地面向

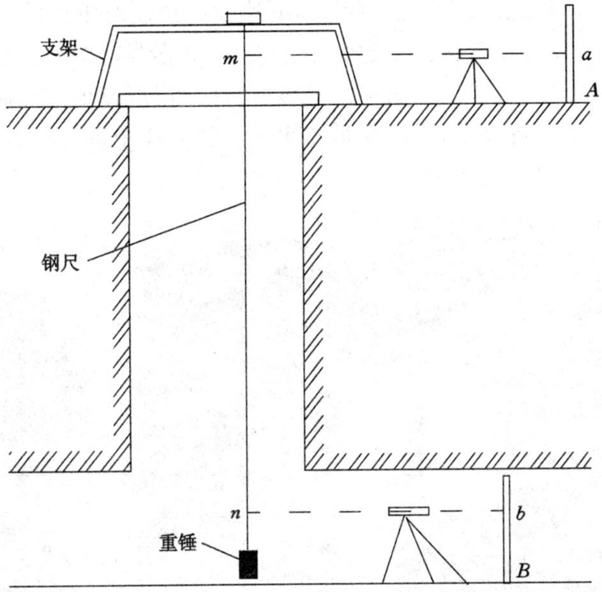

图 7-4　高程传递示意图

下传递高程同步。重复测量的控制水准点与原测点的高程校差小于 5 mm 时，采用逐次水准测量的加权平均值作为下次控制水准测量的起算值。洞内水准点测量如图 7-5 所示。

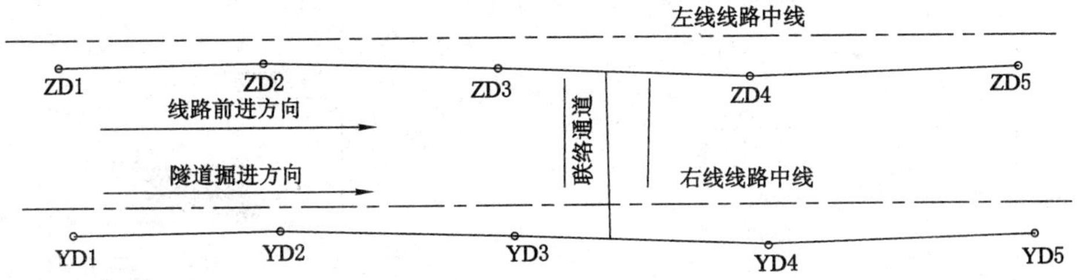

图 7-5　洞内水准点测量示意图

3. 盾构推进测量

(1) 准备工作。

对盾构推进线路数据进行复核计算，计算结果由监理工程师书面确认。实测出发、接收井预留洞内中心横向和垂直向的偏差，并由监理工程师书面确认后方可进行下道工序施工。按设计图在实地对盾构基座的平面和高程位置进行放样，基座就位后立即测定与设计的偏差。

在盾构右上方留出位置供安装测量标志，并保证测量通视。盾构就位后精确测定相对于盾构推进时设计轴线的初始位置和姿态。安装在盾构内的专用测量设备就位后立即进行测量，测量成果应与盾构的初始位置和姿态相符，并报监理工程师备查。

(2) 盾构推进中测量。

盾构推进测量以 SLS-T APD 导向系统为主，辅以人工测量校核。该系统主要组成部分有激光靶、激光全站仪、后视棱镜和工业计算机等，在盾构机上方管片处安装吊篮，其底部加工强制对中螺栓孔，用以安放全站仪，如图 7-6 所示。强制对中点的三维坐标通过洞口的导线起始边传递而来，并且在盾构施工过程中，吊篮上的强制对中点坐标与隧道内地下控制导线点坐标相互检核。如较值过大，需再次复核，确认无误后以地下控制导线测得的三维坐标为准。因此盾构在推进过程中，测量人员要牢牢掌握盾构推进方向，让盾构沿着设计中心轴线推进。导向系统的工作示意图见图 7-7。

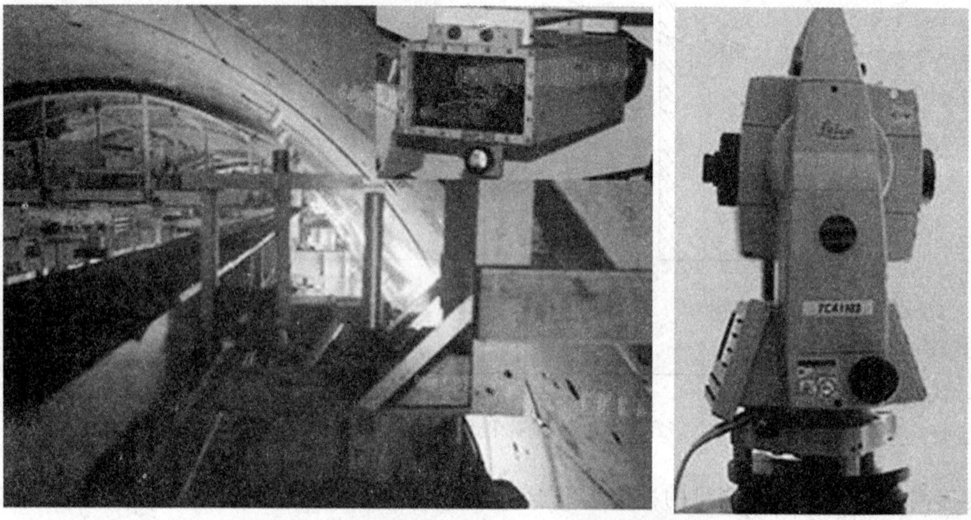

图 7-6　SLS-T APD 导向系统设备及工作图

图 7-7　VMT 导向系统图

SLS-T APD 导向系统能够全天候地动态显示盾构机当前位置相对于隧道设计轴线的位置偏差，根据显示的偏差及时调整盾构机的掘进姿态，使得盾构机能够沿着正确的方向掘进。为了保证导向系统的准确性，确保盾构机沿着正确的方向掘进，需周期性地对 SLS-T

APD导向系统的数据进行人工测量校核。

4. 隧道贯通测量

盾构通过一个区间后，联测地上、井下导线网、水准网，并进行平差，为盾构到达提供具有一定精度和密度的导线点与水准点。

（1）平面贯通测量：在隧道贯通面处，采用坐标法从两端测定贯通，并归算到预留洞门的断面和中线上，求得横向贯通误差和纵向贯通误差。

（2）高程贯通测量：用水准仪从贯通面两端测定贯通点的高程，其误差即为竖向贯通误差。

（3）地下控制网平差和中线调整。

（4）隧道贯通后地下导线则由支导线经与另一端基线边联测成为附合导线，水准导线也变成了附合水准，当闭合差不超过限差规定时，进行平差计算。按导线点平差后的坐标值调整线路中线点，改点后再进行中线点的检测，直线夹角不符值≤±6″，曲线上折角互差≤±7″，高程亦要用平差后的成果。将新成果作为净空测量、调整中线起始数据，并报监理工程师审查批准后方可使用。测量检验及验收内容见表7-5。

表7-5　测量检验及验收内容表

序号	测量检验及验收内容
1	施工测量应符合设计要求和国家现行《工程测量规范》(GB 50026)和《城市轨道交通工程测量规范》(GB/T 50308)的规定
2	地面高程控制网按Ⅱ等水准点网施测，在Ⅱ等水准点间布设成附合或闭合环线，往返校差、附合或闭合环线高程闭合差应在±8 mm之内
3	向洞内或坑内传递高程与坐标传递同步进行，先做趋近水准，按Ⅱ等水准测量方法施测，限差应在±8 mm之内
4	竖井内悬挂钢尺方法传递高程应独立观测3测回，高差校差小于3 mm时取其平均值
5	其他部位施工测量精度应满足设计和规范要求

（二）施工监测

1. 监测目的

区间隧道按盾构法设计和施工，现场监控和量测是此工法的重要组成部分。现场监控量测主要根据《城市轨道交通工程监测技术规范》(GB 50911)及其他相关规范执行，必测项目有管片结构竖向位移，管片结构净空收敛，地表沉降、隆起，建(构)筑物及地下管线变形，其他项目根据施工时的具体情况选作，此外应对与区间施工有密切联系的各建(构)筑物的有关数值进行监控量测。

在隧道施工过程中引起地面沉降的原因主要有土体垂直位移和土体水平位移两方面。引起土体垂直位移的原因主要有拱顶下沉与地表下沉，土体水平位移是由于围岩压力的变化引起围岩与支护的位移。地层中水的流失是隧道周边位移的重要原因之一，因此施工中应特别关注隧道的出水，采取措施，严格控制地下水的大量流失，以防地表下沉，确保地面交通与各种管线的安全。

2. 监测点布置要求

对地表隆陷进行观测，测点沿线路中线布设，对地面建筑物设置沉降观测点跟踪观测，布置范围为线路中线外侧 20 m 以内建筑物，对盾构法隧道内部进行常规监测。相关监测事项应遵照以下要求进行：

(1) 线路中线 20 m 范围以内的建(构)筑物均需要布设建筑(构)物沉降、倾斜监测点，且每个重要建筑(构)物至少布置 4 个监测点，具体监测点的位置由施工单位根据现场条件确定，对重要建筑物有监测条件的要求直接监测其桩基。

(2) 地面沉降监测点沿隧道方向布置原则：

① 地面沉降监测点沿线路中线布设。

② 盾构始发、到达段 100 m 范围内每 5 m 设置一个地表沉降监测点。

③ 过既有建筑物时，每 5 m 设置一个地表沉降监测点。

④ 其余地段，每 10 m 设置一个地表沉降监测点。

⑤ 当监测确实有困难时，施工单位可根据地面实际情况，监测点位置可适当调整。

(3) 隧道横向沉降槽监测断面沿隧道方向布置原则：

① 盾构始发、到达段 60 m 范围内每 20 m 设置一个断面。

② 过既有建筑物、铁路、地质变化较大处位置至少设置一个断面。

③ 沉降槽监测断面横向宽度根据隧道埋深确定，监测点由线路中心向外由密到疏布置。

(4) 施工监测应有可靠的基准点系统，水准基点不少于 2 个，基准点系统应定期校核。

(5) 建筑物沉降观测的标志，可根据不同的建筑物结构类型和建筑材料，采用墙(柱)标志、基础标志和隐蔽式标志(用于高级建筑物)等形式。标志的埋设应避开如雨水管、窗台线、电器开关等有碍设标与观测的障碍物，并应视立尺需要离开墙(柱)面和地面一定距离。隐蔽式沉降观测点标志的型式，可按《建筑变形测量规范》(JGJ 8)规定采用。各类标志的立尺部位应加工成半球形或有明显的突出点，并涂上防腐剂。

(6) 地面沉降观测点标志宜采用浅埋标志，其埋设必须进入原状土以保证测点的变形能真实反映地表的沉降，避免由于地表的扰动或地表硬层的影响使测点无法真实反映场地地面沉降。同时要求地面沉降监测点埋设的稳定期不少于 30 d。

(7) 施工监测频率：

① 开挖面距监测点(或断面)前后距离 $L<20$ m，1～2 次/d。

② 开挖面距监测点(或断面)前后距离 20 m$\leqslant L<$50 m，1 次/2 d。

③ 开挖面距监测点(或断面)前后距离 $L>50$ m，1 次/周。

④ 特殊情况下要连续监测。

(8) 施工监测控制标准：

① 地表沉降、隆起最大允许值：沉降≤30 mm，隆起≤10 mm。

② 煤气管道的变位：沉降或水平位移均不得超过 10 mm，每天发展不得超过 2 mm。

③ 自来水管道变位：沉降或水平位移均不得超过 30 mm，每天发展不得超过 5 mm。

④ 建(构)筑物倾斜允许值 $i<0.002$。

⑤ 桥梁桩基沉降最大值：简支梁为 20 mm，连续梁为 5～10 mm。

⑥ 取以上监测控制值的 80%作为监测报警值，对于测斜光滑的变化曲线，若曲线上出现明显的折点变化也应作出报警处理。

(9) 对上述各监测所获数据均应及时反馈、分析、处理，以保证隧道施工安全及结构稳定。

3. 监测方法

(1) 盾构隧道地表和地面建(构)筑物沉降监测。

① 地面沉降、隆起变形机理。盾构施工引起的地表变形主要可分为5种类型，各种类型沉降、隆陷产生的原因与机理如表7-6所列。

表7-6　盾构施工引起变形的原因与机理

沉降、隆陷类型	主要原因	应力扰动	变形机理
先期沉降	地下水位降低	孔隙水压力减小，围岩有效应力增加	压缩和压密、下沉
盾构开挖面沉降或隆起	盾构开挖舱压力过高或过低：过高隆起，过低沉降	围岩应力释放、扰动负荷土压力	弹塑性变形
盾构通过时沉降	施工扰动，盾构与围岩(土体)间剪切动，出渣	扰动	压缩
盾尾空隙引起的沉降	围岩(土体)失去支撑，管片背后注浆不及时	应力释放	弹塑性变形
后续沉降	结构变形、地层扰动、空隙水压下降等	土体固结	压缩和蠕变下沉

② 监测方法。对于线路沿线的地表沉降、多层和高层及高大建筑物拟采用Ⅱ等变形测量技术要求施测(表7-7)。根据基准点，测定埋设在地表、被测建筑物及构筑物处的监测点。根据监测点的高程变化值，通过数据处理分析，计算实际沉降值，并分析产生的原因，预报建筑物的安全状况。

表7-7　变形测量的等级划分、精度要求和适用范围

变形测量等级	垂直位移测量/mm		水平位移测量/mm	适用范围
	变形点的高程中误差	相邻变形点的高差中误差		
Ⅰ	±0.3	±0.1	±1.5	线路沿线变形特别敏感的超高程、高耸建筑物，精密工程设施，重要古建筑和地下管线
Ⅱ	±0.5	±0.3	±3.0	线路沿线高程、高大建筑物，地铁施工中的支护、结构、管线，隧道拱顶下沉、结构收敛和运营中结构和线路变形

注：变形点的高程中误差和点位中误差是对最近变形监测控制点而言。

③ 基准点和监测点埋设。高程监测控制网，在不受地铁施工影响相对稳定的位置，埋设3个基点。定期检查基点是否稳定。在盾构始发、吊出段60 m范围内，每20 m设一断面，其余地段每30 m设1个监测断面，过既有建筑物时加密每10 m一断面。为使获得的监测数据具有连续性，沿隧道方向在左右线的隧道中线上每隔5 m布设一沉降观测点。地面沉降监测点采用钢筋埋入地表，顶端露出地表约1 cm。地面建(构)筑物及管线沉降监测采用在建(构)筑物的4个角埋设，其上端焊有半球形测头，当建(构)筑物很长时，适当在中间

加密沉降监测点。

④ 监测仪器。监测使用DSZ2精密自动安平水准仪、FS1平板测微器和铟钢水准尺，如图7-8所示，并且按国家水准测量规范要求对其定期进行检验和校正。DSZ2＋FS1测微器的测量精度是每千米往返测量高差标准偏差±0.7 mm。

图7-8　监测仪器

⑤ 数据处理及分析。每次监测后，通过测量出来的监测点的高程值计算高程的变化，然后绘出测点的累计沉降-时间图和每次沉降-时间图。

⑥ 监测控制标准

允许隆起最大值为10 mm，允许沉降最大值为30 mm。施工中以沉降或隆起超过规定限值(－30 mm/＋10 mm)的80％作为监测预警值，确保地面建筑物、地下管线的安全和正常使用。

(2) 地面建(构)筑物水平位移、倾斜和裂缝监测。

主要根据地面建(构)筑物与隧道的相对位置、地面建(构)筑物结构形式及基础类型、围岩条件、施工方法等，对沿线建(构)筑物在施工过程中可能产生的变形情况做精确的预测。在建(构)筑物周围设置测点，观测盾构穿越前后建(构)筑物发生的不均匀水平位移和倾斜以及由于变形而产生的裂缝，据以判定建(构)筑物的安全性。建(构)筑物变形监测在盾构机开挖面附近每天进行及每周进行后期观测直到沉降稳定，当建(构)筑物的某一部位或构件变形过大时，迅速采取有效的维修加固措施，确保建(构)筑物结构安全和正常使用。

地面建(构)筑物水平位移、倾斜和裂缝监测施工顺序及步骤见表7-8。

表7-8　地面建(构)筑物水平位移、倾斜和裂缝监测表

序号	施工顺序	施工步骤
1	监测网的布置	地表建构筑物的水平位移及倾斜监测控制网，布设成独立控制网。根据具体情况分别采用三角网和导线网或视准轴线等形式。每一测区布设3～4个控制点，控制点埋设在变形区域外。按国家四等三角测量要求进行观测。其技术要求是相邻控制点点位中误差±6 mm，平均边长150 m
2	监测点的布设	根据设计单位提供的资料及实地踏勘，在隧道穿越的建筑物密集区设变形监测点。其监测内容主要为沉降观测、水平位移观测和倾斜及裂缝观测。根据其不同形式，各类观测点布设方式如下：距线路外边线30 m以内的建筑均布设倾斜监测点，倾斜监测点分别布设在建筑物的顶部。在没有条件布设顶部监测点时可利用沉降监测点，通过测定不均匀沉降值推算建筑物主体的倾斜值

表 7-8(续)

序号	施工顺序	施工步骤	
3	监测项目及方法	水平位移和倾斜监测	投点法测水平位移和倾斜:采用全站仪按正倒镜法测量每对上下观测点标志间的水平位移分量。按矢量相加法求得水平位移值和位移方向
			测水平角法测水平位移和倾斜:在测站上直接观测顶部观测点和后视固定点的夹角,以所测角值和距离计算建(构)筑物整体的水平位移值
			基础沉降差法测倾斜:对于受监测条件限制无法观测建筑物顶部观测点的建筑,采用基础差异沉降推算主体倾斜值。在基础两端上设观测点,采用水准测量的方法,以所测基础两端沉降的差值来换算,求得建筑物整体倾斜度和倾斜方向
		裂缝监测	裂缝观测在建(构)筑物产生裂缝后,应测定裂缝的位置,裂缝的走向、长度、宽度及其变化程度。采用油漆平行线标志或用建筑胶粘贴的金属片标志,用裂缝计定期测出标志间距离求得裂缝变化
4	数据处理及分析	对于沉降监测,同地表沉降监测。对于倾斜监测,每次监测后,通过测量出来的监测点的坐标值计算监测点的位移大小和方向,然后绘出测点的累计位移-时间图和每次位移-时间图	
5	监测频率	当盾构机掘进工作面距构筑物的距离为 $H+B$(隧道埋置深度+隧道高度)时,对构筑物进行沉降和变形监测,每天早晚各一次,盾构机通过构筑物后每周一次,直至变形基本稳定	
6	建筑物变形监测控制标准	根据《建筑地基基础设计规范》(GB 50007)确定的建筑物的最大允许沉降值如下:砖混结构、条形基础的基础倾斜方向两端点的沉降差与其距离的比值是 0.004,框架结构、桩基础是 0.002L(L 是相邻桩基的中心距离)	

(3) 洞内管片监测。

管片监测:在安装管片时,及时测量环中心偏差和管环的上浮与下沉。测量频率 1 次/d,当环片上浮较大时将加大监测频率。应保证每环都能测到,并测定待测环的前端面。相邻衬砌环测量时重合测定约 10 环片,环片平面和高程控制在±15 mm 之内。衬砌环片检测采用铝合金尺,通过测量铝合金尺的中心坐标来推算管环中心的坐标,测量时,铝合金尺一定要通过水平尺置平。计算管环中心偏离隧道轴线时,可以在直线上建立施工坐标系,通过测量出来的施工坐标就可以直接判断管环中心的位置。如果是在曲线段时,可以将测量出来的管环中心的大地坐标输入 AutoCAD 软件,通过作事先绘出的隧道轴线(空间)的垂线就可以计算出管环中心的偏差。管片姿态监测如图 7-9 所示。

监测控制标准:管片水平偏差≤100 mm,管片垂直偏差≤100 mm。

(4) 洞内管片周边收敛监测。

管片安装后,会受到管片外侧的水土压力等而发生变形,其中最大跨度的变形最大,因此把收敛点布置在管环的最大跨度附近。周边收敛点以 10 m 为一断面布置。采用穿孔钢卷尺式收敛计进行监测,监测频率同地面沉降监测。每次监测后,通过测量出来的监测点间距的大小计算监测点收敛值,然后绘出测点的累计收敛-时间图和每次收敛-时间图。其收敛点的布置如图 7-10 所示。

4. 监测频率及技术要求

区间隧道各监测项目的监测频率为:掘进面距监测断面前后小于等于 20 m 时,1～2

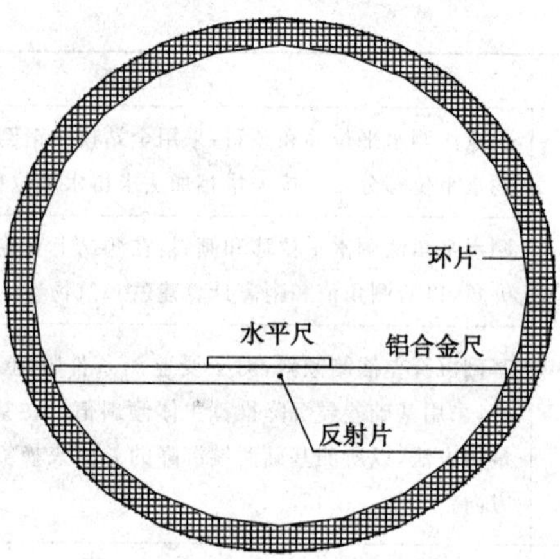

图 7-9　管环姿态监测示意图

图 7-10　隧道内收敛监测点布置示意图

次/d;掘进面距监测断面前后小于等于 50 m 时,1 次/2 d;掘进面距监测断面前后大于 50 m 时,1 次/周;根据数据分析确定沉降基本稳定后,1 次/月(说明:监控量测点的初始读数,应在开挖循环节施工后 24 h 内,并在下一循环节施工前取得,其测点距开挖工作面不得大于 2 m)。盾构隧道施工监测的技术要求见表 7-9。

5. 信息化施工管理

(1) 监测组织机构。

针对本工程监测项目的特点,建立专业监测组,由具有丰富施工经验、监测经验及有结构受力计算、分析能力的技术人员担任组长。监测组内按照地面监测项目及地下监测项目分为两个监测小组,各设一名专项负责人,在组长指导下负责地面、地下的日常监测工作及资料整理工作,其余人员在专项负责人指导下进行工作。

(2) 监测组成员组成及分工。

① 组长:负责监测工作的组织、计划,外协工作及监测资料的质量审核。

② 地面监测小组负责人:负责地面沉降、地表建筑沉降及倾斜监测。

表 7-9 盾构隧道施工监测技术要求表

测量项目		测量仪器	测点布置	测量频率
必测项目	地表隆陷	精密水准仪	盾构始发、到达段100 m范围内每5 m设置一个地表沉降监测点;过既有建筑物时,每5 m设置一个地表沉降监测点;其余地段,每10 m设置一个地表沉降监测点	(1) 开挖面距监测断面前后≤20 m时,1～2次/d,特殊情况下要连续监测; (2) 开挖面距监测断面前后≤50 m时,1次/2 d,特殊情况下要连续监测; (3) 开挖面距监测断面前后>50 m时,1次/周,特殊情况下要连续监测
	管片结构竖向位移	精密水准仪、钢尺	每5～10 m设一个断面	
	管片结构净空收敛	收敛计	每5～10 m设一个断面	
	房屋或建筑物倾斜	精密水准仪、钢尺	距线路中线20 m以内的建(构)筑物均需布置,具体测点的位置及数量由施工监测单位确定	
选测项目	土体内部位移(垂直和水平)	水准仪、磁环分层沉降仪、倾斜仪	每30 m设一断面,必要时需加密	
	衬砌内力变形	压力计和传感器	每50 m设一断面,必要时需加密	
	土层压应力	压力计和传感器	每一代表性的地段设一横断面	

注:D为隧道开挖宽度。

③ 地下监测小组负责人:负责管片姿态监测、管片收敛监测。

(3) 监测量测数据的分析与预测。

监测数据的整理分析反馈的方法和内容通常包括监测资料的采集、整理、分析、反馈及评判决策等方面。

① 数据采集。

通过现场监测取得的数据和与之相关的其他资料的搜集、记录等。本监测项目采用的仪器如水准仪需人工读数、记录,然后将实测数据输入计算机;全站仪则自动数据采集,并将量测值自动传输到数据库管理系统。

② 数据整理。

每次观测后应立即对原始观测数据进行校核和整理,包括原始观测值的检验、物理量的计算、填表制图、异常值的剔除、初步分析和整编等,并将检验过的数据输入计算机的数据库管理系统。

③ 数据分析。

采用比较法、作图法和模型,分析各监测物理量值大小、变化规律、发展趋势,以便对工程的安全状态和应采取的措施进行评估决策。

根据观测结果，绘制距离-位移曲线。如果位移的变化随距离（距开挖面距离）而渐趋稳定，说明围岩处于稳定状态，支护系统是有效、可靠的。图 7-11 所示的距离-位移曲线出现了反弯点，说明位移出现反常的急骤增长现象，表明围岩和支护已呈不稳定状态，应立即采取相应的工程措施。在取得足够的数据后，还应根据散点图的数据分布状况，选择合适函数，对监测结果进行回归分析，以预测该测点可能出现的最大位移值，预测结构和建筑物的安全状况。

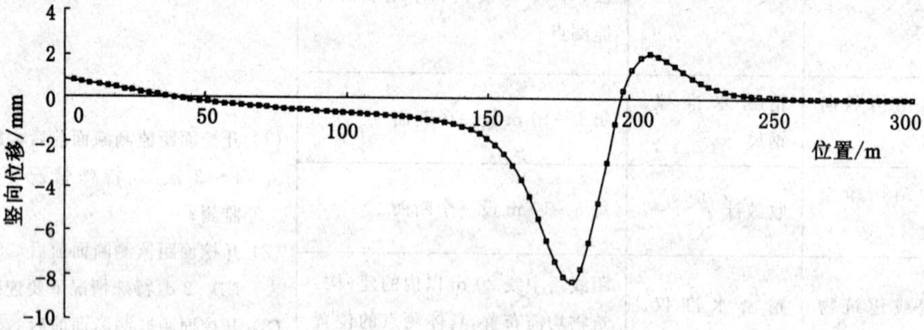

图 7-11　距离-位移曲线

④ 安全预报和反馈。

为确保监测结果的质量，加快信息反馈速度，全部监测数据均由计算机管理，每次监测必须有监测结果，及时上报监测周报表，并按期向有关单位提交监测月报，同时附上相应的测点位移时态曲线图，对当月的施工情况进行评价并提出施工建议。

⑤ 监测反馈程序。

在取得监测数据后，要及时进行整理，绘制位移或应力的时态变化曲线图，即时态散点图，如图 7-12 所示。

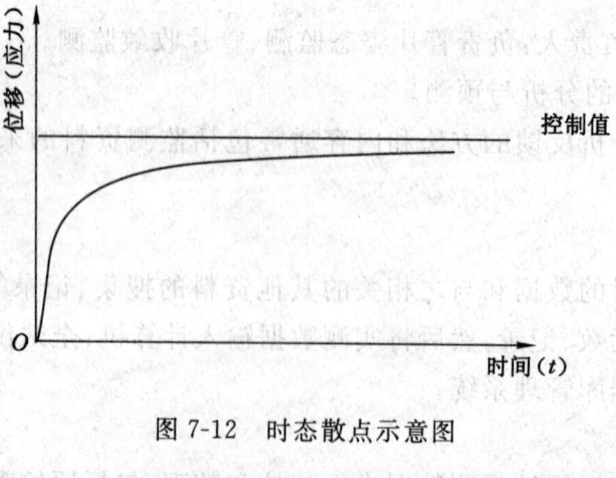

图 7-12　时态散点示意图

在取得足够的数据后，还应根据散点图的数据分布状况，选择合适的函数，对监测结果进行回归分析，以预测该测点可能出现的最大位移值或应力值，预测结构和建筑物的安全状况。采用的回归函数有：

$$U = A\lg(1+t) + B$$

$$U = t/(A + Bt)$$

$$U = Ae - B/t$$

$$U = 2A[1/(1+Bt_0) - 1/(1+Bt)]$$

$$U = A\lg[(B+t)/(B+t_0)]$$

式中　U——变形值(或应力值)；

A,B——回归系数；

t,t_0——测点的观测时间，d。

为确保监测结果的质量，加快信息反馈速度，全部监测数据均由计算机管理，每次监测必须有监测结果，及时上报监测日报表，按期向施工监理、设计单位提交监测月报，并附上相对应的测点位移或应力时态曲线图，对当月的施工情况进行评价并提出施工建议。

a. 通过测点位移-时间曲线的回归分析，推算最终位移，掌握结构及围岩位移变化规律。

b. 当位移-时间曲线出现反弯点，即位移出现反常的急剧增长现象，表明支护体系已呈不稳定状态，应加密监视，并适当加强支护，必要时应立即停止开挖并进行施工处理。

c. 测点实测变形量或用回归分析推算的最终变形量均应小于允许变形量。当位移变形速率无明显下降，而此时实测变形量已接近允许变形量，或支护混凝土表面已出现明显裂缝时，必须立即采取补强措施，并改变施工方法或施工参数。

监测反馈程序见图7-13。其中，当位移累积值小于允许值的33%时，为Ⅲ级管理；当位移累积值大于允许值的66%时，为Ⅰ级管理；其他情况为Ⅱ级管理。

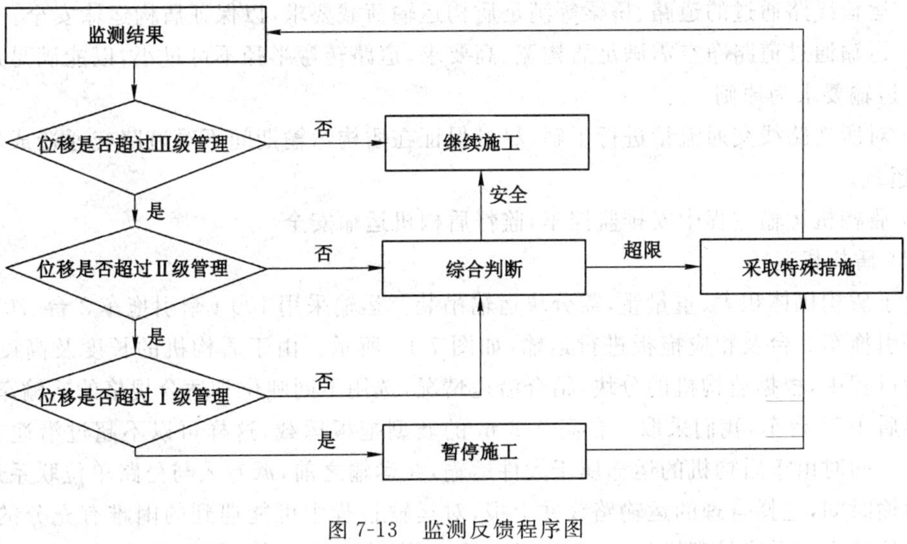

图7-13　监测反馈程序图

6. 监测质量保证措施

针对本工程特点建立由项目总工程师领导的专业监测组织机构，成立监控量测及信息反馈组，成员由多年从事相关工程施工及监测经验的技术人员组成，由具有丰富施工经验和较强结构分析、计算能力的工程师担任组长。监测小组根据监测项目分为地面和地下两个监测小组，各设一名专项负责人，在组长的领导下负责日常监测及资料整理工作。

为保证量测资料的真实可靠及连续性，制定量测措施，见表7-10。

表 7-10　量测措施表

序号	措施内容
1	监测组与监理工程师密切配合工作，及时向监理工程师报告情况和问题，并提供有关切实可靠的数据记录
2	制定切实可行的监测实施方案和相应的测点埋设保护措施，并将其纳入工程的施工进度控制计划中
3	成立专门监测组承担施工监测工作，量测人员保持固定，以保证资料的连续性
4	量测仪器的管理采取专人使用、专人保养、专人检校的规则
5	仪器设备和元器件在使用前均经严格的检校，合格后方可投入使用
6	各监测项目在监测过程中必须严格遵守相应的实施细则
7	量测数据均经现场检查、室内复核两级后方可上报
8	量测数据的存贮、计算、管理均采用计算机系统进行
9	各量测项目从设备的管理、使用及资料的整理均设专人负责
10	开展相应的质量控制小组活动，及时分析、反馈信息

四、盾构机及配套设备组装及调试

(一) 盾构机运输

(1) 运输线路调查。

提前调查盾构存放地点至工地的运输线路，运输线路应符合下列条件：

① 运输线路通过的道路、桥梁等满足盾构运输荷载要求，以保证盾构运输安全。

② 运输通过道路净空需满足盾构宽、高要求，道路转弯半径不可过小，以能满足最长盾构设备运输要求为原则。

③ 对所选路线交通流量进行了解，尽量保证在盾构运输期间不对道路交通造成较大影响，不超载。

④ 盾构机运输过程中安排监控车，监督盾构机运输安全。

(2) 盾构机运输。

由于盾构机体积大、重量重，需分块运输吊装。运输采用 100 t 牵引拖车 2 台、70 t 双桥驱动牵引拖车 2 台及相应拖板进行运输，如图 7-14 所示。由于盾构机的长度及高度不同，在运输过程中，根据盾构机的分块，结合沿途情况，选用不同吨位和适合规格的运输车辆，如对于尾盾 1-5# 台车，我们采取一台高 0.8 m 的矮型拖板运载，这样可以不超过沿途立交桥底限高。同时由于盾构机的运输属于大件运输，在运输之前，派专人与公路单位联系运输车辆及运输时间，选择合理的运输路线并上报，对运输过程中可能遇到的困难有充分的准备，必要的地段提前采取处理措施，在盾构机运输之前，将运输方案报业主及南昌市公路部门批准并备案。

(二) 盾构机下井组装

(1) 盾构机组装流程。

盾构机组装流程见图 7-15。

(2) 托架安装。

始发托架的安装在盾构机下井组装之前进行。始发托架是盾构机在始发井底板上的支撑和定位托架。其定位的准确与否，直接影响盾构机始发姿态好坏。在托架安装前，需对洞

图 7-14　盾构机运输

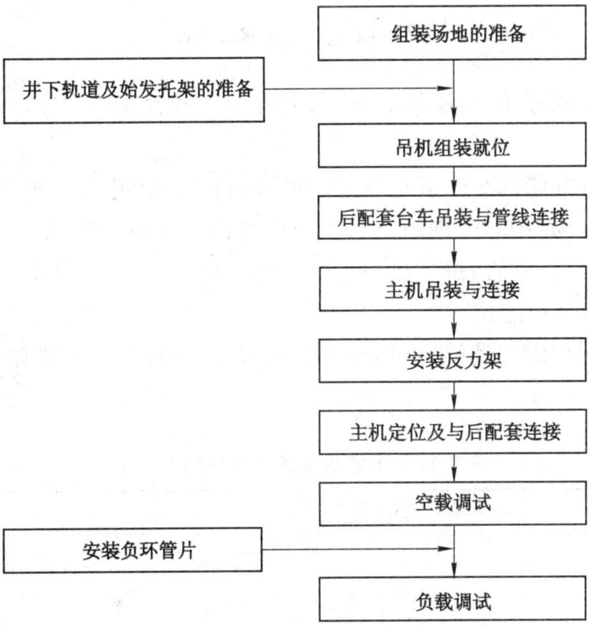

图 7-15　盾构机组装流程图

口实际的净尺寸、直径、洞门中心的平面位置及高程进行复核。始发基座尺寸见图 7-16。

安装托架时首先依据隧道在始发井的设计轴心线确定始发托架中心线，通过测量放线，将托架中心线和托架支撑轨切点位置刻画于始发井底板或端墙及侧墙上，以指示托架的安装位置。其次垂直高程位置应与设计坡度相符，为防止盾构始发时会出现“栽头”现象，以及防止盾构机驶上导台困难，将始发托架抬高 20 mm 安装，托架安装采用钢板垫高找平；托架安装就位后，在井底采用型钢并利用四周井壁将托架支撑，焊接定位之后，开始在托架上组装盾体。

(3) 盾构机的组装顺序。

① 盾构机吊装下井顺序。

a. 在组装井内精确放置始发台托架并定位固定，然后铺设轨道，再进行盾构的下井组装。

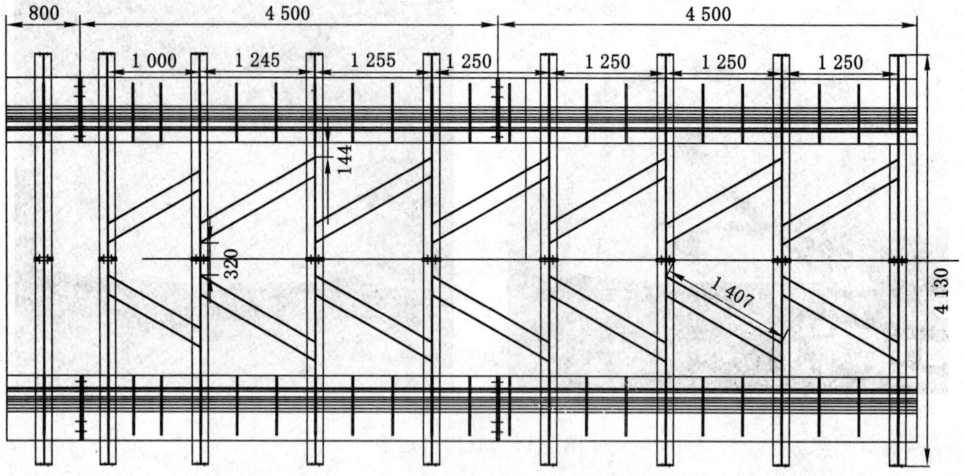

图 7-16　始发基座尺寸图

b. 各节台车下井顺序为：6 号台车→5 号台车→4 号台车→3 号台车→2 号台车→1 号台车→连接桥。

c. 台车下井后由电瓶机车牵引至指定的区域，台车间由连接杆连接在一起。

d. 主机下井顺序为：中盾→前盾→刀盘→拼装机→尾盾。

e. 中盾、前盾、刀盘、尾盾、拼装机用 400 t 履带吊机和 200 t 汽车吊两机配合下井。

f. 反力架下井、安装、定位。

g. 主机与前移的后配套连接，然后连接泥水管路、液压和电气管路。

吊装顺序可见表 7-11。

表 7-11　正常始发盾构机吊装顺序表

序号	步骤	施工顺序	说明
1	组装始发托架	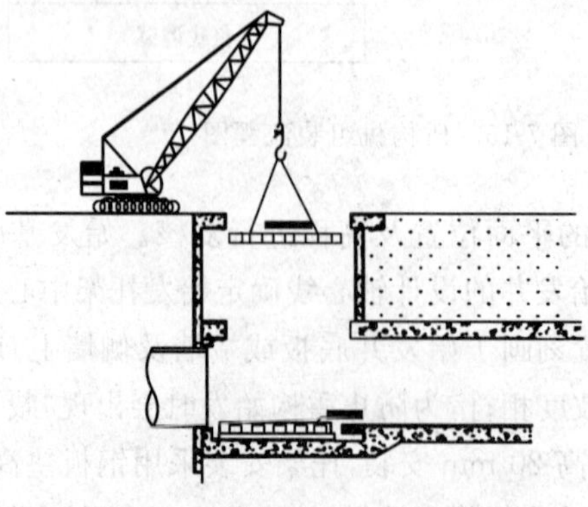	① 盾构运输到施工场地； ② 组装盾尾、焊接盾尾及盾尾密封刷； ③ 组装六节台车，始发托架吊入井内； ④ 洞内铺设轨道

表 7-11(续)

序号	步骤	施工顺序	说明
2	组装、吊装台车	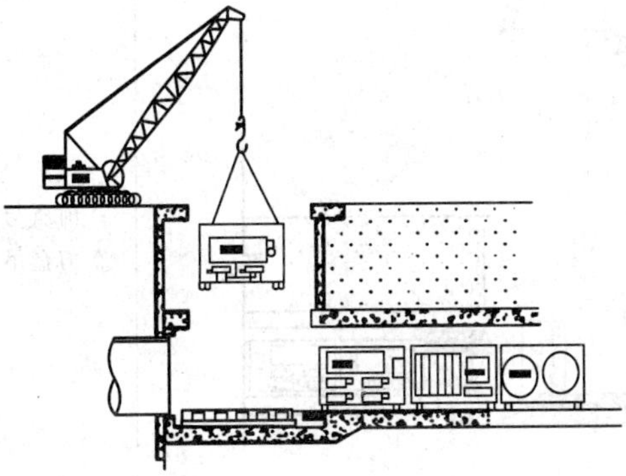	① 6号台车吊入井内，同时组装5号台车并送到井口；② 将4号台车吊入井内，同时组装3号台车并送到井口；③ 依此类推，完成1号台车的下井后将台车用连接杆连接
3	组装、吊装连接桥	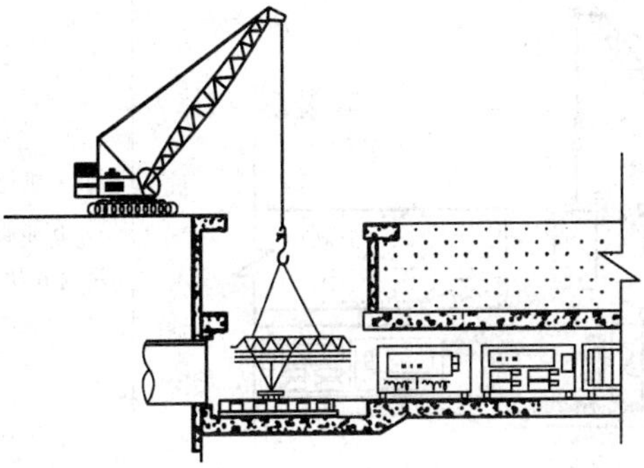	① 1号台车吊入井内的同时对桥架进行组装；② 连接桥吊入井内
4	吊装中盾与前盾	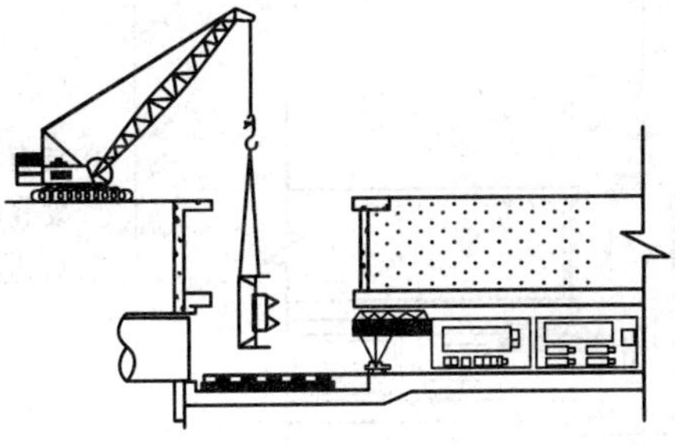	① 中盾吊入井内；② 中盾后移；③ 前盾吊入井内

表 7-11(续)

序号	步骤	施工顺序	说明
5	组装刀盘	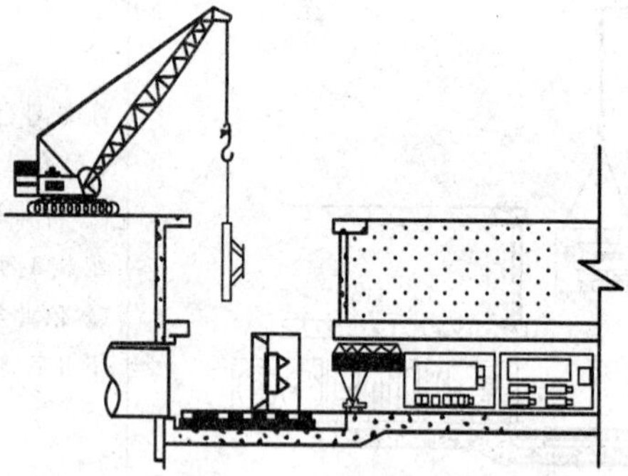	① 前盾与中盾的连接及后移； ② 刀盘吊入井内
6	组装下部盾尾及管片安装机	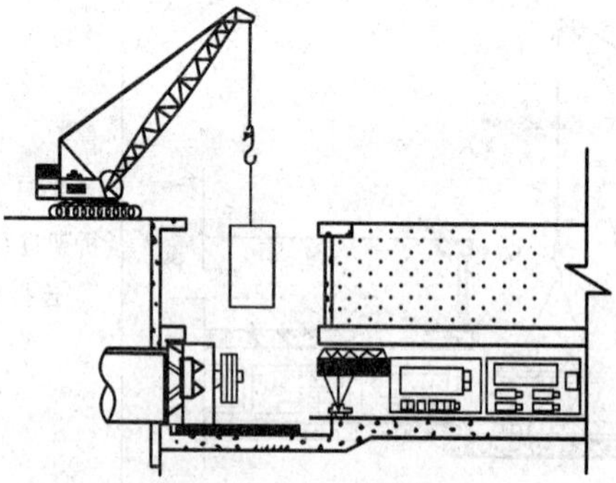	① 主机连接及前移； ② 下部盾尾及管片安装机吊入井内并拼装
7	设备连接、安装反力架	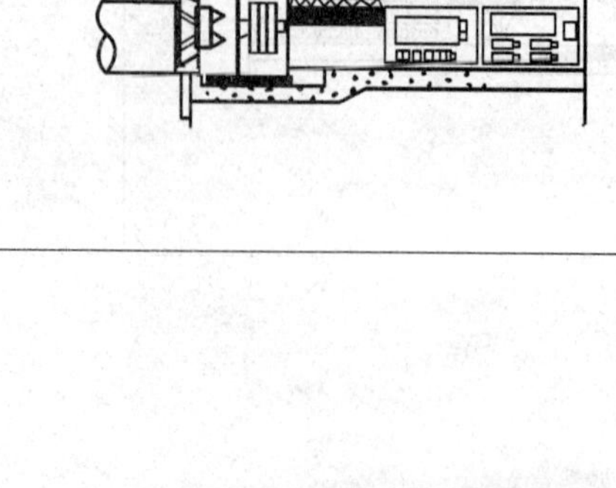	① 反力架吊入井内； ② 安装反力架； ③ 盾构机设备的连接

表 7-11(续)

序号	步骤	施工顺序	说明
8	完成组装、准备始发	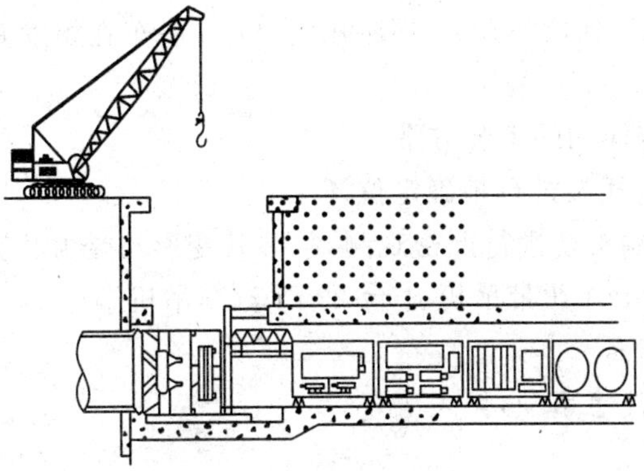	① 完成组装； ② 盾构机调试，准备始发

盾构机及后配套台车组装在井下一次完成。在井下与主机进行管路连接。

② 吊装与组装设备。

吊装设备为：400 t 履带吊机 1 台，200 t 汽车吊机 1 台，100 t 液压千斤顶 2 台，小型泵站 1 台，以及相应的吊具、机具、工具。

组装设备见表 7-12。

表 7-12　盾构机组装设备表

序号	名称	数量	序号	名称	数量
1	液压扭力扳手	1 把	15	空压机	1 台
2	液压泵站(1)	1 台	16	重型风动扳手	2 把
3	拉伸预紧扳手	1 把	17	1.5 t 卧式千斤顶	1 台
4	液压泵站(2)	1 台	18	砂轮机	2 台
5	氧气乙炔割具	2 套	19	插线板	3 套
6	千斤顶	2 台	20	注脂管路	1 套
7	100 t 推进油缸	2 根	21	活动人梯	2 架
8	液压泵站(3)	1 台	22	液压工工具	1 套
9	大撬棍	8 根	23	电工工具	1 套
10	小撬棍	8 根	24	枕木	30 根
11	2 t 倒链	2 个	25	工字钢 20a 或 175H 钢	20 m
12	5 t 倒链	2 个	26	δ20 mm 或 δ10 mm 钢板	若干
13	10 t 倒链	6 个	27	电动扳手	1 把
14	电焊机	2 台			

③ 准备工作。

将测量控制点从地面引到井下底板上。在盾构始发井下安装始发托架；在始发井后的

100 m 车站内铺设盾构机台车行走钢轨，并将钢轨延伸至始发托架上。

准备好 10 t 气动葫芦、手动葫芦若干、2 台 100 t 液压千斤顶及泵站、电焊机、气割等盾构安装辅助工具。

地面吊车将盾体各部分倒运到位。400 t 履带吊与 200 t 吊车在始发井端头就位。

④ 盾构组装技术措施。

a. 盾构机组装前必须制定详细的组装方案。

b. 盾构机组装前应对始发托架进行精确定位。

c. 大件组装时，对始发井端头墙进行严密观测，掌握其变形与受力状态。

d. 大件吊装时采用 1 台 400 t 履带吊机、1 台 200 t 汽车吊机。

e. 安装盾构机后配套台车。

⑤ 盾构机组装、调试安全注意事项，见表 7-13。

表 7-13　盾构机组装、调试安全注意事项

序号	注意事项
1	制定详细的施工技术方案，并对作业人员进行拆机技术培训和进行安全技术措施交底
2	盾构机吊装由具有资历的专业队伍负责
3	吊装时，吊物吊钩下严禁站人，高空作业时必须系好安全带
4	加强现场洞外施工场地的用电管理、照明，保证场地作业具备足够的光线
5	各种吊运机具设备正式使用前必须组织试吊、试运行
6	起重作业人员要严格执行《起重作业安全操作规程》，确保施工作业的安全
7	每班作业前按《起重作业安全操作规程》及盾构机制造商的组装技术要求进行班前交底，严格按照起重安全规定执行
8	组建组装作业班承担盾构机组装工作，每班由现场值班工程师负责
9	大件组装时应对始发井端头墙进行严密的观测，掌握其变形与受力状态
10	所有吊装用的机具、吊具在吊装前均应注油润滑。不使用经检查不合格的吊车、吊具等
11	吊装区域要设置警戒线，非作业人员禁止进入警戒区

（三）盾构机检测、调试

盾构机运抵施工现场后经过组装并对所有管线检查完毕后，即可进行调试工作。调试工作由盾构机生产厂家负责，同时施工单位的机械、电气工程技术人员配合共同完成。盾构机调试完毕后，应达到盾构机生产厂家规定的性能要求。调试工作内容见表 7-14。

表 7-14　盾构机检测、调试项目一览表

序号	项目		调试内容
1	供电系统的调试	高压系统的测试	测试的内容包括高压电缆、接头、电缆盘、高压开关柜及变压器的绝缘及功能调试。在高压部分工作确认正常以后便可进行下一步的调试工作
		低压供电系统的调试	照明系统（含紧急照明）、动力系统、弱电供电系统的调试

表 7-14(续)

序号	项　目	调试内容
2	盾构本体部分的检测	前盾、中盾、盾尾的外形检查，开挖舱及刀盘开口、人闸仪表及管路的检查，盾尾油脂控制检测，盾尾设施及其控制的检查，供气系统的检查，土压传感器的检测，推进千斤顶及铰接千斤顶性能的检测，各种管路的检查(弯曲度、可伸展性、表面磨损情况)
3	刀盘的检测	刀盘刀具(刮刀、周边刀、齿刀、刮刀)数量及外观检查
4	盾构机电气系统的测试	PLC控制软件、人机界面和导向系统软件的调试，各类传感器的测试和校准，各类电磁阀、流量计的检测校准，盾构控制系统内部电气联锁关系的测试，盾构数据采集系统的连接和测试
5	刀盘驱动部分的调试	刀盘驱动的功能调试，齿轮油系统的检查，刀盘密封油脂输送泵的检测，刀盘密封油脂泵性能的测试，刀盘驱动液压马达及行星减速齿轮的检查，仿形刀的调试
6	推进系统的调试	各个动力系统泵阀组的调试，液压油冷却及过滤系统的测试，推进调速系统的调试，推进千斤顶功能的调试
7	管片拼装机功能的调试及管片存放机的调试	管片拼装机各种功能，伸缩、回转和前后移动等各种动作测试和调试
8	盾构机铰接功能的测试	包括盾构机各铰接油缸动作和铰接功能的测试
9	泥水系统循环、保压试验	进、排浆泵功能测试，泥水系统管路压力测试，压力传感器、流量计、密度计检测
10	人闸、气垫舱保压试验	气垫舱保压系统调试，人闸、气垫舱保压试验，对泄漏量进行记录
11	辅助配套设施的测试	管片吊装机的测试、吊装机吊具的检查、砂浆搅拌罐的检查、后配套通风系统的检查
12	盾构机导向系统的测试	盾构机的导向系统是盾构掘进时轴线控制的依据，在盾构始发前应结合盾构机组装调试测试导向系统与盾构机控制室之间的数据传递情况，测试导向系统各组成部分的工作状态，并进行导向系统的初始化工作，即利用竖井内的导线点和盾构机中体上预设的测量点精确测量导向系统后视棱镜和光靶坐标、盾构机俯仰角、转动角和偏转角等初始姿态参数并输入导向系统，以指导今后盾构掘进
13	整机试运行及带载运行	在各系统分别调试完毕后，进行整机试运行，按正常掘进状态依次启动各系统，测试各系统的配合、连锁等情况，最后结合盾构始发进行带载运行

五、盾构始发

(一) 始发条件

盾构机始发条件见表7-15。

表 7-15　盾构机始发条件表

序号	满足条件
1	工作井已通过结构验收,各项技术参数符合设计和规范要求并能满足盾构施工各阶段受力要求
2	盾构机安装调试合格,监理已验收
3	设计要求的始发加固措施已经完成,各项加固指标已经达到设计要求并有检测报告
4	洞门复测完毕,符合要求,洞门探孔已打未发现异常情况并满足始发要求
5	周围环境监测控制点已按监测方案布置好,且已测取初始值
6	反力架、发力架强度满足要求,人、机、料全部到位,工程涉及的原材料已按要求做好相关的复试工作
7	盾构推进、测量、监测、始发等施组及预案已审批通过
8	甲方、监理要求的其他条件均以满足

(二) 盾构始发流程

盾构始发流程见图 7-17。

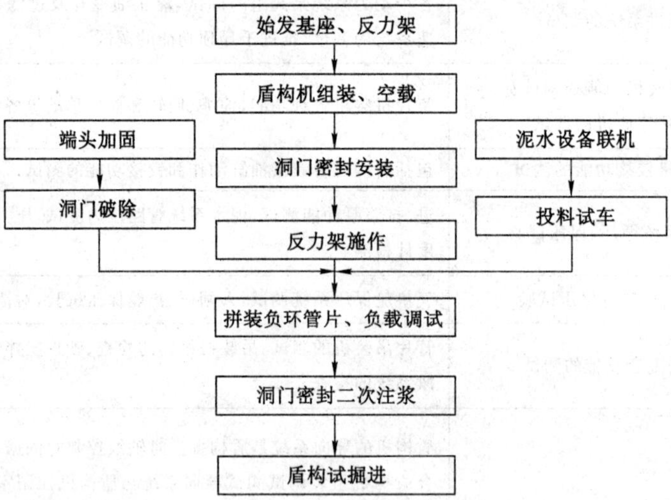

图 7-17　盾构始发流程图

(三) 始发托架安装

依据隧道设计轴线确定盾构始发姿态空间位置,然后反推出始发托架的空间位置。

由于始发托架在盾构始发时要承受纵向、横向的推力以及抵抗盾构旋转的扭矩,所以在盾构始发之前,必须对始发托架两侧进行必要的加固。加固的方式见图 7-18～图 7-20。始发托架的安装高程根据端头地质情况进行适当抬高。

(四) 反力架安装

在盾构主机与后配套连接之前,开始进行反力架的安装。反力架端面应与始发托架水平轴垂直,以便盾构轴线与隧道设计轴线保持平行。反力架与盾构始发井连接部位的间隙要垫实,保证反力架脚板安全稳定,其结构如图 7-21 所示。

(五) 洞门密封安装

在盾构始发掘进时,为了防止土体孔隙水和注浆浆液沿着盾构机外壳向洞口方向流出,

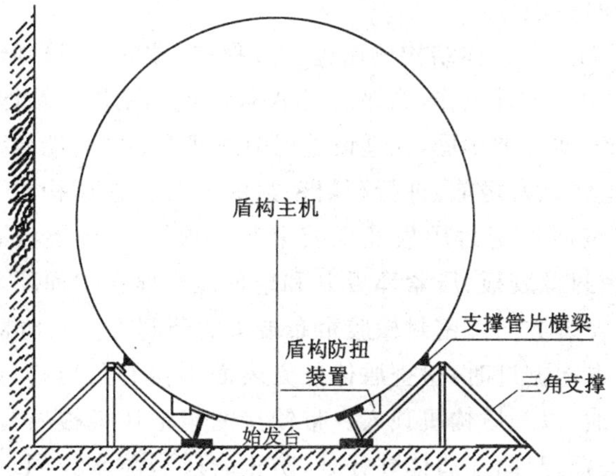

图 7-18　始发托架加固示意图

图 7-19　始发托架安装图

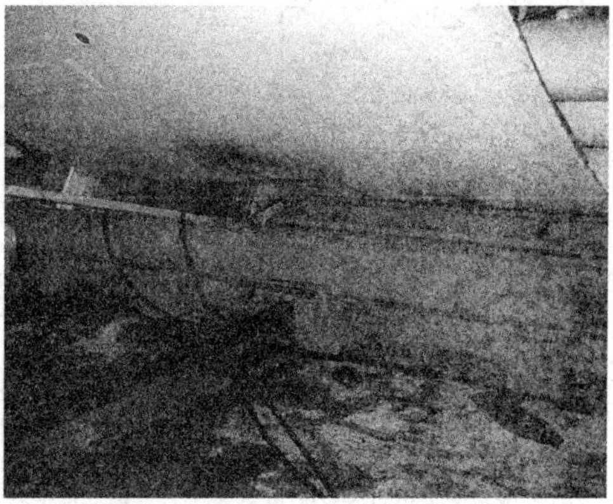

图 7-20　始发托架加固图

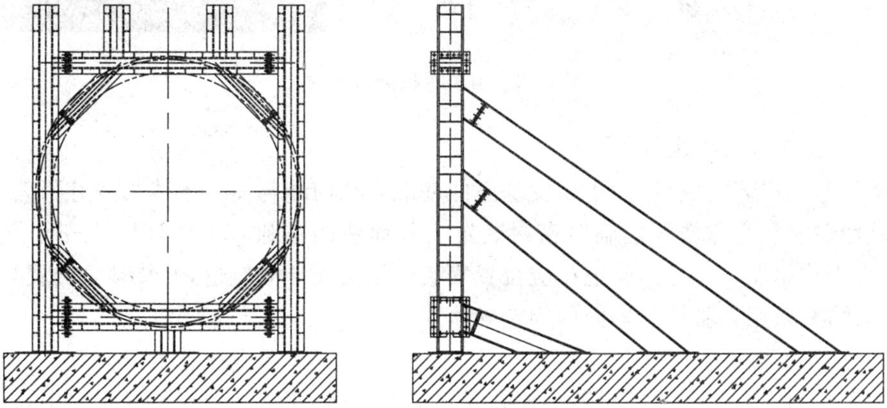

图 7-21　反力架结构示意图

在内衬墙上的盾构机入口洞圈周围安装环向密封橡胶帘布和扇形折叶式压板密封止水装置，本区间采用泥水盾构施工，对洞门密封性要求较高，故采用双层折叶式密封压板。

洞口密封施工分两步进行：

第一步，在始发(到达)井主体结构侧墙施工过程中，做好始发(到达)洞门预埋件A板的埋设工作，预埋前做好测量放样工作，确保洞门A板预埋的精度。预埋板A上焊接有Z字形连接筋与主体结构相连，焊接要牢固，在埋设过程中预埋件必须与端墙结构钢筋连接在一起。

第二步，在盾构正式始发之前，进行洞门密封的安装。在盾构机下井组装调试完成后，洞门破除之前及时安装洞口密封压板及橡胶帘布。预埋A板上设有均匀布置的M20螺孔，安装时用螺栓将密封橡胶板、压紧环板B和扇形压板拴在预埋环A板上，需注意密封橡胶帘布及扇形压板的安装方向。密封橡胶帘布端头的凸起方向与盾构掘进方向相同。

当盾构机沿推进方向掘进时，检查盾体外壳表面不得有凸出物，以免撕裂帘布橡胶板，机头外壳表面涂抹黄油，以利盾构机顶入。带铰接的扇形压板被盾构机带动向顺时针方向转动，并支撑密封橡胶板，封闭在盾体外径处，防止岩层裂隙水或同步注浆浆液向始发井流入。洞口密封详见图7-22。

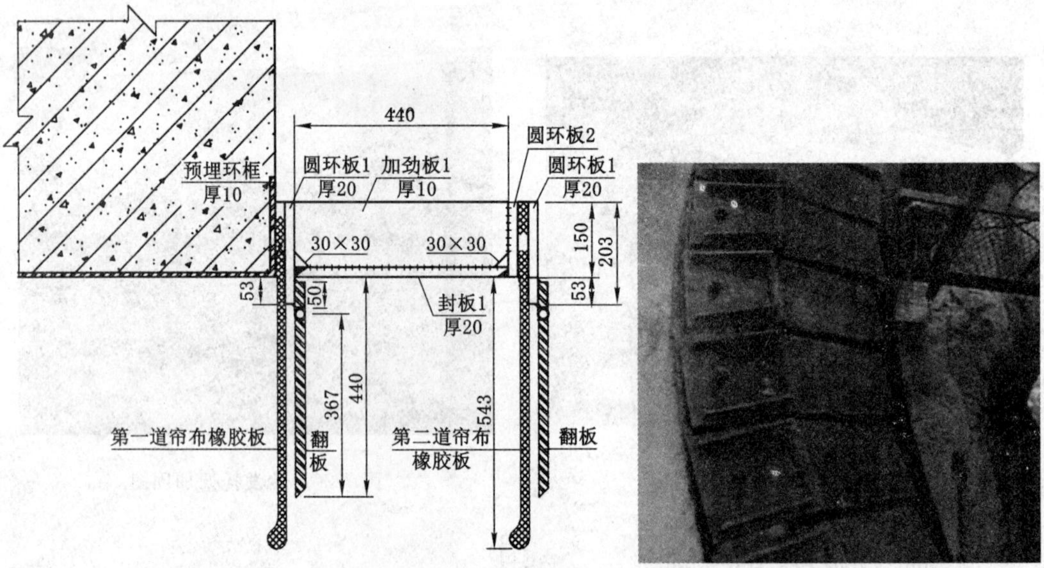

图7-22　扇形压板洞口密封

（六）接长导向轨安装

在始发基座安装完成后，由于始发基座的基准导轨前端与前方土体之间有距离(即盾构工作井端墙厚度和为方便洞门临时密封装置安装而留的空隙)，为保证盾构安全及准确始发，在洞圈内与始发基座导向轨道相应位置安装2根接长导向轨道，安装倾角位置与基准导向轨道一致，并采用膨胀螺栓牢固的固定导轨。

（七）洞门破除

洞门破除前在洞门位置打设若干探孔观察涌水情况，探孔分布不可过于集中，打设深度为超出围护结构外0.5～1 m，反映土体加固效果。在盾构始发之前将洞门端头围护结构(地下连续墙)进行凿除。为了避免洞门凿除对盾构井结构产生扰动，洞门凿除分两步进行：先按设计轮廓线先采用人工手持风镐沿洞周凿除，再分块凿除剩余部分。暴露出内、外排钢筋后，割去内排钢筋，保留外排钢筋，并在每块混凝土中间凿出一个吊装孔，清理干净落在洞圈底部的混凝土碎块，待盾构推进时再迅速割除，按照先下后上的顺序逐块割断外排钢筋，吊出混凝土。对侵入开挖轮廓线的钢筋要切除干净。

（八）负环管片安装

盾构机调试完成之后，开始拼装负环管片。负环管片与反力架之间采用特殊螺栓连接，管片利用管片拼装机在盾尾内整环拼装后，利用推进油缸将负环管片推出盾尾，并与反力架基准环紧密连接牢固。其他负环管片安装与正常掘进管片拼装相同。

当继续拼装负环管片时，盾构机前移，盾尾内的负环管片将陆续露出，利用木楔将管片支垫于始发托架上，另外将三角支架按要求与始发托架焊接一体，在每环管片推出盾尾后，在管片外的支撑三角架纵向工字钢及始发台轨道上用木制楔子及时进行支垫，将管片压力均匀地传递到三角架和托架上。

为了负环管片安装稳定和承担掘进时的推力，除采用三角支撑架、木楔稳定负环管片外，每环管片还采用钢丝绳、手拉葫芦，沿环向组装成紧箍负环管片绳具，绳具两端钩在始发托架上，将管片箍紧。负环管片定位如图 7-23 所示。

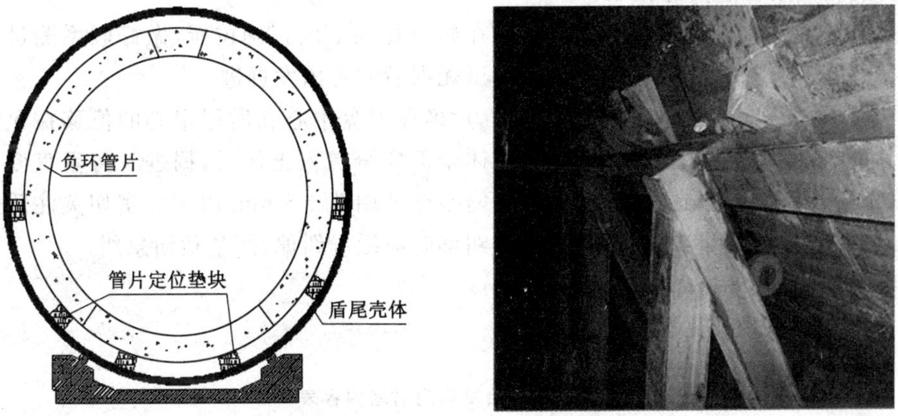

图 7-23　负环管片定位示意图

在安装负环管片的同时，进行盾构机试运转，准备掘进。随着负环的进一步拼装，盾构机快速地通过洞门进行始发掘进施工。

（九）始发建舱

（1）将泥水场准备好的浆液打入开挖面中，使开挖舱泥浆液面保持在中线。

（2）对气压舱进行缓慢加压，每次加压不高于 0.01 MPa，将洞门密封环上的注浆孔打开排掉空气，同时盾构机内注意查看前后舱内的液位显示。当最上方的注浆孔开始喷出泥浆时，将该注浆孔的阀门关闭。这时，检查气垫舱内液位，若液位在中心线－0.5～0 m 之间，不需调整，若在此范围之外，启动泥浆循环系统，微调液位至该范围。

（3）提升气垫舱内气压至 0.1 MPa，并保持 0.1 MPa 压力 15 min。观察有无泄漏等异常，若有，采取堵漏措施。

同时观察洞门密封情况，及时堵漏。如发生小规模渗漏可采用棉布、棉纱、沙袋、聚氨酯、盾尾密封油脂等材料进行正面封堵，并适当增加泥浆黏度和密度。

建舱的同时向洞门密封预埋管注入堵漏材料。

(十) 盾构始发掘进参数控制

(1) 始发掘进前再次检查刀具,对刀具固定螺栓扭矩与刀具启动扭矩进行检查,刀盘顶到掌子面之前,严禁转动刀盘,刀盘顶到掌子面之后,启动刀盘,缓慢旋转,刀盘转速控制在0.5～1.0 r/min,根据滚动角大小及时调整刀盘正反转。

(2) 始发掘进总推力控制在8 000 kN以内,在满足掘进速度的前提下尽量减小推力。盾构机全部进入土体之前速度控制在10 mm/min左右为宜,最大不应超过20 mm/min。

(3) 始发时刀盘接触掌子面初期,使用小流量进行掘进,注意观察开挖舱压力变化与泥浆流量、密度变化,在掘进过程中严格控制流量,不断将泥水场实际出渣量、浆液密度与理论出土量进行比较,总结经验,判断出渣量是否正常。遇到多出渣的情况,及时上报并采取应急措施。

(4) 始发掘进后密切注意观察掘进参数变化及掘进情况,总结和积累经验,为下一步正常掘进提供必要依据。

(5) 保证洞门密封的扇形压板、帘布橡胶板往隧道里翻,密实包过盾构壳体。当有往外翻的情况发生时,应停止掘进,人工调整密封装置使其处于正确的位置。

(6) 盾构始发掘进姿态控制。

盾构始发掘进前人工复测一次盾构机在始发托架上的正确位置,做好联系测量并将地面控制点引到车站底板,输入初始数据,调试无误后方可始发掘进。

根据盾构机姿态变化调整推进油缸推力,确保刀盘中心和盾尾中心的位移在允许的偏差范围内,严格控制盾构机掘进姿态,待盾体全部安全贯入土体后,掘进时将垂直姿态逐渐调至－20～－30 mm范围内,将水平方向偏差逐渐调至±5 mm以内。密切关注盾尾间隙值,在始发掘进阶段尽量少采用纠偏措施,纠偏时应缓慢纠偏,严禁猛纠急纠。

(十一) 始发洞门封堵

始发洞门封堵内容见表7-16。

表7-16　始发洞门封堵内容表

序号	主要内容
1	盾构机全部进入土体之后,需开始进行同步注浆,由于同步注浆浆液凝结时间较长,会从洞门往外渗漏,故对第1环、第2环管片背后注入凝结速度较快的水泥-水玻璃双液浆进行封堵,封堵完成后有利于同步注浆的注入和开挖舱压力的建立
2	洞门封堵在拼装完第5环管片之后、掘进第6环时开始进行。通过第1环和第2环管片共12个管片吊装孔注入水泥-水玻璃双液浆,注浆顺序为先底部再两侧,最后顶部,注浆孔位要间隔错开。注浆时浆液凝结时间要求先慢后快,由开始注时的20 s逐渐调整至封孔时的10 s。刚开始注浆无压力,以量控制为主,注浆量不少于理论注浆量的150%,能注即多注。封堵即将完成时,随着注浆量的增加,注浆压力开始建立,注浆便以压力控制为主,注浆压力控制在0.4～0.5 MPa,最大不超过0.5 MPa
3	注浆时安排专人观察橡胶帘布与零环管片接缝处是否漏浆,如漏浆量较小,可稍停片刻后继续注浆。如漏浆量过大,则根据该孔注浆量决定是否封孔;若该孔注浆量较多,便封孔停止注浆;若该孔注浆量较少,可适当调快凝结时间或注水后先注下一个孔,待下一个孔注完后再回头继续注该孔。洞门封堵过程中要保持盾构机向前推进和同步注浆系统正常注浆,防止注浆管堵塞,注浆人员要和盾构机司机保持联系和沟通
4	双液浆的配比为:(150 kg水泥＋150 kg水)＋(1桶水玻璃＋3桶水)(普通干净空油桶,约200 L),注入速率:$v_{水泥浆液}:v_{水玻璃浆液}=3:1$

六、盾构掘进、管片拼装和同步注浆

（一）掘进参数设置

盾构掘进主要控制参数计算方式如下。

1. 切口水压设定

（1）理论计算。

① 切口水压上限值：

$$P_{上} = P_1 + P_2 + P_3 = \gamma_w h + K_0[(\gamma - \gamma_w)h + \gamma(H-h)] + 20$$

式中　$P_{上}$——切口水压上限值，kPa；

P_1——地下水压力，kPa；

P_2——静止土压力，kPa；

P_3——变动土压力，一般取20 kPa；

γ_w——水的容重，kN/m^3；

h——地下水位以下的隧道埋深（算至隧道中心），m；

K_0——静止土压力系数；

γ——土的容重，kN/m^3；

H——隧道埋深（算至隧道中心），m。

② 切口水压下限值：

$$P_{下} = P_1 + P_2 + P_3 = \gamma_w h + K_a[(\gamma - \gamma_w)h + \gamma(H-h)] - 2C_u\sqrt{K_a} + 20$$

式中　$P_{下}$——切口水压下限值，kPa；

K_a——主动土压力系数；

C_u——土的黏聚力，kPa。

（2）掘进时切口水压确定。

盾构机掘进时的切口泥水压力应介于理论计算值上下限之间，并根据地表建（构）筑物的情况和地质条件适当调整。在逆洗过程中，由于泥水舱或盾构机内的排浆管处于堵塞状态，因此逆洗时应提高进浆流量，但不能降低切口水压。盾构机推进、逆洗和旁路三状态切换时的切口水压偏差值均控制在：－20～＋20 kPa。

2. 掘进速度

正常掘进条件下，掘进速度应设定为20～40 mm/min，盾构掘进速度设定时，注意以下几点：

（1）为确保盾构能正常切削土体加固区，防止排浆管路吸口堵塞，控制推进轴线，保护刀盘，始发时实际推进速度不宜过快，应使盾构缓慢稳步前进，在主机全部进入加固区前掘进速度控制在10 mm/min以下，在盾构机脱离加固区后可逐步提高掘进速度到30 mm/min。始发掘进时，要随时观察刀盘扭力变化情况，及时调整推进速度。

（2）盾构启动时，盾构司机必须检查推进油缸是否靠紧管片，开始推进和结束推进之前速度不宜过快。每环掘进开始时，应逐步提高掘进速度，防止启动速度过大。每一环掘进过程中，掘进速度值应尽量保持恒定，减少波动，以保证切口水压稳定和送、排浆管的畅通。

（3）每环掘进注浆量必须满足推进速度的要求，保证同步注浆系统始终处于良好工作状态。

(4) 正常掘进条件下，掘进速度应设定为 20～40 mm/min；如盾构正面遇到障碍物，掘进速度应低于 10 mm/min。

3. 掘削量的控制

盾构掘进实际掘削量 V_R 可由下式计算得到：

$$V_R = (Q_1 - Q_0)t$$

式中 V_R——实际掘削量，m^3；

Q_1——排浆流量，m^3/min；

Q_0——送泥流量，m^3/min；

t——掘削时间，min。

当发现掘削量过大时，应立即检查泥水密度、黏度和切口水压，泥水场检查出渣量，在查明原因后应及时调整有关参数，确保开挖面稳定。

4. 泥水指标控制

密度：1.15～1.30 g/cm^3。

漏斗黏度：25～35 cSt。

析水率：<5%。

pH 值：8～9。

API 失水量：<30 mL/30 min。

5. 同步注浆

注浆压力设定为 0.3～0.5 MPa，管片注浆口的实测注浆压力为 0.2～0.4 MPa。

6. 轴线控制

始发施工中，由于同步注浆不能及时凝固，盾构正面泥水极易后窜，引起盾构“上浮”。为此，盾构始发后应及时采取同步注浆，以防止隧道“上浮”。为了达到有效防止隧道“上浮”的要求，在始发段第一次进行同步注浆后，为确保洞门处的注浆效果，在同步注浆浆液凝固后，及时进行洞门补压浆，补压浆的部位布置在盾构隧道上半部。同时，推进轴线应略低于设计轴线，推进轴线垂直方向确定为－15 mm。

7. 盾尾油脂注入

在盾构机尾段有盾尾密封功能装置，它由盾尾刷和钢板束组成的 3 道密封及油脂注入设备组成。在掘进过程中，注入盾尾油脂的目的是阻止泥砂、水土从已拼装成环的管片和盾壳间的间隙处流入盾构机内，同时减少 3 道盾尾刷、1 道钢板束与管片外弧面的摩擦，延长盾尾刷的使用寿命。盾构拼装负环前，在 3 道盾尾密封刷与 1 道钢板束之间的密封腔内均匀地涂刷满油脂。在掘进过程中根据安装在盾尾油脂管路上的压力传感器的反馈，采用盾构自动供脂系统及时补充盾尾油脂，以提高密封性能。

(二) 盾构掘进施工方法及工艺

盾构掘进施工工艺详见图 7-24，盾构掘进施工方法详见图 7-25。

1. 施工控制标准

(1) 隧道防水控制标准。

防水施工是直接影响隧道使用年限的重要因素，该工程借鉴国内外同类施工案例及历年来从事盾构工程施工的经验，按有关规范的要求，严格控制防水材料选用及施工工艺，以满足设计与运营的要求。

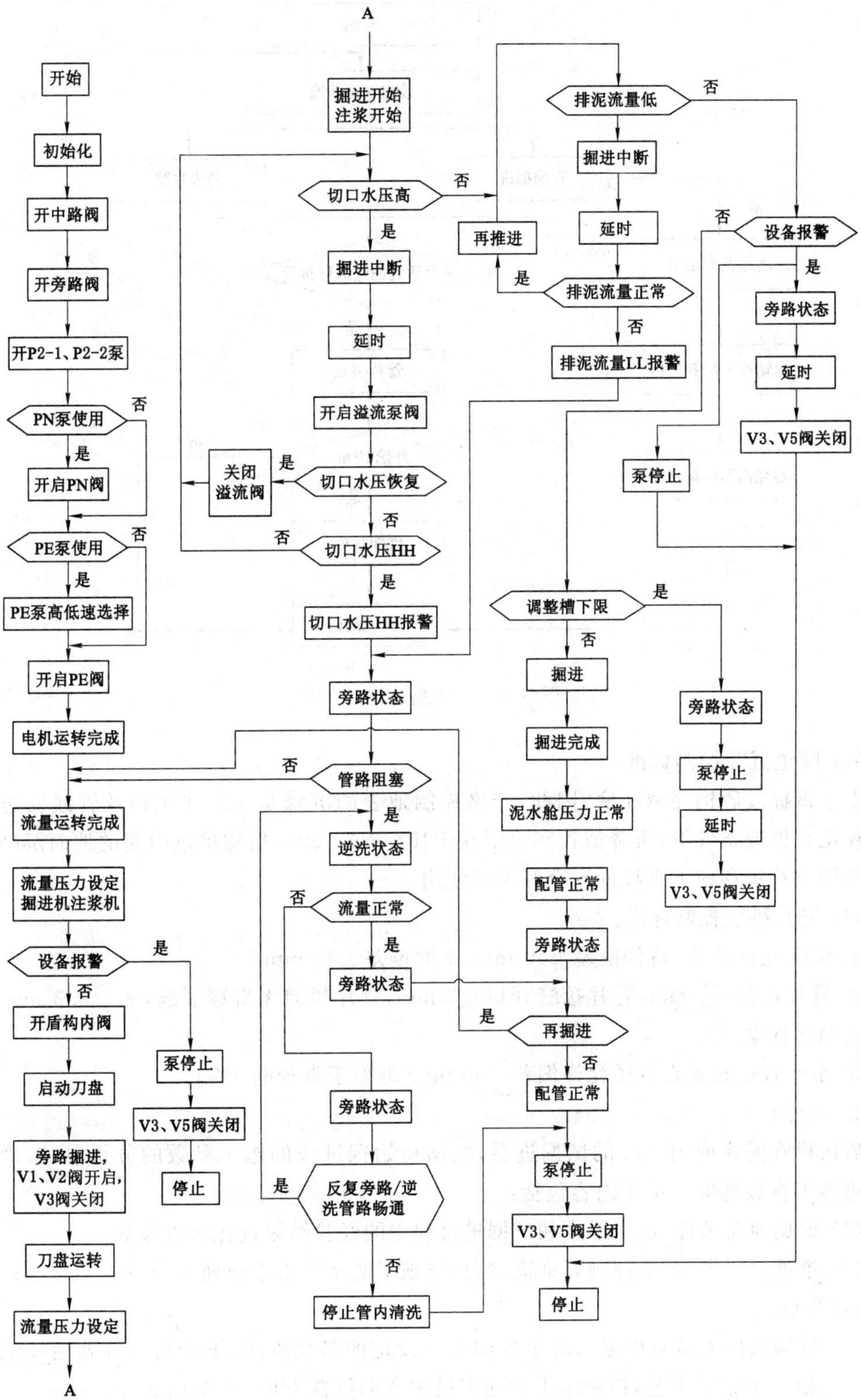

图 7-24　盾构掘进施工工艺图

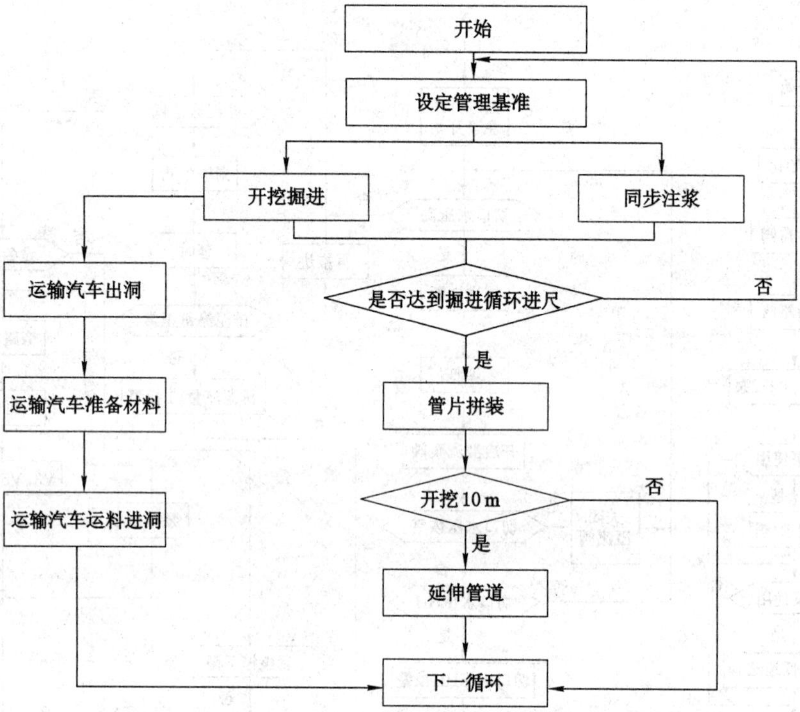

图 7-25　盾构掘进施工方法

(2) 隧道沉降控制标准。

由于该标段盾构穿越江底,因此,严格控制地表的沉降是保证建筑物及管线安全的关键。在正常推进条件下,沉降值控制范围在+10～-30 mm,盾构推进引起的地面沉降不能影响周围建筑物和地下管线的安全和正常使用。

(3) 管片拼装控制标准。

① 轴线允许偏差:高程偏差±40 mm,平面偏差±40 mm。

② 管片错台<3 mm,管片接缝开口<3 mm,管片拼装无贯穿裂缝,无>0.3 mm 宽的裂缝及剥落现象。

③ 水平直径和垂直直径允许偏差<50 mm(近似于直径的 5‰)。

2. 掘进管理

盾构机在完成前 100 m 的试掘进后,根据初始掘进段的施工参数的分析总结,确定正常掘进施工参数选取。主要内容包括:

(1) 根据地质条件、覆土厚度和试掘进过程中的经验结果优化掘进参数。

(2) 推进过程中,严格控制好推进方向,将施工测量结果不断地与计算的三维坐标相校核,及时调整。

(3) 盾构操作人员应根据当班工程师指令设定的参数推进,推进与管片背后注浆同步进行。不断完善施工工艺,控制施工后地表最大变形量在+10～-30 mm 内。

(4) 盾构掘进过程中,坡度不能突变,隧道轴线和折角变化不能超过 0.4%。

(5) 盾构掘进施工全过程须严格受控,工程技术人员根据地质变化、隧道埋深、地面荷载、地表沉降、盾构机姿态、刀盘扭矩、千斤顶推力等各种勘察、测量数据信息，正确下达每班掘进指令，并及时跟踪调整。盾构机操作人员须严格执行指令，谨慎操作，对初始出现的小偏差及时纠正，应尽量避免盾构机走“蛇”形，盾构机一次纠偏量不超过4 mm/环，以减少对地层的扰动。

（6）做好施工记录：盾构推进压力、盾构掘进速度、盾构刀盘压力、刀盘转速、泥水舱压力、泥浆流量、注脂压力、注浆压力、盾构竖直及水平偏差、盾构机各设备运行状态等。

3. 开挖管理

盾构开挖管理程序详见图7-26。

（三）泥水管理

1. 泥水管理流程

泥水管理流程如图7-27所示。

2. 泥水指标控制

根据不同的土体，泥水管理的要求和方法也不同。根据需要调节密度、黏度等参数，使其成为一种可塑流体。盾构使用泥水的目的也就是用泥水来谋求开挖面稳定，在防止塌方的同时，将切削下来的泥膜变成泥水并被输送到地面。

（1）密度。

泥水的密度是一个主要控制指标。掘进中进浆密度不宜过高或过低，过高将影响泥水的输送能力，降低掘进速度；过低则不利于开挖面的稳定。泥水密度的范围应在1.10～1.22 g/cm^3。下限为1.05 g/cm^3，上限根据施工的特殊要求而定，如在砂性土中施工、盾构穿越江堤等情况下，必要时可选取1.25 g/cm^3，局部时段根据监测结果甚至可选取1.35 g/cm^3。

循环泥浆密度通过设置在送排浆管处的差压式密度计和γ射线密度计自动测量，泥浆试验中是用泥浆天平测量。

（2）黏度。

泥水的黏度是另一个主要控制指标。从土颗粒的悬浮性要求及泥水处理系统的配套来讲，要求泥水的胶凝强度（静切力）适中；从流动性考虑，运动黏度不宜过高。考虑到泥水处理系统的自造浆能力，随着在黏土层中推进环数的增加，泥浆密度呈直线上升，其相应的漏斗黏度也会表现上升，但并非说明泥浆的质量越来越高。若在砂性土中施工，黏度甚至会下降。因此，泥水黏度的范围应保持在16～18 cSt。此外，考虑到开挖面的泥膜形成特性，要有适当的宾汉姆屈服值。

考虑到黏度的调整有一个过程，故在泥浆黏度为22 cSt时（调浆池黏度），即可逐渐增加CMC，添加量的多少视黏度下降的趋势而定。

泥浆的黏度可以用黏度自动连续测量装置测定，如图7-28所示。

（3）屈服值。

屈服值是流体处于流动状态对保持流动所必需的剪切力的测定值，流动阻抗是由泥水中所含土粒间的牵引力而产生，是维持泥水良好状态的一项重要指标。屈服值用与其有一定相关性的漏斗黏性测定代替。

（4）含砂率。

透水系数大的岩土体，泥浆中的砂粒对岩土体孔隙有堵塞作用，故泥膜形成与泥浆中砂

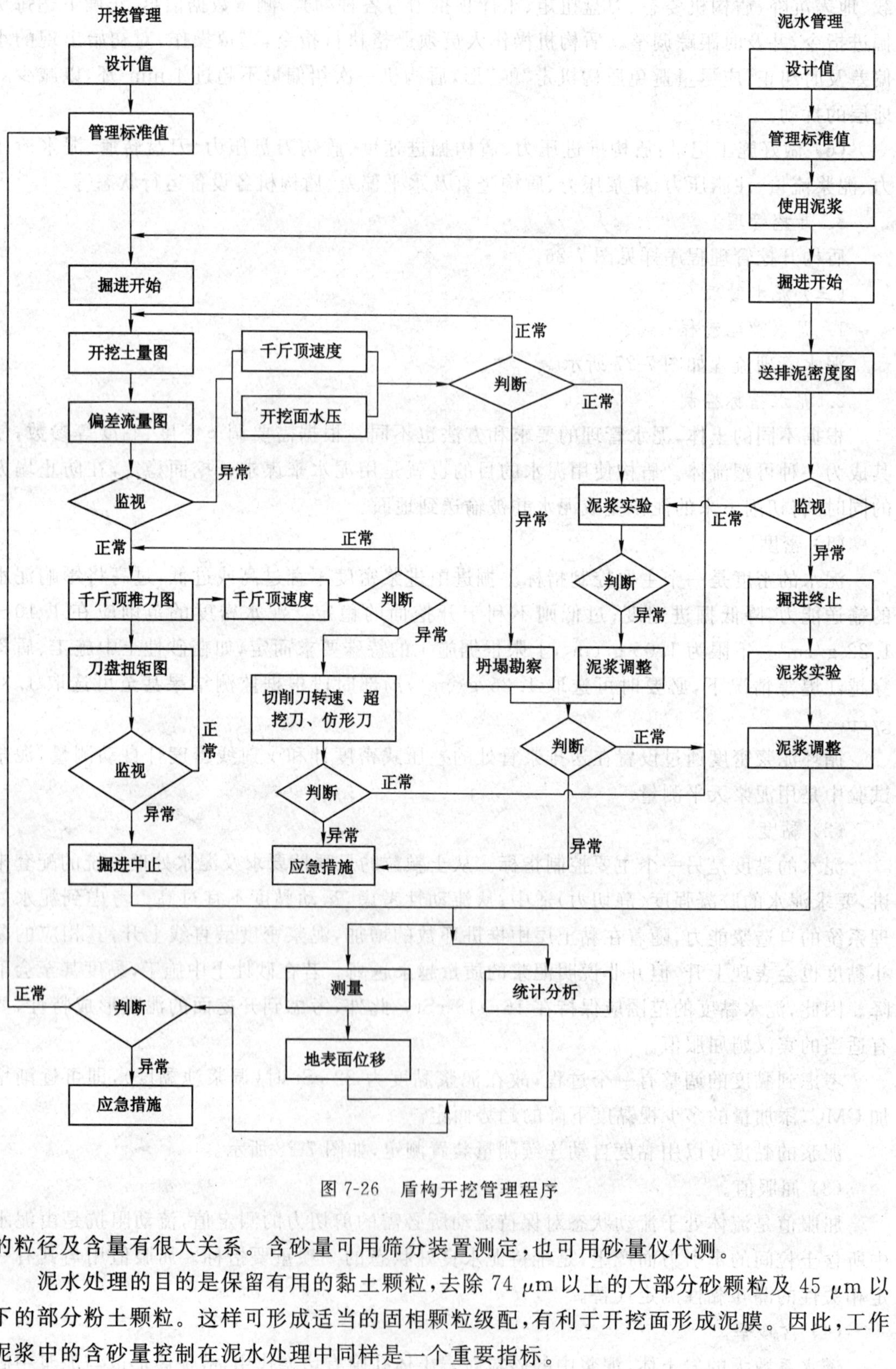

图 7-26　盾构开挖管理程序

的粒径及含量有很大关系。含砂量可用筛分装置测定,也可用砂量仪代测。

泥水处理的目的是保留有用的黏土颗粒,去除 74 μm 以上的大部分砂颗粒及 45 μm 以下的部分粉土颗粒。这样可形成适当的固相颗粒级配,有利于开挖面形成泥膜。因此,工作泥浆中的含砂量控制在泥水处理中同样是一个重要指标。

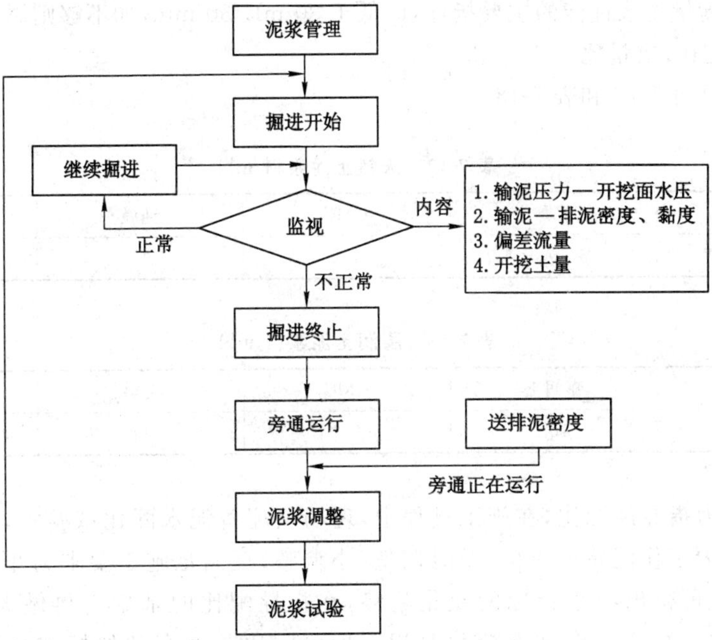

图 7-27　泥水管理流程

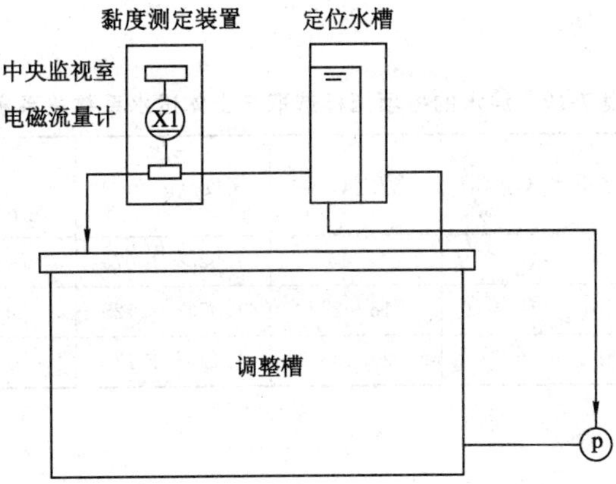

图 7-28　黏度自动连续测量装置

(5) 析水量和 pH 值。

析水量和 pH 值是泥水管理中的一项综合指标，它们在更大程度上与泥水的黏度有关，悬浮性好的泥浆就意味着析水量小，反之就大。泥水的析水量须小于 5%，pH 值须呈碱性，降低含砂量、提高泥浆的黏度、在析浆槽中添加纯碱，是保证析水量合格的主要手段。在砂性、粉砂性土中掘进时，由于工作泥浆不断地被劣化，就需要不断地调整泥水的各项参数，添加黏土、膨润土、CMC(羧甲基纤维素)；在黏土、淤泥质黏土中掘进时，由于黏性颗粒不断增加，使排放的泥浆浓度越来越高，采用高速压滤机分离细颗粒与添加清水进行稀释则成为主要手段。

(6) 泥浆失水量。

该指标是衡量泥浆性能的主要指标，应低于 30 mL/30 min，如不够则添加降失水剂。

(7) 泥水配比(质量比)。

泥水配比见表 7-17 和表 7-18。

表 7-17　天然土泥浆(1 m^3)

材料	天然黏土	CMC	纯碱	水
配比质量/kg	400	2.2	11	700

表 7-18　膨润土泥浆(1 m^3)

材料	膨润土	CMC	纯碱	水
配比质量/kg	160	2.2	11	870

上述配比为指导性配比，在施工过程中，现场须配备泥水配比试验室，每一环推进前要测试调浆池内工作泥浆的指标，及时调整(小调整)至满足施工要求为止，并做好记录。持续 5 环后，就可得出泥水指标的变化趋势，在指导配比的基础上再做大的调整(大调整)，因此，泥水监控是一个动态变化过程。检验配比是否合理的标准是开挖面稳定情况、流体输送状态及地面沉降量，这些得到控制后就要注意泥水指标的变化趋势，使之稳定在某一区域内。泥水的各项指标的决定取决于土体的透水系数。泥水指标选取原则见表 7-19。

表 7-19　泥水的各项指标选取与土体透水系数关系表

土质	透水系数/(cm/s)	含砂量/%	密度/(g/cm^3)	黏度系数/cSt	
				地下水影响小	地下水影响大
淤泥质黏土、黏土	10^{-9}～10^{-7}	5～15	1.025～1.075		
黏土、粉砂	10^{-7}～10^{-5}	15～25	1.075～1.125	17～19	22～25
粉砂、细砂	10^{-5}～10^{-3}	25～35	1.125～1.175	18～22	25～26

(四) 泥水输送

1. 泥水管路

盾构进浆排浆都通过管道输送。进浆管选用 ϕ300 mm 的钢管，排浆管也选用 ϕ300 mm 的钢管。输送系统示意图见图 7-29。

2. 输送状态

(1) 旁路状态。

泥水输送系统启动时，先开启 V1 阀、启动 P1 泵，再开启 V2、V2 阀，并开启 P2、P3 泵。

(2) 掘进状态。

泥水系统旁通循环数分钟，且当进、排浆压力和流量趋于稳定并基本相同后，方可操作运行掘进状态。即在旁路状态下，关闭 V3 阀，开启 V1、V2 阀。

(3) 逆洗状态。

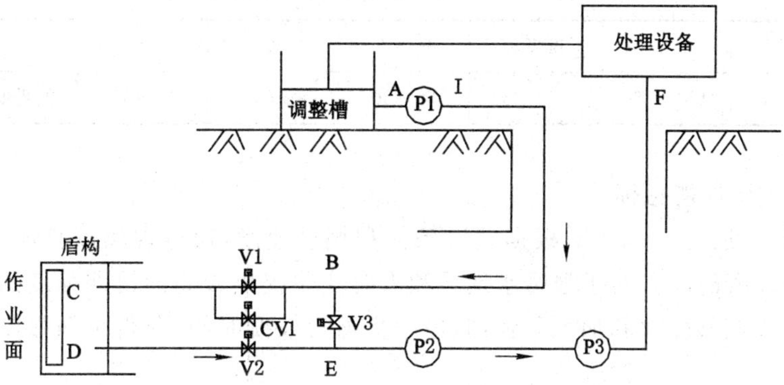

图 7-29 输送系统示意图

如气垫舱泥水吸口遭堵，可操作逆洗状态。逆洗状态必须由旁路状态转入，严禁掘进状态、逆洗状态直接切换。逆洗完成后先切换到旁路再切换到掘进状态。

（4）停止状态。

停止状态必须由旁路状态转入。

（五）同步注浆及二次补强注浆

盾构施工引起的地层损失、盾构隧道周围受扰动或受剪切破坏的重塑土的再固结以及地下水的渗透，是导致地表、建筑物以及管线沉降的重要原因。为了减少和防止沉降，在盾构掘进过程中，要尽快在脱出盾尾的衬砌管片背后同步注入足量的浆液材料充填盾尾环形建筑空隙。

1. 注浆目的

管片衬砌背后注浆是盾构施工中的十分重要的工序，其目的主要有以下三个方面：

（1）及时填充盾尾建筑空隙，支撑管片周围岩体，有效地控制地表沉降。

（2）凝结的浆液将作为盾构施工隧道的第一道防水屏障，增强隧道的防水能力。

（3）为管片提供早期的稳定并使管片与周围岩体一体化，有利于盾构掘进方向的控制，并能确保盾构隧道的最终稳定。

2. 注浆方式

在盾构掘进过程中采取以下两种注浆方式：

（1）通过盾尾注浆管在掘进的同时进行注浆。

（2）管片脱出盾尾后，通过管片上预留的注浆孔进行补强的二次注浆。

3. 同步注浆

同步注浆采用盾构机自带的3台双活塞注浆泵在盾尾分6路同时注入，及时填充管片与地层间环形空隙，控制地层变形、稳定管片结构、控制盾构掘进方向，加强隧道结构自防水能力，对建筑空隙采用盾尾内置的注浆管进行同步注浆。

（1）浆液配比。

由于该盾构隧道穿越粉细砂层很多，结合国内大断面泥水盾构施工实例，同步注浆采用水泥砂浆，浆液的配比如表7-20系列。

表 7-20 同步注浆材料初步配比表

材料	水泥	粉煤灰	膨润土	砂	水	外加剂
配比质量/kg	120～260	381～231	60～50	779	460～470	按需要根据试验加入

(2) 浆液主要性能指标。

胶凝时间：一般为 3～10 h，根据地层条件和掘进速度，通过现场试验加入促凝剂及变更配比来调整胶凝时间。对于强透水地层和需要注浆提供较高的早期强度的地段，可通过现场试验进一步调整配比和加入早强剂，进一步缩短胶凝时间，获得早期强度，保证良好的注浆效果。

固结体强度：1 d 不小于 0.2 MPa（相当于软质岩层无侧限抗压强度），28 d 不小于 2.5 MPa（略大于强风化岩天然抗压强度）。

浆液结石率：＞95%，即固结收缩率＜5%。

浆液稠度：8～12 cm。

浆液稳定性：倾析率（静置沉淀后上部清水体积与总体积之比）小于 5%。

(3) 注浆模式。

注浆可根据需要采用自动控制或手动控制方式，自动控制方式即预先设定注浆压力，由控制程序自动调整注浆速度，当注浆压力达到设定值时，自行停止注浆。手动控制方式则由人工根据掘进情况随时调整注浆流量，以防注浆速度过快，而影响注浆效果。一般不从预留注浆孔注浆，以大大降低从管片渗漏水的可能。

(4) 注浆设备配制。

① 搅拌站：盾构机在洞外施工场地配置自行设计建造的砂浆搅拌站一座，搅拌能力30 m^3/h。

② 同步注浆系统：配备 KSP12 液压注浆泵 3 台，注浆能力 3×20 m^3/h，6 个盾尾注入管口及其配套管路，并预留 6 个盾尾注入管。

③ 运输系统：特制的砂浆运输车（带有 10 m^3 移动砂浆罐），带有自搅拌功能和砂浆输送泵，随管片运输车一起运输。

(5) 主要参数。

① 注浆压力。

同步注浆时要求在地层中的浆液压力大于该点的静止水压及土压力之和，做到尽量填补而不宜劈裂。注浆压力过大，隧道将会被浆液扰动而造成后期地层沉降及隧道本身的沉降，并易造成跑浆；而注浆压力过小，浆液填充速度过慢，填充不充足，会使地表变形增大。该工程同步注浆压力设定为 0.2～0.3 MPa，并根据监控量测结果作适当调整。

② 注浆量。

南昌地区地质富水砂层渗水强、孔隙率大，为保证同步注浆质量，控制地表沉降，同步注浆量参考值为 200%～250%，岩层注入量为 170%～190%，上软下硬注入量为 190%～220%，注浆终止压力 0.2～0.4 MPa。注浆压力是关键指标，因为任何地层都可能存在特殊性，所以注浆压力应不小于 0.2 MPa。同步注浆泵也要采用单管单泵，可有效控制注浆量及注浆压力。

③ 注浆时间及速度。

盾构机向前掘进的同时，进行同步注浆，同步注浆的速度与盾构机推进速度相匹配。

④ 注浆顺序。

采用6个注浆孔同时压注，在每个注浆孔出口设置压力传感器，以便对各注浆孔的注浆压力和注浆量进行检测与控制，从而实现对管片背后的对称均匀压注。

(6) 注浆结束标准和注浆效果检查。

采用双指标标准，即注浆压力达到设计压力或注浆压力未达到设计压力，但注浆量达到设计注浆量，即可停止注入。

注浆效果检查主要采用分析法，即根据 p(注浆压力)-Q(注浆量)-t(时间)曲线，结合掘进速度及衬砌、地表与周围建筑物变形量测结果进行综合分析判断。必要时采用无损探测法进行效果检查。

由于盾构隧道洞身地层穿越中风化泥质粉砂岩和淤泥质黏土较多，为适应盾构通过该段地层时的需要，盾构机同步注浆系统具备注双液浆的功能。

4. 二次注浆

同步注浆后使管片背后环形空隙得到填充，多数地段的地层变形沉降得到控制。在局部地段，同步浆液凝固过程中，可能存在局部不均匀、浆液的凝固收缩和浆液的稀释流失，为提高背衬注浆层的防水性及密实度，并有效填充管片后的环形间隙，根据检测结果，必要时进行二次补强注浆。施工时采用地表沉降监测信息反馈，结合洞内超声波探测背衬后有无空洞的方法，综合判断是否需要进行二次补强注浆。

二次补强注浆材料以水泥、粉煤灰和膨润土等材料为主，其配比如表7-21所列。

表7-21　二次注浆配合比

材料	水泥	粉煤灰	膨润土	细砂	水
配比质量/kg	450	400	25	300	400

二次补强注浆采用KBY-50/70注浆泵。二次补强注浆管路自制，能够实现快速接卸以及密封不漏浆的功能，并配有止浆阀。

为保证盾构机在富水砂层中的注浆效果，故配置了二次注浆设备，及时进行二次注浆，能补充同步注浆的收缩和不足。注浆量压力可适当比同步注浆压力(同步注浆压力为静水压力的1.1～1.2倍)大0.02～0.05 MPa，注浆量根据注浆压力来确定。

5. 质量保证措施

(1) 进行详细的浆液配比试验，选定合适的注浆材料、添加剂及浆液配比，保证所选浆材配比、强度、耐久性等物理力学指标满足设计的工程要求。

(2) 制定详细的注浆施工设计和工艺流程及注浆质量控制程序，严格按要求实施注浆、检查、记录、分析，及时作出 p-Q-t 曲线，分析注浆效果，反馈指导下次注浆，并及时报告业主和现场工程师。

(3) 成立专业注浆作业班组，由富有经验的注浆工程师和技术工人负责注浆技术工作。

(4) 根据洞内管片衬砌变形和地面及周围构筑物变形监测结果，及时进行信息反馈，修正注浆参数和施工方法，发现情况及时解决。

（5）做好注浆设备的维修保养、注浆材料供应，以保证注浆作业顺利连续不中断进行。

（6）做好注浆孔的密封，保证其不渗漏水。

（六）盾构掘进方向的控制与调整

由于盾构表面与地层间的摩擦阻力不均匀，地层软硬不均、隧道曲线和坡度变化以及操作等因素的影响，盾构推进不可能完全按照设计的隧道轴线前进，而会产生一定的偏差；开挖面上的泥水压力以及刀盘切削地层所引起的阻力不均匀，也会引起一定的偏差；在盾构推进过程中由于不同部位推进千斤顶参数设定的偏差也易引起推进方向的偏差。当偏差超过一定界限时就会使隧道衬砌侵限、盾尾间隙变小使管片局部受力恶化，并造成地层损失增大而使地表沉降加大。因此，盾构施工中必须采取有效技术措施控制掘进方向，及时有效纠正掘进偏差。

1. 盾构掘进方向控制

根据施工单位在过江盾构隧道、地铁盾构中的施工经验，结合该工程线路及地质的具体情况，采取以下方法控制盾构掘进方向：

（1）SLS-T 隧道自动导向系统和人工测量辅助进行盾构姿态监测。

该系统配置了导向、自动定位、掘进程序软件和显示器等，能够全天候在盾构机操作室动态显示盾构机当前位置与隧道设计轴线的偏差以及趋势。据此调整控制盾构机掘进方向，使其始终保持在允许的偏差范围内。该系统的组成见图 7-30。

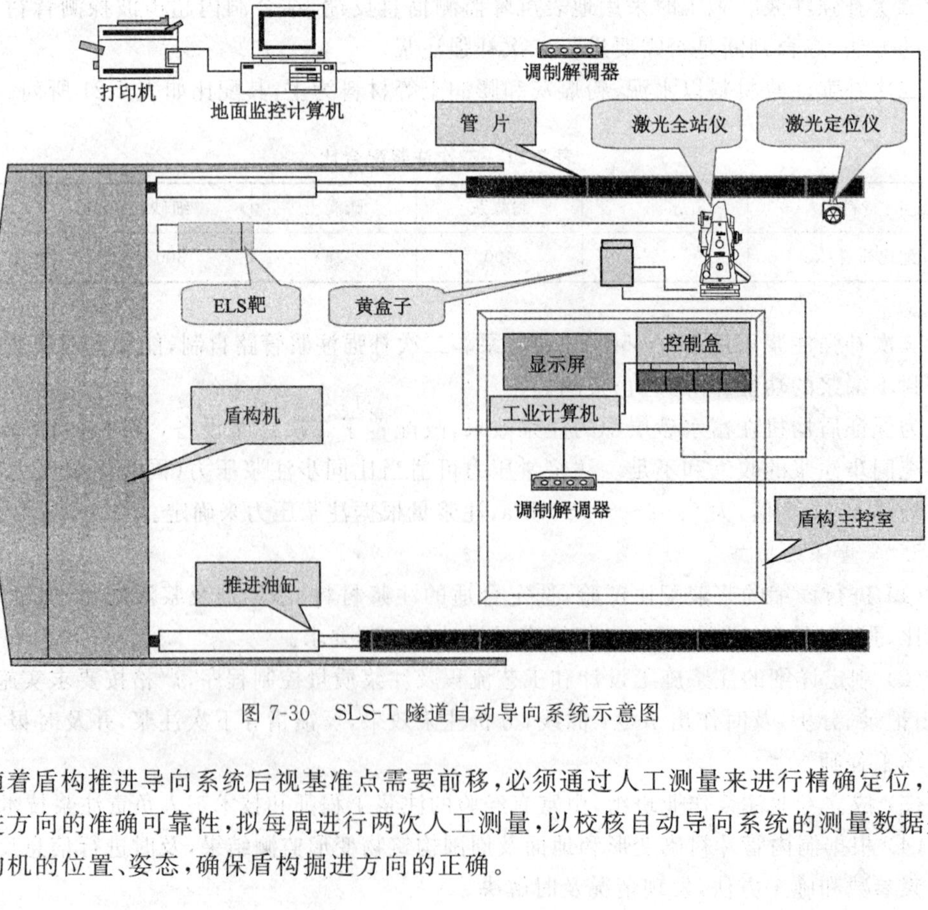

图 7-30 SLS-T 隧道自动导向系统示意图

随着盾构推进导向系统后视基准点需要前移，必须通过人工测量来进行精确定位，为保证推进方向的准确可靠性，拟每周进行两次人工测量，以校核自动导向系统的测量数据并复核盾构机的位置、姿态，确保盾构掘进方向的正确。

(2) 采用分区操作盾构机推进油缸控制盾构掘进方向。

根据线路条件所做的分段轴线拟合控制计划、导向系统反映的盾构姿态信息，结合隧道地层情况，通过分区操作盾构机的推进油缸来控制掘进方向。

在上坡段掘进时，适当加大盾构机下部油缸的推力；在下坡段掘进时则适当加大上部油缸的推力；在左转弯曲线段掘进时，则适当加大右侧油缸推力；在右转弯曲线掘进时，则适当加大左侧油缸的推力；在直线平坡段掘进时，则应尽量使所有油缸的推力保持一致。

在均匀的地质条件下，保持所有油缸推力一致；在软硬不均的地层中掘进时，则应根据不同地层在断面的具体分布情况，遵循硬地层一侧推进油缸的推力适当加大，软地层一侧油缸的推力适当减小的原则来操作。

2. 盾构掘进姿态调整与纠偏

在实际施工中，由于地质突变等原因，盾构机推进方向可能会偏离设计轴线并达到管理警戒值；在稳定地层中掘进，因地层提供的滚动阻力小，可能会产生盾体滚动偏差；在线路变坡段掘进，有可能产生较大的偏差。因此应及时调整盾构机姿态、纠正偏差。

(1) 姿态调整。

参照前面所述方法分区操作推进油缸来调整盾构机姿态，纠正偏差，将盾构机的方向控制调整到符合要求的范围内。

(2) 滚动角纠偏。

当滚动角超限时，盾构机会自动报警，此时应采用盾构刀盘反转的方法纠正滚动偏差。

允许滚动偏差≤1.5°，当超过1.5°时，盾构机报警，提示盾构机司机必须切换刀盘旋转方向，进行反转纠偏。

(3) 俯仰角纠偏。

控制盾构机方向的主要因素是千斤顶的单侧推力，当盾构机出现下俯时，可加大下侧千斤顶的推力，当盾构机出现上仰时，可加大上侧千斤顶的推力来进行纠偏。

(4) 水平方向纠偏。

与竖直方向纠偏的原理一样，左偏时应加大左侧千斤顶的推进压力，右偏时则应加大右侧千斤顶的推进压力。

3. 方向控制及纠偏注意事项

(1) 在切换刀盘转动方向时，应保留适当的时间间隔，推进油缸油压的调整不宜过快、过大，切换速度过快可能造成管片受力状态突变，而使管片损坏。

(2) 根据掌子面地层情况应及时调整掘进参数，调整掘进方向时应设置警戒值与限制值。达到警戒值时就应该实行纠偏程序。

(3) 蛇行的修正应以长距离慢慢修正为原则，如修正得过急，蛇行反而更加明显。在直线推进的情况下，应选取盾构当前所在位置点与设计线上远方的一点作一直线，然后再以这条线为新的基准进行线形管理。在曲线推进的情况下，应使盾构当前所在位置点与远方点的连线同设计曲线相切。

(4) 正确进行管片选型，确保拼装质量与精度，以使管片端面尽可能与计划的掘进方向垂直。

(5) 严格控制纠偏力度，防止盾构机发生卡壳现象。

(6) 盾构始发接收时方向控制极其重要，应按照始发、接收掘进的有关技术要求，做好测量定位工作。

（七）管片堆放及防水材料粘贴

1. 管片场内运输及堆放

(1) 管片的场内运输采用叉车。为保证装车时不对管片边角造成损坏，在叉车上设置橡胶垫板，叉车叉起和下放时慢举慢放。

(2) 管片进入施工现场时严格进行检查。主要检查管片龄期、所附试验报告、管片合格证和表面破损裂缝情况，若不合格则退回管片厂处理。

(3) 管片进场检查合格后，采用 20 t 龙门吊的尼龙吊带将管片起吊后卸入管片堆放区内。卸管片时轻吊轻放，避免损坏管片边角。

(4) 管片应按生产日期和进场日期在管片堆放区排列堆放整齐，并搁置在柔性垫条上，垫条厚度要一致，搁置部位上下一致。

(5) 管片堆放区地坪应坚实平整，管片应内弧面向上堆放整齐，堆放高度为 3 块。

2. 管片防水材料粘贴

(1) 选购专业厂商生产的性能优良的中孔型三元乙丙橡胶密封垫、黏结剂，并对进场的防水材料按国家相关标准进行严格的检验，确保其质量合格后使用。

(2) 管片防水密封条粘贴：在干净、干燥的管片防水槽内均匀涂刷氯丁黏结剂一到两遍，同时在防水橡胶密封垫内面也均匀涂刷氯丁黏结剂一遍，涂刷必须均匀，无遗漏。待黏结剂已初干(用手接触不黏手、不拉丝)，制作人员将防水密封条翻入槽内进行粘贴，其程序为先两断面后环面中间逐渐向两端延伸，粘贴必须四角平整服帖，不可有突起和塌下。然后用木槌轻击使密封条与管片粘贴充分，防止浮贴，以防止管片在下井吊运和拼装时密封条错位失落，造成拼装困难和防水失效。

(3) 管片传力软木衬垫粘贴：在管片的纵向端面和缓冲薄片上均匀涂刷三九氯丁黏结剂，等初干后将软木衬垫准确地粘贴上，用木槌轻击之使其粘贴平整牢靠。

(4) 每环管片防水密封条的粘贴应在安装前 12～24 h 内完成。在粘贴防水密封条时同时进行管片衬垫的粘贴。待粘防水密封条与补垫基面无尘、无油、无污、干燥，以保证粘贴质量。

(5) 对防水密封条表面需涂刷缓膨胀剂，尤其拱底的密封垫表面必须涂刷两道缓膨胀剂。雨天必须做好粘贴好管片的遮盖工作，防止防水密封条失效。

(6) 管片角部为防水的薄弱环节，角部密封垫应铺设到位，并在管片角部设自粘性加强密封薄片，以加强防水密封效果。

(7) 管片防水密封条、软木衬垫完成后，将管片翻转，在外弧面涂刷水泥基防水涂料。

(8) 冬季橡胶防水密封条在施工前必须放入烘房备用。

(9) 对粘贴好防水密封条的管片，在运输和装拼中应避免擦碰、剥离、脱落或损伤。

（八）管片拼装

管片拼装是盾构法隧道施工的一个重要工序，是用环、纵向螺栓逐块将高精度预制钢筋混凝土管片组装成环，整个工序由盾构司机、举重臂操作工和拼装工三种特殊工种配合完成。

1. 管片安装程序

管片安装程序见图 7-31。

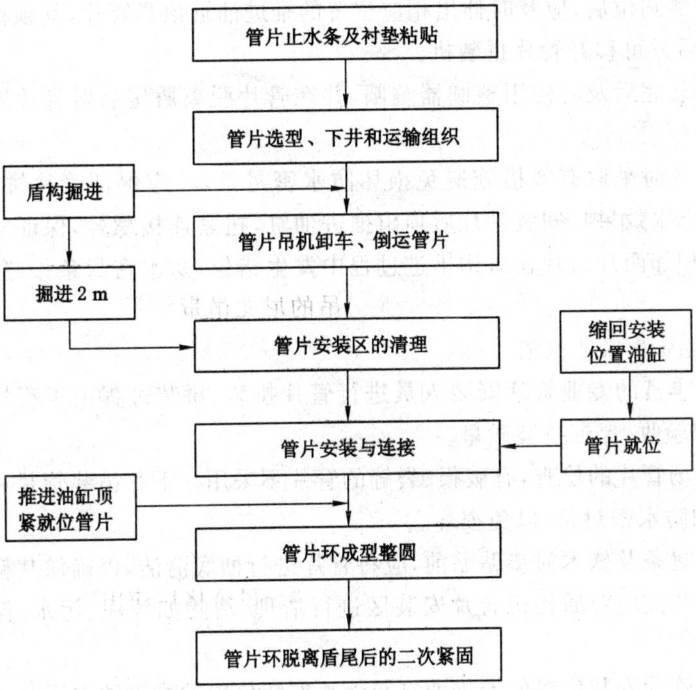

图 7-31　管片安装程序图

2. 拼装前的准备

(1) 管片清理：管片下井拼装前，清除管片上的浮灰、浮砂，对管片进行清理。

(2) 防水密封条、传力衬垫、防水涂料检查：管片清理干净后，在地面上按拼装顺序排列堆放，按设计要求与规范粘贴传力垫及防水材料，经质检人员检查合格并填写“管片防水材料贴附检查表”。

(3) 将检查合格的已粘贴防水材料的管片及管片接缝的连接件和配件、防水垫圈等，用龙门吊运送到井下，装入管片车，由隧道内运输列车运送至工作面。

(4) 操作人员应全面检查管片拼装机的动力及液压设备是否正常，举重钳子是否灵活、安全可靠。

3. 管片安装方法

(1) 管片采用通用楔形环管片，安装点位以满足隧道线型为前提，重点考虑管片安装后盾尾间隙要满足下一掘进循环限值，确保有足够的盾尾间隙，以防盾尾直接接触管片。管片安装前根据盾尾间隙、推进油缸行程选择好拟安装管片的点位。

(2) 盾构掘进到预定长度，且拟安装封顶块位置的推进油缸行程大于 1.5 m 时，盾构机停止掘进，进行管片安装。

(3) 为保证管片安装精度，管片安装前需对盾尾进行清理。

(4) 管片安装时必须从隧道底部开始，然后依次安装相邻块，最后安装封顶块。每安装一块管片，立即将管片纵环向连接螺栓插入连接，并戴上螺帽，用电动扳手紧固。

(5) 在安装最后一片管片前，应对防水密封条进行涂肥皂水做润滑处理，安装时先径向插入 2/3，调整位置后缓慢纵向顶推，防止封顶块顶入时搓坏防水密封条。

(6) 管片安装到位后,应及时伸出相应位置的推进油缸顶紧管片,其顶推力应大于稳定管片所需力,然后方可移开管片拼装机。

(7) 管片安装完后及时使用整圆器整圆,并在管片脱离盾尾后对管片连接螺栓进行二次紧固。

(8) 安装管片时采取有效措施避免损坏防水密封条,并应保证管片拼装质量,减少错台,保证其密封止水效果。安装管片后顶出推进油缸,扭紧连接螺栓,保证防水密封条接缝紧密,防止由于相邻两片管片在盾构推进过程中发生错位,防水密封条接缝增大和错位,影响止水效果。

4. 管片安装质量保证措施

(1) 由经验丰富的专业管片安装人员进行管片拼装,拼装过程由工程技术人员根据验收标准进行过程验收,保证拼装质量。

(2) 严格进场管片的检查,有破损、裂缝的管片不采用。下井吊装管片和运送管片时应注意保护管片和防水密封条,以免损坏。

(3) 防水密封条及软木衬垫粘贴前,应将管片进行彻底清洁,以确保其粘贴稳定牢固。

(4) 管片安装前应对盾构机管片安装区进行清理,清除如污泥、污水,保证安装区及管片相接面的清洁。

(5) 严禁非管片安装位置的推进油缸与管片安装位置的推进油缸同时收缩。

(6) 管片安装时必须运用管片安装的微调装置将待装的管片与已安装管片块的内弧面纵面调整到平顺相接,以减小错台。调整时动作要平稳,避免管片碰撞破损。

(7) 管片安装质量应以满足设计要求的隧道轴线偏差和有关规范要求的椭圆度及环、纵缝错台标准进行控制。

(8) 钢管片安装前,应进一步确认管片安装机的起吊能力,安装过程应轻举轻放,防止碰坏别的管片和损坏止水条。

(九) 盾构油脂注入

盾构机尾部与已拼装的管片外部的空隙靠盾尾密封刷和密封刷之间充填的盾尾油脂分隔。在盾尾的钢板中预埋了6组(18根)盾尾密封油脂注入管。盾尾油脂的注入可使盾尾密封刷和密封刷间的油脂与管片外弧面紧密结合,能阻止地下水及同步注浆浆液进入盾构机内部,防止地下水和同步注浆浆液的损失。盾尾油脂注入采用自动、半自动或手动控制系统操作。该工程为越江隧道,根据招标文件要求,全程采用进口优质盾尾密封油脂。

(十) 施工运输

1. 水平运输

洞内水平均采用43 kg/m钢轨铺设单线。该标段区间线路全长约3 054.8 m,盾构掘进时,每条隧道投入两组列车,满足施工需要。在明挖车站内铺设道岔,每组列车均由25 t变频机车牵引1节浆液车、2节管片车,见图7-32。盾构机每完成1环管片安装,均可由1组列车来完成运输任务。每当盾构掘进一定距离后,另加挂一节运输钢轨、泥浆输送管及联络通道弃土的车身来运输。机车速度为8 km/h。为了保证机车牵引运输的安全可靠性,设置常规制动、紧急制动和手制动三种制动方式:常规制动为电制动,可使机车完全停止;紧急制动采取空气制动;手制动是为了防止机车溜车,在停车时使用。

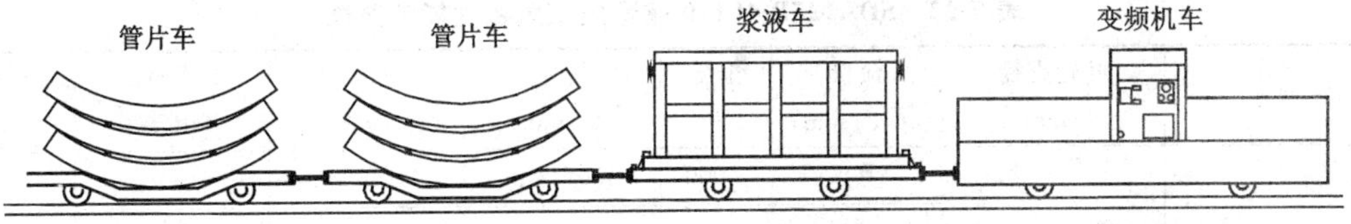

图 7-32 列车编组示意图

2. 垂直运输

该工程的垂直运输主要由 2 台 20 t 龙门吊完成，其移动方向为沿隧道纵向，东新站始发井的负环管片、托架和反力架在完成初始掘进后拆除，使始发井成为垂直运输的主要通道。始发期间轨道、钢管、管片及其他材料由车站顶板上预留的吊装孔进行装卸和垂直起吊。

（十一）隧道内断面布置

根据其盾构的施工特点，在隧道内布置“五管、三线、一走道”：“五管”即为 ϕ300 mm 的送浆管，ϕ300 mm 的排浆管、供水管、排污管和 ϕ1 000 mm 的通风管；“三线”即为 10 kV 的高压电缆、380/220 V 照明线（含通信）和运输轨线；“一走道”为施工人员进出的走道平台。其具体布置形式见图 7-33。

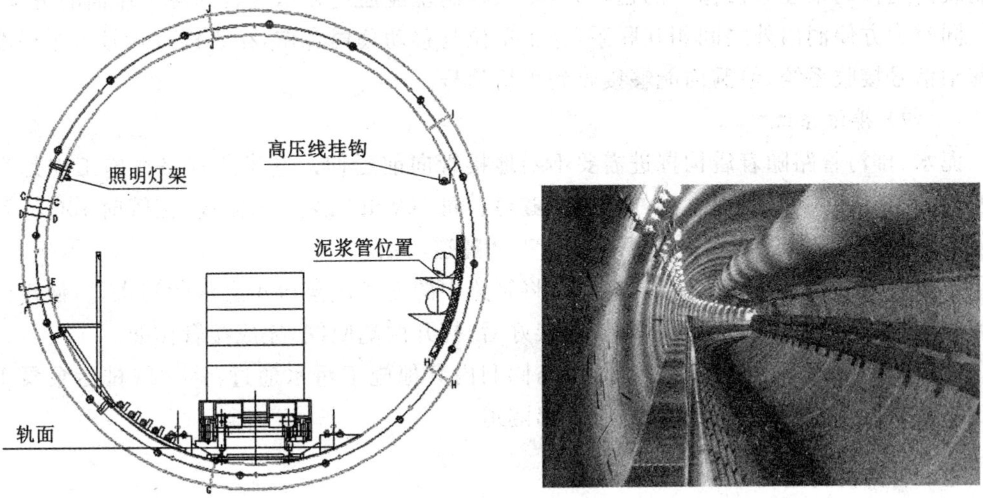

图 7-33 洞内管线布置图

（十二）施工通风

根据南昌市的气候条件和盾构施工特点，在施工过程中隧道内采用压入式通风来解决防尘及人员、设备所需要的新鲜空气。故拟在左右线内各设 1 台 38×2 kW 轴流风机压入式通风，采用直径为 1 000 mm 的拉链式软风管，风机开始时设在东新站工作井位置。

对于该工程单线通风距离为 3 054 m 的隧道，隧道轴流风机选用 SDA125B-4F110 型变级调速风机 1 台，通风管选用 4×4 增强型软式风管，错齿行拉链连接，便于装卸与维修，风管直径 1 500 mm，风管应采用热复合，拉链连接处应采用内外风帘，以降低漏风率。风机的性能参数见表 7-22。

表 7-22 SDA125B-4F110 隧道施工风机性能参数表

型号	叶轮直径 /mm	流量 /(m^3/min)	全压 /Pa	转速 /(r/min)	电机功率 /kW	噪声 /dB(A)	质量 /kg
SDA125B-4F110	1 250	1 800	5 000	1 480/1 480	110+110	90	4 120
		1 750	4 300	1 480/980	110+50	88	
		1 600	3 600	980/1 480	50+110	87	
		1 430	3 000	980/980	50+50	85	

（十三）隧道内通信

利用在地面安装的电话总机，进行各工作面之间的联络。在井口、测量转换平台、盾构机工作面、中央控制室处各设一台电话进行通信联系。洞内运输车辆通过对讲机和中央控制室联系。

在中央控制室的中央控制盘中有自动控制通讯传送装置中心台；中央台与运算台车上的传送装置分台，各送、排浆泵控制面板内的传送装置分台用通信线连接，中央控制盘能实时控制线路上的各泵、阀的工作，实现泥水系统自动平衡运转，通信线沿泥水管路安设。

在盾构施工中将安装工业电视系统，它由视频线、控制线、摄像头和显示屏组成。通过控制线传送代码来控制摄像头的运转，在中央控制室能通过显示屏看到各工作面的情况。

同时为方便洞内外之间相互联系，施工单位与移动公司合作，在盾构机六号台车顶部安装移动信号接收系统，使洞内能够接收到手机信号。

（十四）排污系统

泥水、排污管路随着盾构掘进需要不断地接管向前延伸。进排浆管路在施工中是充满泥水的，在接管时满管的泥水将外溢污染隧道。每 100 m 安装 1 只闸阀，接管时 100 m 管路的外溢流量约 8 m^3，这严重影响工作面施工和隧道清洁。

在接管时首先关闭管路两端的闸阀，将管路中的泥浆放至台车底部的污水箱，使用污水泵将泥浆抽入气垫舱，循环利用，等管路接好后，打开两端闸阀，完成接管作业。

注浆管路清洗下的液体，放入污水箱，同洞内其他施工污水通过污水泵（排污泵泵压高于出浆泵）排至出浆管道，通过出浆管排出隧道。

七、盾构机到达

（一）盾构机到达的先决和制约条件

盾构机到达的先决和制约条件见表 7-23。

表 7-23 盾构机到达的先决和制约条件说明表

项目	序号	先决和制约条件
盾构机到达	1	提供盾构吊出井条件
	2	盾构到达端头加固完成
	3	接收托架安装加固完成
	4	洞门密封安装完成
	5	洞门破除完成

（二）盾构机到达施工流程

盾构机到达施工是指从盾构机到达接收井之前 60 m 到盾构机贯通区间隧道进入车站或吊出井时被推上盾构接收基座的整个施工过程。其工作内容包括：盾构机定位及接收洞门位置复核测量、地层加固、洞门处理、安装洞门圈密封设备、安装接收基座等。盾构机到达施工流程参见图 7-34。

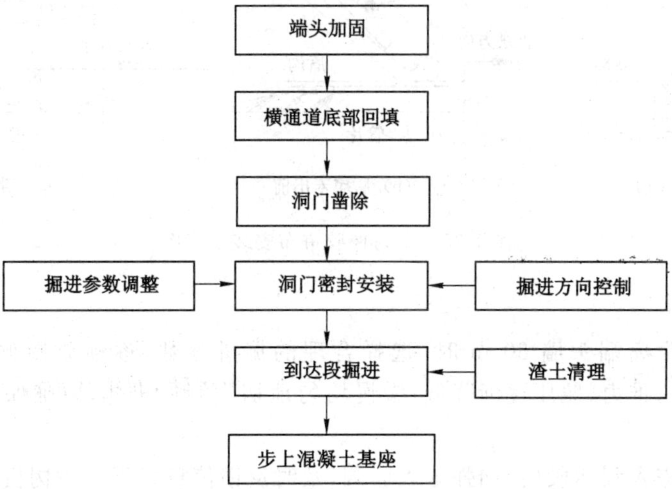

图 7-34 盾构机到达施工流程图

（三）盾构机到达的准备工作

(1) 盾构机定位及接收洞门位置复核测量。

在盾构机推进至到达范围时，对盾构机的位置进行准确的测量，明确成洞隧道中心轴线与隧道设计中心轴线的关系，同时对接收洞门位置进行复核测量，确定盾构机的贯通姿态及掘进纠偏计划。在考虑盾构机的贯通姿态时注意两点：一是盾构机贯通时的中心轴线与隧道设计轴线的偏差，二是接收洞门位置的偏差。综合这些因素，在隧道设计中心轴线的基础上进行适当调整。纠偏要逐步完成，每一环纠偏量不能过大。

(2) 进洞段的土体加固。

到达前一个月完成端头加固，并检查加固效果满足盾构机到站掘进要求。

(3) 洞门破除。

在盾构机到达后，对洞门进行破除。

(4) 洞门密封的安装。

为防止盾构机进洞时损坏帘布橡胶板，洞门防水装置在洞门第一次破除、渣土被完全清理干净后安装。其安装方法同于始发洞门。密封橡胶帘布安装见图 7-35。

(5) 接收基座的安装。

接收基座的中心轴线应与隧道设计轴线一致，同时还需要兼顾盾构机出洞姿态。接收基座的轨面标高除适应于线路情况外，适当降低 20 mm，以便盾构机顺利上基座。为保证盾构刀盘贯通后拼装管片有足够的反力，将接收基座以盾构进洞方向的坡度进行安装。

（四）盾构机到达施工

(1) 根据盾构机的贯通姿态及掘进纠偏计划进行推进，纠偏要逐步完成，每一环纠偏量

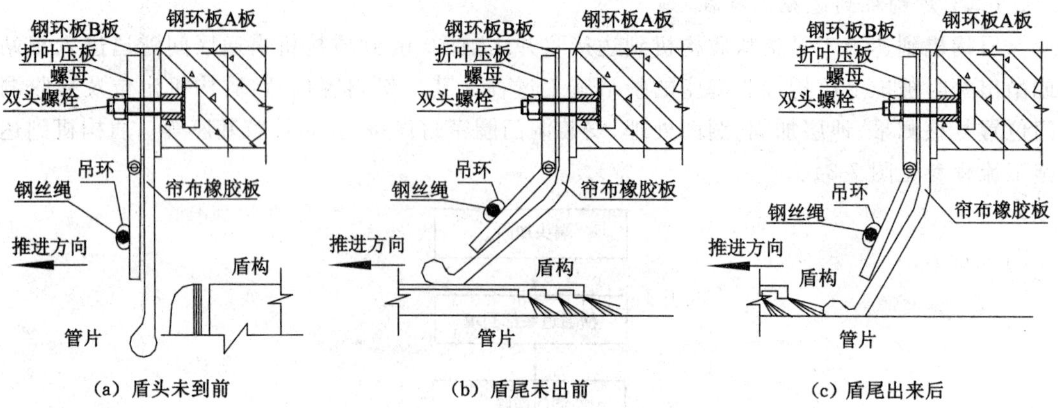

图 7-35 密封橡胶帘布安装示意图

不能过大。

(2) 盾构机距离端头墙 60 m 时，选择合理的掘进参数，逐渐放慢掘进速度，控制在 15 mm/min 以下，推力、舱压逐渐降低，缓慢均匀地切削洞口土体，以确保到达端墙的稳定和防止地层坍塌。

(3) 盾构机进入到达段后，加强地表监测，及时反馈信息以指导盾构机掘进。

(4) 盾构机刀盘距离贯通里程小于 10 m 时，在掘进过程中，专人负责观测出洞洞口的变化情况，始终保持与盾构机司机联系，及时调整掘进参数。

(5) 做好后 20 环管片的螺栓紧固和复拧紧工作，并用槽钢沿隧道纵向拉紧后 20 环管片，使后 20 环管片连成整体，防止管片松弛而影响密封防水效果。在最后 6 环管片环间及管片间采取刚性连接以避免因注浆不饱满带来的错位和变形，连接方式为在管片上种植钢筋，通过焊接钢板将管片紧密相连。

(6) 盾构机在最后一环掘进时，要采用低速度、小推力、小扭矩、合理的泥水压力掘进，并在上一环注入的同步注浆浆液凝结后掘进贯通区间隧道，在盾构贯通前应逐步降低压力至切口压力为 0。

(7) 当盾构机前盾盾壳被推出洞门时，通过压板卡环上的钢丝绳调整折叶压板使其尽量压紧帘布橡胶板，以防止洞门泥土及浆液漏出。在管片拖出盾尾时再次拉紧钢丝绳，使压板能压紧橡胶帘布，让帘布一直发挥密封作用。

(8) 盾构机刀盘出洞后，其前端反力为零，盾构机的摩擦力不足以抵挡安装管片时所需的千斤顶的推力，采取在接收托架上每隔 1.2 m 焊接一个牛腿，以在盾构机头提供推进反力的措施来拧紧管片纵向螺栓，防止连接不紧而漏水。

(9) 当最后一环管片拼装完成后，通过管片的二次注浆孔，注入双液浆进行封堵。注浆的过程中要密切关注洞门的情况，一旦发现有漏浆的现象立即停止注浆并进行处理。

(10) 通过预埋钢环上注浆孔对末环管片进行注浆加固。注浆的过程中要密切关注洞门的情况，一旦发现有漏浆的现象应立即停止注浆并进行封堵处理。确保洞口注浆密实，洞门圈封堵严密。通过二次注浆孔对靠近洞门的十环管片进行注浆填充。待注浆凝固后，根据设计要求施作洞门结构。

（五）盾构机到达施工注意事项

（1）盾构机进入到达段施工时，工作人员应明确盾构机实时里程及刀盘距洞门掌子面的距离，并按确定的施工技术方案进行施工。

（2）盾构到达前应检查确认端头地层情况是否达到加固要求。

（3）增加地表沉降监测的频次，并及时反馈监测结果指导施工。为防止因刀盘反力不足引起管片环缝接触松弛、张开并造成漏水，盾构到达段最后6环管片螺栓要复紧，且管片之间进行刚性连接。

（4）在盾构机贯通后安装的几环管片，一定要保证注浆饱满密实，防止引起管片下沉与错台。

（5）在盾构机到达段施工时，要保证泥水系统正常运行和切削干砂量、土砂量数据的正常，切口水压降为最低限度。

（6）密切观察洞门变形和刀盘力矩等参数的变化情况，一旦发现有异常情况应立即停止推进，采取相应对策。

（7）当盾构机切口靠近盾构工作井围护壁约2～3 m时，在确定洞口土体稳定条件下，可逐渐降低泥水黏度及密度指标，直至用清水替代。

（8）当刀盘掘穿盾构工作井围护壁后，应立即停止推进，并用清水置换切口泥舱内的泥浆，同时清洗泥水管路。

八、盾构机到达中间风井和二次始发方案

（一）盾构机到达中间风井

1. 盾构机到达施工流程

盾构机到达中间风井的施工流程与前文相同(见图7-34)。

2. 到达前准备措施

中间风井到达和始发洞门均安装洞门钢环和橡胶帘布，盾构到达中间风井前对洞门位置进行洞内水平加固。在施工完中间风井后，在中间风井内浇筑C20回填混凝土基座，以替代始发托架，浇筑的混凝土高1 500 mm，其高出部分能够在盾构掘进过程中起到良好的反力作用，以弥补盾构掘进过程中摩擦力的不足，盾构通过管片拼装形式通过，无须反力架。

（1）到达端头的准备。

① 对洞门中心坐标进行测量确认。

② 安装洞门环板及密封装置。

③ 洞门封堵材料等各项工作的准备。

④ 风道内洞门凿除。

中间风井洞门需要在盾构刀盘贴上初期支护后，停止盾构泥水循环，并将相应的闸阀闸死，防止管路内泥浆大量地流入风井内，将洞门端头初期支护结构进行凿除(若凿除初期支护后发现仍有少部分影响盾构空推出洞门的围岩存在，则进行人工破除掉)。为避免洞门凿除对始发井产生扰动，围护结构钢筋混凝土的凿除分两步进行(如图7-36所示)：

第一步，从上至下分5个层次凿除外部混凝土和钢筋，预留内层钢筋，从而做到在始发或到达之前对端头地层的保护。

第二步，待盾构机始发时抵拢掌子面和到达时盾构机抵拢围护结构时，割除围护结构内层钢筋，再开始掘进。

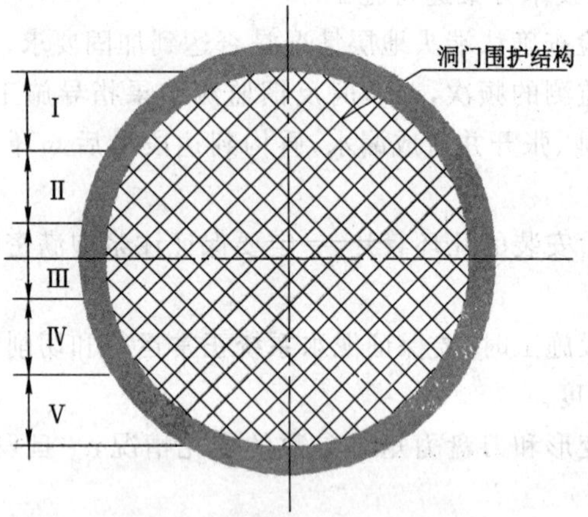

图 7-36　洞门凿除示意图

(2) 盾构机到达。

① 左线盾构机先到达中间风井，然后右线盾构机再到达。而此时就需要降低掘进的速度，缓慢掘进，让前方土体的应力缓慢释放，减少前方土体对侧壁结构的作用力。

② 在盾构机碰壁后，到达洞门处初期支护的凿除采用人工作业。在洞门混凝土凿除清走后，盾构应尽快连续推进并拼装管片，尽量缩短盾构机出洞的时间。

3. 到站主要技术要点和措施

(1) 到达前 200 m、50 m 要进行导线和高程测量复测，同时对到达洞门进行测量，以精确确定其位置。

(2) 以到达前 50 m 为起点，结合洞门位置，参照设计路线，制订严格的掘进计划，落实到每一环。

(3) 到达前要降低泥浆密度、黏度和流量，直至以清水来代替，同时逐步降低泥浆压力，以确保到达端墙的稳定和防止地层坍塌。

(4) 到达前 6 环的注浆材料配合比要进行调整，必要时可通过盾构壳体设置的孔向盾壳外注入特殊的止水材料，以防涌水、涌泥而造成地层坍塌。

(5) 在该阶段过程中应注意排出泥水的比例，如当泥水比例大于 1.2 时，应减缓速度，以防止吸泥口淤积堵塞管子。

(6) 当刀盘贴上初期支护后，在完成掘进的最后阶段，应充分利用泥水循环，对泥水压力舱及泥水循环管路进行最后清舱。

(二) 盾构机中间风井二次始发方案

盾构机中间风井二次始发流程见图 7-37。

中间风井始发施工除不设置始发托架及反力架外，其他施工设施及掘进的施工工艺、技术要求和注意事项与盾构东新站始发方案相同，洞门破除方法与中间风井到达洞门破除方法相同。

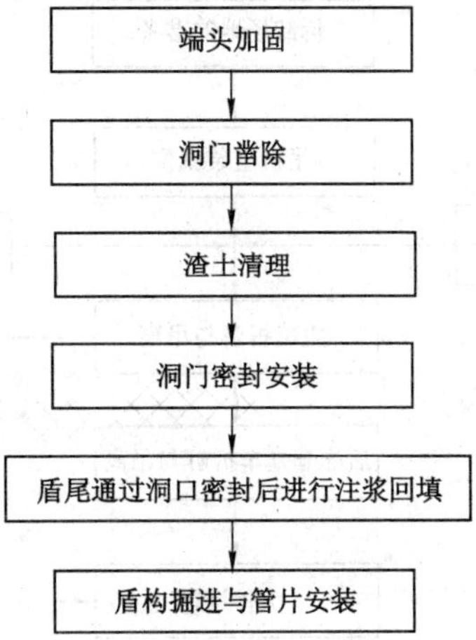

图 7-37　二次始发流程框图

九、盾构机的解体拆卸

（一）拆卸总体思路

（1）隧道贯通后，盾构机置于接收基座，移至工作区域，然后进行拆卸。

（2）拆卸顺序与组装顺序相反，后装的先拆，先装的后拆。

（3）采用400 t履带吊和200 t汽车吊配合吊装的方案。

（4）拆卸之前对整机各部、各系统管路、电路与组件进行详细标识。

（5）拆卸以拆卸作业指导书为依据有序进行。

（二）拆卸原则

（1）拆卸方案以厂商原始技术资料为依据。

（2）在不影响起吊、包装、运输及保证设备不致变形的情况下，尽可能不拆得太零散。

（3）拆卸方案围绕二次组装来制定。

（4）拆卸方案与拆卸记录资料妥善保存，作为下次组拼的依据。

（三）拆卸流程

盾构机拆卸流程如图7-38所示。

（四）拆卸场地的准备

（1）制订盾构机拆卸技术方案和计划。

（2）安装盾构机接收基座。

（3）准备好必要的吊装和运输设备。

（4）做好盾构机拆卸的其他准备工作。

（五）拆卸技术措施

（1）盾构机拆卸前必须制订详细的拆卸方案与计划，同时组织有经验的经过技术培训的人员组成拆卸班组。

（2）履带吊机工作区应铺设钢板，防止地层不均匀沉陷。

（3）大件组装时应对车站端头墙进行严密的观测，掌握其变形与受力状态。

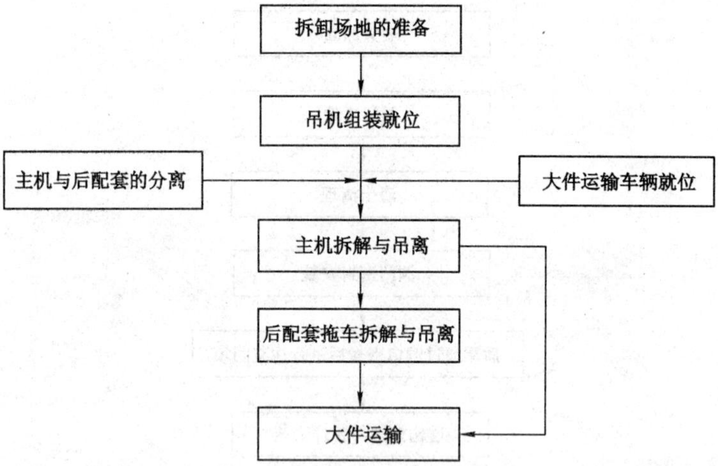

图 7-38 盾构机拆卸流程图

(4) 大件吊装时必须有 100 t 以上的吊车辅助翻转。

(5) 拆卸前必须对所有的管线接口进行标识(机、液、电)。

(6) 所有管线接头必须做好相应密封和保护,特别是液压系统管路、传感器接口等。

(7) 盾构机主机吊耳的布置必须使得吊装时的受力平衡,吊耳的焊接必须由专业技术工人操作,同时必须有专业技术人员进行检查监督。

(六) 拆卸安全保护措施

(1) 盾构机的吊卸由具有资质的专业大件吊装运输公司负责。

(2) 项目部指定生产副经理负责组织、协调盾构机拆卸工作,并组建专业班组。

(3) 每班作业前按起重作业安全操作规程及盾构机制造商的拆卸技术要求进行班前交底,完全按有关规定执行。

(七) 拆机步骤

(1) 端头井端头封堵并安装接收架(始发基座)。

(2) 盾构机推出至接收架上。

(3) 盾构机主机与后配套脱离。

(4) 将主机电器、液压系统进行拆卸。

(5) 将主机各大件连接螺栓进行拆卸。

(6) 利用 400 t 履带吊将盾构机的大件吊卸,同时用汽车吊辅助翻身并运出退场。

(7) 将后配套依次顺序拆卸并同时吊装,用汽车运输退场。

(8) 清理现场,完成盾构机的拆卸工作。

(八) 拆卸工作注意事项

盾构机拆卸工作的注意事项见表 7-24。

(九) 盾构解体吊出常见问题及处理方法

盾构解体吊出常见问题及处理方法见表 7-25。

表 7-24　拆卸工作注意事项表

序号	注意事项
1	在隧道贯通前，需全面仔细复查、补全盾构机机、电、液各部件的标识
2	拆卸专用拖车、牵引车连接装置准备完好
3	检查各种管接头、堵头短缺数量、规格并补齐加工
4	贯通前进行主机、后配套及其辅助设备的带负荷性能测试，以全面鉴定各机构、设备的性能状态，为拆卸后及时维护、修理和制订配件计划提供依据
5	无论何种零部件，储存前均需检查标识
6	零件入库存放前检查零件性能状态，并对短缺损坏的零件列出配件清单

表 7-25　盾构解体吊出常见问题及处理方法表

序号	常见问题	处理方法
1	盾构机上托架困难，推力较大	上托架前托架轨道上涂抹黄油减少摩擦力
2	吊耳焊接的质量保证	吊耳焊接以后，请专门的检测机构进行检测，如有问题补焊处理，到达要求后方可进行吊装作业
3	螺栓拆解后螺栓孔里有杂物	螺栓连接前对螺栓及螺栓孔清洁除锈
4	管线在拆解、运输和安装过程中容易被损坏	管线布置前应选取合理的位置，且管线下方应放置胶皮防止刮伤，各管线应做好标识
5	拆解安装液压管路时液压油发生损耗	液压管路拆解前应先用洁净、干燥的空气吹回油管路，拆解时应用干净的液压油桶接住外流的液压油
6	连接管路时的防尘及清洁	连接管路时应注意防尘及清洁，拆解之前先对管路进行清洁，事先准备好干净的纯棉抹布，安装时用抹布擦拭干净后再安装，全过程中禁止操作人员戴手套
7	液压部分的注意事项	用清洁的工具及擦拭材料，如纯棉毛巾或纯棉抹布。严禁在有压力状态下进行安装或拆除作业，严禁随意开启或关闭系统上的各种阀门，严禁随意拉提或踩踏液压元件，严禁在空气混浊的情况下作业
8	电气部分的注意事项	按标识整齐地连接线路，接线头必须按要求进行紧固，组装完成后，认真核对。严禁带电操作，严禁随意踩踏或拉扯电气元件，严禁启动或关闭各种电气开关或按钮
9	工具使用过程中损坏	使用工具前严格阅读操作说明，按照规范操作，保持工具及场地的清洁。液压扭力扳手在使用时把反作用力臂卡安好，严禁敲击锤打扭力扳手头。拉伸预紧力扳手使用时必须在油缸拧到位后回转半圈。液压工具在加压或卸压时须缓慢加压或释放

十、刀具检查更换方案

本区间长度约 3 054 m，其中盾构机需穿越宽 1 600 m 的赣江水域，过江段隧道最小覆土厚度约 8 m 左右。区间覆盖层为淤泥质黏土、粉质黏土、粗砂、砾砂、强风化泥质粉砂岩、中风化泥质粉砂岩层，其中过江段 1 600 m 为全断面中风化泥质粉砂岩层。盾构在泥质粉砂岩层掘进过程中刀盘易结泥饼，刀盘刀具在长时间掘进过程中也易发生磨损，这就需要常压或带压进舱进行人工清理刀盘、气垫舱、更换刀具等工作，安全快捷的更换刀具将是顺利完成该标段施工任务的重要条件。

（一）刀具失效原因分析

刀具磨损的形式，一是正常的磨损，二是非正常磕碰崩齿。在硬岩地层，刀具磨损以前者为主；在复合地层中，后者所占比例更大，对刀具的危害更大，尤其是刀盘边缘部刀具。盾构机刀具失效的主要原因如表 7-26 所列。

表 7-26 刀具失效原因

影响因素	失效原因
硬岩强度高	当盾构机掘进至硬岩地层和复合地层时，因围岩强度高、完整性好，刀具切削围岩的过程中自身也产生一定磨损，随着磨损的积累，刀具逐渐不具备开挖功能，需进行更换
复合地层岩性复杂	地层上软下硬，刀盘受力不均匀，滚刀在上部软土地层无法旋转，易发生偏磨；复合地层不易对刀具进行检查和更换，部分滚刀磨损过大失去了保护刀座和软土刀具的作用，造成刀座和软土刀具非正常磨损
刀具检查更换不及时	当滚刀磨损超标时就失去了保护刀座和软土刀具的作用，造成刀座和软土刀具非正常磨损，同时还可能造成滚刀刀毂磨损
刀具结构、材质及加工工艺	合金颗粒太尖、太薄，容易形成崩齿现象。刀刃焊接工艺不佳，或刀槽设计深度过浅都可能导致刀具失效
掘进参数	掘进过程中，当贯入度过大时，刀体将直接在掌子面上磨损。刀盘转速过大，冲击断裂成为刀具主要的失效形式

（二）刀具磨损计算

刀具磨损计算公式如下：

$$\delta = \frac{LK_n N \pi D}{v}$$

式中 δ——刀具磨损量，mm；

L——掘进距离，km；

K_n——同轨迹布置 n 把刀时刀具综合磨损系数，10^{-3} mm/km；

D——刀具挖掘外径，m；

N——刀盘转速，r/h；

v——推进速度，m/min。

同一道切削轨迹布置 n 把刀与仅布置 1 把刀，其磨损系数的关系为 $K_n = K \cdot n - 0.333$。

（三）刀具检查更换计划

综合该标段地质情况及施工经验，在粉质黏土、淤泥质黏土层按 800～1 000 m/次计算，砂层按 650～800 m/次计算，强风化泥质粉砂岩、中风化泥质粉砂岩层按 400 m/次计算，预计该标段共需要检查、换刀 14 次，其中带压换刀 10 次，见表 7-27。

表 7-27　换刀位置及次数一览表

区间	地层	里程		距离/m	换刀次数	进舱方式
		起	止			
安丰站—东新路区间左线	中风化泥质粉砂岩	SZK13+178.660	SZK12+723	455.66	1	中间风井常压
		SZK12+721.941	SZK12+323	398.941	1	带压
		SZK12+323	SZK11+923	400	1	带压
		SZK11+923	SZK11+523	400	1	带压
		SZK11+523	SZK11+123	400	1	带压
		SZK11+123	SZK10+808	315	1	中间风井常压
	中风化泥质粉砂岩、粉质黏土、淤泥质黏土、砂层	SZK10+806.851	SZK10+310	496.851	1	带压
安丰站—东新路区间右线	中风化泥质粉砂岩	SZK13+178.660	SZK12+723	455.66	1	中间风井常压
		SZK12+721.941	SZK12+353	368.941	1	带压
		SZK12+353	SZK11+953	400	1	带压
		SZK11+953	SZK11+553	400	1	带压
		SZK11+553	SZK11+153	400	1	带压
		SZK11+153	SZK10+808	345	1	中间风井常压
	中风化泥质粉砂岩、粉质黏土、淤泥质黏土、砂层	SZK10+806.851	SZK10+340	466.851	1	带压

（四）带压进舱安全专项方案

在泥水平衡盾构机长距离的掘进过程中，特别是在复杂地质条件下的隧道掘进中，当刀盘结泥饼、刀具磨损后不可避免地需要潜水员实施高压进舱检修作业。

当需要更换刀具、检查工作面状况或意外故障时，人员进入舱内工作，在泥水压力平衡状态下须先转换为气压平衡，才能进入开挖舱，但人员与材料进入舱内具有一定的危险性，必须严格按照进舱的安全操作规程和有关说明进行操作。

1. 开舱前准备

(1) 掌子面密封措施：

① 在确定进舱时间后，应提前及时对开挖舱进行泥浆置换。第一步，采用密度为1.15～1.2 g/cm³、黏度为20～23 cSt的稀泥浆进行6 h的大循环浆液置换，使浆液在地层中形成较厚的泥膜渗透带，然后泥浆场调浆进行第二步操作。

② 第二步，采用密度为1.1～1.15 g/cm³、黏度为60～80 cSt的泥浆再进行6 h的大循环浆液置换，使浆液在开挖面表面进一步形成较厚的致密泥皮，静置2 h后观察液面稳定情况。

③ 第三步，当气垫舱液位完全稳定后，进行开挖舱气体置换密封实验。气体置换过程和恢复开挖舱液面过程是关键的风险控制点，降压或升压的过程中，严格控制降升速度，液面变化的速度控制在2 cm/min之内、切口压力波动控制在设定值的±0.01 MPa之内。

④ 第四步，当气体置换完毕并停止泥浆循环之后，为了确保在长时间进舱作业过程中开挖舱内泥浆质量的稳定，必须采用黏度不小于 100 cSt、密度不小于 1.2 g/cm^3 的高浓度高质量泥浆直接用同步注浆泵向开挖舱进行补注。

(2) 人员配置：进舱作业主管、进舱人员、操舱人员、专业医生、盾构机机长、海上监控人员和安全员。

(3) 工具器材准备：内六角、活动扳手、套筒、管钳、葫芦(1 t)、对讲机、气动扳手、低压安全照明灯、高压喷水枪及水管(消防、冲洗)、工作手套、干净抹布、毛巾、气体检测仪、气动磨光机、医用氧气、防毒面具、刀具测量尺。

(4) 空压机检查：检查螺杆油油位，检查声音是否正常，检查冷却水、工作压力、空气过滤器显示是否正常，并记录。

(5) 气压作业系统检验：人闸前气垫舱压力表、人闸气源压力显示表、人闸外主舱进气流量表、人闸外过渡舱进气流量表、人闸外主舱压力显示表、人闸外过渡舱压力显示表、过渡舱内主舱压力表、过渡舱内平衡压力表、过渡舱内气垫舱压力表、主舱内平衡压力表、主舱内气垫舱压力表、压力记录仪、过渡舱温度显示表、主舱温度显示表等。

(6) 应急条款。

① 由指定的高压氧医生制定盾构施工区的全程值班联系表。值班表应张贴在气闸外部的显著位置。

② 地面必须配备治疗设施(一个高压氧治疗中心)。应在工地或医院配备治疗舱，供所有高压作业人员使用。

③ 如果单班进舱人员高压作业时间较长，减压出舱后，休息 24 h，再进舱作业。

④ 所有舱室都配备氧气呼吸装置。

2. 带压进舱作业流程

作业流程见图 7-39。

(1) 设备、舱内气体检查。

舱内测试呼吸面罩，安装测试氧气仪表，检查急救箱，检查舱内有害气体含量。

(2) 启动。

供给空气和氧气，测试所有通信设施和系统。

(3) 进入系统。

① 把作业所需工具等放入材料舱(尽量把在一个作业组所需用的物品全部运入材料舱)，随后作业人员进入主舱室，关闭主舱的空气舱门。

② 操舱人员慢慢打开门阀，严格按照 0.02 MPa/min 的流量增加主舱室的压力直到主舱室与气垫舱压力一致。通风量必须保证至少 0.5 m^3/(人·min)。

当人闸的压力等于盾构机气垫舱的压力时，人闸内人员缓慢打开人闸和气垫舱之间的卸压球阀开关。在人闸和气垫舱之间进行了压力补偿之后，作业人员打开人闸门进入气垫舱。

(4) 气垫舱作业。

人员在气垫舱作业期间由自动保压系统供气，保证气垫舱内气压保持在给定值。同时检查排水排气孔畅通，保证气垫舱内空气流通循环。

气垫舱内作业采用轮班制，工作压力 0.25 MPa 左右，工作时间为 2 h。作业人员在气

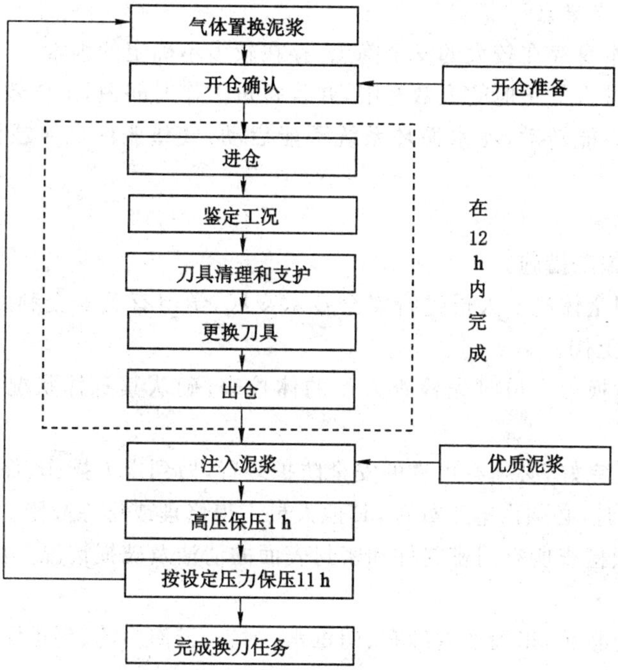

图7-39 带压进舱流程图

垫舱内作业2 h后严格按照降压程序离开加压舱。

作业过程中若需向气垫舱内运送物资，可启用材料舱。为作业人员安全考虑，每人每天带压工作和减压时间不宜超过5 h。

(5) 出舱。

① 出舱过程必须在操舱人员护理监护下进行。

② 关闭闸门。

③ 关闭程序由专人负责监测。

④ 气垫舱压力不得改变。

(6) 减压步骤。

① 启动波段记录仪。

② 进入主舱并且关闭通向工作舱的舱门。

③ 与人闸操作人员保持联系。

④ 缓慢地降低主舱的压力，同时监测压力值。

⑤ 打开主舱和工作舱之间的舱门离开人闸。

(7) 收尾。

① 关闭空气和氧气供应。

② 拆卸供氧装置。

③ 拆卸通信系统。

④ 拆卸氧气仪表并保存。

⑤ 保存急救箱。

3. 方案实施重点难点

(1) 带压作业本身存在较大的安全隐患,存在较多不确定的因素。

(2) 带压作业进入气垫舱的人数有限,并且每班工作时间短,工作效率低。

(3) 由于刀盘不能转动,泥水循环系统不能启动,气垫舱内泥浆或渣土存在形式不明确,安全隐患较大。

4. 安全保障措施

(1) 一般安全施工措施。

① 施工前组织全体施工人员进行安全技术交底,学习有关安全制度和安全操作规程。带压作业人员持证上岗。

② 在选择进舱换刀人员时先检查人员的体检表,确认其身体状况是否符合带压换刀要求。

③ 机械设备要完好,必须有可靠的安全防护装置,做到定人操作、保养和检查。电气线路或机具发生故障时,必须由电工处理,其他人员不得修理或排除故障。

④ 施工前必须检查所有门密封件和密封表面的清洁及破损情况。如必要,必须更换密封件。

⑤ 准备一个急救箱,里面要有纱布、消毒水、棉签、云南白药、创可贴等对皮外伤的应急药物,要是出现较大的伤口要及时送往医院。

⑥ 加压舱内必须定期检查电话和应急电话系统的功能。要确保舱内通信完好,当出现事故要与外面联系,第一时间做好抢救措施。

⑦ 认真填写人员及物料进舱记录,出舱时对照检查。不得有人单独暴露在压缩空气的环境里。如有可能,人员必须垂直运送到隧道外面。探舱人员在外边要时刻注意舱内情况,如果外边的设备出现故障而影响舱内人员的安全时要立即把舱内人员叫出来,确保舱内人员的安全。

⑧ 严禁在气闸里存放可燃气体和氧气瓶。通向闸的逃生通道以及闸本身必须保持畅通,不得存放材料和工具。线缆和软管不得堵塞闸门。

⑨ 万一遇到异常情况,现场负责人必须要求操作人员马上撤出开挖舱。异常情况是指:开挖面出现失稳迹象,开挖面出现渗水。

(2) 升压和带压作业过程中的安全措施。

① 患有感冒或流感的人不能带压进舱作业,否则可能有耳膜破裂的危险;进舱时带要些干燥的衣物,以备减压时穿,防止感冒。

② 不要将可能膨胀的饮品或食物带入空气舱。

③ 当人员在开挖舱带压工作时,副舱一般是没有压力的,副舱的两个门都是关闭的,为了保证舱内人员的健康,必须逐渐升高副舱的压力,将压力缓慢上升到操作压力值,不可上升过快。

④ 定期检查流速计以确保人闸通风;随时监测空气舱人员的健康状况;一旦空气舱人员出现任何不适现象时,要立即中断压缩空气并降压让不适人员离开空气舱。

⑤ 因在升压和带压作业过程中,气泡舱/开挖舱内温度较高,因此在此期间要多饮水;否则,脱水会立即导致压缩空气病症,但加压前/加压期间禁止饮用二氧化碳饮料。

⑥ 舱内禁止存放可燃气体和氧气瓶。

⑦ 由于压力越高人体吸入的气体越多，其中特别是氮气首先就会在人体液体内溶解，然后溶解在人体组织中，其饱和程度取决于压力、维持的时间以及人体组织吸收氮气的能力，胖的人体组织特别容易吸收，因此，肥胖人员一般不允许在有压下进舱。

⑧ 在带压作业过程中，为确保作业人员安全，舱内压力要随时保持基本恒定，其波动值要控制在0.005 MPa以内。

⑨ 在带压作业过程中，作业人员的体能消耗要远远高于常压下作业，因此用力要适度，并注意做好自身的身体防护，尽量避免碰伤皮肤或发生身体扭伤现象。

⑩ 在需带压作业地段，虽然采取了一系列封堵密封措施和通过压缩空气来平衡开挖面的水土压力，但仍存在许多不确定因素，当界面条件发生变化时，开挖面仍存在有部分失稳或出现涌、漏水的可能，所以在带压作业时仍具有一定的危险性，因此在这一过程中必须一直密切关注开挖面的稳定情况和涌水量的变化，出现异常情况时，应立即停止带压作业，撤出至人闸。

(3) 减压过程中的防病措施。

减压期间必须释放溶解在体内的气体。减压期间必须按照减压方案减压，这样体内的气体就会通过血液循环和肺排出来。如果压力降低太快，会在人体液体和组织内形成气泡，气体栓塞就是带压作业后最容易出现的组织病症根源。另外，释放的气体会造成暂时性或者永久性组织损伤。从压力状态下到常压下的转变周期过短，会造成严重的压缩空气病症，经常在减压期间或者数小时后就出现。因此，在减压过程中应注意以下事项：

① 人员舱管理员必须认真履行带压作业人员的减压程序，并做好时间记录，坚决杜绝减少减压时间的现象与跳期减压的现象。

② 为保证舱内作业人员的安全，减压过程中确保舱内通风量。

③ 减压期间注意事项：在减压期间舱内工作人员必须穿上干燥衣服，避免因冷患上感冒或者发抖，避免浅/轻呼吸，禁止非自然姿势；定期站立，移动胳膊/腿关节；如果有人出现压缩空气病症，或其他病症，必须立即停止减压，维持目前的压力状况，直到病症消失。几分钟以后，如果病症没有消失，就要将舱内压力升至原来的水平，同时人舱管理员必须立即通知值班医生，并仔细对病人减压。

④ 减压前对人舱消防喷淋系统、通信系统进行检查。

出舱后注意事项：工作人员减压后应禁止剧烈运动，注意多休息；禁止长时间热水浴；多饮水；加压后至少24 h后(完全没有压力了)才能乘坐飞机。

5. 突发事件急救措施

(1) 管理制度。

① 发现险情的人员应立即通知工地负责人，而后由工地负责人通知相关责任人，接到通知后负责人应在最短时间内赶到险情发生地投入抢险之中。

② 任何人不得以任何理由而影响抢险工作。

③ 抢险过程中应有专人进行指挥，以免出现混乱。

④ 抢险人员应服从领导，听从调配，认真进行抢险工作。

⑤ 现场成立应急领导小组并制定应急预案。

(2) 应急救援预案。

① 调动一切可能的力量(含政府、社会力量)，防止事故扩大，第一时间抢救受伤人员。

② 指导现场人员撤离危险区，维护救援秩序。

③ 及时保证救援物资、设备、器材的到位以及合理利用。

④ 消除危险源，尽快恢复施工。

⑤ 查明事故原因及经济损失情况。

⑥ 配合政府有关部门进行事故的处理。

(3) 救援领导小组职责。

① 应急救援的指挥职能。

② 发生事故后立即赶赴现场，掌握事故现场变化情况，制定相应措施，组织力量救援。

③ 组织人员保护现场，及时上报监理、业主及有关单位、部门，最大限度地减少人员伤亡和经济损失。

④ 召开事故分析会，做好事故的处理工作及恢复生产工作。

⑤ 组织开展员工安全知识培训教育和应急救援演练。配备必要的防护、救援器材、设备，并定期进行检查维修，确保完好。

(4) 应急救援小组分工及职责。

① 指挥协调组：负责事故应急救援，事故调查、分析、处理，制定整改措施，恢复生产等工作的总体指挥协调。

② 对外协调组：事故报警，对外协调、沟通、接待，信息发布等。

③ 救援行动组：开展应急救援演练、编写应急救援预案。事故发生后，负责在第一时间组织人力、物力，调动一切可利用的资源实施应急救援。现场保护、做标记、拍照。

④ 物资保障组：配备足够的救援物资、设备，事故发生后，按照现场救援所需在第一时间送达现场。

⑤ 通信联系组：负责项目内部通信联系，把现场各种情况及时通知到责任人和责任部门。

⑥ 疏散引导、防护组：事故发生后，在第一时间组织危险区域的人员撤离，维持现场秩序，采取防护措施，防止险情蔓延扩大。

(5) 应急物资的准备。

① 通信设备：包括固定电话、移动电话、对讲机。

② 交通工具：供指挥、联系、救援的用车。

③ 急救药品及器材：止血带、颈托、担架等救援器材及灭火器等。

④ 现场内及时备足砖块、水泥、石子、沙子、编织袋等应急抢险物资，还有注浆泵、空压机等设备。

物资明细见表 7-28。

表 7-28 应急物资准备表

序号	应急物资设备	应急功能和作用	数量	物资设备状态
1	担架	抢救伤员	1套	完好
2	面包车	作为救护车	1部	完好
3	灭火器	发生火灾时灭火	1批	完好
4	急救箱	急救药品	1套	完好

表7-28(续)

序号	应急物资设备	应急功能和作用	数量	物资设备状态
5	装载机	紧急运送、抢险	1部	完好
6	应急灯	停电照明	5套	完好
7	对讲机	应急联络	4部	完好
8	气体检测器	有毒有害气体监测	1部	完好
9	电话/内线电话	应急联络	1批	完好
10	水泥	回填	1批	完好
11	石子	回填	1批	完好
12	编织袋	回填	1批	完好
13	沙子	回填	1批	完好
14	水泵	应急抽水	4台	完好
15	注浆泵	注浆	2台	完好
16	空压机	注浆	2台	完好
17	注浆管	注浆	100 m	完好
18	凿岩机	钻孔	2台	完好
19	全站仪	监测	1台	完好

(6) 项目部责任落实。

为保证带压进舱安全作业责任的落实，项目部实行带压进舱安全作业责任制度，明确相关人员及职能部门对带压进舱安全作业应负的职责，各司其职，各尽其责，做到“横向到边，纵向到底”。按照项目经理负总责、安全总监负专责、各级管理人员负相应责任的原则，全面建立并实行安全责任制和安全逐级负责制。

① 项目经理是安全生产的第一责任人，对整个带压进舱作业过程的安全负全部责任。

② 安全总监主持日常安全工作，协调处理现场的安全事宜，对带压进舱作业负直接领导责任。

③ 项目副经理对带压进舱作业负直接领导责任，具体组织实施各项安全措施和制度。

④ 工程技术、质量监督、机电设备部门根据各自业务分工对带压进舱作业各负其责。

(五) 常压进舱换刀安全专项方案

1. 总则

当盾构机接近换刀里程时，对地表和渣土加强监测，确定进入设定地层后选择最佳时机开舱检查刀具。

由于换刀属于舱内人工作业，工作条件恶劣，不可控因素较多、风险较大，为了保障换刀人员的人身安全，避免伤亡事故，安全、快速完成换刀任务，需制定换刀方案。

2. 换刀小组组织机构

为了保证安全、快速地完成换刀工作，并确保刀具定位准确、坚固，避免错换、漏换刀具，专门成立了换刀领导小组和工作组。总工程师任领导小组组长，常务副经理任领导小组副组长，各组组长任领导小组组员。下设3个换刀作业组、1个设备保障组、1个测量监测组、1个后勤保障组和1个安全检查组。组织机构及人员组成如表7-29所列。

表 7-29　换刀小组人员安排表

组织机构	组　长	成　员
设备保障组	总机械师	机电工程师 4 人
测量监测组	测量队长	测量工程师 4 人
后勤保障组	综合办公室主任	干事 2 人,司机 2 人
安全检查组	安全长	安全工程师 2 人
换刀作业 A 组	副总工程师	盾构机操作手 2 人,土建工程师 1 人,机修工 2 人,掘进队 6 人
换刀作业 B 组	工程部长	盾构机操作手 2 人,土建工程师 1 人,机修工 2 人,掘进队 6 人
换刀作业 C 组	物资设备管理部部长	盾构机操作手 2 人,土建工程师 1 人,机修工 2 人,掘进队 6 人

注:成员中盾构机主操作手为本组副组长;地面、隧道内运输、设备操作人员未列。

3. 组织机构职责

(1) 领导小组组长:负责本次换刀的全面工作,包括换刀方案确定、施工组织安排、换刀质量和进度总控制、重大突发事件决策及应急方案确定、各小组之间的工作协调。

(2) 领导小组副组长,负责具体换刀方案的制订、有关地质资料的收集和分析整理、换刀时机的确定、换刀质量及进度控制、土体稳定性控制及监测分析、作业中突发事件处理和应急预案的制定。

(3) 设备保障组:负责刀具的准备及质量检查,换刀工具的准备,刀盘的检查及根据磨损确定是否更换刀具,确认并记录所更换刀具的清洗及保存,应急设备的准备,换刀过程中水、电供应保障。

(4) 测量监测组:负责换刀过程中地面沉降的监测、数据分析并上报。

(5) 后勤保障组:负责保障换刀过程中隧道内及人闸内与外界通信、作业人员饮水供应、应急药品准备、地面应急车辆保障和突发事故中伤员医疗救助联系,外来人员引导。

(6) 安全检查组:负责安全技术交底、作业人员安全知识教育、换刀过程中进行安全巡视。

(7) 换刀作业组:共分 3 组,每组 12 个人,包括 1 名组长、1 名土建工程师、2 名盾构机操作手、2 名机修人员和 6 名掘进班工人。

组长负责掘进参数分析、开挖舱前方土体观察并确定是否具备换刀条件、换刀过程中掌子面稳定性观察及下达换刀指令、换刀中隧道内指挥协调、突发事件处理并及时上报,土建工程师进行配合。

副组长(盾构机主操作手)负责盾构机的操作、换刀工具及其他所需物资指挥运输、安全巡查(含掌子面稳定状态检查)、监理及业主或其他参观人员安全保证,副操作手进行配合。

机修人员负责刀具磨损情况量测并记录、舱内葫芦吊点的焊接、更换刀具的质量检查、刀具编号的标识、拆下的刀具和零件的清洁整理并保存、进出舱设备的记录、掘进班工人作业指导、换刀工具及其他设备保障、隧道内水电供应保障、换刀作业中所有设备清点。

掘进班工人负责刀盘清洗、舱内抽水、注浆加固、刀具更换、刀具及其他设备的搬运、隧道清洁以及配合机修人员的其他工作。

4. 换刀准备工作

(1) 观察、分析掘进参数及出渣情况，必要时打开舱门观察掌子面稳定性，并核对地质资料，确定最佳换刀时机。

(2) 查阅相关图纸，熟悉刀盘构造。

(3) 制定详细换刀技术交底及安全交底，编制应急预案。

(4) 准备专用量具。

(5) 检查、清点刀具及换刀工具。

(6) 准备好其他应急设备及物资：水泵、焊机，氧气、乙炔、方木等。

(7) 隧道内水、电供应保障。

(8) 隧道内各部位与外界通信畅通。

(9) 应急药品及饮水、食品准备到位，应急车辆待命。

5. 换刀工作步骤

(1) 换刀时机确定：确定盾构机进入全断面微风化岩层，观察土质较好、含水量较小时，可以开舱检查并换刀。是否换刀由领导小组讨论决定，指令由组长发出。

(2) 排浆，打开舱门，清洗舱内泥水。

(3) 观察 2～4 h，确认掌子面稳定、地质状况可靠，然后组织人员进舱。

(4) 检查刀盘及刀具磨损情况，决定是否需要更换、修复。检查内容包括：

① 刀圈磨损量。

② 刀具外观检查：刀圈的刀刃是否偏磨、崩刃、断裂、移位，挡圈是否丢失。

③ 刀具连接的可靠性：固定螺栓、垫片是否松动。

④ 刀盘各焊接板面及焊缝是否有裂纹和变形，前盾前部边沿处是否有异常磨损及变形和裂缝。检查过程中详细记录磨损情况，上报主管领导。

(5) 根据磨损情况决定是否更换刀具。

(6) 将刀盘 0°辐条旋转至 10 点位置(从操作室显示器上可以看到 0°辐条所处位置)，用风镐打出刀槽。

(7) 检查所需更换的刀具、换刀工具、其他设备、水电供应、通信设施、急救药品、车辆及后勤保障，所有换刀人员就位。

(8) 检查是否需要在舱内焊接葫芦吊点，如需要，运进焊机、氧气、乙炔等物资，由机修班焊接，以便拆装刀具使用。

(9) 开始更换刀具。

① 用气动扳手及套筒拆下刀具，并运出舱，清洁、涂油，交由机修班保管。

② 拆下的螺栓、楔形块及垫圈放入干净的铁皮工具箱中，清洁后涂油再使用。对于变形较大的螺栓登记后更换。

③ 刀具更换完毕，将水泵、工具及安装支架等从舱内取出。清点所有进出舱内物品及人员，确保安全质量环保部无任何遗留物品。

④ 试转刀盘 2～3 转，重新复紧刀具的螺栓。

⑤ 检查，确认刀具准确就位，螺栓复紧，一切正常后，关闭舱门，拧紧舱门螺栓。

(10) 换刀工具。

换刀工具如表 7-30 所列。

表 7-30　换刀工具表

序号	名　称	数量	序号	名　称	数量
1	24 V 行灯	2 盏	9	冲洗用水管(4 分软管)	12 m
2	矿用带顶灯安全帽	5 顶	10	风镐及配套气管和接头	4 套
3	19 内六角扳手	5 把	11	麻绳(30 mm)	100 m
4	拉链葫芦(5 t 单链)	5 个	12	手提污泥泵(配管)	2 套
5	短钢丝绳(ϕ12 mm,1.6 m)	6 条	13	铁皮工具箱(装拆下的螺栓、螺母及工具)	1 个
6	长、短撬棒(25 圆钢自制)	各 2 根	14	防毒面具	5 套
7	枪式气动扳手(200 N·m)	6 把	15	小通风机	2 套
8	与气动扳手配套的套筒头及加力杆、气管和接头		16	与污水泵配套的消防管	30 m

6. 后勤保障

(1) 准备好 2 箱冰冻矿泉水及 10 瓶生理盐水。

(2) 准备好应急药品。

① 外伤医药用品:绷带、创可贴、红药水、消毒酒精、消毒棉等。

② 治疗休克血管活性药:多巴胺、肾上腺素、去甲肾上腺素等。

③ 治疗昏迷:水合氯醛、咖啡因、γ-氨酪酸等。

④ 退热药:安乃近、芬必得、地塞米松、柴胡等。

(3) 换刀期间,必须留一辆车值班,应付突发事故。后勤保障组轮流值班,以防发生突发事故,及时联系医疗救助。

7. 注意事项

(1) 所有现场人员必须戴好安全帽,穿工作服、工作鞋。发烧、感冒等带病人员禁止进入舱内作业。

(2) 换刀过程中如遇突发事故,由现场值班工程师及时处理,并立即上报领导,同时通知地面后勤保障人员做好医疗救助准备。

(3) 换刀过程中,作业人员如感觉不适,马上去安全质量环保部休息。

(4) 换刀前,必须认真检查掌子面稳定性,确保换刀人员安全。

(5) 进出舱的人员、刀具、工具、设备要做好严格记录,交接班时严格履行书面交接手续,防止遗落在舱中,造成安全事故。如果刀圈、水泵等大件金属物件掉进舱底,应立即派人打捞,严禁隐瞒事实,损害刀盘。

(6) 刀具、工具、设备等在运输过程中,一定捆绑牢固,防止掉落或倾倒,砸伤人员或碰坏盾构机。

(7) 舱内进行焊接作业时,一定要将地线引入焊接点附近。

(8) 保证安全施工,文明作业,严禁野蛮作业,损坏机器设备。

8. 安全措施

(1) 对所有换刀作业人员进行安全教育,进舱人员签订安全责任状。

(2) 换刀前必须进行安全交底。

(3) 现场准备好消防物资。

(4) 动火作业必须有足够的防火措施，并经批准后才能作业。

(5) 所有设备用电必须进行安全检查，防止漏电。

(6) 加强巡视，安全员跟班作业，加强监督检查。

(7) 隧道电瓶车司机不能离岗，随时接受指令。

(8) 准备冰冻矿泉水、生理盐水等防暑降温用品。

(9) 备有临时治疗外伤、休克、昏迷、止痛等的药品，如藿香正气水等。

(10) 换刀期间，地面 24 h 备有应急车辆。

十一、盾构隧道防水施工

隧道防水施工是直接影响隧道设计 100 年使用年限的重要因素。因此，在隧道施工中防水施工极为关键。施工单位借鉴国内外同类工程施工实例及盾构隧道施工的经验，按有关规范的要求，严格控制防水材料选用及施工工艺，以满足设计与运营的要求。

(一) 盾构隧道施工防水等级标准和防水原则

1. 防水原则

(1) 防水设计应遵循“以防为主，刚柔结合，多道防线，因地制宜，综合治理”的原则，并要求防水与结构设计并重、统一考虑。

(2) 确立钢筋混凝土结构自防水体系，即以结构自防水为根本，采取措施控制结构混凝土裂缝的开展，增加混凝土的密实性、抗渗性、抗裂性、防腐性和耐久性等性能；以管片接缝防水和盾构隧道与车站、横通道接口防水为重点。

2. 防水等级标准

根据《地下工程防水技术规范》(GB 50108)、《地铁设计规范》(GB 50157)，区间隧道及联络通道等附属的隧道结构防水等级为二级，设计具体要求如下：

(1) 区间隧道及联络通道顶部不允许滴漏，其他部位不允许漏水，结构表面可有少量湿渍，总湿渍面积不应大于总防水面积的 2/1 000；任意 100 m^2 防水面积上的湿渍不超过 3 处，单个湿渍的最大面积不大于 0.2 m^2。

(2) 隧道工程平均渗水量不大于 0.05 L/(m^2 · d)，任意 100 m^2 防水面积的渗水量不大于 0.15 L/(m^2 · d)。

(3) 在中到强地下水腐蚀性区域应根据情况采用不同防腐蚀附加措施，如混凝土钢筋采用隔离层、钢筋镀锌保护、加入钢筋阻锈剂、混凝土中的水泥采用抗硫酸盐水泥等。

3. 防水技术要求

(1) 盾构法施工的隧道，衬砌自身应具有良好的防水能力，管片混凝土的抗渗等级不小于 P10。

(2) 衬砌管片外弧设置一道防水弹性密封垫，弹性密封垫在管片张开量为 6 mm 时应能承受 0.6 MPa 的水压。

(3) 对每一个螺栓孔、注浆孔均设置密封垫圈。

(4) 管片裂缝宽度不应大于 0.2 mm。

(5) 采用矿山法施工的地下迎水面结构均采用防水混凝土，防水混凝土的抗渗等级根据结构的埋设深度确定。

(6) 矿山法施工的暗挖结构在初期支护与二次衬砌之间设置全封闭夹层防水层。二次衬砌混凝土浇筑完毕后，对拱顶部位的防水层和二次衬砌之间进行注浆处理。

（二）盾构隧道防水施工方案

根据设计要求，管片混凝土抗渗等级不小于P12，以自防水为主；管片接缝采用一道多孔型三元乙丙橡胶遇水膨胀弹性密封垫防水，同时管片外弧面涂刷聚合物水泥防水涂料，环纵缝内侧进行嵌缝加强防水；管片壁后环形间隙注浆体作为隧道防水的加强层。

盾构隧道与盾构隧道洞门之间是盾构隧道防水的薄弱环节之一。进出洞1～3环内从衬砌压浆孔内压注水泥浆，待其固结，进出洞口各30环、盾构区间联络通道两端各20环需满环柔性嵌缝，嵌缝采用柔性聚氨酯密封胶。

管片环缝、纵缝设置丁腈软木橡胶垫，管片四角粘贴丁基橡胶片，所有螺栓孔均采用遇水膨胀橡胶圈进行密封处理。

手孔封堵：隧道上半环采用内部充满丙烯酸乳液防腐蚀水泥砂浆的塑料保护罩套于螺栓上。隧道下半环采用丙烯酸乳液防腐蚀水泥砂浆充填手孔。

1. 管片自防水

管片自防水应做到以下几个方面：

(1) 选择合适的原材料、设计科学合理的配比、采取严格的生产过程控制措施、按照规定加强检测，保证管片成品的抗渗等级、强度和各项质量指标符合设计要求。

(2) 加强管片堆放、运输中的管理和检查，防止管片开裂或在运输中碰掉边角。

(3) 管片进场和下井前应做外观检查，保证有缺陷的管片不进工地和下井。

(4) 盾构推进过程中，尽量减小各组油缸对管片产生不均匀的推力，避免对拼装好管片造成较大的压力差，管片产生纵向或环向裂纹，影响管片防水能力。

2. 管片拼装缝的防水

为了满足接缝防水要求，在管片接缝处设置了框形弹性密封垫和嵌缝两道防水措施，并以弹性密封垫为主要防水措施。所采用的密封垫应保证有施工误差时仍能达到防水要求，所采用批准的黏结剂按操作方法将密封垫牢固地粘接于管片上，如果采用遇水膨胀橡胶防水材料，其运输和存放时必须采取防潮措施，设专门库房存放。

3. 管片内部环、纵缝嵌缝

嵌缝防水是构成接缝防水的第二道防线。在密封垫寿命期满之后，虽然无法更新密封垫，但作为内道防水线的嵌缝材料是容易剔除并重新嵌填的。嵌缝作业应在盾构掘进结束，并彻底清洗隧道后才能开始。嵌缝作业允许在微渗与潮湿的管片上进行，若漏水，则在堵漏完成后方可进行。管片嵌缝槽若有大缺损应予修补后用，修补材料强度应与原混凝土接近，报监理工程师批准后，方能使用。

(1) 嵌缝范围：进出洞段30环、联络通道两侧各20环满环柔性嵌缝，嵌缝采用柔性聚氨酯密封胶。当出现渗漏须做治理后再嵌缝。仰拱范围出现阴水进行嵌缝。

(2) 嵌缝材料：嵌缝槽密封材料内部嵌填可采用聚合物水泥（如氯丁胶乳水泥砂浆），材料与混凝土结合面用界面处理剂进行处理。

4. 管片螺栓孔防水

螺栓孔防水：采用遇水膨胀橡胶密封圈作为螺栓孔密封圈，利用压密和膨胀双重作用加强防水，而且材料到期可以更换。

吊装孔（注浆孔）防水：当吊装孔和注浆孔结合使用时，为减少注浆孔作为隧道渗水的薄弱环节，在吊装孔的管片外侧留 50 mm 的素混凝土，当需要进行衬砌背后二次注浆时，将吊装孔素混凝土破开，作为注浆孔使用。注浆孔设置一道水膨胀螺孔密封圈加强防水。

5. 衬砌、同步注浆加强防水措施

因盾构施工的特点，在衬砌管片与天然土体之间存在环形空隙，通过同步注浆与二次注浆充填空隙，形成一道外围防水层，有利于区间隧道的防水。同步注浆采用水泥砂浆，在管片拼装完成后进行；二次注浆主要采用水泥浆，但在隧道开挖对地表建筑物或管线影响较大地段，为及时回填空隙，减小地面沉降，可选择速凝型的双液浆（水泥-水玻璃浆液）。为避免浆材硬化收缩，从防水角度考虑，所有的注浆材料皆掺加一定量的微膨胀剂。

6. 隧道洞门车站端头井接头防水

隧道洞门和盾构隧道、盾构工作井端墙的连接部位，拐角多，施工缝多，是防水工作的难点。为防止盾构始发时从始发洞口的竖井壁和盾构的间隙内喷出地下水、泥沙、泥浆、注浆材料等，在洞圈周围安装橡胶帘布带、环板、铰链板等组成的密封装置，并设置注浆孔，作为洞口防水堵漏的预防措施。盾构进出洞、注浆堵漏后，管片与车站结构间浇筑环形钢筋混凝土洞门圈，其与管片、车站结构的接触面各预设 2 道外涂缓膨胀剂的水膨胀橡胶止水条。洞门采用 C40 P10 混凝土，在洞门混凝土灌注前，认真清理洞门预埋钢环内侧污物，涂刷氯丁胶，粘贴两道遇水膨胀橡胶带，涂刷缓膨剂，并预埋注浆管，然后灌注洞门抗裂防渗钢筋混凝土，混凝土凝固后及时通过注浆管压注水泥浆，保证洞门背后密实。

第四节　盾构穿越建(构)筑物、复杂地质段施工技术方案

一、盾构穿越施工准备

（一）技术准备

盾构穿越施工技术准备见表 7-31。

表 7-31　盾构穿越施工技术准备表

序号	项目	内　容
1	穿越建(构)筑物专项施工方案编制	根据设计图纸要求，结合地质补充钻探、地面建筑物及地下管线调查资料，掌握工程地质及水文地质、周围环境等工程条件，选择先进的方案，请有经验的专家对方案进行评审论证，制定详细的穿越建(构)筑物专项施工方案和应急预案。制定盾构穿越建筑物时可能出现的各种意外情况下的相应施工专项技术措施，制定盾构穿越建筑物时设备操作规程，对每一分项进行施工计划安排，确定施工方案、施工方法以及采取的专项技术措施。编制盾构穿越建筑物作业指导书，对技术人员、施工作业人员进行技术交底和安全交底，确保技术人员对施工方案领会贯通
2	穿越前的测量工作	用全站仪、水准仪等仪器对甲方所交桩点进行复测，复测成果上报甲方和施工监理审定。根据施工图纸的平面图将线路在地面放样，以进行建筑物、管线的调查和监测点的埋设。对加密的地面控制点，隧道控制点进行复测，复核盾构机最新姿态，并报监理工程师备查。对隧道掘进的管片进行里程复核，确定盾构机位置与地面位置符合

（二）人员准备

（1）请专家顾问组对穿越建（构）筑物施工进行现场技术指导。

（2）调派公司技术力量强、经验丰富的技术人员对穿越建（构）筑物施工进行施工技术控制。

（3）调配推进过多条隧道、经验丰富的盾构司机进行穿越建（构）筑物盾构施工操作。

（4）调配经验丰富的工人及特殊工种操作工进行穿越建（构）筑物的施工。

（三）设备和物资准备

（1）设备准备。

在盾构穿越建（构）筑物前，对盾构机及附属设备进行维修保养，检查盾尾密封系统，并对盾构机刀盘及刀具进行检查，购置易损易坏的备件配件，确保设备在施工中能够正常运行，保持较好的设备完好率，防止穿越建（构）筑物时发生停机。

（2）物资准备。

施工物资准备工作要做到充分、及时、充足，符合施工进度的要求。对管片、螺栓、止水带等材料，做好检验工作。根据工程进展，事先编制材料需用量计划，报监理工程师审核批准，派专人负责配置。

（四）建（构）筑物风险预估和处理措施

盾构穿越建（构）筑物前，全面考虑施工过程中可能碰到的问题，进行预测，并制定专项处理措施，有效地避免盲目施工。一旦出现险情，及时处置。可能碰到的主要问题处理措施如表 7-32 所列。

表 7-32　主要问题处理措施一览表

序号	施工问题	处理措施
1	开挖舱压力突然增大	① 减缓推进速度，增加泥浆循环时间； ② 刀盘转速加快，迅速切削土体； ③ 调整泥浆参数
2	开挖舱压力突然减小	① 超前探孔探明土层变化，有无暗浜； ② 增加推进速度，减少出渣量； ③ 盾构超前孔进行注浆加固前方土体
3	盾构机不易控制	① 对偏离方向的土体进行前方注浆加固； ② 检查推进油缸油压，是否存在机械故障； ③ 纠正盾尾管片间隙； ④ 减缓纠偏量，匀速推进
4	管片上浮	① 利用盾构超前注浆孔进行注浆； ② 同步注浆增加水泥，加快浆液凝固时间； ③ 二次注浆快速施注，封包管片； ④ 确保管片姿态与盾构姿态同步
5	盾构及附属设备损坏	① 对盾构机及附属设备进行全面检查，发现问题及时维修； ② 购置足够的易损易坏备件，保持备件充足； ③ 检查盾构机刀盘及刀具，避免在穿越建筑物时更换刀具； ④ 保持良好的设备完好率，防止穿越时停机

表 7-32(续)

序号	施工问题	处理措施
6	局部测点突沉	① 迅速探明此点地下土层情况,有无暗沟、暗浜存在; ② 增加检测频率,跟踪此点变化情况; ③ 对此点进行地面劈裂注浆加固
7	盾尾漏浆	① 采用进口优质油脂进行压注; ② 增加油脂注入量,增加密封性; ③ 盾尾压注聚氨酯,形成环箍; ④ 管片拼装面清理干净; ⑤ 保证盾尾间隙,少纠偏或不纠偏; ⑥ 必要时隧道内更换一道盾尾刷

(五) 盾构穿越建(构)筑物时应急处理程序

(1) 突发事件处理流程。

现场突发事件处理流程见图 7-40。

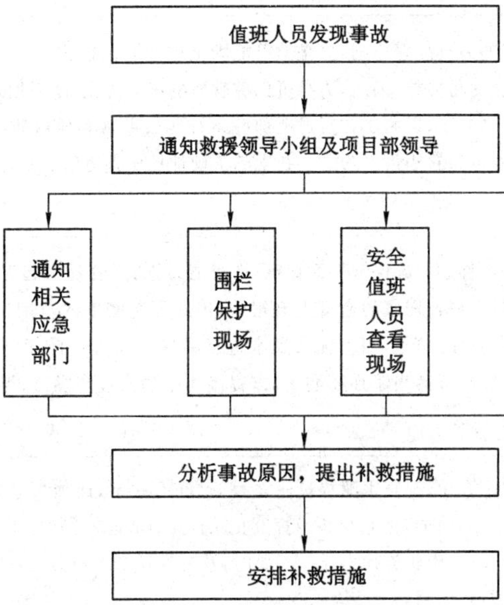

图 7-40　现场突发事件处理流程图

(2) 总结和善后处理。

针对紧急情况的严重程度及影响采取不同的善后处理和总结。项目经理召开专题会对紧急情况的产生原因及性质进行调查分析,为后续施工过程中避免出现类似的情况积累经验和做好相关的预防措施。在明确紧急情况产生的原因及性质后,项目部以书面形式向上级有关部门及业主递交一份关于该事件的情况说明和对造成该紧急情况的相关责任的处理报告。

二、盾构穿越复杂地质地段专项技术方案

（一）盾构穿越软硬差异较大的地层

安丰站—东新站区间范围内存在上部为砂层、底部为中风化泥质粉砂岩的上软下硬地层，盾构在穿越这类地层时，由于岩层强度相差较大，可能对盾构机刀具造成损坏，盾构机发生偏移或被卡住，对工程造成不利的影响。此段施工重点是盾构机姿态控制。盾构穿越上软下硬地层应对措施见表 7-33。

表 7-33　盾构机穿越上软下硬地层应对措施表

序号	应对措施	具体措施
1	设备维护	建立健全盾构机巡检制度和强制保养制度，由专职机电工程师负责，由机电维修工班实施，提高设备的完好率和利用率，保持盾构机各系统性能处于良好状态。盾构机改造时，对易磨损设备，加焊耐磨层，提高设备抗磨损能力
2	针对地质情况，优化掘进参数	降低盾构推进速度、扭矩和推力，推进速度控制在 15～25 mm/min，保持盾构掘进的平稳，防止出现较大的跑偏。提高刀盘转速，刀盘转速采用 1.0～1.5 r/min，减小刀盘贯入度，加大下部软岩破碎度，有利于渣土的流动性改善
3	选择合适的刀盘和刀具	上软下硬地层的刀具配置原则：一是刀具能满足破软岩的能力；二是由于进入开挖舱的土块较小，在开挖舱内易搅拌，因此，边缘可以破软岩的滚刀为主，适当加入两把边缘刮刀，滚刀的启动扭矩可适当调小，以利于在经过上部砂卵石地层可顺利地启动，刀梁上可以滚刀和齿刀交替布置，中心可布置小齿刀为主。在上软下硬地层中掘进时，刀盘配量主要应为切刀、刮刀及滚刀
4	改善泥浆参数	泥浆质量控制的标准以确保掌子面稳定、携渣能力强、不容易引起刀盘结泥饼为标准。通过以前的掘进情况分析，泥浆的密度上升很快，因此泥浆密度的范围设在 1.05～1.12 g/cm^3，即：从 $\rho=1.12\ g/cm^3$ 开始，可对泥浆加水进行稀释或通过置换，降低刀盘结泥饼的风险；在 $\rho=1.05\ g/cm^3$ 时，可适当添加膨润土，以提高泥浆的密度与黏度，保证开挖面的稳定性及泥浆的携渣能力
5	优化同步注浆配比参数	调整同步注浆配合比，提高水泥掺量使之大于 160 kg/m^3，或加入适量早强剂，使浆液凝胶时间缩短到 3～5 h，使同步注浆尽快发挥其止水作用，防止管片背后水力通道的形成，可以防止或减小喷涌的发生，阻止管片上浮。必要时，及时进行二次补强注浆（水泥—水玻璃双液浆），对管片背后进行环向封堵
6	盾构姿态实时控制	加强刀盘边缘处的保径刀，确保掘进过程中开挖直径；掘进过程中应严格控制中线平面位置和高程，其允许偏差均为±50 mm；严格控制管片选型，确保管片上有足够的超前量

（二）盾构机在黏性土层中掘进

该区间赣江段主要地层为中风化泥质粉砂岩，当盾构机通过中风化泥质粉砂岩地层时，刀盘中心区容易形成泥饼，并在开挖舱产生堆积现象，造成刀盘转动扭矩加大，舱压波动，排渣不畅，同时造成开挖舱温度升高，影响主轴承密封的寿命，严重时会造成主轴承密封损坏。盾构机在黏性地层中掘进的措施见表 7-34。

表 7-34　盾构机在黏性地层掘进应对措施表

序号	应对措施
1	为防止刀盘中心结泥饼，在刀盘中心及周边区域设置中心冲刷装置，该装置能同时进行刀盘中心和径向冲刷。大流量泥浆通过冲刷点直接冲刷刀盘，冲掉尚未形成的泥饼，增大循环流量，及时把切削下来的黏土带走，阻止黏土团的相互黏结和研磨，从而不易结泥饼
2	掘进过程中，严格控制泥浆的各种性能指标，包括黏度、密度和析水率等，根据实验结果，泥浆指标应控制为：密度 1.05～1.15 g/cm³，黏度 18～20 cSt。在掘进初期，往泥浆内添加润滑剂（如工业洗涤剂），可以有效减少岩石粉末和土层中的黏土附着在刀盘或已经形成的泥饼上的概率，并且可以化解初步形成的泥饼
3	掘进过程中，泥浆会因渣土的溶解，引起黏度和密度的快速上升，导致循环泥浆渣土携带能力的严重下降，容易造成黏土团滞留在刀盘及开挖舱内。因此，在盾构掘进的过程中，要及时进行泥浆指标的检验，必要时每 30 min 就需监测一次。根据泥浆情况，通过泥浆处理设备排浆和连续加注清水的方式，稀释黏稠的高浓度泥浆
4	加强对盾构掘进参数的观察，注意刀盘扭矩推力的异常变化。在掘进期间，保持泥浆泵和刀盘防泥饼装置对刀盘不间断的泥浆循环和对刀盘不间断的冲洗，同时结合冲刷系统的使用。掘进完成后继续进行泥浆循环，尽量排空刀盘及开挖舱内的渣土，防止其大量的附着
5	加大泥浆循环流量，掘进过程中，确保切削下的渣土及时得到排出，尽量避免刀盘进土口和开挖舱内渣土的黏结
6	盾构机掘进速度不宜超过 20 mm/min，在刀盘扭矩不大的情况下，可以适当加快刀盘的转速，减少大块黏土产生的数量。此外，刀盘旋转切削时，要经常进行正反向切换，不要长时间在同一方向旋转
7	掘进时要密切注意出渣量的变化，当发现出渣量异常减少时，要及时采取对开挖舱和刀盘实施循环清洗的措施。在掘进过程中，每掘 30 cm 清洗一次开挖舱，防止开挖舱内结成泥饼。对开挖舱隔板的温度也进行人工随时检测

三、区间隧道侧穿、下穿建筑物及市政管线专项技术方案

（一）概述

该工程区间下穿重要构筑物统计分析见表 7-35。

表 7-35　下穿重要构筑物统计分析表

序号	区间下穿构筑物名称	与区间位置关系及说明
1	下穿排水涵	排水涵位于 SZK110＋860.000～SZK10＋940.000，盾构区间于赣江西岸下穿排水涵，钢筋混凝土结构，尺寸 11 m×2 m，涵底标高为 19.21～17.38 m，距离隧道区间净距离约 19 m
2	侧穿跨沿江南快速路人行天桥	位于 SZK12＋722.000～SZK12＋830.000，盾构区间侧穿跨沿江南快速路行人天桥，桥桩与隧道外轮廓水平最小净距约为 10 m。桥桩为钻孔灌注桩，桩径为 1 m，桩长 23 m，桩底标高为－2.817 m

表 7-35(续)

序号	区间下穿构筑物名称	与区间位置关系及说明
3	侧穿,下穿市政管线	临近饮水 ϕ300 mm 管线,埋深 1.81 m,球墨铸铁;临近污水 ϕ500 mm 管线,埋深 4.21 m,PVC;侧穿煤气 ϕ200 mm 管线,埋深 2.59 m,中压,PE,距离隧道边缘最近 5.54 m;临近雨水 2 400 mm×1 500 mm 管线,埋深 3.85 m,混凝土,距离隧道边缘最近 9.83 m;临近雨水 ϕ1 000 mm 管线,埋深 3.6 m,混凝土,距离隧道边缘最近 6.76 m;临近雨水 ϕ1 000 mm 管线,埋深 2.3 m,混凝土,距离隧道边缘最近 3.94 m;临近污水 ϕ400 mm 管线,PVC

(二) 地面及周边建(构)筑物沉降控制标准及沉降控制措施

区间隧道施工对沿线的地表、管线和建(构)筑物将造成一定的影响。为了能对周围环境实现有效的保护,施工中须进行监控量测,同时根据量测信息及时反馈并调整施工工艺和辅助措施。具体沉降控制标准如下:

(1) 一般地表变形的限值:−30～+10 mm,且土层损失率不超过5‰。

(2) 在盾构隧道施工期间,穿越区域内框架结构、桩基础建筑物最大沉降差或倾斜度不得大于 0.002 L(L 为框架梁跨长)。

(3) 盾构穿越建筑物施工期间,根据监测信息调整盾构推进及出渣量。一般地段土层损失率控制在 3.5‰～5‰以内,穿越、保护建筑及沉降敏感建筑区段控制在 1‰～3.5‰范围,在地层损失率控制严格地段相应的地表建筑物沉降控制标准也应提高。

(4) 对盾构下穿具体建(构)筑物或管(杆)线,应在对整体情况的准确判断上,根据其基础形式、现状、结构形式、建设年代等因素,充分考虑建(构)筑物或管(杆)线目前已经发生沉降变形情况;同时综合考虑盾构下穿建(构)筑物或管(杆)线段工程地质及水文地质条件、线路平纵曲线设计、隧道埋深等条件及相关产权单位要求,确定相应监测方案及盾构施工期间变形控制标准,明确后期沉降控制要求。

(5) 在盾构推进过程中,通过调整推进速度和排土的速度,使压力舱压力与开挖面水土压力相对平衡。

(6) 根据需要,调整泥浆参数。

(7) 推进中尽量少扰动土体,必须减少盾构机的偏转及横向偏移等以减小蛇行量。

(8) 根据盾构所处土层来选择和易性好、固结强度大的壁后注浆材料,实施同步注浆,必要时进行二次注浆。

(9) 为了防止管片变形,必须使用形状保持装置等来确保管片组装精度,同时充分紧固接头螺栓。

(10) 必须仔细进行管片的组装以及防水作业,以防止地下水从管片接头和注浆孔漏水。

(11) 坚持勤量测原则,以量测信息指导施工。

(三) 地面及周边建(构)筑物沉降控制方案

(1) 施工前委托专门单位对下穿和侧穿建(构)筑物及管线进行安全状况评估,提出供设计和施工执行的变形允许值、保护标准,调查排水涵现状、允许变形速率等,天桥现状、单柱沉降值、沉降差允许值、允许裂缝宽度、允许变形速率等。

（2）施工期间天桥暂停使用，疏散人员，施工完毕检测安全后恢复使用，检测有质量问题时进行加固处理。

（3）盾构掘进过程中，应根据评估报告提供的变形允许值对建筑物进行监测，超出报警值时及时采取跟踪注浆等措施。

（四）地面及周边建（构）筑物沉降控制工程措施

盾构掘进前，将下穿的建（构）筑物暂停使用，记录好建（构）筑物状况，盾构通过后先进行安全评价，有安全隐患的进行加固，结果为安全后继续使用。同时在有条件的地方从地面采取跟踪注浆，当地面不具备施工条件或不便从地面施工时，可以采用洞内处理的方式，主要是洞内注浆，二次注浆范围为盾构外3 m，注浆采用1∶1水泥浆。盾构掘进过程中，应合理调整盾构姿态施工参数，及时同步注浆，加强对周围地层、桥桩、地下管线的变形监测，减小施工引起的地表变位。加强监测，施工前做好应急预案，及时跟踪注浆，确保建筑物、市政管线安全。

（五）地面及周边建（构）筑物沉降控制要求

盾构下穿建（构）筑物控制要求见图7-41。

四、区间隧道穿越赣江专项方案

（一）泥水处理方案

盾构在掘进过程中通过泥水循环将开挖舱内渣土携带至地面泥水设备以保证盾构正常掘进，泥浆的质量直接制约盾构施工的效率。

1. 泥水处理主要施工问题

（1）盾构掘进过程中通过泥水循环带出大量渣土，需要专用设备进行分离。

（2）盾构在强风化、中风化泥质粉砂岩地层中掘进时，通过刀盘转动挤压破岩，切削过程中会产生大量的细小颗粒，导致分离设备无法分离。

（3）浆液中细小颗粒不易分离，盾构在掘进过程中浆液密度上涨过快导致盾构掘进参数恶化迅速，严重制约掘进。

（4）盾构在掘进过程中产生大量的废浆，浆液处理存在巨大的工作量和难度。

2. 提高泥水分离效果的措施

（1）采用专用泥水处理设备对浆液进行分离。

泥浆处理系统由预筛分系统、一级处理系统和二级处理系统构成，泥浆处理量最大能达到1 200 m^3/h。系统工作原理如下：

盾构机排出的污浆由排浆泵经分配器送入预筛分系统，经过预筛分器（两层筛）将粒径在2 mm以上的渣料筛出；筛余的泥浆进入一级处理系统，经过一级旋流除砂器分选后，筛上渣料筛分脱水后排出，筛下渣料经收集槽流入污浆槽内，重新进行两级旋流处理，避免渣料落入下一级泥浆槽中，污染下一级的泥浆。处理后的泥浆进入二级处理系统（二级处理系统工作原理与一级处理系统工作原理相同）再次处理。经过两次处理后的泥浆流入调浆池或沉淀池，调整后的泥浆再次泵入盾构循环系统使用。

当泥浆经一级除砂净化处理后清除绝大部分74 μm以上的砂质颗粒，满足盾构施工需要时，可将净化后的泥浆直接自流入调浆池或沉淀池，经调配后返回井下。当泥浆经一级处理后不足以将泥浆密度及含砂率降至合理范围内，可转换出浆口阀门使泥浆进入二级处理

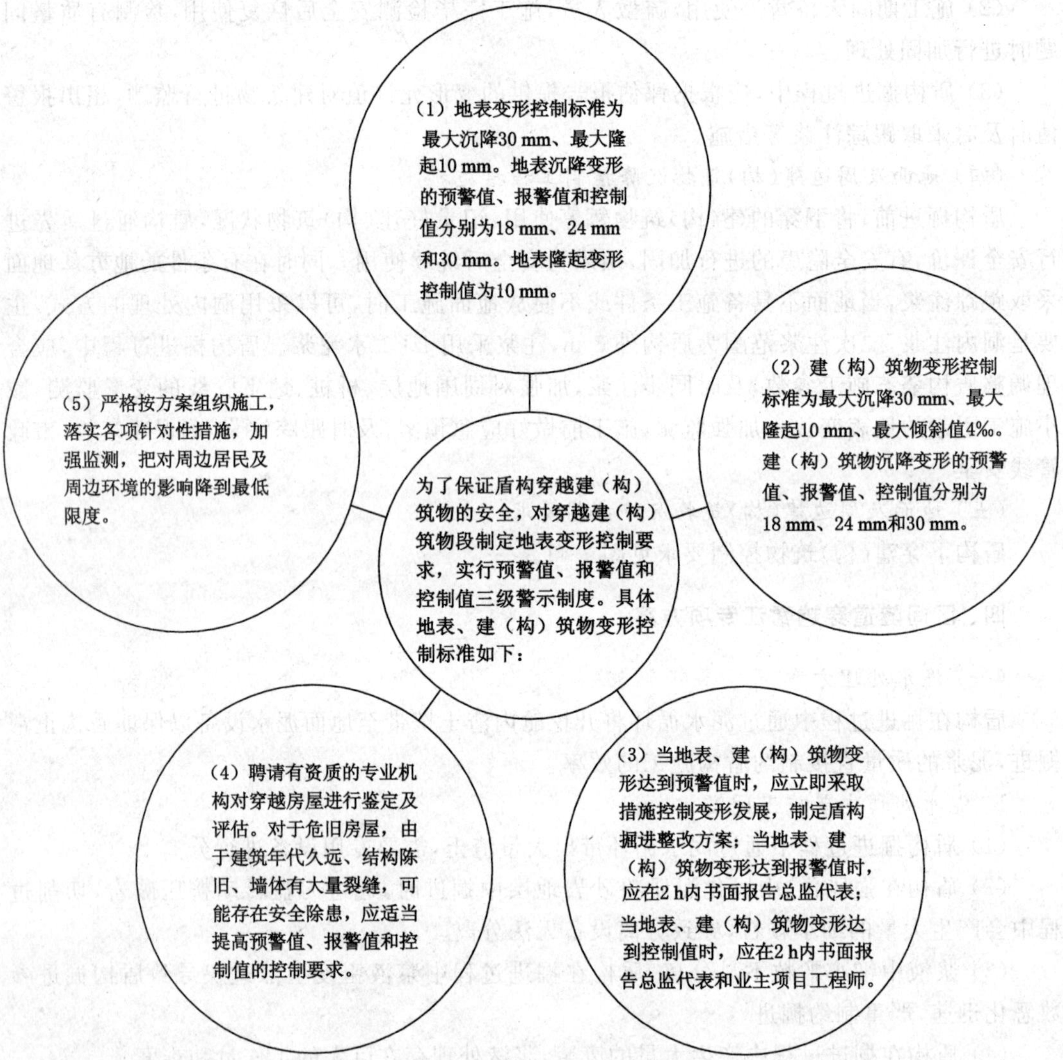

图 7-41　盾构下穿建(构)筑物控制要求

系统。二级处理后的泥浆由中储箱出浆口自流入调浆池或沉淀池，经调配后泵送回井下。

泥浆指标超标时，依托调浆系统的管阀切换，在盾构施工间隙期，可通过送浆泵的泵送形成二次循环处理。必要时，可通过化学制浆系统添加合适的化学药剂对泥浆指标进行合理调整。

(2) 通过压滤机对沉淀池内浆液进行离心处理，控制浆液密度。

压滤设备的功用就是在黏土层旋流筛分设备不能分离出足够的固相，不能将泥浆密度还原到掘进初期的低值 1.05～1.10 g/cm^3 左右时，进行彻底的固液分离，通过分离出足够的低含量水率(23%～27%以下)干土、回收足够的低固体含量(50 mg/L 以下)滤液，将泥浆密度还原到掘进初期的所需值。压滤系统主要由压滤机、空压机、泥浆泵、泥浆罐及控制系统组成。为提高压滤效率，用户可根据实际需要选配助滤剂、絮凝剂等辅助功能单元。

泥浆处理过程分为以下几个步骤：泥浆收集→泥浆改性→压滤(含送浆、建压)→排水→

隔膜压榨→吹气脱水→卸料→管路冲洗。

从脱水筛透筛底流收集斗送来的浆液进入底流泥浆罐，同时将污浆改性药剂送至底流泥浆罐，均匀搅拌后加入助滤剂，并送至底流泥浆罐备用。

泥浆泵将底流泥浆罐中的泥浆送至压滤机滤板间的密闭腔室，泥浆中的固相颗粒被滤布拦截并逐渐富集形成滤饼，滤液透过滤布流出进入滤液收集箱。滤液箱内液位达到一定高度时，排水泵开启，将滤液排出，滤液箱内液位降低到一定高度时，排水泵停止，剩余滤液将用于管道的冲洗。泵送泥浆过程中滤饼逐渐增厚，压力逐渐升高，泵送泥浆流量逐渐减小。当压力达到设定值、过滤出水量很少时，说明滤饼形成，此时进行一次隔膜压榨，尽可能多地挤压出滤饼中的水分，随后压滤机松开滤板并卸料。当卸料完成后，泥浆泵随即对进浆管路进行冲洗，准备下一流程。

本系统设置了中控室，将系统动力柜与控制柜放置其中，系统具备PLC(可编程逻辑控制器)中控系统和手动、半自动控制，能对进浆、压滤、吹风、卸料等过程进行控制，能够避免外界不良气候条件对电气元件的影响。

(3) 半舱掘进模式的应用。

泥水处理设备二级旋流及压滤机在使用过程中存在机械维修保养等问题，这严重制约了盾构掘进，为此采用半舱掘进模式。此种掘进模式使得开挖舱浆液为半舱，气垫舱跟开挖舱的压力平衡，相对于气垫式模式更有利于渣土的流动，冲刷系统泥浆可直接作用于刀盘面板，有效地防止刀盘结泥饼，增加渣土的流动性；开挖舱上部充满气体，有效地降低刀盘的转动扭矩，使得刀盘有效扭矩增加，进而增加刀盘的贯入度，这样提高了刀具的破岩能力，使得渣土的完整性较好，减小了细小颗粒的成分，一定程度上缓解浆液处理难度。

(4) 科学化浆液管理。

派专人对浆液进行管理，安排实验室人员每半小时对浆液特性进行分析，实时掌握浆液信息，针对浆液参数采取相应措施进行处理。

(二) 刀盘结泥饼处理方案

1. 总体思路

通过盾构刀盘冲刷系统、控制泥浆性能参数、控制盾构掘进参数和环流系统的配置及操作来有效防止刀盘结泥饼。

2. 主要施工问题

泥水盾构机在中风化泥质粉砂岩的掘进过程中，挖掘面的泥质粉砂岩受到刀盘的碾压，极易自刀盘中心位置向四周逐步在刀盘面和开挖舱内壁上形成附着的泥饼，坚硬的泥饼将会把刀盘开口堵塞，严重降低了盾构机掘进能力；泥饼的存在加重了盾构机刀盘和刀具的负荷，常常使掘进参数出现突变，大大降低施工效率。

3. 刀盘结泥饼防治措施

(1) 盾构设备设计优化。

泥饼是在掘进过程中，泥质粉砂岩地层遇水软化和刀盘掘进挤压形成泥团堆积附着在刀盘及刀盘扭腿上，不断碾压后形成的。因而增强开挖舱内循环的能力，减少黏土的附着，对减轻盾构泥饼的形成有非常重要的作用。结合泥水盾构机环流系统的特点，在刀盘中心及周边区域设置中心冲刷装置，该装置能同时进行刀盘中心和径向冲刷。通过冲刷位置注入大流量的循环泥浆，直接冲刷刀盘，冲掉尚未形成的泥饼，增大内循环流量，及时把切削下来的黏土带走，阻止黏土块的相互黏结和研磨，从而不易结泥饼。不但所泵入的循环泥浆可以增加切削土体流塑性，而且高压冲刷泵所采用的新鲜浆液可以进一步稀释泥浆黏度，提高盾构机排浆的输送能力，有效防止盾构机刀盘面泥饼的形成。在掘进过程中时刻关注开挖舱压力是否有变化，当开挖舱压力出现大的波动时停止掘进，立即打开冲刷系统，待压力无较大波动时再进行掘进。

(2) 严格控制环流泥水性能参数。

这是非常关键的因素，泥水盾构机在中、强风化岩和黏土地层的掘进过程中，必须及时用低密度优质泥浆置换开挖舱内高黏性土，防止土块在刀盘和开挖舱附近堆积，保证刀盘开口处通畅。因此要选择合适的泥浆指标，并进行严格控制。

① 掘进过程中，严格控制泥浆的各种性能指标，包括黏度、密度和析水率等。

② 根据实验结果，泥浆指标应控制为：密度 1.05～1.15 g/cm^3，黏度 18～20 cSt。在掘进初期，往泥浆内添加润滑剂（如工业洗涤剂），可以有效减少岩石粉末和土层中的黏土附着在刀盘或已经形成的泥饼上的概率，并且可以化解初步形成的泥饼。

③ 掘进过程中，泥浆会因渣土的溶解，引起泥浆黏度和密度的快速上升，导致循环泥浆渣土携带能力的严重下降，容易造成黏土团滞留在刀盘及开挖舱内。因此，在盾构掘进的过程中，要及时进行泥浆指标的检验，必要时每 30 min 就需监测一次。根据泥浆情况，通过泥浆处理设备排浆和连续加注清水的方式，稀释黏稠的高浓度泥浆。

(3) 控制盾构掘进参数和环流系统的配置及操作。

① 加强对盾构掘进参数的观察，注意扭矩、推力的异常变化。在掘进期间，保持循环泵和刀盘防泥饼装置对开挖舱不间断的泥浆循环和对刀盘不间断的冲洗，同时结合冲刷系统的使用。掘进完成后继续进行泥浆循环，尽量排空刀盘及开挖舱内的渣土，防止其大量附着。

② 加大进排浆流量。掘进过程中，确保切削下的渣土及时得到排出，尽量避免刀盘进土口和开挖舱内渣土的黏结。

③ 盾构机掘进速度不宜超过 20 mm/min，在刀盘扭矩不大的情况下，可以适当加快刀盘的转速，减少大块黏土产生的数量。此外，刀盘旋转切削时，要经常进行正反向切换，不要长时间在同一方向旋转。

④ 掘进时要密切注意出渣量的变化，当发现出渣量异常减少时，要及时采取对开挖舱和刀盘实施循环清洗。在掘进过程中每掘 30 cm 清洗一次开挖舱，防止开挖舱内结泥饼。对开挖舱隔板的温度也进行人工随时探测。

（三）复合地层盾构施工难点及技术措施

1. 复合地层特点

复合地层盾构施工的困难主要表现为刀具异常损坏、刀盘扭矩波动及振动增大、刀盘和主轴承寿命降低、泥饼产生、喷涌失控、掘进效率降低、隧道管片上浮、地表及建筑物沉降等等。

2. 盾构机选型及设计特点

(1) 采用了高强度和刚度的刀盘结构，能较好地避免在不均匀的地层中刀盘结构变形。

(2) 采用盘形滚刀、撕裂刀和刮刀相结合的复合式刀具布置，可以同时挖掘软土和软岩，各种刀具的高度经过充分研究和精确计算。

(3) 考虑在掘进过程中要更换刀具，各种刀具都设计成背装式，即刀具的拆装都在刀盘后面的开挖舱内进行，非常方便和安全。

(4) 刀盘的开口率在满足刀盘结构强度和刀具布置要求的前提下尽量大，并且特别注意刀盘中心部分的开口量，以满足在复合地层中切削下来的渣土能够顺畅地进入开挖舱。

(5) 在开挖舱的舱壁和刀盘的背后各设计有多条搅拌臂，有助于土体流动防止结泥饼。同时刀盘的支撑结构采用4条呈放射状圆柱支撑臂，有利于土体的流动。

(6) 盾构需具备冲刷系统以防止刀盘结泥饼。

(7) 采用盾尾同步注浆可更有效地防止地面沉降，降低劳动强度，提高掘进速度，改善隧道质量。

(8) 采用同步自动导向系统，可减少人工测量工作量，大大提高掘进速度及精度。

3. 盾构在复合地层中掘进容易出现的问题

同一断面存在软硬差异较大的地层，可导致工期大大延长和掘进成本大幅度提高，给盾构施工带来了巨大困难。这些问题主要体现在以下方面：

(1) 由于盾构机有避硬趋软的倾向，在这种地层中盾构机姿态控制困难。

(2) 在上软下硬的地层中一方面刀具磨损很大，需更换，另一方面由于上部土层不稳定，刀具更换又很困难。

(3) 由于推进油缸推力不均，必然造成局部油缸推力较大，导致管片局部受力过大使管片产生错台、开裂。

(4) 地面沉降控制困难，容易形成漏斗形沉降区，土压力不能按通常计算值设定。

(5) 隧道容易出现上浮，上浮主要出现在施工速度较快时和变坡点位置，岩石地层较软土地层也容易出现。

(6) 刀具在掘进过程中容易出现刀盘结泥饼问题。

4. 针对以上问题的综合处理措施

(1) 定期检查和更换刀具，特别对边缘刀应加强检查，确保有效挖掘直径，必要时使用超挖刀。

(2) 对刀具的磨损应有一个正确的估计，提前制定好带压进舱的技术准备及措施，保证刀具更换顺利进行。

(3) 适当降低盾构的推进速度和推力，严格控制刀具的切入量。

(4) 提高注浆量，正确选用和安装管片，加强盾尾密封油脂注入，可以有效防止管片破损和错台。

(5) 以控制出土量为原则控制地层的沉降，工程部对掘进参数实时跟踪，根据具体的地质状况设置合理的循环流量与掘进速度的函数曲线，实时下发掘进指令，针对不同的地质实时进行调整，加强监控量测频率，实时将监控结果传达到上级有关部门和盾构司机，针对不同的地层调制不同的浆液使之能够在掌子面有效形成泥膜；设置合理的保压值，掘进时液位保持恒定，防止因液位不稳造成开挖舱压力波动对掌子面造成扰动。

(6) 盾构在掘进复合地层过程中适当放慢掘进速度，使盾构刀盘对正面地层进行充分破碎；提高盾构掘进过程中的轴线控制能力；合理调整刀盘转速，避免大量出渣造成坍塌或沉陷；时刻掌握浆液特性，制作适合地层的浆液，既能充分保证开挖面的稳定性，又能提高浆液的携渣能力，以提高掘进效率。

第五节　盾构施工质量保证措施

(1) 区间隧道采用盾构工法,始发与到达端头采取地层加固措施,联络通道地层加固主要采用冻结法加固方式,加强对地下水引发工程风险的控制。

(2) 开工前调查清楚周边或隧道上方受影响建(构)筑物的基础形式以及管线情况,施工期间变形标准制定采用"四控"标准,即地表绝对沉降、地表差异沉降、建(构)筑物沉降速率、建(构)筑物表观状态标准。"四控"标准中如有一项不达标,立即采取跟踪补偿注浆等技术措施。

(3) 开展施工地质调查,对围岩变形观察、量测,进行塌方危险源的监测监控,做好量测数据的记录并对其进行分析研究,对围岩－支护体系的稳定状态进行监控和预测,及时掌握隧道地质变化。

(4) 盾构区间施工选择性能可靠、适应性强的盾构刀盘配置。盾构推进前要设试验段,严格按控制盾构掘进参数施工。对盾构机的推进速度、顶进力、同步注浆、二次注浆严格控制,加强掘削面的稳定控制技术。根据监测结果调整盾构机推进速度、掘进参数以及加强注浆技术,确保加固区地表沉降控制在允许范围内。

(5) 针对区间盾构穿越砂层的地质情况,应采取防止地表沉降过大、盾构机喷涌等控制措施;下穿重要建(构)筑物时,结合设计,穿越前对建(构)筑物下土体进行注浆加固,穿越时进行袖阀管补偿注浆,控制建(构)筑物的沉降;紧临施工时,在隧道与建(构)筑基础之间采用双管旋喷桩加固处理。

(6) 制定带泵房联络通道冻结管的布置方案,论述其合理性,必须保证集水井具有足够的冻结厚度。

第八章　青岛4号线铺轨施工实例

第一节　工 程 概 况

青岛地铁4号线为主城区东西向的骨干线，线路总体呈东西走向，从青岛城区的中部东西向连接老城区、东部新区以及崂山区沙子口。线路自人民会堂站起，主要沿太平路、江苏路、热河路、辽宁路、华阳路、内蒙古路敷设，过海泊桥后，向东沿鞍山路、辽阳西路、辽阳东路、规划长沙路、李宅路(S296)、李沙路(S214)到达沙子口，然后向东沿崂山路至终点大河东站。线路全长约30.939 km，全部为地下线，共设25座车站。全线设车辆段及综合基地1处，位于线路东端崂山六中南侧。

第二节　轨道施工总体施工方案

一、碎石道床铺轨

碎石道砟利用汽车运输，卸在路基上，人工铺设。首先铺设底砟，道砟采用汽车运输进场，人工配合机械摊平，重型压路机碾压。底砟铺设完成后，采取人工配合装载机散布轨枕，沿线路中线人工配合装载机拖拉散布钢轨，然后采取人工抬摆挂线散布轨枕、硫黄锚固，之后跨轨连接上扣件，线路预铺完成后摊铺面砟，之后起道捣固整细。

二、正线整体道床施工

正线地下线整体道床采用“机铺法”铺设：在铺轨基地组装轨排后吊装、运输至施工位置，采用下承式支撑架，支撑起轨排，使轨排初步就位。调整轨排设计参数，浇筑整体道床。支墩混凝土强度达到15 MPa后，拆除钢轨支撑架，完成施工工序。

整体道床施工流程为：落底、清理基底→设置中线桩和标桩→轨排组装运输→铺设钢筋网→支撑架架轨，组装扣件悬挂支承块→调整轨距、水平→立模板及伸缩缝板→调整锁定轨道排架→监理检查、签证→灌注振捣道床混凝土→道床抹面整平、混凝土养生→拆洗及整理模板→拆除钢轨支撑架及涂油、倒运→质量检查。

三、铺道岔

正线整体道床道岔利用汽车运至铺设地点，采用人工原位铺设。若原位铺设有困难，则采取在旁边预铺，然后整体移位至设计位置的方法，预铺场地应平整、坚实，道床应平整密实，并经机械设备碾压。无合适的场地时搭建临时专用平台。严格按照设计图铺设道岔。钢轨应按先直股后侧股，先转辙机后辙叉的顺序施工。

四、铺轨及无缝线路施工

地下线无缝线路采用换铺法施工，平板车先停靠在铺轨基地下料口下，龙门吊吊装25 m标准轨在平板车上，平板车行驶至各车站将25 m标准轨焊接成100 m长轨，再运至铺轨处进行换轨作业，全线换铺完成后进行放散锁定。作业流程为：整体道床施工、工具轨连接→龙门吊装卸25 m标准轨排→进行焊轨作业→形成长钢轨→应力放散、焊接锁定。

试车线采用一次铺设无缝线路的直接铺轨方案，人工在现场直接将未钻孔未淬火的25 m钢轨焊接成单元钢轨。作业流程为：铺渣→人工散布摆放轨枕→汽车(人力)转运钢轨到位→钢轨落槽、连接→分次上渣整道→钢轨焊接及放散锁定→钢轨打磨、轨道检测→精细整道。

采用移动式接触焊技术进行工地单元轨节焊接，在设计锁定轨温允许范围内锁定焊接。放散锁定前，布设钢轨位移观测桩，放散锁定后，进行精细整道，使线路达到设计标准。

第三节　轨道施工工序

一、轨道CPⅢ施工测量控制网方案

本标段轨道工程基础控制网测量拟采用CPⅢ技术。

(一) 控制点布设

轨道基础控制点应沿线路成对布设，点位布设满足表8-1要求。

表8-1　轨道基础控制点布设要求表

名　称	高　度	备　注
CPⅢ控制点	高于轨面0.7～1.2 m左右	成对布设在隧道侧墙、中隔墙或站台廊檐上

在地下隧道区间段，轨道基础控制点应埋设在隧道侧墙上。控制点布设时应根据限界图中应急平台、消防水管、电缆支架的设计位置进行综合比选，选择结构稳定、高度合适、便于控制网测量的位置进行布点。

在地下车站，站台一侧控制点应埋设在站台廊檐侧面，且应避开屏蔽门及塞拉门位置，点位埋设位置距离廊檐顶面不宜小于10 cm，确保后续橡胶条安装不破坏轨道基础控制点；另一侧控制点应埋设在隧道侧墙上且高于电缆支架5 cm左右的位置。

(二) 控制点埋设

1. 测量组件

CPⅢ控制点测量组件采用精加工元器件，该组件均由1Cr18Ni9不锈钢材料制作，CPⅢ控制点标志重复安置精度和互换安装精度 X、Y、Z 三方向分别小于0.4 mm、0.4 mm、0.2 mm。CPⅢ控制点测量组件由预埋件、平面测量杆、专用平面测量棱镜和高程测量杆4部分组成。

预埋件在轨道基础控制网测量前进行埋设，用于连接平面测量杆或高程测量杆。在CPⅢ控制网平面测量时，需使用平面测量杆并将其安装在预埋件中，用于连接专用平面测量棱镜。

2. 控制点埋设方法

CPⅢ控制点应设置在稳固、可靠、不易破坏和便于测量的地方，并应防冻、防沉降、防震动和抗移动。

预埋件埋设时，首先在选定位置大致水平钻孔，采用 25 mm 左右直径钻头，钻深 30 mm。埋设时应注意清孔干净，保证预埋件尽量水平，采用速凝水泥或锚固剂填充孔位，然后安放预埋件，使速凝水泥或锚固剂沿预埋件外壁四周被挤出。速凝水泥或锚固剂凝固后进行检查，预埋件须稳固，标志内及标志顶面无任何异物，并检查保护盖是否正常。

在车站段埋设预埋件时，其外边缘应与车站廊檐侧面齐平，以免影响限界，严禁侵入限界。

预埋件埋设完成及不使用时，应加设保护盖，以防止异物进入预埋件内影响预埋件正常使用及安装精度。

控制点埋设时应使用品质良好的锚固剂，锚固措施必须使得预埋件牢固，以确保长期稳固。

3. 控制点编号

CPⅢ控制点按照千米数递增进行编号，其编号反映里程数。位于线路里程增大方向左侧的控制点编号为奇数，位于线路里程增大方向右侧的控制点编号为偶数(在有长短链地段应注意编号不能重复)。

控制点编号统一为六位数，具体规则为：×(左右线标识 Z 或 Y)＋××(里程整千米数)＋G(表示轨道基础控制点)＋××(该千米段序号)。例如 Z26G01，其中"Z"代表左线，"26"代表里程数，"G"代表轨道基础控制点，"01"代表该里程范围内第 1 号点。

4. 控制点点号标注

轨道基础控制点编号应明显、清晰地标在隧道侧墙或车站廊檐上，同一路段点号标志高度应统一。点号标志字号应采用统一规格字模，字高 6 cm 正楷字体刻绘，并用白色油漆抹底，红色油漆喷写点号。点号铭牌白色抹底规格为 40 cm×30 cm，红色油漆应注明工程线名简称、控制点编号、"严禁破坏"，每行居中排列，严禁采用手写标识。

(三) CPⅢ平面位置测量

(1) 轨道基础控制网平面测量采用智能型全站仪配合专业数据采集软件进行，采用自由测站边角交会法测量。测量软件应全线统一，且必须通过相关部门的评审合格。

(2) 平面测量应在既有的调线调坡施工控制网的基础上，采用自由测站边角交会的方法测量，每个自由测站观测 4 对控制点，测站间重复观测 3 对控制点。每个控制点有 4 个自由测站的方向和距离观测量。

(3) 平面测量时应每隔 300 m 左右联测一个既有的调线调坡施工控制网点作为平面起算点。平面起算点联测如图 8-1 所示，应至少通过两个或两个以上自由测站进行联测。

(4) 平面测量水平方向应采用全圆方向观测法进行观测，距离观测采用多测回距离观测法。距离观测应实时地在全站仪中输入温度和气压进行气象元素改正，温度读数精确至 0.2 ℃，气压读数精确至 0.5 hPa。

(5) 平面测量可根据施工需要分段测量，分段测量的区段长度不宜小于 2 km，区段重复观测不应少于 6 对控制点。

(6) 平面测量后先采用独立自由网平差，再采用合格的平面起算点进行固定约束平差。

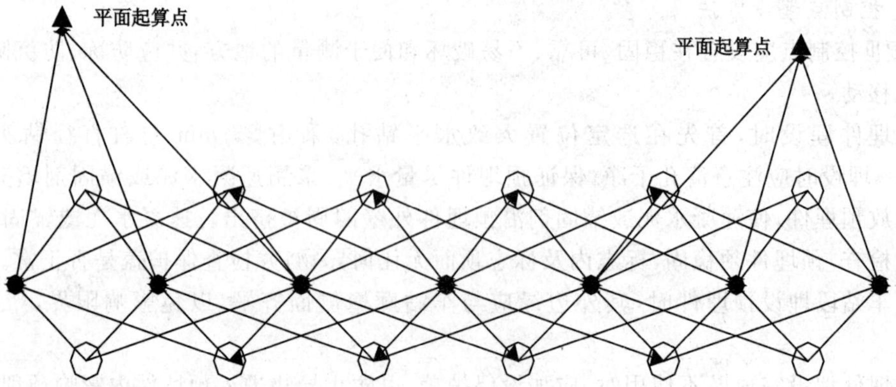

图 8-1 平面起算点联测示意图

自由网平差和约束网平差应按表 8-2 和表 8-3 中各项技术指标进行统计分析。

表 8-2 平面测量自由网平差后的主要技术要求

控制网名称	方向改正数	距离改正数
轨道基础控制网平面测量	±3″	±2 mm

表 8-3 平面测量约束网平差后的主要技术要求

控制网	与起算点联测		轨道基础控制点联测		方向观测中误差	距离观测中误差	点位中误差	相邻点相对点位中误差
	方向改正数	距离改正数	方向改正数	距离改正数				
轨道基础控制网平面测量	±4″	±4 mm	±3″	±2 mm	±1.8″	±1 mm	3 mm	±1 mm

(7) 区段之间衔接时，前后区段独立平差重叠点坐标差值不大于 3 mm。满足该条件后，采用余弦平滑方法进行区段接边处理。

(四) CPⅢ高程位置测量

(1) 轨道基础控制网高程测量可采用几何水准测量的观测方法(见表 8-4)，也可采用自由测站三角高程测量方法与平面测量合并进行。

表 8-4 几何水准测量的观测方法

测量方法	线路长度/km	水准仪等级	水准尺	观测次数
水准测量	≤3	DS1	因瓦	单程(轨道基础控制点间)；往返(联测既有水准网点)

(2) 几何水准测量应执行表 8-5 的技术要求。

表 8-5　几何水准测量水准线路的精度要求

水准测量等级	每千米水准测量偶然中误差/mm	每千米水准测量全中误差/mm	限差/mm			
			检测已测段高差之差	往返测不符值	附合线路或环线闭合差	左右路线高差不符值
精密水准	≤2	≤4	$8\sqrt{L}$	$8\sqrt{L}$	$8\sqrt{L}$	$6\sqrt{L}$

注：L为水准路线单程长度，以 km 计。

(3) 自由测站三角高程测量应执行表 8-6 和表 8-7 中的技术要求。

表 8-6　自由测站三角高程测量的技术要求

全站仪标称精度	测回数	测回间距离校差	测回间竖盘指标差互差	测回间竖直角互差
≤1″，1 mm+1×10^{-6} m	≥3	≤1 mm	≤9″	≤6″

表 8-7　自由测站三角高程网平差后的精度指标

高差改正数	高差观测值的中误差	高程中误差	平差后相邻点高差中误差
≤1 mm	≤0.5 mm	≤2 mm	±0.5 mm

(4) 轨道基础控制网高程测量应以既有的调线调坡施工控制点为高程起算点，每千米左右联测一个高程起算点，水准路线闭合长度不宜大于 2 km。

(5) 采用水准测量方法进行高程测量时，外业观测采用矩形水准路线形式进行，每相邻的两对控制点之间都构成一个闭合环。

(6) 采用自由测站三角高程测量方法进行高程测量时，应采用不同测站所测得的相邻点的高差进行构网。

(7) 高程测量可根据需要分段测量，分段测量的区段长度不宜小于 2 km，区段间重复观测不应少于 2 对控制点。

(8) 高程测量数据处理时，应进行环闭合差和附合路线闭合差统计，并对每千米高差偶然中误差和每千米高差全中误差进行统计分析。相邻控制点的水准环闭合差不得大于 1 km。

(9) 高程测量应对联测的既有的调线调坡高程控制点为起算数据进行严密平差，且相邻轨道基础控制点间高差中误差不应大于±0.5 mm。

(10) 区段之间衔接时，前后区段独立平差重叠点高程差值应不大于 3 mm，满足该条件后，采用余弦平滑方法进行区段接边处理。

(五) 定位和测量放线复测

1. 定位和测量方法

线路施工定位放线采用测设基标对线路进行控制和定位。通过原始基准点、基准红线以及基准标高配合基标测设单位对基标进行测设，并配备先进的仪器，由经验丰富的测量人员根据基标测设单位已测定的基标对轨道铺设基标进行全面复测校验、保护等工作，以确保轨道安装施工顺利进行。

2. 施工复测

土建主体工程移交后，对线路进行复测，以正确指导施工。轨道施工前，依据相关测量规范、标准，依据原始资料配合基标测设单位进行线路复测。复测成果确认无误后，会同基标测设单位进行轨道控制基标和加密基标的测设。

3. 施工定位放线（基标复测）

铺轨基标是轨道铺设平面和高程的基准，基标测设质量的好坏，将直接影响轨道铺设质量和线路运输限界。为此，基标测设必须准确，以确保轨道铺设的质量，为列车平稳安全运行奠定基础。

4. 整体道床正线基标测设规定

基标设置前先进行隧道结构净空限界检测及轨道线路中线、水平贯通测量，误差调整闭合后，根据铺轨综合设计图设置铺轨基标。

铺轨基标设置规定：铺轨基标分控制基标和加密基标两种，地下线基标设置于水沟外侧，基标顶面低于行车方向右股钢轨顶面 340 mm。

(1) 控制基标。

直线上不超过 120 m、曲线上不超过 60 m 设置一个控制基标，且曲线起止点、缓圆点、圆缓点及道岔起止点和各控制点均设置控制基标。

(2) 加密基标。

直线上 6 m、曲线上 5 m 设置一个加密基标。

基标设置精度应符合相关测量规范、标准的规定。

5. 基标测设方法及技术要求

(1) 线路中线控制桩测量。

以地铁线路施工控制网点为起算，按设计要求测设线路控制桩。一般直线 120 m、曲线 60 m 及曲线起止点、缓圆点、圆缓点、道岔起止点、变坡点各设一个。

中线控制测量使用不低于 2″级全站仪水平角观测两测回，测设的线路中线控制桩每 1～1.5 km 与施工网点联测，以克服测量误差的积累。

(2) 基标复测要求。

基标分控制基标和加密基标两种。以测设好的线路中线控制桩为起算依据进行测设。

两控制基标之间距离较近时，首先满足曲线要素桩后可适当减少。控制基标应稳固，长期保存。

基标埋设位置按照业主及设计要求执行。

(3) 基标埋设方式。

铺轨基标埋设时，首先应按设计要求将底板凿毛，以增加基标与底板的黏结力；彻底清除各种杂物，经检查验收合格后，方可用水泥砂浆初步固定。

基标标桩应埋设牢固，经检测基标满足各项限差要求后及时固定，控制基标进行永久固定，以满足轨道铺设施工和检测的需求。

（六）基标测设的精度

中线控制桩：使用全站仪进行测设，增设的控制桩间距在直线上为 100～200 m，曲线上为 50 m。中线控制桩允许横向偏移不大于 2 mm，距离偏差不大于 1/5 000。

水准点：使用水准仪进行测设，增设水准点间距为 100 m，高程允许偏差为±2 mm。

加密基标：设于线路外侧。加密标桩布置间距一般为直线 6 m、曲线 5 m，间距偏差在两中线控制桩内调整。

二、地下线一般段整体道床施工

(一) 一般段整体道床施工方法

地下线一般段整体道床施工时，先在铺轨基地用 25 m 待焊轨与混凝土短轨枕、扣配件等组装成轨排，然后将组装好的轨排吊装到平板车上，每工作面用 1 台地铁专用轨道车与 2 辆地铁专用平板车运送到施工现场；然后用 2 台铺轨门吊将轨排吊运至作业面并铺设；采用"轨排架轨法"进行整体道床施工。

道床混凝土采用商品混凝土，按照已确定的配合比由指定搅拌站实施供应，用混凝土搅拌运输车运送至最近下料口，通过泵送或漏斗输送到地下平板车混凝土料斗内，采用轨道车推送混凝土料斗至工作面附近，铺轨门吊吊运混凝土料斗到作业面完成道床混凝土浇筑。

(二) 施工工艺

1. 基底处理

在进行基底处理之前，以轨面标高为基准线，先对轨道结构高度进行检测，确认整体道床底至钢轨顶面不小于设计高度。清理隧道结构杂物，对结构底面进行密集凿毛，凿毛后再次清扫杂物垃圾，并用高压水或高压风冲洗底板。为避免其他地段的污水污染，在端部筑堰排污，做到施工段内无积水，无废渣。

2. 铺轨门吊走行轨的安装

铺轨门吊是洞内轨排、钢筋、混凝土等材料吊运必不可少的机具之一。为此，对铺轨门吊和走行轨的要求是：铺设及拆除方便、快捷，保证在地铁线路上大坡道和 400 m 小曲线半径上门吊走行平衡安全。在走行轨的选用上，为便于人工搬运，钢轨不宜太重，为保证走行轨钢轨的支承断面，根据龙门吊吊重时的轴重，决定选用 24 kg/m 钢轨，走行轨支承点间距为 1.2 m。在走行轨铺设方式上采用特制高度可调式钢支墩，龙门吊走行轨一般应超前钢筋网铺设地段布设。根据圆形、矩形隧道断面及结构底面，钢支墩抽盒底板根据底板面的形状制作成几种不同的结构，可满足各种工况施工的需要。在布设铺轨门吊走行轨时，先利用 4 个 M16 膨胀螺丝将钢支墩底板固定在隧道底板上，再调整钢支墩的高度至确定位置；钢支墩上板采用螺栓与钢轨底板紧固连接。

走行轨安装施工工艺流程见图 8-2。

3. 轨排洞内的运输与组织

轨排在存放台位用桁架门式起重机吊放到平板车上，考虑洞内的限界，平板车一次仅能运送两排轨排。轨道车推至道床混凝土已施工完毕且强度已经达到 70%设计强度的地段，再用两台铺轨门吊抬至待铺位置。

施工注意事项：装车时轨排间应放置垫木，且后铺轨排先装车，先铺轨排后装车。

运输轨排时，轨排与平板间要稳定牢固。停车时要及时放入铁靴，防止平板车滑行。

两台龙门吊共同作业时，要专人指挥，口令统一、清晰，司机操作熟练，配合默契。

4. "轨排架轨法"施工

根据施工图及铺轨相关图纸进行架轨、调轨、布置钢筋迷流网、混凝土浇筑等工作，并达到设计和使用要求。地下线整体道床采用"轨排架轨法"施工，所铺钢轨用无孔连接器进行相连。

(1) 工艺流程。

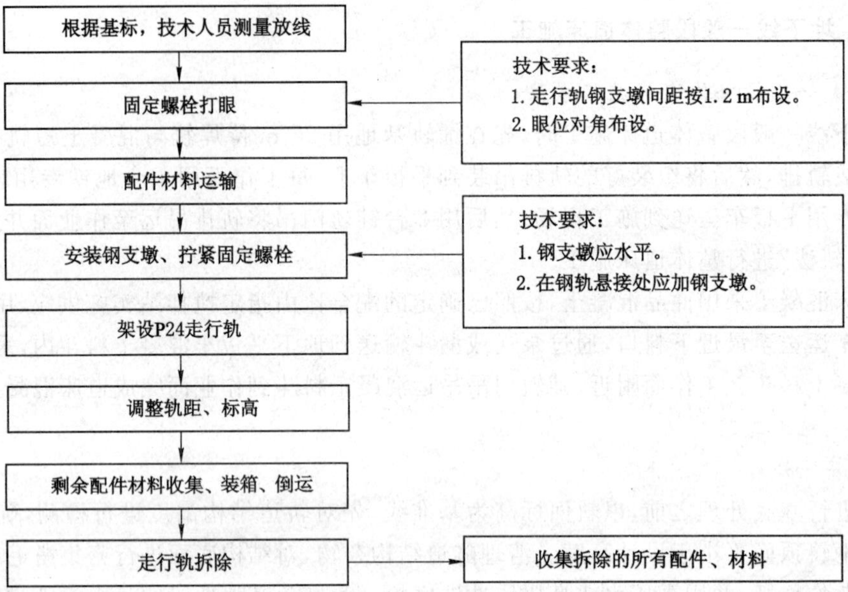

图 8-2　走行轨安装施工工艺流程图

整体道床施工工艺流程见图 8-3。

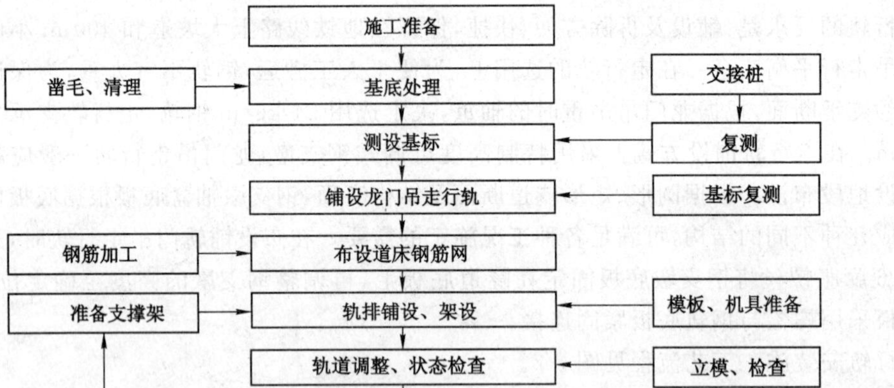

图 8-3　整体道床施工工艺流程图

(2) 轨排架设施工方法。

架设前做好各项施工准备：机械、材料、人员及各种扣件。

轨排采用支撑架架设，钢轨支撑架架设间距：直线地段 3 m、曲线地段 2.5 m 设置一个，如遇到短轨枕障碍时，间距可适当调整，并且直线段支撑架应垂直线路方向，曲线段支撑架应垂直线路的切线方向，道岔支撑架应按设计位置设置。

按照基标，对架设于支撑架上的钢轨进行粗调，初步调整其水平、位置、轨距和高程，并测放出短轨(岔)枕。轨枕间距允许偏差为±10 mm，最大间距不超过650 mm。承轨槽边缘距整体道床变形缝和钢轨(绝缘)接缝中心均不应小于70 mm。按照基标，利用主副架，对钢轨进行精调。正线钢轨设1/40轨底坡。道岔内钢轨不设轨底坡，在道岔两端采用轨底加顺坡垫坡进行过渡，道岔间不足50 m的地段不设轨底坡。

(3) 钢筋绑扎。

针对地下线整体道床，钢筋网采取在洞外下料加工、洞内绑扎焊接的作业方式布设。钢筋在轨排井或预留下料口旁捆绑成束，吊入洞内平板车；布设时由洞内龙门吊吊运至铺设地段；散布前，根据设计钢筋网格间距在隧道底板上确定位置并弹出墨线；然后，人工抬运钢筋按照底板上墨线进行布设、绑扎固定。钢筋网严格按照设计要求进行焊接，应注意杂散电流专业的要求，每段道床块两端的第一根横向钢筋为50 mm×8 mm的镀锌扁钢。扁钢及道床块中部两根横向箍筋应与所有纵向钢筋焊接，并保证各纵向钢筋的电气连续。

(4) 轨排架设。

当2台铺轨门吊将轨排吊运到待铺地段就位后，开始轨排架设。轨排架设采用上承式钢轨支撑架，钢轨支撑架设置间距为直线3 m、曲线2.5 m一个，直线段支撑架应垂直线路方向，曲线段支撑架应垂直线路的切线方向，并将各部螺栓拧紧，不得虚接。轨枕、支撑架如与预留管沟等重合时，前后适当调整，力求均匀。

(5) 轨道状态调整。

轨排架起后按设计和规范要求对其几何状态进行粗调、细调、精调。具体做法是：先调水平，后调轨距；先调基标部位，后调基标之间；先粗后精，反复调整。经过精调后，其精度必须符合无砟轨道铺设完成后精度要求，允许偏差应符合规范的规定，并经现场监理检查确认符合要求后，方可进行混凝土浇筑作业。

(6) 整体道床混凝土的浇筑。

基底处理及材料机具运输：对基底进行全面密集凿毛后清扫干净；将组装好的轨排及选配好的钢筋、钢轨支撑架、模板等料具运至整体道床作业区段，铺设并散布至作业面后再进行整体道床施工。

钢筋网铺设：详见“(3) 钢筋绑扎”的介绍。

道床混凝土施工：道床模板安装必须平顺，位置正确，并牢固不松动。模板安装完成后要报请监理组织隐检，认定符合要求后方可灌注混凝土。模板安装质量要求：位置偏差不大于5 mm，垂直度允许误差2 mm。抹面允许误差：表面平整度3 mm。

整体道床按照设计要求在设计位置设置道床伸缩缝。隧道内整体道床每隔12.5 m左右设置道床伸缩缝一处，伸缩缝以20 mm厚沥青板形成。在隧道洞口内50 m及U形槽段，整体道床每隔6.25 m左右设置道床伸缩缝一处；结构沉降缝处应设道床伸缩缝，施工缝应在伸缩缝处；短轨枕应避开道床伸缩缝。

道床混凝土由搅拌站采用混凝土搅拌车运输至最近下料口，利用泵送或漏斗输送到地下平板车料斗内，轨道车推运至作业面附近，再用铺轨门吊吊运至作业面浇筑。浇筑前要对每车混凝土进行坍落度试验，必须保证符合设计要求；混凝土浇筑时用编织袋覆盖钢轨及轨枕，以免对轨枕及扣件造成污染。

混凝土浇筑时采用插入式振捣棒振捣密实，并不得碰撞钢轨、轨枕、模板，振捣完成后道床混凝土表面要进行抹面处理，不得出现反坡，以免影响排水。混凝土浇筑完毕终凝后，采用涂刷薄膜养护剂或淋水的方法进行养护，要保持混凝土处于湿润状态。混凝土强度 2 d 内达到 5 MPa 以上后方可拆除模板，达到设计强度的 70%后，轨道上方可载重、行车。混凝土浇筑必须满足《混凝土结构工程施工质量验收规范》(GB 50204)要求，并经监理工程师认可。道床混凝土初凝前，应及时进行面层以及水沟的抹面，并将钢轨、轨枕、扣件、支撑架等表面灰浆清理干净。

混凝土抗压试件留置组数，同一配合比，每浇灌 100 m(不足 100 m 者按 100 m 计)应取两组试件，一组在标准条件下养护，另一组与道床同条件下养护，试件取样时监理必须在场。

轨道状态检验：严格按照《地下铁道工程施工质量验收标准》(GB/T 50299)执行，并注意以下几点：

① 混凝土强度应符合设计规定，并应无蜂窝、麻面和漏振，表面清洁，平整，变形缝直顺。

② 正线轨距均为 1 435 mm，其误差为＋2～－1 mm。

③ 轨道扣件、接头夹板螺栓应拧紧并涂油。

④ 直线地段两股钢轨轨顶标高应一致。地下线曲线段(含 U 形槽曲线地段)采用半超高设置方法，即外轨轨顶标高为中线轨顶标高加超高值的一半、内轨轨顶标高为中线轨顶标高减超高值的一半。

三、双层非线性减振扣件整体道床施工

双层非线性减振扣件整体道床施工工艺与一般整体道床相同，在此不再赘述。

四、钢弹簧浮置板整体道床施工

(一) 施工方法

为解决浮置板施工工期与施工进度的矛盾，提高工效，缩短工期，节约成本，计划采用“钢筋笼轨排法”进行施工，即在基地将轨排与 25 m 浮置板钢筋笼拼为一体，轨道车运输至作业面，采用铺轨门吊将钢筋网片就位，调整轨道几何尺寸，最后进行混凝土整体道床浇筑。

(二) 施工工艺

1. 施工工艺流程

钢弹簧浮置板道床施工工艺流程见图 8-4。

2. 基标测设及基底清理

(1) 按照线路走向设置线路中心基标，间距 3 m，再利用精密水准仪(精度 0. 01 mm)，对基标进行测设，详细准确记录测量数据。

(2) 根据线路中心基标布置位置在线路一侧设置铺轨基标，螺栓为 ϕ18 mm 细丝螺栓，螺母为上下两颗，以方便锁定，螺栓用电钻在基底面上打孔，再植入孔内，用水泥浆锚固。

(3) 待控制螺栓设置完成之后，采用直角道尺按照事先计算好的标高调整量进行调整，调整到位后用上下螺栓锁定标高。

(4) 基础混凝土施工时，先将基底清理干净。浮置板基础高度根据调线调坡后的轨道

图 8-4　钢弹簧浮置板道床施工工艺流程图

高度进行调整，确定收灰面高度。凿毛完毕后，将基底杂物清理干净，高压水冲洗或用湿拖把将基底泥土灰尘拖干净。

3. 铺设隔离层及机料撒布

底层施工完毕，清理底层混凝土表面要干净，然后在底板表面铺上隔离层，宽度不小于 3.0 m，起隔离层的作用。

4. 基地拼装钢筋笼

(1) 根据铺轨基底现场情况，合理布置钢筋笼拼装台位，要求台位平整。

(2) 根据现场实际线路状况布设隔振器外套筒，曲线按照不同半径对隔振器内外股的间距进行调整。

(3) 钢筋的加工及绑扎。

因浮置板钢筋的规格及尺寸较多，要求钢筋加工按照板号及规格分类加工，并做好标签，避免钢筋混乱。

钢筋的对焊施工：浮置板钢筋笼纵向钢筋计划采用闪光对焊。在工程正式焊接之前，实验结果应符合质量检验与验收时的要求。

钢筋笼的拼装：按照设计要求进行钢筋笼绑扎时，钢筋的布置间距及保护层符合验收规范要求。

钢筋笼吊装及运输：为了控制钢筋笼在运输过程中的变形，因钢筋笼为跨装平板运输，在列车通过道岔、小曲线半径时，位于平板车上的钢筋笼容易产生变形，为了控制钢筋笼在跨装平板车上的变形，可在平板车上设置转向架装置，以减少钢筋笼的变形。

5. 现场钢筋笼的就位及施工

(1) 现场钢筋笼的吊装。

现场采用铺轨门吊将钢筋笼吊装起升，注意吊点的选择，根据钢筋笼的挠度变形，计算吊装点，控制钢筋笼的变形。

(2) 钢筋笼的就位。

铺轨门吊走行轨按线路中心线进行布置，走行轨支墩采用可调高式钢支墩，确保铺轨门吊走行轨处于同一高程，为钢筋笼的精确就位提供基础，减少现场较大范围对钢筋笼的调整。

采用支撑及其他定位方式，在钢筋笼就位时进行调整，确保钢筋笼的中心线同线路接近线路中心线，曲线地段注意钢筋笼底部中心与轨道中心的偏离值。

(3) 轨道的架设。

根据钢筋笼拼装时安装的轨架承力板的位置，安装丝杠，架设采用下承式支撑架，支撑架不大于 3 m 设置一个。

(4) 安装剪力绞及立模板。

安装剪力绞及立端模板同时进行。根据设计图纸绑扎钢筋和安装剪力绞，剪力绞定位要准确。

(5) 轨道几何尺寸调整。

拆除钢轨、钢筋笼的连接系统，对轨道几何尺寸进行调整。施工中严格按照“三步控制”的措施确保轨道的几何状态，即：粗调，精调，灰后检查。

(6) 浇筑混凝土。

浮置板的混凝土浇筑到外套筒的上边缘，这时浮置板的上表面要比设计标高低 30 mm (即轨道标高要做低 30 mm，预留浮置板以后的顶升高度)。每块浮置板的浇筑应一次完成，以避免冷接缝而削弱浮置板的强度。运用插入式混凝土振捣器振捣，保证混凝土的振捣质量，特别是外套筒及短轨枕邻近处。清理隔振器盖板，确保外套筒盖上无混凝土。

6. 浮置板顶升

钢弹簧浮置板道床道床板顶升施工是钢弹簧浮置板道床施工的最后一道工序，其主要施工原理是利用液压千斤顶将钢弹簧逐个压缩使道床板抬升，然后利用高度调整片将顶升高度锁定，再松开液压千斤顶液压阀，取出千斤顶，最后利用精密水准仪及观测点对顶升高度进行检测。具体施工步骤及要求如下：

(1) 道床板混凝土在养护 28 d 之后才能实施顶升作业。

(2) 在实施顶升作业前的准备工作中，提前清理检查孔内垃圾并按照设计尺寸加工检查孔盖板。

(3) 清理钢弹簧浮置板道床两端过渡段水沟内的垃圾及积水，保证水沟流水畅通，防止隔振器在顶升后浸泡在水中，导致阻尼剂泄露，影响减振效果。

(4) 顶升前应用橡胶密封条密封道床板与隧道管片交接位置及道床板板间伸缩缝位置，以免顶升后有杂物落入道床板与基础之间影响减振效果或致使道床板发生断裂。

(5) 在满足强度要求之后，在每块道床板(每块长度 30 m)上对称布置 3 对 6 个观测桩。

(6) 打开隔振器外套筒顶盖，在外套筒内中心位置按照设计要求安装横向限位螺栓，然后安装钢弹簧，注意隔振器不能倒置，防止黏滞阻尼剂外流。

(7) 在每个隔振器位置依次摆放不同规格及型号的调整片。

(8) 顶升高度应逐渐调整，不得一次性顶升至设计高度，防止由于道床板受力不均匀而发生断裂。

(9) 顶升至设计标高后安装锁定板及隔振器外套筒顶盖。

7. 标高调整

如需要进行高度调整，可以通过调平钢板对浮置板进行调整，并通过螺栓把它和上支撑板连接在一起，防止调平钢板移动。最后盖上外套筒盖板，以保护弹簧隔振器。

五、整体道床道岔及交叉渡线施工

道岔及其整体道床施工是项难度大、施工周期较长的工程。道岔转辙器部分尖轨滑床板调平是施工中的难点，施工中将采用小型螺旋千斤顶配合钢轨支撑架对转辙器部分进行支撑，这样可方便、快捷地将尖轨滑床板调整至设计位置，施工方法详见交叉渡线中单开道岔的铺设。

(一) 整体道床单开道岔施工

整体道床单开道岔施工工艺流程见图 8-5。

1. 施工准备

施工前，先进行线路复测，设置道岔控制基标，并在地面进行道岔的试装，经检查确认零件齐全、位置正确后，方可分组装车，运至施工地点。运装时将尖轨与基本轨捆牢避免尖轨损坏。

2. 道岔运输、组装和调整

(1) 道岔运输。

先对各部分分组编号。按“1,4”、“2,3”、“5,6”、“7”、“8”、“9,10,11”、“12,13”的组合方式分为 7 部分(依次编号为①②③④⑤⑥⑦)，并在每根钢轨轨顶用白油漆标出岔枕中心位置，然后用汽车运至材料吊装点，吊车吊运至下料口，运至工作面进行组装。组装时在岔位上安装钢轨支撑架和轨距拉杆，并将各组钢轨连接，挂上混凝土岔枕。

(2) 道岔调整。

① 道岔组装。

根据基标用直角道尺和万能道尺粗调调整水平。首先把直角道尺架在基本轨上，通过

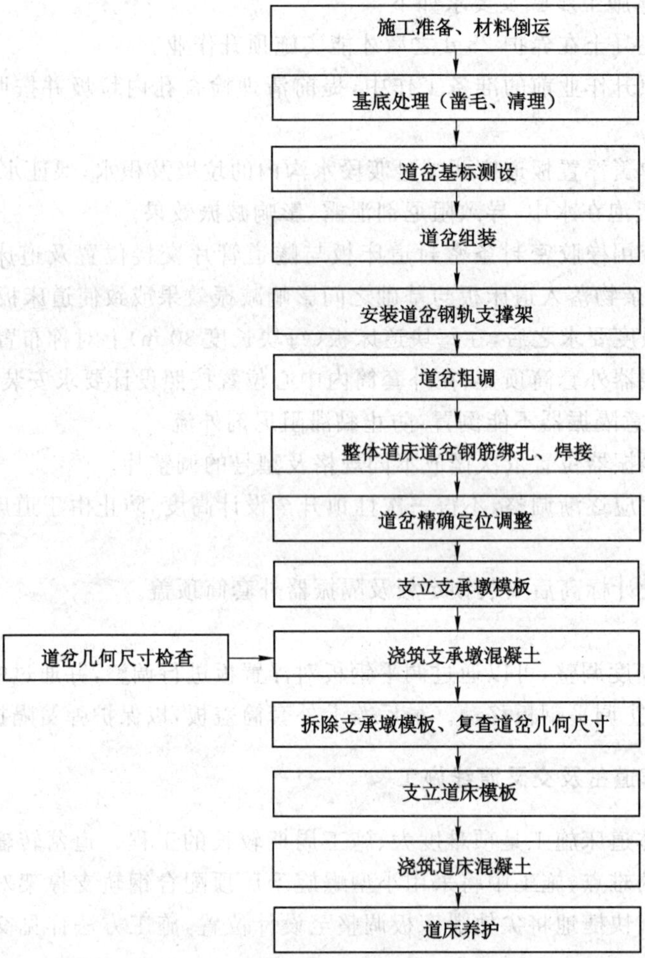

图 8-5　整体道床单开道岔施工工艺流程图

支撑架调整使直角道尺水准气泡居中。

钢轨位置根据道岔基标调整，并根据中线用轨距校核，然后用万能道尺将另一股钢轨位置定出并调整水平。用支距控制曲线基本轨位置，调整就位后用道尺控制水平及中线，定出侧股的准确位置。每组钢轨架设调整后，设钢管支架加固，以防止调整后的钢轨因连动或意外碰撞发生变形。

先调整直基本轨①、②，使轨道水平和平面位置达到设计要求，然后根据直线基本轨确定直线④、⑤、⑥的位置。直股调整完毕，再根据支距将曲线基本轨③调整就位，最后将⑦调整就位。

粗调就位后，用高精度经纬仪、水准仪进行最后精调。

经自检并报请工程师检查通过后，立模浇筑支承墩混凝土。支承墩设于轨枕下，顶宽 50 cm，设置间距不大于钢轨支撑架间距。为提高支承墩混凝土的早期强度，缩短施工时间，混凝土中掺入高效早强型减水剂。

② 道岔调整精度。

道岔按设计位置进行精度调整，其精度符合下列规定：

a. 道岔里程位置允许误差为±15 mm。

b. 导曲线圆顺，支距正确，其允许偏差为1 mm，附带曲线用10 m弦量，连续正矢允许误差为1 mm。

c. 高程：道岔全长范围内高低差不超过2 mm，高程允许偏差为±1 mm，不得有反超高。

d. 轨距：尖轨尖端处轨距允许误差为±1 mm，相邻两轨距以1‰顺坡。

e. 转辙器部分，尖轨连接牢固，搬动灵活，尖轨与基本轨密贴，其间隙不大于1 mm，曲尖轨在第一连接杆处的动程不小于152 mm。

f. 轨头部外侧至辙岔心作用边的距离为1 391 mm，允许偏差为0～+2 mm，至翼轨作用边的距离为1 348 mm，允许偏差为0～−1 mm。

j. 轨面平顺，滑床板在同一平面内，轨撑与基本轨密贴，其间隙不大于0.5 mm。

h. 道岔范围内各接头以及与轨道连接处轨面无错台，轨头内侧直顺无错牙，其允许误差为0.5 mm。

i. 轨缝：允许偏差为0～+1 mm。

3. 道岔道床混凝土的浇筑

（1）模板安装。

整体道床混凝土侧模采用组合钢模，安装模板前对道床标高及轨道中心线位置进行复查，以确保模板安装正确，模板安装允许误差±10 mm。

（2）道岔道床混凝土浇筑。

先浇筑道岔支墩混凝土，待道岔支承墩混凝土强度达到5 MPa后，拆除支撑架，对道岔各部位状态进行二次精调并全面检查各项尺寸符合要求后，进行道床混凝土浇筑。

（二）整体道床交叉渡线施工

交叉渡线由4组60 kg/m 9号单开道岔，1组菱形交叉和连接渡线组成。菱形交叉部分由两组钝角辙叉及两组锐角辙叉组成。

菱形交叉的两股轨道均为直线，轨距有所加宽，所以交叉渡线除零部件数量多之外，其构造及轨距变化也较为复杂，施工难度较大。

1. 整体道床交叉渡线施工方法

交叉渡线中部的8组辙叉与其前后连接的钢轨连成一片，铺设时8组辙叉必须准确到位，底部高差均保持在2 mm之内。这两点正是施工难点所在。

在交叉渡线中4组9号辙叉、2组锐角辙叉及2组钝角辙叉均为对应铺设，一侧辙叉的翼轨同时起到另一侧辙叉护轨的作用，而翼轨与护轨不同，其轮缘槽是无法调整的。此外各辙叉底部的平整度存在制造误差，辙叉底面四周的允许高差可达2 mm。

辙叉的铺设若不到位，方向、轨距不良，查照间隔及护背距离就很难符合要求。

针对交叉渡线的施工难点，采取对岔位精确定位、从中间辙叉向两头单开道岔转辙器的施工顺序进行施工。

将交叉渡线纵向分为3段，针对施工难点，先铺设中段的8组辙叉部分，这部分铺设完毕再向其前后扩展铺设两端4组单开道岔的连接部分及转辙部分。该方案在施工时既可边铺设边调整，对辙叉的定位比较准确，又利于对渡线关键部分作精调及检查，质量易于保证。

2. 交叉渡线施工工艺流程

与单开道岔施工工艺流程基本相同。

3. 施工工艺及操作要点

施工前首先根据线路基标及交叉渡线设计图纸测设菱形中心、菱形长短轴及4组9号辙叉理论交点等控制桩，然后按图纸散料，经技术人员核对无误后将短轨枕、垫板、垫片、轨距块及扣件等与辙叉及钢轨进行组装，至于基底处理、绑扎钢筋等与常规施工相同，在此不作详述。

(1) 辙叉部分的铺设。

用支撑架将交叉渡线中部的8组辙叉及其连接钢轨调至设计高程。各辙叉挂线后使其叉心理论交点与相应的控制桩的拉线重合。联结辙叉与钢轨的夹板，找正辙叉前后方向后装上轨距拉杆。检查菱形长短轴及4条斜边的长度，在适当位置立模浇筑支墩。

(2) 交叉渡线中单开道岔的铺设。

交叉渡线中包含4组单开道岔，其辙叉已随菱形交叉铺设完毕，因此只需铺设转辙及连接部分。转辙部分轨件多，空间少，且滑床板及护轨部分为偏心短枕，采用钢轨支撑架已无法调平滑床板。施工时用小型螺旋千斤顶配合钢轨支撑架，用千斤顶调平短轨枕及滑床板，施工程序和要求如下：

① 当转辙器部分曲直两基本轨的高程、方向、水平及轨距设定后，安装上拉杆及加长拉杆，连接部分除设拉杆保持轨距外，导曲线外股钢轨应在适当位置设置短拉杆以保持支距。

② 将尖轨与基本轨进行分解，把一侧尖轨拨至轨道中部支撑架上；滑床板下的轨枕依靠扣件及滑床台下的弹片扣件悬挂在基本轨轨底，调平轨枕前稍放松弹条螺母。

③ 在轨枕底部里端中轴线附近放入千斤顶，滑床台面上设置水平尺，千斤顶升起的同时拧紧弹条螺母，要求滑床台面上水平尺保持水平。当弹条中部与钢轨接触时确保滑床台面水平。

④ 转辙器一侧的轨枕经上述方法逐一调平后，用拉线检查同侧14块滑床台，台面在同一水平面上后方可打入弹片上的销钉。

⑤ 将尖轨拨回滑床台上，进行静态检查，首先使尖轨靠拢基本轨，若工厂生产的尖轨质量符合制造标准，则尖轨轨头刨切部分应与基本轨轨头密贴，尖轨轨底与滑床台间不应有较大空隙。若尖轨符合以上要求后，即可安装辙跟扣件及夹板，进行另一侧尖轨部分轨枕的调整。

⑥ 当两侧尖轨下的轨枕均调整完毕后，与道岔连接部分一并选择合适位置浇筑支墩，至此交叉渡线的安装调整工作基本完成，经全面自检及工程师复查认可后，即可浇筑其整体道床。

六、轨道现场移动焊接施工方法

钢轨焊接采用LR120移动闪光接触焊机进行焊接。焊接工艺说明详见图8-6。

(一) 焊轨前钢轨检查

(1) 对钢轨全部进行探伤检查，剔除损伤轨。

(2) 钢轨进行调直处理，使钢轨在全长范围内，轨头和侧面平面直顺，无硬弯、弯曲和扭曲。钢轨两端1 m内直面及平面不直度不大于0.5 mm。

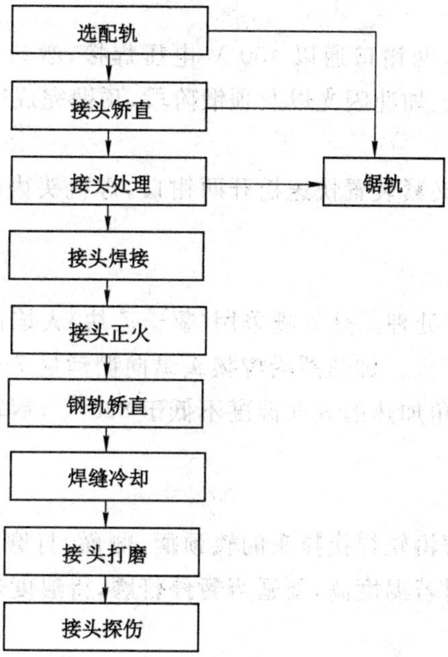

图 8-6　移动式接触焊施工工艺流程图

(3) 锯切断面处的不垂直度在垂直与水平两个方向均不大于 0.5 mm。

(4) 钢轨表面或内部有裂痕、重皮、夹渣、缩孔、严重偏析等缺陷不得焊接。

(5) 轨端除锈：钢轨焊前对待焊轨两端进行除锈处理。表面光洁，没有锈斑，打磨量一次不超过 0.2 mm；待焊轨待焊时间超过 24 h 或油水沾污，须重新打磨处理，打磨长度 600 mm 左右。

(6) 焊机检查空载测试：焊机焊接前要按要求进行检查测试，检验其焊接参数是否变化，并作出及时调整。

(7) 焊轨前必须对焊机进行模拟焊接，遇有不正常情况及时调整与修理，得到监理工程师认可后方能开机焊接。

(8) 焊机的各项参数经试验确定，并经领导批准、监理认可后确定，一经确定不得随意改动。操作者在开机前，要对焊机主机、辅机、水冷却系统、液压系统、制冷系统、供电室等做最后检查，再由工长复查确认，一切正常方可开始焊轨。

(二) 焊接对位

焊接对位包括焊轨车的停车对位和钢轨对中夹持作业。轨头夹持对中时，达到下列标准：

(1) 焊缝位于左右两极钳口中心，与钳口中主线偏差小于或等于 5 mm。

(2) 两轨端间有 0.5～2 mm 的间隙。

(3) 两轨轨端垂直方向的错位，以轨顶面平齐为准。

(4) 两轨轨端侧面方向的错位，以钢轨作用面平齐为准。

(5) 接头呈上拱状态，焊后调整用 1 m 直尺测量其拱度为 0.5～1 mm(视环境温度而定)。

（三）焊轨

对位合格后，接通电源，两钳口通以400 V电压焊接，激活自动焊接程序，分别进入预闪、稳定高压闪光、低压闪光、加速闪光以及顶锻阶段，顶锻完成以后整个焊接过程结束。

（四）推瘤

闪光焊接完成后，钢轨夹紧装置快速松开两钳口，焊机头内的推瘤刀立即进行推瘤，完成一个钢轨接头的焊接。

（五）正火

钢轨焊接接头进行焊后处理。热处理采用(氧＋乙炔)火焰正火。当钢轨焊接接头温度降至500 ℃以下时开始火焰正火。加热器沿焊接头纵向摆动量7～10 cm，轨头加热的表面温度一般不超过950 ℃，轨底角加热的表面温度不低于830 ℃，钢轨表面正火加热温度采用光电测温仪，做好正火记录。

（六）打磨

利用钢轨打磨机具打磨钢轨焊接拉头的轨顶面、侧面，打磨时不宜横向打磨焊缝，且不使钢轨表面"发蓝"。打磨时若温度高，要适当暂停打磨，待温度适宜时再进行打磨。

（七）无损探伤

接头探伤采用超声波探伤仪进行，由专职探伤人员对各个接头进行检测，合格的接头做好标记及记录，不合格的切割后换钢轨重新进行焊接。探伤时以轨底两角为重点，对焊缝进行全面探伤检测，并做好记录，发现问题及时处理。损伤时遵循以下规定：

(1) 探伤要待焊缝自然冷却到50 ℃以下才能进行。

(2) 焊缝内部任何部位发现有未焊透、裂纹、夹渣等缺陷时，该焊头必须截锯重焊。

在整个焊接过程中必须严格控制每一道工序。每一道工序出现不规范操作都将影响焊接质量。钢轨的初调直影响焊接时钢轨的对正，焊后调直水平影响长轨的平直度，焊后打磨影响焊接接头的外观质量。接头按照100％的要求进行无损探伤，探伤记录必须完整、齐全、准确，发现质量缺陷应将情况详细说明，并填写处理结果，不合格接头应重新换轨焊接后再进行验收，直至合格为止。

（八）焊缝验收

焊缝探伤合格后应检查其外观尺寸。检查结果符合表8-8要求。

表8-8　焊接接头允许几何偏差表

位置	轨顶面	轨头内侧工作面	轨底
偏差/mm	0～＋0.3	0～＋0.3	0～＋0.5

七、轨道无缝线路应力放散施工

应力放散是消除钢轨内多余应力及消除道床与钢轨额外阻力的主要方式，目的是保证线路的平稳性和延长钢轨的使用寿命。

（一）应力放散方法

(1) 滚筒法。

该方法当作业轨温在设计锁定轨温范围内时适用，施工时把需要放散的长轨条扣件全部拆除，然后抬起钢轨，使钢轨落在滚筒上，振击长轨条数次，使长轨条能够自由伸缩，一旦轨温达到设计要求，立即撤掉滚筒，安装扣件，进行锁定。

（2）拉伸滚筒法。

该方法是利用钢轨拉伸器辅以振击，通过均匀拉伸长轨条，以提高钢轨的零应力轨温，使锁定轨温进一步到位的方法。拉伸长轨条时应做到匀、准、够。其作业方法是：

① 形成零应力。在放散段自然轨温的条件下，轨下垫滚筒，松开全部扣件，使钢轨能够自由伸缩。以 50 m 或 100 m 为单位进行观测，当钢轨发生反弹现象时，即视为零应力。

② 计算拉伸量。钢轨放散至零应力状态后，根据设计锁定轨温和实际锁定轨温之差计算出钢轨拉伸量，用拉伸器和撞轨器联合作用拉出该伸长量后即锁定钢轨。

（二）放散作业程序

首先确定放散长度，并设立固定点，放松扣件，垫入滚筒，保证钢轨自由伸缩，测量作业轨温，根据放散轨温与作业轨温之差计算并标记钢轨的变化长度，在钢轨上每隔 100 m 做标记，用拉伸器拉伸钢轨，使其达到设定的标记，最后进行钢轨锁定。施工时应注意单元轨节在滚筒上要顺直，无明显“塌腰”；滚筒在使用前应逐个检查、涂油，保证其能够转动灵活；撞轨器配合放散时确认钢轨伸缩出现反弹（达到零应力），并确认各个临时位移观测标记处的伸缩量呈现线性变化；锁定时，靠近钢轨拉伸器的一组逐个安装扣件，其他组每隔 5 根轨枕上一对扣件，然后分别间隔 2 根轨枕、间隔 1 根轨枕补上扣件。上扣件的人员要步调一致，紧张有序，在短时间内迅速完成安装任务。锁定轨温必须在设计锁定轨温要求范围内，应力放散时保证各个单元轨节间轨温均匀，曲线地段外侧钢轨锁定轨温不得高于内测锁定轨温，单元轨节两股钢轨锁定轨温差符合规范要求。锁定时检查缓冲区内钢轨接头夹板螺栓与扣件及螺栓扭矩是否达到设计要求，锁定后对无缝线路进行纵向位移观测。单元轨节应力放散后将单元轨节进行编号，钢轨拉伸量、锁定轨温、操作日期、钢轨位移观测记录等列入施工资料。

八、轨道无缝线路锁定施工

对于无缝线路锁定施工，目前国内所使用的施工方法归纳起来有两种，即“连入法”和“插入法”。“连入法”是先将第一段单元轨节应力放散，并在设计允许锁定轨温范围内进行锁定，再将第二段及以后的单元轨节与第一段单元轨节经过焊接及应力放散之后依次锁定成为无缝线路的施工方法。“插入法”是在相邻单元轨节中间插入一对经过计算的钢轨，对单元轨节进行应力放散、锁定的作业方法。两种施工方法比较，再结合该工程的施工特点，拟采用“连入法”进行该工程范围内的无缝线路施工。“连入法”施工作业程序如下：

（1）首先将 25 m 钢轨采用 LR120 移动闪光接触焊机焊接成设计所要求的单元轨节。

（2）对于第一对单元轨节，当轨温处于设计锁定轨温范围时，采用“滚筒法”放散后，锁定时采用从两端向中间的锁定顺序进行锁定；当锁定轨温低于设计锁定轨温时，采用“拉伸滚筒法”进行放散，锁定顺序与上相同。

（3）将第二段及以后的单元轨节与上一段单元轨节经过焊接、放散后依次锁定。

（4）长轨条最后一段单元轨节在终端缓冲区标准轨前或钢轨伸缩调节器前合拢。合拢口预留的拉伸长度应经过计算后确定，放散后进行锁定。

（5）在钢轨上做好标记，记录位移观测桩的原始数据。

(6) 将单元轨节应力放散后的拉伸量、钢轨位移观测桩的原始数据、锁定轨温、锁定日期、单元轨节编号等计入竣工资料。

(7) 线路锁定应遵循以下规定:

① 锁定轨温应准确、可靠、符合设计规定。

② 线路锁定轨温在设计温差范围内。

③ 测量轨温时,要对钢轨的不同位置进行多点测量,取其平均值。

④ 应从两端向中间锁定,同时在钢轨上设置纵向位移观测的"零点"标记。

⑤ 相邻两段单元轨节锁定轨温之差不得大于 5 ℃,左右两股钢轨的锁定温差不得大于 3 ℃,曲线外股锁定轨温不高于内股锁定轨温,锁定轨温与锁定日期应列入竣工资料。

⑥ 无缝线路有下列情况之一者,应放散或调整应力后重新锁定,并使其符合设计要求:实际锁定轨温超出设计锁定轨温范围;钢轨产生不正常的过量伸缩;无缝线路固定区钢轨出现严重的不均匀位移;原因不明,施工时未按设计规定锁定的线路。

九、轨道车挡、线路信号标志施工方法

(一) 车挡安装

在安装车挡前,根据设计要求施工挡车器基础,并按照要求预埋构件。由于该车挡自重较大,在安装前将其整体吊装至轨道平板车上,当平板车将车挡运输至设计位置后,用吊车将车挡吊装至道床上,再利用吊车将其吊起,进行对位安装,安装过程严格按照设计说明进行。

(二) 线路信号标志安装

(1) 线路及信号标志有百米标、坡度标、曲线要素标、圆曲线和缓和曲线起终点标、竖曲线起终点标、水准基点标、限速标、停车位置标、终点停车标和警冲标等。

(2) 行车用标志(百米标、坡度标、限速标、停车位置标、终点停车标和警冲标)均采用反光材料作为标志面,反光材料为Ⅰ、Ⅱ级逆反射材料,其余标志可采用烧制的搪瓷板。底板可采用铝板(厚 5～15 mm)、金属底板(厚 2～7 mm),标志为白底,边框、字、箭头等为黑色(部分为红色)。行车用标志安装在行车方向右侧司机易见的位置上,警冲标置于梁面上,其他标志可安装在线路两侧桥梁护栏上。

(3) 线路及信号标志全线里程统一贯通后一并设置,所有标志的施工安装应保证长期牢固、安全,并有利于检查维护,防止事后坠落。

(4) 线路信号标志固定时直接用膨胀螺栓固定在隧道壁上。

(三) 钢轨涂油器安装

钢轨涂油器安装前检查传动夹铁、支架夹铁、传动杆、连杆、油管、涂油舌、齿轮泵及泵箱等部件是否有损坏,检查无问题后参照说明书进行安装。

十、轨道工程竣工测量方法

轨道工程竣工测量主要包括铺轨基标竣工测量和轨道铺设竣工测量。

(一) 铺轨基标竣工测量

铺轨基标竣工测量主要检测折角和高程,分为控制基标检测和加密基标检测。

1. 控制基标检测

检测控制基标间夹角时,其左右角各测两测回,距离往返观测各两测回;直线地段控制

基标间的夹角与180°校差应小于8″，实测距离与设计距离校差应小于10 mm；曲线段控制基标间的夹角与设计值校差计算出的线路横向偏差应小于2 mm，弦长测量值与设计值校差应小于5 mm；在地下施工控制水准点间应布设附合水准路线测定每个控制基标高程，其实测值与设计值校差应小于2 mm。

2. 加密基标检测

(1) 直线加密基标检测。

依据相邻控制基标采用截距法和水准测量方法，逐一测定加密基标的位置和底板高程。

加密基标平面位置和高程测定限差符合下列要求：纵向，6 m±5 mm；横向，加密基标偏离两控制基标间的方向线不大于2 mm；相邻加密基标实测高差与设计高差不大于1 mm，每个加密基标的实测高程与设计高程校差不大于2 mm。

(2) 曲线加密基标检测。

依据曲线元素点的控制基标，采用偏角法和水准测量方法等，逐一测设曲线加密基标的位置和底板高程。曲线加密基标平面位置和高程测定限差符合下列要求：加密基标间纵向距离允许误差为±5 mm；加密基标相对于控制基标的横向偏距不大于2 mm；相邻加密基标实测高差与设计高差不大于1 mm，每个加密基标的实测高程与设计高程校差不大于2 mm。

(3) 道岔铺轨基标检测。

道岔铺轨基标平面位置和高程测定限差符合下列要求：

① 铺轨基标与线路的距离和设计值校差小于2 mm。

② 铺轨基标间距离与设计值校差小于2 mm。

③ 相邻铺轨基标间的高差与设计值校差不大于1 mm，其高程与设计值校差不大于2 mm。

(二) 线路轨道竣工测量

(1) 线路轨道竣工测量，在线路轨道长轨锁定后进行。

(2) 直线线路轨道竣工测量采用轨道尺测量右股钢轨至铺轨基标间的距离及两股钢轨间的轨距。曲线线路轨道竣工测量除采用轨道尺测量右股钢轨至铺轨基标间的距离外，还测量两钢轨的加宽量和外轨对内轨的超高量。轨距测量值的校差范围在−2～+3 mm之内。

(3) 道岔区的线路轨道竣工测量，以道岔铺轨基标为依据，分别测量基标与对应的直股钢轨、曲股钢轨的距离，其测量值和设计值的校差均在±2 mm之内。

(4) 用水准仪测量铺轨基标与对应的钢轨的轨顶间的高差，测量值与设计值校差均在±2 mm之内。

第四节　轨道工程质量管理及保证措施

一、轨道确保主要工序质量的技术组织措施

该项目建设采取的主要技术措施：一是按经过审定和批准的设计图组织施工；二是各分项工程施工、各专业施工严格按国家、行业标准、规范进行组织施工和验收；三是凡用于该项目的材料、设备及零配件必须经过检验合格方可进场；四是建立健全的技术管理制度，规定

各级技术人员管理职责，靠工作质量提高工程质量；五是坚持施工全过程的工程试验与检验，以检测数据和标准控制工程质量。

二、隐蔽工程质量技术组织措施

（一）保证隐蔽工程检验和验收的管理措施

（1）隐蔽工程检查以自检与专职检查相结合。施工班组在班中、下班前应对当天隐蔽工程初始质量进行自检，对不符合质量要求的由质检工程师命令返工。

（2）各工序工作完成后，由分管工序的技术负责人、质量检查人员组织工班长，按照技术规范进行检查，凡不符合质量标准的，坚决返工处理，直到再次验收合格。

（3）工序中间交接时，必须有明确的质量交接意见，每个班组的各工序都应当严格执行"三工序制度"，即检查上道工序，做好本道工序，服务下道工序。

（4）每道工序完成并经自检合格后，邀请监理工程师验收，并做好隐蔽工程验收记录和隐蔽工程检查签证。

（5）所有隐蔽工程必须在获得工程师的签证后才允许进行下一道工序的施工，未经签证的工序不得进行下一道工序的施工。

（6）未通过隐蔽工程验收的项目，返工自检、复验合格后，填写隐蔽工程验收记录，并向监理工程师发出复验申请，办理相应的签证手续。

（7）按要求整理各项隐蔽工程资料，并按相关规定、程序进行归档。

（二）各级质量管理措施

（1）结合工程实际，建立健全质量责任机构，配齐所需资源，落实质量责任人。

（2）建立隐蔽工程台账和隐蔽工程部位一览表，到达前预先通报、预先申请检查。

（3）加强作业人员"质量第一、顾客至上""下道工序是顾客"的质量意识教育，深化质量责任制，组织技能培训，严格遵守操作规程，广泛开展质量控制小组活动，促进自我提高和自我改进，消除和预防作业人员因素造成工序质量缺陷的现象。

（4）加强采购各环节控制工作，定点、定量采购，严格要求过程检验和试验，消除和预防材料因素造成工序质量缺陷的现象。

（5）严格持证上岗，严肃工艺纪律，消除和预防因施工方法因素造成工序质量缺陷的现象。

（6）确保工序作业的环境条件，搞好文明施工，消除和预防环境因素造成工序质量缺陷的现象。

（7）督促计量设备的周期鉴定，督促增加检测、测量、试验的频率，积极引导采取先进计量设备和快速准确的测试技术，消除和预防监测、测量和试验因素造成工序质量缺陷的现象。

（8）技术负责人要了解设计意图并详细审查图纸，掌握适用标准规范，明确质量要求，并做好技术交底。工程技术人员应熟悉施工设计文件图纸，做好技术交底工作。

三、钢筋工程质量技术组织措施

（一）原材料质量控制

（1）钢筋进场按规定要求有出厂质量证明书或试验报告单，每批钢筋均要求有标牌。进场时按炉（批）号及直径分批验收。

(2) 各种规格、型号、机械性能、化学成分、可焊性和其他专项指标必须符合标准规范的要求。

(3) 钢材进场后，进行复试，并将复试报告报监理审查，经审查合格再使用。

(4) 钢筋堆放地点和防雨措施报请监理检查同意。

(5) 严禁带有颗粒状或鳞片状老化锈蚀的钢筋进场。对浮锈(色锈)的钢筋，除冷拔钢筋或焊接处附近必须清除干净外，一般可不予处理。

(6) 进场钢筋除复试外，还应按照有关规定进行见证取样。不合格产品决不用于工程，并及时清理出场，记录存档。

(二) 钢筋加工制作质量控制

(1) 钢筋加工时钢筋保持平直，无局部曲折，如遇有死弯时，将其切除。

(2) 保证所使用钢筋表面洁净，无损伤、油漆和锈蚀，级别、钢号直径符合设计要求。

(3) 在常温下进行钢筋弯曲成型，不进行热弯曲，不用锤击或尖角弯折。

(三) 钢筋焊接质量控制

(1) 焊工持证上岗，所使用的焊机、焊条符合加工的质量要求。开工前将焊工的证书复印件报监理备案。

(2) 每批钢筋正式焊接前，按实际操作条件进行试焊，报经监理检查、试验合格后，正式成批焊接。

(四) 绑扎钢筋质量控制

(1) 钢筋的交叉点用铁丝全部绑扎牢固，至少不少于90%。钢筋绑扎接头搭接长度及误差按规范和设计要求办理。

(2) 各受力钢筋的绑扎接头位置相互错开，从任一绑扎接头中心至1.3倍搭接长度的区段范围内，有绑扎接头的受力钢筋截面面积占受力钢筋总截面面积的百分率，受拉区不超过25%，受压区不超过50%。

四、模板工程质量技术组织措施

(1) 在制作模板及支架前，技术人员要进行模板的设计，设计内容包括强度、刚度和稳定性的检算及材料、制作、安装和拆除的各项细节，及混凝土浇筑的次序、速度、施工荷载的限制等，并报质量工程师批准。

(2) 模板制作必须表面光洁平整，接缝严密不漏浆，且保证混凝土固结后结构物的相对位置、形状、尺寸和表面修饰符合设计及规范要求，制作误差严格控制在允许范围内。

(3) 模板安装过程中，必须保持足够的临时固定设施，防止模板变形走样，安装误差严格控制在允许范围内。

(4) 模板的表面必须涂上认可的脱模剂，防止混凝土粘附，操作时严格按制造商的指示，避免污染钢筋，且在同一构筑物上只可使用一种脱模剂。

(5) 模板安装完成后，先自检，合格后，最少提前48 h通知工程师检查，批准后方可浇筑混凝土；浇筑混凝土前，必须彻底清洁已安装好的所有模板；模板及支架上，严禁堆放超过设计荷载的材料及设施。

(6) 模板的拆除期限，要遵守设计及规范要求，对不承重的模板，在混凝土强度达到2.5 MPa以上时，方可拆除，对承重模板，在混凝土强度达到规定的强度后，方可拆除。

(7) 拆下的模板、支架及配件应及时清理、维修,并分类堆存,妥善保管。

(8) 项目部成立质量管理领导小组。项目总工程师任领导小组组长,成员由各方面人员组成,包括质检、技术、施工、物资、机械等部门,质量管理领导小组负责定期召开质量分析会议,检查、分析质量保证计划的执行情况,及时发现存在的问题,研究改进措施,以推动和改进项目部所属的质量管理工作。

五、混凝土工程(含大体量混凝土)质量技术组织措施

该工程结构混凝土采用商品混凝土,混凝土进场后要严格检测其坍落度和和易性,合格后方可使用。

(一) 组织管理

(1) 混凝土工程施工由各专业项目部组织施工,具体实施由一名副经理专管混凝土浇筑,一名领工员和两名试验员负责监督管理。

(2) 各施工队成立专门负责混凝土浇筑的作业班,并对作业人员的职责明确分工。

(3) 各单项工程混凝土浇筑由分管技术人员对操作人员进行技术交底,明确安全注意事项。

(4) 实行终身质量责任制,工区项目部分管技术人员在混凝土浇筑前填表,参与施工人员均在混凝土浇筑记录上签字。

(5) 施工队根据混凝土的浇筑部位、工艺及数量安排设备及人员。

(二) 混凝土浇筑前的准备工作

(1) 混凝土浇筑前,对模具和模板台车、支撑体系、钢筋和预埋件进行检查,符合要求后方能浇筑。

(2) 做好电力、动力设备、照明、养生物资等的器械准备工作。

(三) 混凝土的浇筑高度

商品混凝土地面供应地下使用时,采用管道由地下混凝土输送泵泵送到浇筑部位。混凝土自高处倾落的自由倾浇高度,不得超过 2 m。

(四) 混凝土浇筑的间歇时间

混凝土浇筑要连续进行,因故必须间歇时,其允许间歇时间要根据试验确定。

(五) 混凝土浇筑振捣

(1) 采用振捣器捣实混凝土,每一振点的振捣延续时间,要达到将混凝土捣实至表面呈现浮浆和不再沉落的效果为止;且移动间距不宜大于作用半径 1.5 倍。

(2) 插入振捣器应尽量避免碰撞钢筋的模板,更不得放在钢筋上,振捣机头开始转动后方可插入混凝土内,振完后缓慢提出,不能过快或停转后再拔出来。

(六) 混凝土的养护

(1) 编制混凝土养护作业指导书,并报监理批准后严格执行。

(2) 养护用水的质量与拌制混凝土相同。每天浇水的次数,以能保持混凝土表面经常处于湿润状态为宜。

(七) 伸缩缝施工的质量保证措施

(1) 所有施工缝均按设计图要求进行设置。

(2) 施工缝表面必须凿毛,清洗干净,确保清扫干净混凝土面浮渣、尘土和积水,确保施

工缝粘贴止水条处混凝土面光滑、平整，不被凿毛破坏，浇筑前洒水润湿，并用与混凝土同标号的水泥砂浆进行接缝处理。

(3) 若在浇筑过程中，由于设备故障而无法连续浇灌时，间隔超过2 h按规范要求留置施工缝。

(4) 施工缝垂直设置，不留斜缝，并确保止水条形成全封闭的防水圈。

(5) 施工缝中使用有出厂质量证明文件的止水条，并经进场检验和复检合格后再使用。

(6) 用于施工缝的遇水膨胀橡胶止水条直接粘贴在施工缝界面，使之与混凝土紧密接触，同时保证混凝土浇筑前止水条没有膨胀失效。

(7) 施工缝处理完后，项目部质检人员自行检查，填写“隐蔽工程检查记录”，报请监理检验、签证。

(八) 制度保证

(1) 执行“签署混凝土浇筑施工准可令”制度，施工队负责填写“混凝土浇灌令”的申请单，专业项目部现场主管工程师检查准备工作及“混凝土浇灌令”填表送签工作，工程技术部门核查确认，由专业项目部总工程师签发。

(2)“混凝土浇灌令”申请签发条件

模板的支撑系统按施工方案施工完毕；模板、钢筋及其支架质量符合规定，验收合格；技术复核、隐蔽工程验收已确认签证；施工范围内安全设计落实；施工机具准备就绪且能正常运转；材料供应准备完毕；原材料及施工配合比经监理及施工方共同检查合格。防水混凝土施工，配合比选用时较设计等级高一级作业。

六、成品保护措施

(一) 加强成品保护教育，落实成品保护责任

(1) 定期对管理和操作人员进行文明施工、成品保护教育，提高职工自觉保护成品的质量意识。

(2) 要经常进行成品保护检查，发现被撞、损坏、污染要及时采取措施进行纠正处理，要给责任人进行经济处罚。

(3) 轨通地段设专人进行养护维修，采用小型轨道检测设备对轨道几何尺寸进行全面检测，确保线路状况良好。

(二) 加强现场管理，避免成品损伤

(1) 编制现场管理和成品保护实施细则，合理安排施工顺序，避免工序相互干扰。凡下一道工序对上道工序会产生损伤或污染的，要对上道工序采取护包或护盖等措施，一旦发生损伤或污染要及时处理或清除。

(2) 凡在成品或半成品区域施工或装卸运输，要设专人管理，防止碰撞。对路边可能被污染的混凝土，一是要对混凝土进行遮盖，二是要对混凝土面进行清扫、洒水处理。对已完成的轨道线路经常进行轨道线路成品检查，确保线路状况良好。如发现道床被撞、损坏、污染要及时采取措施进行纠正处理。加强已完轨道及附属工程的巡道养护工作，设专人巡道养护，防止扣配件丢失，对临时运营中的线路进行养护，保证线路畅通。对已完成的钢轨接头派专人每天对已完成的钢轨接头进行探伤和外观检验，发现焊接接头探伤不合格的接头，必须及时进行处理，确保线路安全稳定。外观检验时发现焊接接头处出现断裂，立刻启动应

急预案确保线路畅通。对其他专业工程，根据其他专业工程要求，做好接口界面和已完工程的保护。未经现场工程监理同意，不准对结构表面进行凿孔或其他损坏。对成品、半成品编制现场管理和成品保护实施细则，合理安排施工顺序，避免工序相互干扰，凡下一道工序对上道工序会产生损伤或污染的，要对上道工序采取护包或护盖等措施，一旦发生损伤或污染要及时处理或清除。

（3）在浇筑混凝土时，已浇筑的混凝土要进行覆盖并不准在上面行走。

（4）文明作业，严禁野蛮施工，对野蛮施工的行为进行制止。

参考文献

[1] 北京市政建设集团有限公司，北京交通大学. 北京地铁车站盖挖逆作法施工关键技术研究[R]. 北京：北京市政建设集团有限公司，北京交通大学，2008.

[2] 曹小曙，刘望保. 城际轨道交通规划建设对珠江三角洲区域空间的影响[J]. 现代城市研究，2005(12)：43-46.

[3] 陈小雄. 盖挖逆作地铁车站的结构特点[J]. 现代隧道技术，2002，39(4)：27-32.

[4] 董焰，单连龙. 中国城市轨道交通未来十年发展趋势及政策导向[J]. 城市轨道交通研究，2004(3)：6-9.

[5] 傅萃清. 珠江三角洲经济区城际快速轨道交通线网规划研究[J]. 城市轨道交通研究，2003(1)：1-5.

[6] 顾岷. 我国城市轨道交通发展现状与展望[J]. 中国铁路，2011(10)：53-56.

[7] 顾岷. 中国大陆城市轨道交通的现状与展望[J]. 现代城市轨道交通，2011(6)：8-10.

[8] 焦桐善. 我国城市轨道交通的发展和相关政策[J]. 现代城市轨道交通，2006(5)：1-4.

[9] 李耀宗. 关于我国城市轨道交通规划与规模的反思[J]. 都市快轨交通，2005，18(4)：83-85.

[10] 刘松阳. 轨道交通暗挖隧道施工质量控制及预防处理措施[J]. 价值工程，2015，34(33)：226-228.

[11] 尚斌，张小宁. 中国城市轨道交通现状及思考[J]. 交通与运输(学术版)，2011(2)：90-92.

[12] 徐涛. 中国城市轨道车辆产业展望[J]. 城市管理与科技，2002，4(4)：31-33.

[13] 赵有明，孙宁. 城市轨道交通产业可持续发展的技术保障[J]. 中国铁路，2006(11)：39-42.

[14] 周顺华. 城市轨道交通结构设计与施工[M]. 2 版. 北京：人民交通出版社，2017.

[15] 周晓军，周佳媚. 城市地下铁道与轻轨交通[M]. 成都：西南交通大学出版社，2016.